AF667576

Susanne Patig

Die Evolution von Modellierungssprachen

Susanne Patig

Die Evolution von Modellierungssprachen

Frank & Timme
Verlag für wissenschaftliche Literatur

ISBN 978-3-86596-070-2
ISBN 3-86596-070-7

Herstellung durch das atelier eilenberger, Leipzig.
Printed in Germany.
Gedruckt auf säurefreiem, alterungsbeständigem Papier.

Zugl. Habilitationsschrift, Otto-von-Guericke-Universität, 2005
Siegel Ma9

www.frank-timme.de

Inhaltsverzeichnis

Abbildungsverzeichnis

Tabellenverzeichnis

Verzeichnis der Abkürzungen und Akronyme

AAAI .... American Association for Artificial Intelligence
ACM .... Association for Computing Machinery
AFIPS .... American Federation of Information Processing Societies
AI .... Artificial Intelligence
DNS .... Desoxyribonukleinsäure
Ed./Eds. .... Editor/Editors
ed. .... Edition
ER .... Entity-Relationship
et al. .... et alii (und andere)
f .... falsch
GMD .... Gesellschaft für Mathematik und Datenverarbeitung
Hrsg. .... Herausgeber
IEEE .... Institute of Electrical and Electronics Engineers
IFAC .... International Federation of Automatic Control
IFIP .... International Federation for Information Processing
IRE .... Institute of Radio Engineers
ISO .... International Organization for Standardization
Jg. .... Jahrgang
KI .... Künstliche Intelligenz
LNAI .... Lecture Notes in Artificial Intelligence
LNCS .... Lecture Notes in Computer Science
IDEFIX .... Integration Definition for Information Modeling
MA .... Massachusetts
MIT .... Massachusetts Institute of Technology
NIST .... National Institute of Standards and Technology
No./Nos......................... Number/s
Ph.D. .... Doctor of Philosophy
PN .... Petri-Netz
pp. .... Pages
RB .... Referenzbeurteilungsobjekt
SIGMOD .... Special Interest Group on Management of Data
VB .... Vergleichsbeurteilungsobjekt

Vol. .... Volume
w .... wahr

Symbolverzeichnis

$\{ \}$ .... Menge
$| \, |$ .... Kardinalität einer Menge
$\langle \rangle$ .... spezifische geordnete n-Tupel
$\emptyset$ .... leere Menge
$\cap$ .... Durchschnitt von Mengen
$\cup$ .... Vereinigung von Mengen
$\setminus$ .... Differenz von Mengen
$\subset$ .... echte Teilmengenbeziehung zwischen Mengen
$\subseteq$ .... unechte Teilmengenbeziehung zwischen Mengen
$\in$ .... Element
$=$ .... Gleichheit
$\neq$ .... Ungleichheit
$>$ .... größer als
$\geq$ .... größer als oder gleich
$<$ .... kleiner als
$\leq$ .... kleiner als oder gleich
$\vee$ .... Disjunktion
$\wedge$ .... Konjunktion
$\Leftrightarrow$ .... Äquivalenz
$\Rightarrow$ .... Implikation
$\neg$ .... Negation
$\forall$ .... Allquantor
$\exists$ .... Existenzquantor
$\exists_1$ .... numerischer Quantor (genau ein)
$\exists_n$ .... numerischer Quantor (genau n)
$\mathbb{N}$ .... Menge der natürlichen Zahlen
$\rightarrow$ .... Abbildungsrelation
$\times$ .... kartesisches Produkt
α .... Irrtumswahrscheinlichkeit
δ .... Übergangsfunktion eines Automaten
Ω .... Ereignisraum
ω .... Wert aus dem Ereignisraum

A	Automat
a_i	Markenattribut
A(RB, VB)	Ausdrucksstärke des Vergleichs- hinsichtlich des Referenzbeurteilungsobjekts
B	Bestimmtheitsmaß
B_i	Beurteilungsobjekt i
C	Menge der Querverbindungen strukturalistischer Theorien
F	Flussrelation eines Petri-Netz-Graphen
F_i	illokutionärer Operator der Äußerung i
G	Grammatik
H_0	Nullhypothese
H_1	Alternativhypothese
I	intendierte Anwendungen strukturalistischer Theorien
I_0	paradigmatische Ausgangsbeispiele strukturalistischer Theorien
$I(B_i)$	Interpretation des Beurteilungsobjekts B_i
K	Kern strukturalistischer Theorien
L	formale Sprache
M	Menge der Modelle strukturalistischer Theorien
M_p	Menge der potenziellen Modelle strukturalistischer Theorien
M_{pp}	Menge der partiellen potenziellen Modelle strukturalistischer Theorien
$M(B_i)$	Modell des Beurteilungsobjekts B_i
$m(s_i)$	Markierung der Stelle s_i
N	Petri-Netz-Graph
p_a	nicht synonyme abhängige Proposition
p_i	Proposition der Äußerung i
p_l	Literalproposition
p_s	synonyme abhängige Proposition
Q	Menge der Zustände eines Automaten
Q_f	Menge der Endzustände eines Automaten
q_0	Startzustand eines Automaten
R^2	Bestimmtheitsmaß
r	strukturalistische Restriktionsfunktion
RB	Referenzbeurteilungsobjekt
S	Menge der Stellen eines Petri-Netz-Graphen
Sig F	Signifikanz des Bestimmtheitsmaßes
Sig K	Signifikanz der Funktionskoeffizienten
SP	Spezialisierungsrelation zwischen strukturalistischen Theorieelementen
s_i	Stelle eines Petri-Netz-Graphen
T	Menge der Transitionen eines Petri-Netz-Graphen
t	Zeit

T_t .... Menge der Zeitpunkte
TE .... Menge strukturalistischer Theorieelemente
te .... strukturalistisches Theorieelement
Th .... strukturalistische Theorie
TN .... strukturalistisches Theorienetz
t_i .... Transition eines Petri-Netz-Graphen
V .... Vokabular einer formalen Sprache
V* .... Menge aller Zeichenketten eines Vokabulars V
VB .... Vergleichsbeurteilungsobjekt
w .... Zeichenkette einer formalen Sprache
$w(a_i)$ .... Wert des Markenattributes a_i
X .... Menge der Knoten eines Petri-Netz-Graphen
x .... beliebiger Knoten eines Petri-Netz-Graphen
x• .... Nachbereich des Knotens x
•x .... Vorbereich des Knotens x
Z .... Zufallsvariable

Kapitel 1
Vielfalt und Einheit von Sprachen in der Informatik

1.1 Ausgangslage und Untersuchung

(Künstliche) Sprache, Methode

Systematische wissenschaftliche Untersuchungen von Sprachen gehören traditionell in den Aufgabenbereich der Linguistik (s. Abschnitt 2.2). Allerdings beschäftigt sich die Linguistik nur mit natürlichen Sprachen. Die vorliegende Arbeit dehnt das linguistische Vorgehen auf bestimmte künstliche Sprachen der Informatik aus.

Künstliche Sprachen stellen, im Gegensatz zu natürlichen Sprachen, das Ergebnis eines bewussten Konstruktionsprozesses dar: Es gibt mindestens einen Konstrukteur[1], der die Sprache für eine bestimmte Verwendung definiert [Crys87, 352 ff.; Wirt74, 387]. Ihre Entstehung unterscheidet also künstliche von natürlichen Sprachen; die Gemeinsamkeiten bestehen in dem, was eine Sprache ausmacht: eine Menge von Konstrukten, die nach bestimmten Regeln zu bedeutungstragenden Äußerungen verknüpft werden dürfen.

Methoden enthalten neben einer künstlichen Sprache Anweisungen, wie die Sprache einzusetzen ist, um bestimmte Probleme zu lösen [Halp01, 56; Wier98, 460; CaCW91, 387 ff.]. Linguistisch interessieren solche Einsatzanweisungen nicht, praktisch können sie sich sogar für dieselbe Sprache unterscheiden[2]. Deshalb konzentriert sich die folgende Untersuchung ausschließlich auf Sprachen als den invarianten Kern von Methoden.

Vokabular, Syntax, Semantik

Der Linguistik folgend, besteht die Definition einer künstlichen Sprache aus dem Vokabular, der Syntax und der Semantik. Das *Vokabular* umfasst endlich viele Konstrukte, deren zulässige Verknüpfungen die *Syntax* bestimmt. Die *Semantik* legt die Bedeutung von Äußerungen, d. h. verknüpften Konstrukten, fest [Morr46, 219; BaGr94, 11 ff.; Watt91, 1 f.].

---

1) *Konstrukteur* dient hier als Oberbegriff für Frauen und Männer, die Modellierungssprachen entwerfen. Auf eine explizit gleichstellende Mitführung der weiblichen Form wird verzichtet, damit der Text lesbar bleibt.

2) Zum Beispiel basieren verschiedene Methoden auf dem Entity-Relationship-Modell (u. a. *Structured Systems Analysis and Design Method* [Down92], *CASE*Method*™ [Bark90] und *Information Engineering* [Mart90]) bzw. dem Petri-Netz [BaDF00; Colo03].

Formale Sprachen

Die in der Informatik eingesetzten künstlichen Sprachen lassen sich zum einen danach systematisieren, inwieweit ihre Definition den linguistischen Vorstellungen entspricht (s. Abbildung 1.1). Dieses Kriterium schließt formale Sprachen von der hier durchgeführten Untersuchung aus, da ihren Äußerungen keine Bedeutung zugeordnet ist:

Sei V ein Vokabular, speziell eine endliche Menge von Zeichen[3]. Die Menge aller lückenlosen, endlichen Aneinanderreihungen von Zeichen dieses Vokabulars (***Zeichenketten*** w) sei mit V* bezeichnet. Dann wird unter einer ***formalen Sprache*** L eine Teilmenge der Menge von Zeichenketten ($L \subseteq V^*$) verstanden [Chom56, 114; MaGh87, 10; HoMU02, 40].

Formale Sprachen sind also Mengen. Im Falle einer endlichen Menge lässt sich die formale Sprache durch Aufzählung ihrer Zeichenketten angeben [Chom73, 25; MaSa97, 2]. So ist z. B. $L = \{a, b, ab, aab, ba\}$ eine formale Sprache über dem Vokabular $V = \{a, b\}$. Allerdings besteht das Wesen von Sprachen darin, mit einer abgegrenzten Menge von Konstrukten unendlich viele Äußerungen bilden zu können [Chom56, 113; Huss86, 97; HoMU02, 40 f.]. Eine explizite Auflistung der Zeichenketten scheidet dann aus. Stattdessen werden solche formalen Sprachen z. B. mithilfe von Mengenvorschriften, Automaten oder Grammatiken definiert:

- *Mengenvorschriften* $L = \{w \mid \text{Anforderung an } w\}$:
  Eine formale Sprache L besteht aus allen Zeichenketten w, die eine bestimmte Anforderung erfüllen [HoMU02, 41; SaSH92, 106]. Zum Beispiel definiert $L_1 = \{w \mid \text{in w folgt auf eine bestimmte Anzahl von a die gleiche Anzahl von b}\}$ die formale Sprache $L_1 = \{ab, aabb, aaabbb, \ldots\}$ über dem Vokabular $V = \{a, b\}$. Eine der natürlichsprachigen[4] Mengenvorschrift äquivalente Definition lautet $L_1 = \{a^n b^n \mid n \geq 1\}$. Nicht zur formalen Sprache L_1 zählen die Zeichenketten {ba, bbaa}, da sie die Reihenfolge der Zeichen verletzen, sowie {abb, aab}, weil sie gegen die Zeichenanzahlen verstoßen.

- ***Automaten*** $L(A) = \{w \mid w \in V^* \text{ und w akzeptiert durch den Automaten } A\}$:
  Eine formale Sprache L ist die Menge der Zeichenketten w, die ein Automat akzeptiert [MaGh87, 104]. Automaten werden erst in Abschnitt 4.2.1 benötigt und dort definiert. Eine Definition des Akzeptierens durch Automaten enthält Abschnitt 4.4.1.

- *Grammatik* $L(G) = \{w \mid w \in V^* \text{ und w erzeugt durch Grammatik } G\}$:
  Eine formale Sprache L ist die Menge der Zeichenketten w, die durch eine Grammatik erzeugt werden [MaGh87, 105]. Eine ***Grammatik*** gibt vor, nach welchen (Verknüpfungs-) Regeln die Zeichenketten aus einem endlichen Vokabular entstehen [Chom73, 21].

Alle drei Definitionen formaler Sprachen spezifizieren ausschließlich das Vokabular und die Mengen zulässiger Zeichenketten. Dabei hängt die Zulässigkeit nur von der Art und Weise der Zeichenverknüpfung ab (syntaktisches Kriterium); Bedeutungen transportieren die Zeichenketten nicht. Damit erfüllen formale Sprachen die linguistische Sprachdefinition nicht; sie werden hier deshalb nicht untersucht.

---

3) Zeichen sind die speziellen Konstrukte textueller Notationen, s. Abschnitt 3.1.2.

4) Mit „-sprachig" gebildete Adjektive meinen Äußerungen *in* einer bestimmten Sprache [Dude01, 785].

Sprachvielfalt

Selbst bei Ausschluss formaler Sprachen bleiben sehr viele informatikrelevante künstliche Sprachen übrig. Zahlen belegen diese Vielfalt: Zum Beispiel werden weltweit schätzungsweise 2000 bis 4000 Programmiersprachen verwendet [BaGr94, 1]. Semantische Netze untergliedern sich in mindestens drei verschiedene Klassen [Brac79]. Von konzeptuellen Graphen sind mindestens 38 Varianten [Tepf98] bekannt, von Entity-Relationship-Modellen mindestens 100 und von Petri-Netzen mindestens 115 Varianten (s. Kapitel 3).

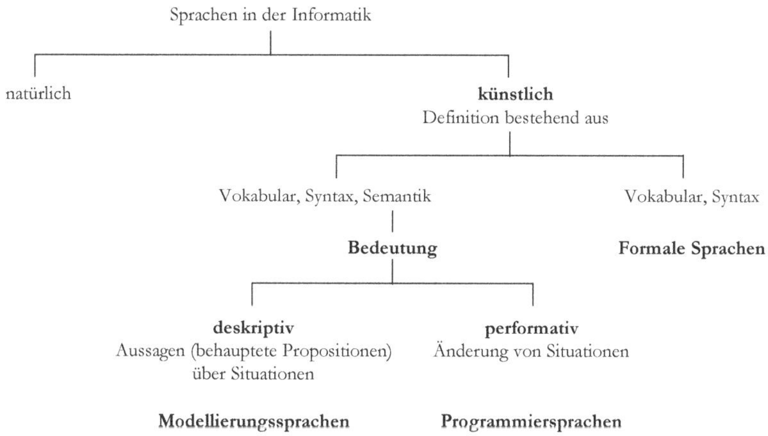

Sprachen in der Informatik **Abb. 1.1**

Sprachklassifikationen

Klassifizieren waren schon immer ein Mittel, um Vielfalt durch Herausarbeiten von Gemeinsamkeiten und Unterschieden zu ordnen. Die sich ergebende *Klassifikation* teilt eine Menge von Objekten in Teilmengen, die *Klassen,* auf [Bock74, 13 ff.; Opit80, 65]. Klassen zeichnen sich durch Gleichartigkeit ihrer Objekte aus, betonen also die Gemeinsamkeiten. Zwischen den Klassen wird Unterscheidbarkeit gefordert. Dabei darf ein Objekt zu höchstens einer Klasse gehören (*Disjunktheit*). *Exhaustive* Klassifikationen ordnen darüber hinaus *alle* Objekte ein [Bock74, 22].

Die Abgrenzung der Klassen orientiert sich einzig und allein an bestimmten Klassifikationsmerkmalen (z. B. Farbe, Größe, Abstammung). Ausprägungen dieser Merkmale, die mehreren Objekten gemein sind, begründen die Homogenität innerhalb einer Klasse und die Heterogenität gegenüber anderen Klassen. So lassen sich z. B. anhand des Merkmals Farbe die Klassen roter bzw. blauer Objekte bilden. Abgesehen von der Farbe können die Objekte dieser Klassen sehr unterschiedlich sein.

Grundsätzlich hängt die Wahl der Klassifikationsmerkmale allenfalls vom Zweck der Klassifikation ab. Programmiersprachen werden z. B. nach dem zugrunde liegenden Programmierparadigma (imperativ, funktional, objektorientiert, logisch), nach Generationen oder nach dem Grad der Abstraktion von der Maschine (*low level*, *high level* usw.) klassifiziert [BaGr94, 8 ff.].

Klassifikationen von Spezifikationssprachen setzen u. a. an der Semantik (formale/informale Sprachen [CoGD96, 271]) oder am Gegenstand der Spezifikation (Funktion, Verhalten, Kommunikation, Dekomposition [Wier98, 467 ff.]) an. Unterscheidungen konzeptueller Modellierungssprachen gehen von den jeweils modellierten Objekten (Daten [Brod84, 22], Prozesse usw. [Rock92]) oder den Entstehungsgebieten innerhalb der Informatik (Datenbanken, künstliche Intelligenz usw.) aus [Mylo98, 21 ff.].

Da die Klassifikationsmerkmale frei festgelegt werden können, stellt jede Klassifikation andere Gemeinsamkeiten und Unterschiede zwischen Sprachen fest. Die Zuordnung von Sprachen zu Klassen ist ebenfalls subjektiv, sofern die Merkmalsausprägungen auf Einschätzungen beruhen. Schließlich strukturieren Klassifikationen nur; die Ursachen der Heterogenität zwischen und der Homogenität im Inneren von Klassen decken sie nicht auf.

Ziel, Rationalität

Dieses Defizit motiviert die vorliegende Arbeit: *Ziel* ist es, die Vielfalt und die Gemeinsamkeiten von Modellierungssprachen in der Informatik zu erklären. Aus Abbildung 1.1 geht hervor, dass Modellierungssprachen lediglich eine Teilmenge der informatikrelevanten künstlichen Sprachen darstellen. Diese Einschränkung ist erforderlich, um die Durchführbarkeit der Untersuchung zu gewährleisten. Abschnitt 1.2 grenzt den Untersuchungsgegenstand präzise (und etwas abweichend von der traditionellen Vorstellung) ab.

Generell basiert die Arbeit auf linguistischen Vorstellungen von Sprachen; künstliche Sprachen werden demnach für eine bestimmte Verwendung konstruiert. *Ingenieurmäßig* ist dieses Vorgehen *rational*. Andere Motive der Sprachkonstruktion (z. B. die Genugtuung, selbst eine Sprache zu erfinden) oder der Sprachveröffentlichung (z. B. Zugewinn an finanziellen Mitteln) fallen in die Bereiche von Psychologie bzw. Soziologie und werden hier ausgeklammert.

Verwendungsannahme

Ingenieurmäßige Rationalität führt also zur Ausrichtung der Sprachkonstruktion auf bestimmte Verwendungen. Die Verwendung prägt auch natürliche Sprachen [Aitc96, 199]. Dabei nennt die Linguistik unterschiedliche Zwecke, denen natürliche Sprache dient, z. B. zum Übermitteln von Informationen, zum Befehlen, um Gefühle oder Identität auszudrücken sowie zur sozialen Interaktion [Aitc96, 17 ff.; Crys87, 10 ff.].

Die linguistischen Zweckaufzählungen sind relativ beliebig. Erst die eher sprachphilosophische Sprechakttheorie [Aust62; Sear69; Sear79] analysierte die verschiedenen Sprachverwendungen systematisch und gleichzeitig realitätsnah. Viele neuere Untersuchungen in der Linguistik basieren auf der Sprechakttheorie, beschäftigen sich jedoch mit Phänomenen (z. B. Slang, Diskursanzeiger), die nur natürliche Sprachen betreffen [OGAA01, 538 ff.]. Deshalb orientiert sich die vorliegende Arbeit direkt am sprechakttheoretischen Fundament, das Abschnitt 1.2 in Auszügen erläutert.

Wertungsfreiheit

Insgesamt besagt die Verwendungsannahme, dass sich jede künstliche Sprache für die Verwendung eignet, die dem Sprachkonstrukteur vorschwebte. Bewertungen von Modellierungssprachen als „gut“ oder „schlecht“ fehlt damit eine konstante Vergleichsgrundlage: Einerseits weicht in der Regel die bewertende von der konstruierenden Person ab. Andererseits wird oft eine ursprünglich nicht beabsichtigte Verwendung als Maßstab herangezogen, um Modellierungssprachen zu beurteilen.

Weil aus der Perspektive des Sprachkonstrukteurs jede angestrebte Verwendung dieselbe sachliche Existenzberechtigung hat, bewertet die vorliegende Arbeit die vielfältigen Modellierungssprachen nicht. Diese Trennung von Wertungen und Sachaussagen entspricht zudem, vor allem in den Sozialwissenschaften, idealtypischen Anforderungen an wissenschaftliche Tätigkeit [Albe91, 74 ff.; Opp02, 222 ff.].

Erklärung, Gesetz

Das Ziel der Arbeit besteht in einer Erklärung für die Vielfalt der Modellierungssprachen. Ein Tatbestand heißt deduktiv-nomologisch *erklärt*, wenn er aus mindestens einem Gesetz logisch gefolgert werden kann [HeOp48, 10; Hemp77, 6; Steg83, 120 ff.]. Es sind hier also *Gesetze* zu bestimmen. Darunter (s. Abschnitt 5.1) werden empirisch gut bewährte Wenn-dann-Aussagen verstanden, die weder auf einzelne Objekte noch räumlich oder zeitlich eingeschränkt sind [Opp02, 37; Bung02, 411]. Steht die Bewährung bisher aus, so liegt zunächst nur eine *gesetzesartige Aussage* vor [HeOp48, 23; Opp02, 38]. Bestimmte Systeme von Gesetzen bilden eine *Theorie* (s. Abschnitt 5.1).

Hypothese, Induktion, Deduktion

Gesetze besitzen den Charakter von *Hypothesen*, also korrigierbaren Aussagen [Bung02, 43]. Hypothesen lassen sich u. a. induktiv, spekulativ oder deduktiv bilden [Bung02, 277 ff.].

Die *Induktion* gewinnt Aussagen mit neuem, erweitertem Gehalt aus singulären Beobachtungen [Popp73, 3; Opp02, 56 f.]. Es wären also Modellierungssprachen zu untersuchen, um daraus gesetzesartige Aussagen zu ermitteln, welche die Vielfalt erklären. Linguisten gehen tatsächlich so vor [ByPP94; Labo94; Ruhl94], stoßen dabei aber auf praktische und erkenntnistheoretische Probleme. Praktisch erweist sich vor allem die Wahl der zu analysierenden Sprachen als schwierig [Aitc96, 180 f.]: Sehr *viele* Sprachen lassen sich nur oberflächlich auswerten. Hingegen besteht bei Hypothesen, die aus der tiefgründigen Analyse nur *einer* Sprache entstehen, die Gefahr von Unvollständigkeit. Diese Unvollständigkeit hängt mit dem erkenntnistheoretischen Induktionsproblem zusammen: Selbst wenn eine Beobachtung singulär zutrifft (auf ein Objekt, unter spezifischen zeitlichen oder räumlichen Bedingungen), muss die induktiv verallgemeinerte Aussage nicht wahr sein [Popp73, 3; Steg83, 322 ff.; Opp02, 168 f.]. Empirische Tests sind zum Aufdecken solcher Fehlschlüsse unerlässlich.

Spekulation erzeugt Hypothesen ohne Beobachtung und ohne sonstige Vorbilder. Induktive Fehlschlüsse treten damit zwar nicht auf, jedoch ist Spekulation auf Intuition angewiesen [Popp73, 7] und damit nicht planbar.

Schließlich können Hypothesen *deduktiv* aus bereits existierenden Hypothesen, z. B. den Gesetzen vorhandener Theorien, abgeleitet werden. Die Wahrheit der Gesetze überträgt sich in diesem Fall rein logisch auf die Hypothesen; neuer Gehalt entsteht dabei aber nicht [Albe91, 13 f.]. Weil für Gesetze, die der Erklärung realer Tatbestände dienen, die logische Wahrheit nicht ausreicht, sind die deduktiv ermittelten Hypothesen stets empirisch zu überprüfen [Popp73, 7].

Wegen des wahrheitskonservierenden und systematischen Vorgehens scheint es wünschenswert, die Gesetze, welche die Vielfalt der Modellierungssprachen erklären, deduktiv zu gewinnen. Dies setzt jedoch andere Gesetze als Ableitungsgrundlage voraus.

Analoge Theorien

Außerhalb der Informatik gibt es in der Linguistik und in der Biologie beobachtbare „Objektvielfalt". Bewertungen der heterogenen Objekte scheitern in beiden Fällen: Jede natürliche Sprache erfüllt die physiologischen, sozialen und psychologischen Bedürfnisse ihrer Sprecher und kann alle auszudrückenden Sachverhalte formulieren [OGAA01, 7 f.; Aitc96, 172; Crys87, 6]. Jedes Lebewesen weist unter seinen spezifischen Umweltbedingungen die universellen Merkmale des Lebens auf.

Alle Sprachen bzw. Lebewesen gleichen sich somit in Verwendungseignung und Überlebensfähigkeit. Die trotzdem offensichtlichen Unterschiede erklären beide wissenschaftlichen Disziplinen durch Theorien der Evolution (s. Kapitel 2). Evolution steht dabei für gerichtete Variation.

Variation, Variabilität, Variante

Variation oder *variieren* bezeichnen den Prozess des Entstehens von Varianten. *Varianten* sind abgewandelte Formen, also Untersuchungsobjekte, die z. T. die gleichen Eigenschaften wie andere (ursprüngliche) Untersuchungsobjekte besitzen, darüber hinaus aber spezifische oder zusätzliche Eigenschaften aufweisen. *Variabilität* besagt, dass Varianten vorliegen können.

Arbeitshypothese, Vorgehen

Die bei Modellierungssprachen vorgefundende Situation gleicht jener, die sich in Biologie und Linguistik evolutionsbedingt ergibt. Deshalb wird hier davon ausgegangen, dass sich die Vielfalt der Modellierungssprachen ebenfalls durch eine Evolution erklären lässt (*Arbeitshypothese*).

Das Überprüfen dieser Arbeitshypothese in Kapitel 3 erfordert Kriterien, wann eine Evolution vorliegt. Kapitel 2 leitet diese Kriterien (*Evolutionsmerkmale*) deduktiv aus den Gemeinsamkeiten der biologischen und der linguistischen Evolution ab. Dabei wird die biologische Evolutionstheorie mit betrachtet, da ihre Erkenntnisse und das Vorgehen zur Erkenntnisgewinnung Vorbild für die Linguistik waren [Darw01, 137 ff.; Labo94, 4].

Deduktion gewinnt keinen neuen Gehalt. Deshalb lassen sich zwar allgemeine Evolutionsmerkmale aus vorhandenen Evolutionstheorien ableiten, nicht aber die spezifischen Einflussgrößen, welche die Evolution von Modellierungssprachen verursachen und leiten (*Evolutionsfaktoren*). Kapitel 4 schließt diese Lücke.

Insgesamt werden hier also Hypothesen aufgestellt, die als gesetzesartige Aussagen die Vielfalt der Modellierungssprachen in der Informatik erklären, und empirisch getestet. Kapitel 5 vereint die dabei nicht widerlegten Hypothesen in einer Theorie. Vor allem die Tabellen 5.1 und 5.3 fassen die Ergebnisse der Untersuchung, versehen mit Querverweisen innerhalb der Arbeit, zusammen.

Durch die Beschäftigung mit einem empirischen Tatbestand gehört die Arbeit zu den Realwissenschaften [UlHi79, 163]. Das Vorgehen besitzt jedoch eher natur- bzw. sozialwissenschaftlichen als ingenieurwissenschaftlichen Charakter. Eine genauere Einordnung nimmt Kapitel 6 vor. Dort wird zudem angerissen, wofür die Erklärung verwendet werden kann, welche Bedeutung sie hat und welche Fragen offen bleiben.

1.2 Sprachverwendung und Sprachklassifikation

Systementwicklung

Der vorliegende Abschnitt grenzt den Untersuchungsgegenstand ab. Dabei wird vom kennzeichnenden Merkmal künstlicher Sprachen ausgegangen: ihrer Konstruktion für spezifische Verwendungen. Die Verwendung ergibt sich hier aus der Entwicklung von Softwaresystemen (*Systementwicklung*).

Der Prozess der Systementwicklung besteht aus mehreren Phasen, deren Namen, Inhalte und Abfolge sich je nach Autor unterscheiden [McRo93, 15/3 ff.; GhJM03, 6 ff.; Dumk01, 23 ff.]. Dabei setzen nur die Phasen Anforderungsanalyse, Spezifikation, Design und Implementierung spezielle künstliche Sprachen ein, nicht jedoch Test [Dumk01, 67 ff.] und Wartung [McRo93, 15/8].

Die *Anforderungsanalyse* beschreibt die Umwelt, in die das zu entwickelnde Softwaresystem eingebettet wird, und die Leistungen, die es für diese Umwelt erbringen soll [BaGo79, 59]. Durch die Beschreibung der Systemleistungen verschwimmt die Grenze zur anschließenden Phase: Die *Spezifikation* erfasst alle Merkmale des Softwaresystems, die sich von außen (*extern*) beobachten lassen [AbMo81, 298, 305].

Der Begriff „System" impliziert einen Aufbau der Software aus Komponenten, die so interagieren, dass sich ein kohärentes Verhalten ergibt [Wier98, 462]. Die Phase *Design* stellt diese internen Merkmale des Softwaresystems (Systemkomponenten, deren Funktionen und die wechselseitige Kommunikation) implementierungsunabhängig dar [BaGo79, 59; McRo93, 15/11 ff.; Wier98, 462 f.]. Schließlich setzt die *Implementierung* das Design in ein Programm um. Zur tatsächlichen maschinellen Ausführung werden die Programme in Maschinenbefehle[5] übersetzt.

Urheber, Adressat

In der Sprechakttheorie besteht die *Verwendung* von Sprache darin, dass ein Urheber mit einer bestimmten Absicht eine sprachliche[6] Äußerung erzeugt, die in der Regel[7] für einen Adressaten bestimmt ist [Sear65, 254; vKut93, 173].

Urheber sprachlicher Äußerungen sind bei der Systementwicklung entweder Menschen (z. B. als Modellierer, Programmierer) oder aber Maschinen (z. B. bei der automatischen Generierung von Programmen) [Dumk01, 64]. Als *Adressaten* kommen ebenfalls Menschen in Frage (z. B. Programmierer, die aus dem Design Programme erzeugen) oder Maschinen, welche die Programme ausführen.

Äußerungsakt, Äußerung

Mit jeder Verwendung von Sprache gehen drei Sprechakte einher. Das Hervorbringen der Äußerung bildet den *Äußerungsakt* [Aust62, 94; Sear92, 40]. Eine (sprachliche[8]) *Äußerung* be-

5) Beispiele für Maschinenbefehle enthält Tabelle 4.21 in Abschnitt 4.4.2.

6) Im Gegensatz zu „-sprachig" (s. Anmerkung 4) kann „sprachlich" auch allein stehen und meint Dinge, die eine Sprache betreffen oder dazu gehören (z. B. modellierungs*sprachliche* Konstrukte) [Dude01, 785].

7) Fälle, in denen der Adressat fehlt (z. B. Selbstgespräche), betreffen vor allem die natürliche Sprache und interessieren hier deshalb nicht.

8) Dieser Zusatz entfällt im Folgenden, weil ohnehin nur sprachliche Äußerungen betrachtet werden.

steht aus endlich vielen Konstrukten, die nach den Regeln verknüpft sind, welche die Syntax vorsieht. In den einzelnen Phasen der Systementwicklung entstehen unterschiedliche schriftliche Äußerungen, z. B. Datenbankschemata, Spezifikationen oder Programme.

Gesamtheiten verknüpfter Konstrukte heißen andernorts *Satz* (z. B. [vKut93, 39]). Hier wird der Begriff „Äußerung" bevorzugt, da er in der Linguistik typisch [OGAA01, 245] und bezüglich der Zuordnung von Wahrheitswerten unbelastet ist. Zudem ermöglicht seine Abstraktheit die begrifflich einheitliche Behandlung ganz verschiedener, sogar grafisch notierter künstlicher Sprachen.

Propositionaler Akt, Proposition, Referenz

Normalerweise[9] besitzen Äußerungen jeweils eine Proposition, so dass mit jedem Äußerungsakt ein propositionaler Akt zu Stande kommt [Sear92, 40]. *Propositionen*[10] ergeben sich aus dem, was die Konstrukte bezeichnen, und aus der konkreten Konstruktverknüpfung [vKut93, 39, 47]. Inhaltlich entsprechen Propositionen abstrakten Denkeinheiten; es handelt sich dabei um Sachverhalte (Eigenschaften, Zusammenhänge), die sich auf Referenzen beziehen [Sear65, 256 f.]. Referenzen (z. B. Haus, Zahl, Bruder) können allein existieren, Sachverhalte (z. B. klein, größer als, verwandt mit) nicht.

Im Kontext der Systementwicklung stellen *Welt* (-ausschnitt) und Softwaresystem die möglichen *Referenzen* dar. Da Systeme aus Komponenten bestehen, wird die Referenz (Software-) *System* nochmals unterteilt in *System/extern* (Spezifikation) und *System/intern* (Design).

Welt und System sind nicht sprachliche Referenzen; Äußerungen darüber verwenden eine *Objektsprache*. Propositionen können sich aber auch auf eine Sprache beziehen. Dann heißt die Sprache, in der Äußerungen über eine andere Sprache erzeugt werden, *Syntax-* [Carn68b,4 f.] bzw. *Metasprache* [Tars77, 261]. Metasprachen werden hier nicht untersucht, da sie nicht erforderlich sind, um eine Sprache zu definieren oder um über sie zu sprechen [Carn68b, 46]. So wird z. B. die deutsche Grammatik durchaus in Deutsch erklärt. Die Syntax des Entity-Relationship-Modells wurde ebenfalls in der Sprache des Modells formuliert [Bark90, H-1 f.]. Antinomien, die durch den Verzicht auf eine separate Metasprache drohen, lassen sich durch die Kennzeichnung von Äußerungen als metasprachig vermeiden [Tars44, 347 f.].

Illokutionärer Akt, Konstativ, Performativ

Der Urheber erzeugt eine Äußerung immer mit einer bestimmten Absicht, z. B. zum Beschreiben, Befehlen, Entschuldigen [Sear69, 23 f.]. Das Verfolgen dieser Absicht bildet den *illokutionären Akt* beim Verwenden von Sprache [Aust62, 98 f.]. Illokutionäre Akte berühren die Pragmatik, die sich mit den Ursprüngen, Verwendungen und Wirkungen von Sprache beschäftigt [Morr46, 219]. Um Unterschied zur Pragmatik hängt der illokutionäre Akt jedoch nicht davon ab, ob der Adressat die Absicht des Urhebers erkennt und entsprechend handelt.

Illokutionäre Akte werden auf verschiedene Art klassifiziert. Die ursprüngliche Klassifikation [Aust62, 150 ff.] war mangelhaft und wurde ersetzt [Sear79, 1 ff.]. Viele Klassen sind oh-

---

9) Äußerungen ohne Proposition (z. B. „Hurra!", „Au!") [Sear92, 49] betreffen nur die natürliche Sprache.

10) Der Begriff „Proposition" wird in der Philosophie unterschiedlich und diffus definiert [Rams92, 251]. Als Konsequenz der Sprechakttheorie besitzen Propositionen nicht generell (so [Rams92, 251; Ande78, 250; BaFe89, 161]), sondern nur bei ihrer *Behauptung* einen Wahrheitswert (s. unter **Bedeutung, Behauptung** ...). Die Sprechakttheorie stellt dadurch eine Annäherung an die linguistische Realität her.

nehin nur für Äußerungen in natürlichen Sprachen relevant[11]; für die Zwecke dieser Arbeit reicht die grundlegende Unterscheidung in Konstative und Performative aus.

Konstative, z. B. Beschreiben, Behaupten und Charakterisieren, versuchen, die Äußerung zur *gegebenen* (realen oder gedanklichen) Situation passen zu lassen [Sear79, 3, 12]. Mit einem Konstativ ist immer ein Wahrheitsanspruch verbunden, den der Urheber einer solchen Äußerung argumentativ untermauern kann und will [Grew79, 205].

Wahrheitsansprüche fehlen bei *Performativen* wie Befehlen, Definitionen, Entschuldigungen oder Fragen. Stattdessen sollen Performative Situationen so verändern, dass sie den Äußerungen entsprechen. Für die Veränderung bedienen sich Performative eines Vollziehers (*Direktive*, z. B. „Schließ die Tür!") oder auch nicht (*Deklarative*, z. B. „Ich definiere ...") [Sear79, 13 ff.]. Performative können nicht wahr oder falsch sein, sondern nur erfüllt oder nicht erfüllt, erfolgreich oder erfolglos [Aust62, 14].

Bedeutung, Behauptung, Aussage, Wahrheit

Durch die illokutionären Akte reicht es nicht mehr, *nur* die Proposition als Bedeutung von Äußerungen zu berücksichtigen. Dies verdeutlich das folgende Beispiel: Es sei festgelegt, dass die Zeichenkette farb die Eigenschaft „hat Farbe" bezeichnet. Die Zeichen o und w repräsentieren das Objekt „Rechteck" bzw. den Wert „grün". Dann ist durch diese Konventionen die Proposition der Äußerung farb(o, w) bekannt, nämlich „Rechteck hat Farbe Grün". Propositionen sind also keine empirischen Gegebenheiten, sondern resultieren ausschließlich aus den Konventionen, die festlegen, was die Konstrukte bezeichnen, und aus den Regeln zur Konstruktverknüpfung [vKut93, 39, 47].

Konstative ***behaupten*** Propositionen und stellen somit ***Aussagen*** dar, die einen Wahrheitswert besitzen [Sear65, 257; Sear69, 29]. Behauptete Propositionen bilden die *deskriptive Bedeutung*. Ob die behauptete Proposition wahr oder falsch ist, hängt von den Tatsachen ab, im Beispiel also davon, ob ein bestimmtes Rechteck tatsächlich grün ist.

Die Bestimmung des Wahrheitswertes von Aussagen ist philosophisch heikel: Eine direkte Konfrontation von Aussagen mit Tatsachen der Wirklichkeit (*naive realistische Semantik*) scheidet aus, da sich nicht feststellen lässt, wann sprachliche und nicht sprachliche Kategorien übereinstimmen [vKut93, 72 ff.]. Weitere Schwierigkeiten ergeben sich, wenn die Wirklichkeit für nicht erkennbar gehalten wird [Steg86b, 311 ff.; Eich79, 75].

Die *Adäquationstheorie der Wahrheit* [Tar72, 58 ff.] löst die methodischen und erkenntnistheoretischen Probleme der Wahrheitsermittlung, indem sie die Wahrheit einer Äußerung aus dem Gebrauch dieser Äußerung bestimmt [vKut93, 73 ff.]: Das Hervorbringen der konstativen Äußerung Ä entspricht der Behauptung, dass die Proposition p von Ä wahr ist. Vereinfachend wird im Folgenden die Äußerung mit ihrer Proposition gleichgesetzt. Folglich sagt der Satz „(Ich behaupte) Ä ist wahr." nicht mehr aus als die ***konstative*** Äußerung Ä selbst. Der Gebrauch von Ä legt somit die (für Ä spezifischen) Wahrheitsbedingungen fest: Die konstative Äußerung Ä ist genau dann (*faktisch*) *wahr*, wenn Ä gesagt oder geschrieben wird [Tar44, 350].

---

11) Die Sprechakttheorie, insbesondere das Erkennen der vielfältigen illokutionären Akte, wird in der künstlichen Intelligenz verwendet, um das menschliche Verstehen natürlicher Sprache durch Maschinen zu imitieren (zusammenfassend vgl. z B. [Bode77, 130 ff.; ChMc87, 581 ff.]). Dies ist jedoch kein Ziel dieser Arbeit.

Gebrauch findet auf der prüfbaren sprachlichen Ebene statt. Zum Beispiel sagen wir „Das Rechteck ist grün.“, sobald ein bestimmtes Rechteck diese Farbe hat. Wann welche Farbe vorliegt, erlernen wir mit der Sprache. Da in dieser Arbeit eben die Verwendung von Sprache im Vordergrund steht, ergibt sich die faktische Wahrheit einer konstativen Äußerung immer gemäß der Adäquationstheorie. Daneben gibt es *formale Wahrheiten*. Diese Wahrheiten resultieren aus Festlegungen (s. Abschnitt 4.2.1 unter Modell, Interpretation) oder aus der korrekten Anwendung symbollogischer Umformungsregeln (s. Abschnitt 4.4.2 unter Symbolische Logik).

Obwohl Performative ebenfalls eine Proposition besitzen, unterscheidet sich ihre Bedeutung fundamental von derjenigen der Konstative. Dies verdeutlicht die Schreibweise $F_i(p_i)$ [Sear69, 31]. Der *illokutionäre Operator* F_i kennzeichnet dabei den gleichnamigen Akt, während das Symbol p_i die *Proposition* einer Äußerung i bezeichnet. Unterstellt seien zwei Äußerungen, die sich auf diese Weise schreiben lassen als (1) behaupten(„Rechteck hat Farbe Grün“) und (2) befehlen(„Rechteck hat Farbe Grün“).

Anhand der identischen Propositionen beider Äußerungen lassen sich keine Bedeutungsunterschiede feststellen, wohl aber anhand der grundverschiedenen illokutionären Akte: Im Fall (1) sagt der Urheber aus, dass ein Rechteck grün ist, im Fall (2) weist er dem Rechteck diese Farbe zu. Folglich muss der illokutionäre Akt, der mit der Verwendung von Sprache beabsichtigt war (Konstativ wie (1) oder Performativ wie (2)), in die Bedeutung eingehen. Diese *Bedeutung* heißt *performativ* [vKut93, 174 f.].

Bei *Konstativen* gleicht die performative Bedeutung der deskriptiven, d. h. der (behaupteten) Proposition [VKut93, 176]. Dies macht die Bedeutung von Konstativen insgesamt wahrheitsfähig. *Performative* hingegen besitzen keine deskriptive, sondern nur eine performative Bedeutung, da die Proposition die Absicht der Sprachverwendung eben nicht charakterisiert [vKut93, 178]. Die Bedeutung von Performativen ist deshalb nicht wahr oder falsch, sondern erfüllt oder nicht erfüllt ([Aust62, 1]; differenzierter [Réca80, 214 ff.]).

Modellierungs-/Programmiersprachen

Die Anzahl der in der Informatik genutzten künstlichen Sprachen verlangt eine Eingrenzung dessen, was diese Arbeit untersucht. Ich ziehe diese Grenze zwischen den beiden nicht vergleichbaren Bedeutungen (s. Abbildung 1.1 in Abschnitt 1.1):

Künstliche Sprachen, die bei der Systementwicklung eingesetzt werden, um konstative Äußerungen zu erzeugen, heißen hier *Modellierungssprachen*. Hingegen gehören die künstlichen Sprachen, deren (performative) Äußerungen ausgeführt werden sollen und dabei die Zustände einer Maschine ändern, zu den *Programmiersprachen*.[12]

Verschiedene Argumente unterstützen diese Einteilung: Die dynamische Äquivalenz zeigt, dass Programme das Verhalten (d. h. Zustandsänderungen) von Maschinen erzwingen [MaGh87,

12) Auch [Wier89, 47] assoziiert das Ausführen eines Programms mit einem performativen Sprechakt. Seine Unterscheidung in *deskriptive* und *präskriptive Modelle* [Wier89, 39 ff.] ist ebenfalls sprechakttheoretisch motiviert: Modelle sind Äußerungen, die entweder deskriptiv zum beschriebenen Problembereich passen müssen oder präskriptiv Vorgaben für den Problembereich machen. Allerdings gehören zu den Vorgaben auch (wahrheitsfähige) *Aussagen* über Erlaubtes bzw. Verbotenes [Wier89, 40]. Zudem werden präskriptive Modelle vor allem als *Beschreibungen* von Verhalten aufgefasst [DiJM01, 735 ff.]. Weil die Unterscheidung in deskriptive und präskriptive Modelle somit die Trennung der Bedeutungen aufhebt, die hier als Klassifikationsmerkmal dient, wird sie nicht weiter verfolgt.

443; Loom93, 2/5]; s. Abschnitt 4.2.1. Daneben stellt jedes Programm ein statisches Stück Text dar, das seine Bedeutung aus den latent zugeordneten Maschinenbefehlen erhält [Kowa93, 14]. Konventionelle Programme besitzen keine Wahrheitswerte, was die Entstehung formaler Spezifikationssprachen motivierte. Abschnitt 4.4.2 diskutiert diesen Aspekt detaillierter, nachdem die erforderlichen Grundlagen geschaffen wurden.

Die Unterscheidung zwischen einer prozeduralen Semantik (dem, was Programme tun) und einer wahrheitsfähigen deskriptiven [Wins93, 21] bzw. deklarativen [Stef95, 41] Semantik weist auf eine ähnliche Klassifikation hin. Trotzdem werden diese Begriffe hier vermieden, denn sie entstammen der künstlichen Intelligenz und betreffen damit nur einen spezifischen Ausschnitt der Informatik. Außerdem besteht begriffliche Verwechslungsgefahr zwischen der allgemeinen prozeduralen Semantik und dem operationalen Ansatz zur Definition von Programmbedeutung (s. Abschnitt 4.4.2). Schließlich wird hier unter Semantik die *Definition* der Bedeutung verstanden (ebenso [Stef95, 35]), *nicht* aber die Bedeutung selbst. Diese begriffliche Differenzierung ist erforderlich, weil mit dem illokutionären Akt ein Aspekt der *Pragmatik* in die Bedeutung eingeht [vKut93, 78 ff.].

Extension, Sprachklassifikation

Die vorgenommene intensionale[13] Charakterisierung von Modellierungssprachen ist relativ abstrakt und ungewöhnlich. Deshalb illustrieren im Folgenden einige bekannte Sprachklassen die Extension des Untersuchungsgegenstandes.

Dabei entstammen die Klassifikationsmerkmale (Absicht | Urheber | Adressat | Referenz) der Sprechakttheorie, während die Merkmalsausprägungen der Verwendung künstlicher Sprachen bei der Systementwicklung entsprechen: Beim Entwickeln von Software werden konstative bzw. performative Absichten verfolgt. Urheber bzw. Adressaten sind Menschen oder Maschinen. Welt bzw. (Software-) System (aus einer internen bzw. externen Sicht) bilden die Referenzen der Propositionen.

Somit gehören zu den Modellierungssprachen im hier definierten Sinne u. a.:

- *Sprachen der konzeptuellen Modellierung* (Konstativ | Mensch | Mensch | Welt), z. B. Entity-Relationship-Modelle, Datenflussdiagramme, Petri-Netze [Louc92, 8 f.]. Menschen verwenden diese Sprachen, um die Welt zu beschreiben und dadurch zu verstehen. Darüber hinaus bilden die Beschreibungen die Grundlage für Diskussionen mit anderen Menschen [Mylo92, 51].

- *Wissensrepräsentationssprachen* (Konstativ | Mensch | Maschine | Welt) unterscheiden sich von Sprachen der konzeptuellen Modellierung durch den Adressaten: Hier sollen die Beschreibungen der Welt, die von Menschen hervorgebracht wurden, durch Maschinen genutzt werden [Borg91, 8; BaFe89, 143]. Vertreter dieser Sprachklasse sind z. B. semantische Netze, *Frames* und Sprachen der symbolischen Logik [Leve86a, 265 ff.].

- *Logische Datenmodelle* (Konstativ | Mensch | Mensch, Maschine | System/intern), z. B. das relationale, das hierarchische und das Netzwerkmodell, dienen dazu, spezielle Systeme, nämlich

13) Intensionale Definitionen geben die Merkmale an, die einen Begriff kennzeichnen. Extensionale Definitionen zählen hingegen die Objekte auf, die unter den Begriff fallen [Zsoc95, 131].

Datenbanken, tendenziell aus einer internen Sicht zu beschreiben. Urheber der Äußerungen sind in der Regel Menschen. Als Adressaten treten neben Menschen auch Maschinen auf: Beschreibungen in einem logischen Datenmodell können in eine Datendefinitionssprache übersetzt werden. Die Ausführung dieser Übersetzung ändert dann Maschinenzustände [Brod84, 20 f.; Nava92, 115].

- *Semantische Datenmodelle* (Konstativ | Mensch | Mensch | Welt), z. B. das Entity-Relationship-Modell, das funktionale Datenmodell, TAXIS, NIAM [Brod84, 36 f.; HuKi87, 232 ff.; Louc92, 8], sind entstanden, um eine Schwäche logischer Datenmodelle zu beheben: die schlechte Verständlichkeit für menschliche Adressaten. Nun beschreiben Menschen nicht mehr das Softwaresystem aus der internen Sicht, sondern die Welt, in der die Datenbank zum Einsatz kommt. Semantische Datenmodelle zählen zu den konzeptuellen Modellierungssprachen [Borg91, 21 f.].

- *Spezifikationssprachen* (Konstativ | Mensch | Mensch, Maschine | System) dienen Menschen dazu, das zu entwickelnde System zu beschreiben. Die Sicht kann dabei entweder ausschließlich extern [AbMo81, 270 ff.] oder aber auch intern (z. B. [CoGD96]) sein. Da im letztgenannten Fall die Abgrenzung zum Design verloren geht, fasst diese Arbeit Spezifikations- und Designsprachen zusammen [GhJM03, 6 f.]. Informale Spezifikationssprachen sind u. a. Datenflussdiagramme, Entity-Relationship-Modelle und Klassendiagramme [Wier98, 468 ff.]. Zu den formalen Spezifikationssprachen gehören z. B. Z, VDM, ACT ONE und LOTOS [Saek02a, 241 ff.]. Die entsprechenden Äußerungen richten sich an Menschen oder an Maschinen.

Da die Namen und Vertreter der Sprachklassen aus anderen Sprachklassifikationen übernommen wurden, sind einige Modellierungssprachen (z. B. das Entity-Relationship-Modell) mehrfach eingeordnet. Die Aufzählung sollte lediglich die Anschaulichkeit des Untersuchungsgegenstands erhöhen; eine disjunkte und exhaustive Klassifikation wurde damit nicht bezweckt.

Die Theorie der Evolution in Kapitel 5 betrifft nicht alle genannten Klassen von Modellierungssprachen, sondern hauptsächlich konzeptuelle Modellierungssprachen, bestimmte semantische Datenmodelle bzw. Spezifikationssprachen (s. Abschnitt 5.2 unter Intendierte Anwendungen). Jedoch stellt diese Einschränkung bereits ein Ergebnis der Untersuchung dar, dem an dieser Stelle nicht weiter vorgegriffen wird. Das folgende Kapitel befasst sich zunächst mit dem Begriff, der die Theorie trägt: „Evolution“.

Kapitel 2
Untersuchung von Evolutionen

2.1 Evolution in der Biologie

Evolutionsbiologie

Seit Menschengedenken erklären religiöse Schöpfungsgeschichten, wie die verschiedenen Tier- und Pflanzenarten entstanden. Um 1809 widmete sich Jean-Baptiste Lamarck zum ersten Mal wissenschaftlich dieser Frage [Ridl93, 7 ff.]. Allerdings begründete erst die Antwort, die Charles Darwin 1859 in seinem Werk „The Origin of Species" gab [Darw59], die heutige Evolutionsbiologie. Obwohl Darwins Thesen zunächst kontroverse Diskussionen auslösten, wurden sie nach und nach durch Erkenntnisse aus der Genetik, der Systematik und der Paläontologie bestätigt und zwischen 1930 und 1940 mit diesen zur *Synthetischen Theorie* zusammengefasst [Futu98, 23 ff.; Mayr03, 104 ff.]. Die Synthetische Theorie ist eine Sammlung allgemein akzeptierter und bisher nicht widerlegter evolutionsbiologischer Gesetze. Ausschnitte dieser Theorie werden für die hier angestrebte Untersuchung benötigt.

Population, Art

Auf der untersten Ebene bezieht sich die biologische Evolution auf Populationen [Mayr03, 25, 104]. Unter einer *Population* werden alle Lebewesen verstanden, die eine bestimmte geographische Region besiedeln und eine Fortpflanzungsgemeinschaft mit einem gemeinsamen Gen-Pool bilden [Mayr42, 24; WeSt93, 6]. Gruppen von Populationen, die sich tatsächlich oder potenziell untereinander fortpflanzen und die hinsichtlich ihrer Fortpflanzung von anderen solchen Gruppen isoliert sind, heißen *Art* [Mayr42, 120]. Zwischen Arten bestehen somit Fortpflanzungsbarrieren. Dieses *biologische Artkonzept* hat sich gegen viele Definitionsversuche [Ridl93, 383 ff.; Mayr75, 30 ff.] durchgesetzt, weil es Arten objektiv bestimmbar macht. Bislang behauptet es sich gegen alternative Konzepte [Futu98, 448].

Evolution, Phänotyp, Genotyp

Die Biologie definiert *Evolution* als Abstammung mit Veränderungen [Darw59, 205]. Dabei verändern sich die Eigenschaften der Populationen von Lebewesen über eine Folge von Generationen [Mayr03, 25]. Genetisch, paläontologisch und systematisch ist es gelungen, die *Monogenese*, nach der alle Arten von *einem* gemeinsamen Vorfahren abstammen [Darw59, 437], nachzuweisen [Mayr03, 40 f.].

Die Eigenschaften, die sich evolutionsbedingt ändern, betreffen den *Phänotyp*, d. h. das beobachtbare Erscheinungsbild der Lebewesen. Zum individuellen Phänotyp jedes Lebewesens gehören sein Bau (Morphologie), Funktion und Leistung seiner Zellen, Gewebe, Organe und Organsysteme (Physiologie) sowie sein Verhalten [Futu98, 231].

Phänotypen variieren. So verändert sich der Phänotyp eines Individuums z. B. durch Altern oder saisonale Einflüsse (Sommer-/Winterfell o. Ä.). Zwischen Individuen bestehende phänotypische Unterschiede werden durch spezifische Umweltbedingungen oder abweichende Genotypen verursacht [Mayr42, 25 ff.].

Der *Genotyp* umfasst die individuelle Erbinformation, also die genetisch verschlüsselten, aber nicht notwendig phänotypisch auftretenden Eigenschaften [Futu98, 231]. Derselbe Genotyp kann, in Abhängigkeit von den Umweltbedingungen (z. B. der Verfügbarkeit von Wasser, Licht), unterschiedliche Phänotypen hervorbringen [Mayr03, 164].

Weil umweltbedingte Phänotypen den Genotyp nicht verändern, können sie, anders als von Lamarck behauptet [Ridl93, 7 ff.], nicht an folgende Generationen vererbt werden [Mayr03, 120]. Ausgangspunkt der biologischen Evolution nach Maßgabe der Synthetischen Theorie ist somit die Variabilität der Erbinformation.

Erbinformation

Die Erbinformation von Lebewesen [Futu98, 43 ff.; Ridl93, 23 ff.] befindet sich im *Chromosomensatz* des Zellkerns. Jedes *Chromosom* besteht aus einem Desoxyribonukleinsäure-(*DNS*-) Molekül, das sich wiederum aus Nukleotiden zusammensetzt. Ein *Nukleotid* kombiniert jeweils Zucker, eine Stickstoffbase (Adenin, Guanin, Thymin, Zytosin) und einen Phosphorsäurerest. Durch die Verbindung der (Stickstoff-) Basen zweier Nukleotide entstehen *Basenpaare*. Ein *DNS-Molekül* ist eine (verschraubte) Sequenz von Basenpaaren. Abschnitte eines DNS-Moleküls, die die Informationen zur Synthese eines spezifischen Eiweißes enthalten, heißen *Gene* [Futy96, 44]. Die Eiweiße steuern die Ausprägungen des Phänotyps.

Rekombination

Der Genotyp variiert durch Rekombination, Mutation oder Hybridbildung. Unter *Rekombination* wird die Umverteilung der Erbinformation einer Art bei der geschlechtlichen Fortpflanzung verstanden [Futy98, 31 ff.]. Rekombination tritt hier einerseits bei der Befruchtung selbst auf, wenn Keimzellen (*Gameten*) des mütterlichen und des väterlichen Individuums zur Zygote verschmelzen. Andererseits erfolgt Rekombination bei der Bildung der Gameten.

Gameten resultieren aus einem Prozess der Zellteilung (*Meiose*), der sich von dem der Bildung von Körperzellen (*Mitose*) unterscheidet [Futy98, 31 ff.]. Die Zellteilungen jedes Lebewesen beginnen bei der *Zygote*, der befruchteten Eizelle. Die Zygote enthält je einen Chromosomensatz des väterlichen bzw. mütterlichen Individuums, sie ist also *diploid*. Die Chromosomen des Vaters und der Mutter, die sich jeweils in Größe, Form und grundsätzlichem Informationsgehalt entsprechen, heißen *homolog* [Futu98, 32]. Mitose erzeugt Körperzellen durch *identische* Reproduktion der Ausgangszelle. Meiotisch gebildete Keimzellen hingegen sind untereinander sowie im Verhältnis zur Zygote genetisch ungleich. Dies zeigt sich bereits in ihrem einfachen (*haploiden*) Chromosomensatz.

Meiotische Zellteilung **Tab. 2.1**

Elternzelle	Prophase I	Metaphase I	Metaphase II

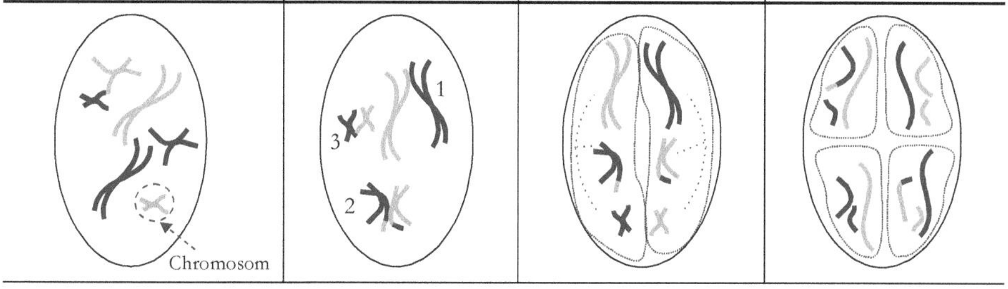

Die Meiose durchläuft verschiedenen Phasen [Futu98, 32 f.]; Tabelle 2.1 veranschaulicht (stark vereinfacht) die Vorgänge im Zellkern. Unterstellt wird eine diploide Elternzelle, deren Chromosomensatz drei Paare homologer Chromosomen enthält. Die Chromosomen des Vaters sind dunkel, die der Mutter hell dargestellt. Da sich die Chromosomen vor der Zellteilung identisch reproduzieren und danach aus zwei genetisch gleichen *Chromatiden* (*Schwesterchromatiden*) bestehen, gehören zu jedem Chromosom zwei Stränge.

In der Prophase I der Meiose paaren sich die homologen Chromosomen. An den Kontaktstellen der Paare kann es zum Bruch und zum Austausch von Segmenten zwischen Nicht-Schwesterchromatiden kommen (*Crossing-over*, wie beim Paar des Chromosoms 2 in Tabelle 2.1). Nach dem *Crossing-over* tragen die betroffenen Chromatide die väterlichen und die mütterlichen Gene in neuer Kombination.

Während der Metaphase I ordnen sich die Chromosomenpaare in der Äquatorialebene des Zellkerns an. Bei der Trennung der Paare werden homologe Chromosomen an entgegengesetzte Pole gezogen. Durch die Konstruktion der Kernmembran um die Chromosomengruppen an den Polen entstehen zwei Tochterzellen. Jede Tochterzelle hat per Zufall entweder das Chromosom des Vaters oder das der Mutter erhalten. Der (haploide) Chromosomensatz der Tochterzellen ist folglich eine beliebige Rekombination des mütterlichen und des väterlichen Chromosomensatzes der Zygote.

Die abschließende Metaphase II der Meiose gleicht einer mitotischen Zellteilung: In jeder Tochterzelle weichen die Chromatide der Chromosomen auseinander, so dass vier neue Zellkerne und damit Zellen entstehen.

Zusammenfassend werden bei der Meiose nur Gene, die bereits innerhalb der Art vorhanden waren, zufällig in den Tochterzellen neu kombiniert. Phänotypische Ausprägungen, die für die Art vollkommen neu sind, entstehen somit durch die Rekombination nicht.

Mutation

Mutationen (s. Tabelle 2.2) sind zufällige Variationen der Erbinformation eines Individuums, die nicht auf Rekombination zurückzuführen sind. Es interessieren hier lediglich Mutationen in Keimzellen, da nur diese vererbt werden. Präziser verändern Mutationen entweder die Basenpaarsequenz der DNS oder die Chromosomenanzahl (*Genommutationen*).

Tab. 2.2 Objekte und Mechanismen bei Mutationen

	Punktmutation	**Chromosomenmutation**	**Genommutation**
Objekt	Nukleotid	Chromosomenabschnitte	Chromosomensatz, Chromosom
Mechanismus	**Spezielle Bezeichnung**		
Einfügen	Rastermutation/Insertion	Insertion	—
Vervielfachen	—	Duplikation	Euploidie/Polyploidie Aneuploidie/Polysomie
Löschen	Rastermutation/Deletion	Deletion	Euploidie/Haploidie Aneuploidie/Monosomie
Austauschen	Basenaustauschmutation	Translokation	—
Verschieben	—	Inversion	—

Genommutationen [Futu98, 286 ff.] manipulieren einerseits als ***Euploidie*** die Anzahl ganzer Chromosomensätze: Liegt im Ausgangszustand ein diploider Chromosomenbestand vor, kann dieser vermehrt (Polyploidie) oder vermindert (Haploidie) werden. Andererseits treten Genommutationen als ***Aneuploidie*** auf. Dabei vervielfältigen (Polysomie bei vorliegender Diploidie) bzw. löschen (Monosomie bei vorliegender Diploidie) sie jeweils einzelne Chromosomen.

Mutationsbedingte Variationen der Basenpaarsequenz lassen sich nochmals in Punktmutationen und in Chromosomenmutationen unterteilen. ***Punktmutationen*** [Futu98, 268] betreffen nur ein Nukleotid in der Basenpaarsequenz der DNS, das entweder ausgetauscht wird (*Basenaustauschmutation*) oder, bei ***Rastermutationen***, zusätzlich eingefügt (Insertion) bzw. gelöscht (Deletion).[1] Im Gegensatz dazu manipulieren *Chromosomenmutationen* [Ridl93, 74 f.] Chromosomenabschnitte, also mehrere Nukleotide (s. Tabelle 2.3). So können z. B. Chromosomenabschnitte verloren gehen (Deletion), vorhandene Chromosomenabschnitte verdoppelt (Duplikation) oder völlig neue eingefügt (Insertion) werden. Durch Inversionen ändert sich die Reihenfolge der Abschnitte eines Chromosoms. Schließlich ist der Austausch von Chromosomenabschnitten zwischen nicht homologen Chromosomen (Translokation) möglich.

Variationen der Basenpaarsequenz durch Punkt- oder Chromosomenmutationen beeinflussen die genetische Information für die Eiweißsynthese. Falls diese Synthese auf der Grundlage der mutierten Gene gelingt, entstehen vollkommen neue Eiweiße, die, zusammen mit ihren eventuellen phänotypischen Auswirkungen, innerhalb der Art kein Vorbild besitzen [Futu98, 271].

Hybridbildung

Aus dem biologischen Artkonzept folgt, dass *Hybridbildung*, d. h. die Fortpflanzung zwischen Lebewesen eng verwandter Arten, nur ausnahmsweise stattfindet. Es wird dabei Erbinformation einer Art in eine andere übernommen [Darw59, 264ff.; Futu98, 464; Ridl93, 423 ff.].

---

1) Da Basenpaare nicht beliebig gebildet werden dürfen, sondern immer Adenin mit Thymin und Guanin mit Zytosin verbunden werden muss [Futu98, 43], führt die Veränderung eines Nukleotids zu einer komplementären Veränderung des Paarungspartners. Eine Veränderung der Nukleotidsequenz ändert also die Basenpaarsequenz.

Tab. 2.3 Chromosomenmutationen

Ausgangs-zustand	Chromosomenmutationen				
	Deletion	Duplikation	Insertion	Inversion	Translokation
A B C D E / F G H	A B C / F G H	A B C D E / F G F G H	A B C D E / F S G H	A B D C E / F G H	A B C G H / F D E

Vererbung

Bis auf eineiige Zwillinge besitzt jedes Individuum einen spezifischen, einmaligen Genotyp. Diese genotypischen Varianten haben jedoch nur dann Bedeutung für die Evolution, wenn sie an folgende Generationen *vererbt* werden. Hybride sind oft nicht oder nur teilweise fruchtbar, was die Möglichkeit der Vererbung einschränkt [Darw59, 264 ff.; Futu98, 292]. Rekombination produziert nicht nur neue Genotypen, sondern zerstört sie auch: Die Gene der Nachkommen werden in der Zygote zumindest z. T. neu zusammengesetzt [Futu98, 285]. Lediglich Mutationen verändern die Gene in einer vererbbaren Form.

Anpassung, natürliche Auslese

Oft wirken sich die mutierten Gene nicht auf den Phänotyp aus [Futu98, 267] und haben damit keinen Einfluss auf die Evolution. Manchmal jedoch führen sie zufällig zu phänotypischen Charakteristika, die sich unter den gegebenen Umweltbedingungen als besonders vorteilhaft für die Fortpflanzung des Individuums erweisen (Fortpflanzung setzt Überleben notwendig voraus). Die somit phänotypisch besser *angepassten* Individuen pflanzen sich häufiger fort, was, vererbungsbedingt, die Häufigkeit der vorteilhaften Gene in der Population erhöht [Ridl93, 63 ff.; Futu98, 349]. Diese nicht zufällige Durchsetzung besser angepasster Phänotypen ist als *natürliche Auslese* bekannt geworden [Darw59, 115, 131].

Trends der Anpassung

Wird das Wirken der natürlichen Auslese artunabhängig über den Zeitraum der Evolution betrachtet, so zeigen sich verschiedene *Trends*:

1. *Höherentwicklung*: Eine allgemeine Vervollkommnung führt zu größerer phänotypischer Komplexität der Lebewesen. Unter anderem differenzieren sich Zellen zu Geweben, die besondere Aufgaben übernehmen [Futu98, 48; Mayr03, 250 ff., 268 f.]. Zum Beispiel besitzen Säugetiere (im Gegensatz zu Kriechtieren) differenzierte Schneide-, Eck- und Backenzähne mit speziellen Funktionen bei der Ernährung.

2. *Vereinfachung*: Anpassung erhöht nicht zwangsläufig die Komplexität: Phänotypische Eigenschaften, die unter geänderten Umweltbedingungen keinen Fortpflanzungsvorteil mehr

begründen, gehen im Laufe der Zeit verloren [Darw59, 175 f.; Mayr42, 296]. So werden u. a. Organe rückgebildet, wie es bei allen Gliedmaßen der Blindschleiche geschah.

3. *Spezialisierung:* Individuen passen sich so gut wie möglich an besondere Umweltbedingungen an [Darw59, 158; Mayr42, 294 f.]. Innerhalb einer Abstammungslinie bedeutet Spezialisierung *Divergenz*. Divergenz offenbart sich in *homologen Organen*, die zwar gleichen Ursprungs sind, sich aber in Bau und Funktion, abhängig von den Umweltbedingungen, unterscheiden [Ridl93, 451]. Zum Beispiel dienen die Vordergliedmaßen der Säugetiere normalerweise dem Gehen, haben aber auch die Ausprägungen von Flossen (Wal) oder Flügeln (Fledermaus) [Mayr03, 250]. Aus der Perspektive derselben Umweltbedingungen verursacht Spezialisierung *Konvergenz* [Darw59, 195; Mayr42, 294]. Dabei entstehen in Arten, die *nicht* voneinander abstammen, bau- oder funktionsähnliche Organe. Solche Organe, z. B. die Flügel von Vögeln und von Fledermäusen, heißen *analog* [Ridl93, 454].

Keiner dieser Trends war zu jedem Zeitpunkt in allen Abstammungslinien gültig [Futu98, 691 ff.]. Deshalb handelt es sich wahrscheinlich um „Netto-Trends", die gelegentlich Entwicklungen in andere Richtungen zulassen.

Artbildung, höhere Kategorien

Die Trends der Anpassung berühren die Artbildung sowie die höheren systematischen Kategorien. Ausgehend vom biologischen Artkonzept, führen fehlende Fortpflanzungsmöglichkeiten zwischen Gruppen von Populationen zum Entstehen neuer Arten (*reproduktive Isolation*). Reproduktive Isolation beruht einerseits auf geographischen Barrieren, z. B. Gebirgen, Wüsten und Wasser [Darw59, 345 ff.; Mayr03, 219 ff.]. Andererseits verhindern innerhalb derselben geographischen Region u. a. Verhaltensunverträglichkeiten sowie jahreszeitliche bzw. genetische Isolation (Veränderungen der Genanordnungen oder Chromosomensätze) die Fortpflanzung [Mayr42, 189 ff.; Mayr03, 211 ff.].

Arten (z. B. Roter Milan) lassen sich (anhand der Fortpflanzungsbarrieren) als einzige systematische Kategorie objektiv bestimmen. Die *höheren systematischen Kategorien* wie Familie (Habichtartige), Ordnung (Greifvögel) oder Klasse (Vögel) dienen hingegen ausschließlich der Klassifikation und sind z. T. nur subjektiv abgrenzbar.

Die biologische Systematik klassifiziert im Wesentlichen entweder phänotypisch oder phylogenetisch [Mayr75, 65 ff.; Ridl93, 355 ff.]. *Phänotypisch* fassen höhere systematische Kategorien mehrere Arten zusammen, die sich vor allem in morphologischen Merkmalen ähneln. Da diese morphologischen Klassifikationsmerkmale beliebig festgelegt werden können, sind phänotypische Klassifikationen subjektiv. Außerdem besteht, wegen der analogen (und homologen) Organe, die Gefahr des Widerspruchs zur Evolutionsbiologie [Darw59, 398 ff.].

Bei *phylogenetischen Klassifikationen* gilt, dass alle Mitglieder einer höheren systematischen Kategorie von genau einem gemeinsamen Vorfahren abstammen (*monophyletische Gruppen)* [Mayr42, 276; Darw59, 408]. Die gemeinsame Abstammung schafft hier die Ähnlichkeit zwischen den Mitgliedern. Selbst wenn gelegentlich paläontologische [Darw59, 297 ff.] oder genetische [Ridl93, 447 ff.] Belege fehlen, lässt sich die gemeinsame Abstammung prinzipiell rekonstruieren. Deshalb gelten phylogenetische Klassifikationen als objektiv.

2.2 Evolution in der Linguistik

Historische Linguistik

Lange Zeit galt es als unmöglich, wissenschaftlich zu erklären, wie die heutigen natürlichen Sprachen entstanden sind [Schm26, 23]. Deshalb verbannte die Pariser Linguistische Gemeinschaft im Jahr 1866 diese „transzendente" Fragestellung aus der Linguistik und erneuerte das Verbot 1911 [Boli75, 306]. Die Entwicklung der historischen Linguistik konnte sie damit spätestens seit 1965 nicht aufhalten. Die ***historische Linguistik*** setzt sich mit den Veränderungen natürlicher[2] Sprachen im Zeitablauf auseinander und versucht so, den Ursprung dieser Sprachen zu finden [OGAA01, 289 f.].

Evolution

Bereits Darwin hatte festgestellt, dass, wie bei den Arten der Lebewesen, zwischen den heutigen Sprachen Ähnlichkeiten bestehen [Darw01, 137 ff.]. Diese Ähnlichkeiten können auf einen gemeinsamen Ursprung deuten, von dem aus sich die einzelnen Sprachen durch Veränderungsprozesse entwickelt haben [FrRo98, 473]. Somit trifft auch auf die *Evolution von Sprachen* die Definition „Abstammung mit Veränderungen" zu [Ruhl94, 43].

Die Wahrscheinlichkeit, dass es jemals gelingt, *eine* „Ursprache" zu rekonstruieren, von der alle anderen Sprachen abstammen (*Monogenese*), ist gering [Crys87, 288 f.]. Deshalb geht die Linguistik heute in der Regel davon aus, dass die existierenden Sprachen auf *wenige* gemeinsame Vorfahren (*Polygenese*) zurückzuführen sind [Boli75, 319].

Entstehen sprachlicher Varianten

Die Veränderung einer Sprache setzt Variabilität notwendig voraus [Aitc91, 90]. Die sprachlichen Varianten entstehen einerseits zufällig, und zwar durch Fehler der Sprecher oder der Hörer [Boli75, 389 ff.; OGAA01, 291 ff.]. Anderseits verursachen kulturelle Entwicklungen sprachliche Variation [Boli75, 417 ff.]. So werden z. B. neue Begriffe benötigt, um technologische Innovationen (Automobil, Telefon usw.) zu bezeichnen [OGAA01, 315].

Obwohl das genaue Wodurch und Wann des Entstehens einer neuen sprachlichen Variante nicht vorhergesagt werden kann, sind Aussagen zum Wie möglich, denn sprachliche Variation ist regelmäßig [OGAA01, 291]. Tabelle 2.4 klassifiziert die Variationsmöglichkeiten nach den variierenden sprachlichen Objekten, denen sich verschiedene Teilgebiete der Linguistik widmen (s. Abbildung 2.1).

Sprachliche Objekte

Zentrales sprachliches Objekt ist das *Wort* als zufällige Kombination von Klang und Bedeutung [Ruhl94, 40; OGAA01, 133 f.]. Die Gesamtheit der Wörter bildet das (mentale) *Lexikon* [OGAA01, 131; FrRo98, 63]. Die *Morphologie* beschäftigt sich mit der internen Struktur von Wörtern, die *Semantik* mit der Bedeutung; Analysegegenstand der *Syntax* ist die Anordnung von Wörtern beim Bilden von Sätzen [OGAA01, 183, 245; FrRo98, 18].

Wörter können weiter in Morpheme zerlegt werden. *Morpheme* sind die kleinsten Kombinationen aus Klang und Bedeutung bzw. Funktion [Crys87, 90; FrRo98, 70; OGAA00, 133]. *Freie Morpheme* dürfen in Sätzen allein auftreten. Dazu gehören einsilbige (z. B. „Haus") und

2) Vereinfachend wird im Folgenden nicht mehr betont, dass die in der Linguistik untersuchten Sprachen natürliche sind.

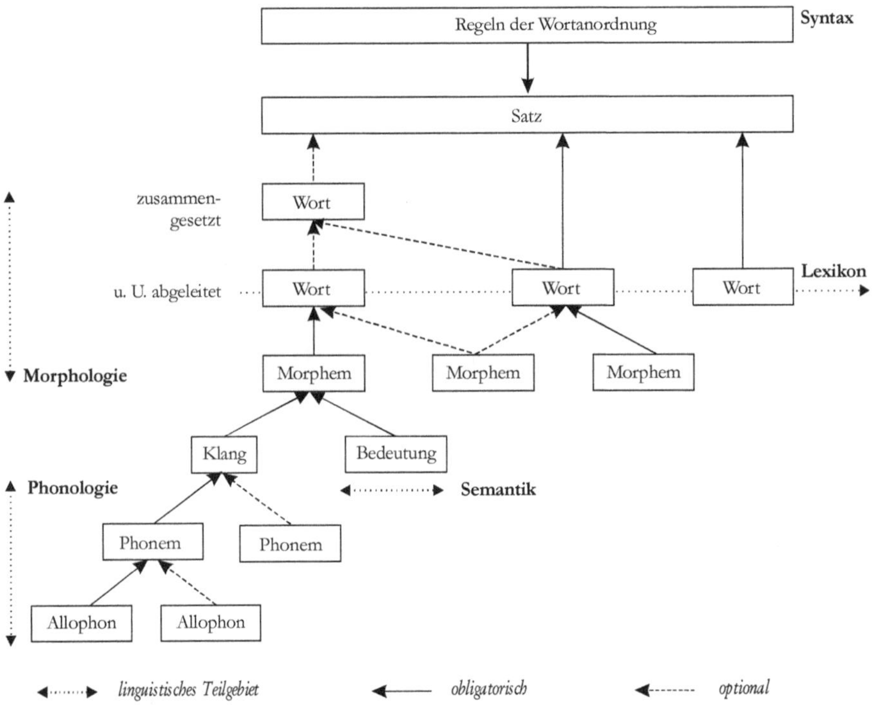

Abb. 2.1 Sprachliche Objekte und Teilgebiete der Linguistik im Zusammenhang

mehrsilbige (z. B. „Dame") Wörter [FrRo98, 71; OGAA01, 133]. *Gebundene Morpheme* hingegen sind immer fix an ein anderes (Basis-) Morphem gekoppelt. Solche Bindungen kennzeichnen Stämme (z. B. „phon"), Präfixe (z. B. „un-") und Suffixe (z. B. „-ologie") [FrRo98, 69 f.]. Prä- bzw. Suffixe, die nur die grammatische Funktion anzeigen (z. B. „-er" als Pluralendung oder „-keit" für Substantivierungen), stellen ebenfalls Morpheme dar; sie verändern mit der Funktion die Bedeutung des Basismorphems [Haar76, 30].

Die Phonologie untersucht die Klangmuster einer Sprache [OGAA01, 63]. Individuelle Klänge, die Wörter voneinander unterscheiden, sind als *Phoneme* bekannt (z. B. /f/ und /v/ in den englischen Wörtern „fine" bzw. „vine") [FrRo98, 254 f.]. Oft existieren zu Phonemen Klangvarianten, die in bestimmten Aussprachesituationen angewendet werden müssen [OGAA01, 54]. Diese Klangvarianten bilden die *Allophone* des Phonems (in der englischen Sprache existieren z. B. die Allophone [æ], wie in „bad", und [æ̃], wie in „bang", des Phonems /æ /) [FrRo98, 260].

Variationsmechanismen

Sprachliche Varianten entstehen durch verschiedene Mechanismen, die in den einzelnen linguistischen Teilgebieten z. T. unterschiedlich heißen (s. Tabelle 2.4, einschließlich der angeführten Beispiele). Einige der Variationsmechanismen betreffen exklusiv bestimmte Arten sprachlicher Objekte. So können z. B. ausschließlich Klänge an andere Klänge in ihrer Nachbarschaft angeglichen (*Assimilation*) oder von diesen besser unterschieden (*Dissimilation*) werden [OGAA01, 294 ff.; Boli75, 393]. Nur für Bedeutungen ist es sinnvoll, sie zu *erweitern* (alte und zusätzliche Bedeutung) oder *einzuschränken* (Spezialisierung der alten Bedeutung) [FrRo98, 463].

Verschmelzungen gibt es nur für Klänge [Labo94, 602 f.]. *Aufteilungen* hingegen bringen sowohl neue Klänge [Labo94, 602 f.] als auch neue Morpheme hervor [OGAA01, 310]. *Verstärkung* und *Abschwächung* führen zu Klang- und Bedeutungsvarianten [OGAA01, 298 ff.; 319 f.; Crys93, 330]. *Verschiebungen* verändern einerseits die Anordnung von Klängen in Wörtern [Boli75, 392] bzw. von Wortarten in Sätzen [FrRo98, 458]. Andererseits verschieben sich Bedeutungen, indem eine neue Wortbedeutung die alte, eng verwandte ersetzt [OGAA01, 320]. Schließlich können Wörter und Wortbedeutungen *erfunden* werden [FrRo98, 82].

Universelle Variationsmechanismen treten bei allen sprachlichen Objekten (mit Ausnahme der Anordnung von Wörtern) auf: So werden zwar hauptsächlich Morpheme und Wörter [OGAA01, 316 ff.; FrRo98, 459 ff.; Crys93, 330], aber auch Bedeutungen [Boli75, 421], Allophone und Phoneme [OGAA01, 301] aus anderen Sprachen *übernommen*[3]. Dabei sind allerdings Übernahmen der am häufigsten verwendeten Wörter einer Sprache, z. B. der Pronomen, Konjunktionen und Artikel, selten [OGAA01, 318 f.; Ruhl94, 42]. Zu den universellen Variationsmechanismen gehören außerdem das *Löschen* [FrRo98, 453, 462; OGAA01, 298 ff.; Crys93, 330] und das Hinzufügen sprachlicher Objekte.

Das universelle *Hinzufügen* besitzt unterschiedliche gebietsspezifische Ausprägungen:

- In der Phonologie wird von *Epenthesis* gesprochen. Epenthesis bedeutet, dass der Klang eines Wortes um in der Sprache bereits vorhandene Klänge erweitert wird, z. B. durch die zusätzliche Aufnahme von Konsonanten oder Vokalen [OGAA01, 296 f.].
- Hinzufügen geschieht in der Morphologie durch *Fusion*. Dabei werden Wörter, die häufig eng benachbart auftreten und gemeinsam verwendet werden, zu Morphemen, nämlich zu einem Stamm und einem Prä- bzw. Suffix [OGAA01, 307].
- Die *Metapher* fügt in der Semantik zur konkreten Bedeutung eines Wortes eine abstraktere hinzu [Boli75, 423; OGAA, 320]. Beide Bedeutungen sind in der Sprache schon bekannt.
- Das Lexikon variiert, indem neue Wörter vor allem durch Zusammensetzung oder durch Ableitung entstehen (s. Abbildung 2.1). *Zusammensetzungen* schaffen neue Wörter mittels der Kombination vorhandener [OGAA01, 137]. *Ableitungen* verknüpfen gegebene Stämme mit ebenfalls gegebenen Prä- bzw. Suffixen zu neuen Wörtern [FrRo98, 76]. Neben Zusammensetzung und Ableitung existieren weitere spezielle Mechanismen der Wortbildung, z. B. *Akronyme*, *Clipping* (Verkürzung mehrsilbiger Wörter), *Blends* (neue Wörter entstehen aus Teilen vorhandener Wörter) und *Eponyme* (Wörter aus Eigennamen) [OGAA01, 151 ff.; FrRo98, 82 ff.].

---

3) Der englische Fachbegriff lautet *Borrowing*. Da die „geborgten" Objekte nicht in die Ursprungssprache zurückfließen, spreche ich von „übernehmen".

Im Unterschied zum Erfinden existieren die hinzugefügten sprachlichen Objekte bereits, und zwar, im Gegensatz zum Übernehmen, in *derselben* Sprache.

Anpassung, Akzeptanz

Die meisten sprachlichen Varianten werden nicht einmal bemerkt, oder, falls doch, sofort wieder verworfen, weil sie offensichtlich Fehler darstellen. Gelegentlich entstehen Varianten (z. B. spezielle Wörter) auch nur für den einmaligen Gebrauch. Und manchmal formiert sich aktiver Widerstand, der eine bestehende Sprache vor Veränderungen schützen will [Boli75, 437 ff.].

Von den zur Kenntnis genommenen Varianten sprachlicher Objekte [Aitc91, 61] setzen sich nur die vorteilhaften durch. Die Vorteile erwachsen dabei aus einer besseren Anpassung an die physiologischen (z. B. Aussprache) bzw. kognitiven (z. B. Bevorzugung regelmäßiger Muster) Beschaffenheiten der Sprecher oder an die auszudrückende kulturelle Gegebenheit [Aitc91, 124 ff.; OGAA01, 291 f.]. Vorteilhafte sprachliche Varianten werden häufiger gebraucht. Dadurch steigt die Akzeptanz der Variante in der Sprachgemeinschaft, die Sprache verändert sich dauerhaft [Boli75, 441 ff.; Crys87, 332]. Gelegentlich vollziehen sich solche Veränderungen aber auch durch Varianten, die allein aufgrund ihres besonderen sozialen Prestiges verstärkt benutzt werden [Aitc91, 75, 107].

Trends

Im Zeitablauf weist die bessere Anpassung sprachlicher Objekte folgende *Trends* auf:

1. Aussprache und Grammatik erfahren eine *Vereinfachung* [Aitc91, 124 ff., 146; OGAA01, 291 f.]. Es werden z. B. Konsonanten gelöscht, Klänge assimiliert, die Aussprache wird der Schreibweise angeglichen. In der Grammatik ersetzen u. a. regelmäßige die unregelmäßigen Deklinations- und Konjugationsmuster, in der englischen Sprache gingen die Kasus-Endungen verloren.

2. Die Vereinfachung endet dort, wo sie Mehrdeutigkeiten provoziert. Deshalb gibt es den ihr entgegengesetzten Trend zu *Verkomplizierung* einer Sprache [FrRo98, 481 f.]. So müssen z. B. Artikel verwendet werden, um im gesprochenen Französisch Singular und Plural zu unterscheiden, da die unterschiedlichen Endungen aufgrund einer Aussprachevereinfachung nicht mehr hörbar sind [Aitc91, 136].

3. Einige sprachliche Varianten werden in Sprachgemeinschaften tabuisiert (z. B. „leg“ und „woman“ in den USA um 1830), andere wiederum als Fachtermini ausschließlich in bestimmten sozialen oder beruflichen Situationen benötigt [FrRo98, 428 ff.]. Sprachliche Varianten lösen nur dann eine dauerhafte Veränderung der Sprache aus, wenn sich Akzeptanz und Verwendung auf die *gesamte* Sprachgemeinschaft erstrecken [Aitc91, 74 f.; OGAA01, 322 f.]. Bei einer lediglich lokalen Akzeptanz entwickeln die Sprachgemeinschaften ihre speziellen Sprachen. Der Trend zur *Spezialisierung* bringt demzufolge Fachsprachen und Soziolekte hervor [Haar76, 23 f.; Crys87, 380 ff.].

Sprachentstehung, -familie, -gemeinschaft

Bisher wurden vor allem die Veränderungen innerhalb einer Sprache beschrieben; lediglich die Spezialisierung führt bereits zu neuen „Sprachen“. Allgemein *entsteht* eine neue *Sprache* durch die dauerhafte Isolation ihrer Sprachgemeinschaft. Die größte Bedeutung besitzt dabei die geo-

Tab. 2.4 Objekte und Mechanismen sprachlicher Variation

Teilgebiet	**Phonologie**	**Morphologie**	**Syntax**	**Semantik**	**Lexikon**
Objekt	Allophon, Phonem	Morphem	Anordnung von Wörtern	Bedeutung	Wort
Variationsmechanismen					
Assimilieren	u. a. Palatalisierung, Affrikation, Nasalisierung, Umlaut *l: „octo" (c = [k]), i: „otto"*	—	—	—	—
Dissimilieren	*ae: „purpre", ne: „purple"*	—	—	—	—
Verschmelzen	*/ē/ (ne: „clean") und /ī / (ne: „we") werden zu /i/*	—	—	—	—
Aufteilen	*ae: /n/ wird zu ne: /n/ („sin") und /ŋ/ („sing")*	Reanalyse *e: „hamburger" in „ham-" und „-burger" („fishburger")*	—	—	—
Verstärken	*l: „iuvenis" [j], i: „giovane" [dʒ]*	—	—	Amelioration, Pejoration *„silly" – ae: glücklich, ne: verrückt*	—
Abschwächen	u. a. Degemination, Frikation, Rhotazismus *l: „mittere", s: „meter"*	—	—	*„soon" – ae: sofort, ne: bald*	—
Erweitern	—	—	—	*„picture" – ae: Gemälde, ne: jedes Bild*	—
Einschränken	—	—	—	*„hound" – ae: jeder Hund, ne: Jagdhund*	—
Verschieben	Metathesis *ae: „aks", ne: „ask"*	—	*ae: Subjekt – Objekt – Verb* *ne: Subjekt – Verb – Objekt*	*„Karriere" – ad: Militärlaufbahn,* *nd: jeder berufliche Aufstieg*	—
Erfinden	—	—	—	*Bedeutung jeder technischen Neuheit*	*Vaseline*
Übernehmen	*[ʧ] aus af: „chaire" in ne: „chair"*	*e: „-able" („readable") aus f*	—	*gegenreden als Bedeutung für e: „gainsay" von l: „contra-dicere"*	*d: „Sofa" aus dem Arabischen*
Hinzufügen	Epenthesis *l: „schola" /sk/, s: „escuela" [esk]*	Fusion *ne: „-hood" („childhood") aus ae: „hād" (Zustand)*	—	Metapher *„Seemannsgarn", ad: Tauwerk, nd: erfundene Geschichten*	Zusammensetzung: *„Fußball"* Ableitung: *„Verniedlichung"* Akronym: *„AIDS"* Clipping: *„Auto" („-mobil")* Blend: *„Motel" = „Motor" + „Hotel"* Eponym: *„röntgen"*
Löschen	*ae: /x/*	*ae: „-bora" („mundbora")*	—	*Güterübergabe an den König (ae: „eafor")*	*d: „Valant" („Teufel")*

a: alt, d: Deutsch, e: Englisch, f: Französisch, i: Italienisch, l: Lateinisch, n: neu, s: Spanisch

graphische Isolation, wie z. B. nach der Völkerwanderung [Aitc96, 12 ff.]. In den isolierten Sprachgemeinschaften verändern sich die (ursprünglich gleichen) Sprachen voneinander unabhängig, so dass irgendwann eine schriftliche Verständigung mit den Mitgliedern anderer Sprachgemeinschaften nicht mehr möglich ist.

Fehlende Verständigungsmöglichkeiten trennen die Sprache vom Dialekt [Cryst87, 25]: Bei einem *Dialekt* verwenden Menschen eine gemeinsame Schriftsprache, verstehen einander aber mündlich nicht. Verschiedene *Sprachen* schließen auch eine schriftliche Verständigung aus. Allerdings wurden z. T. aus politischen oder historischen Gründen separate Sprachen deklariert (z. B. Schwedisch und Dänisch), obwohl sich die Mitglieder der Sprachgemeinschaften durchaus verständigen können [Crys87, 284 f.].

Sprachfamilien sind das Ergebnis einer Klassifikation [Crys87, 293; Darw01, 138]. Bei *genetischen Klassifikationen* gehören all die Sprachen zu einer Sprachfamilie, die von einem gemeinsamen Vorfahren abstammen. Die Abstammung wird dabei mithilfe alter Schriftstücke oder Sprachrekonstruktionen ermittelt. *Typologische* Klassifikationen hingegen fassen Sprachen in einer Familie zusammen, die sich in phonologischen, morphologischen, syntaktischen, semantischen oder lexikalischen Kriterien ähnlich sind. Heutzutage findet die genetische Klassifikation mehr Beachtung [Crys87, 293].

2.3 Detailhypothesen zur Evolution von Modellierungssprachen

Vorgehensweise

Die vorliegende Arbeit wird von der Idee getrieben, dass eine Evolution die Vielfalt der Modellierungssprachen erklärt. Eine Überprüfung dieser Arbeitshypothese setzt Kriterien voraus, wann ein evolutionärer Prozess vorliegt. Diese Kriterien heißen hier *Evolutionsmerkmale*; sie lassen sich im Sinne von Detailhypothesen (s. Tabelle 2.5) testen.

Vermutlich verkörpern die Gemeinsamkeiten der biologischen und der linguistischen Evolution *allgemeine Evolutionsmerkmale*, die sich genauso bei der Evolution von Modellierungssprachen wiederfinden. Die entsprechenden Detailhypothesen ergeben sich deshalb durch einen deduktiven Schluss; sie sind in Tabelle 2.5 nicht besonders gekennzeichnet. Unterschiede zwischen den Evolutionen in Biologie und Linguistik stehen hingegen wahrscheinlich für *spezifische Evolutionsmerkmale*, was eine induktive oder spekulative Detailhypothesenbildung erfordert.

Evolution, Ursprung

Disziplinübergreifend wird *Evolution* als „Abstammung mit Veränderungen" definiert. Folglich gibt es einen Ursprung, von dem aus verschiedene Mechanismen Varianten erzeugen. Während in der Biologie die Monogenese nachgewiesen wurde, geht die Linguistik von Polygenese aus. Für Modellierungssprachen folgt aus der Evolutionsdefinition nur, dass ein Ursprung existieren muss, falls eine Evolution stattgefunden hat.

Objekte

Variabilität bildet eine notwendige und (anhand der Varianten) beobachtbare Voraussetzung für Evolution. Maßgeblich für die biologische Evolution sind Varianten des Genotyps, sofern sie sich phänotypisch zeigen. Die linguistische Evolution beruht auf Varianten sprachlicher Objekte (Phonem, Morphem usw.).

Definitionen von Modellierungssprachen legen eine Menge von Konstrukten, Regeln für die Verknüpfung dieser Konstrukte und die Bedeutung der Konstruktverknüpfungen fest. Grundsätzlich können diese modellierungssprachlichen Objekte variieren.

Weil Modellierungssprachen Schriftsprachen sind, dienen nicht Klänge als Bedeutungsträger, sondern textuelle oder grafische Notationen (s. Abschnitt 3.1.2). Linguistische Bedeutungsträger ergeben sich zufällig. Notationen repräsentieren deshalb nur das oberflächliche Erscheinungsbild einer Modellierungssprache, das eine konstante Bezugsgröße erfordert. Als Bezugsgröße dient hier die Bedeutung. Von einer *Variante* kann deshalb nur gesprochen werden, wenn eine neue Modellierungssprache die Bedeutung der ursprünglichen Modellierungssprache erhält. Bedeutungswechsel begründen neue Modellierungssprachen.

Variationsmechanismen

Varianten sprachlicher Objekte werden durch die Mechanismen aus Tabelle 2.4 hervorgebracht, biologische Varianten hingegen durch Rekombination, Mutation und Hybridbildung. Mutationen wiederum beruhen auf den Mikro Variationsmechanismen der Tabelle 2.2.

Trotz ihrer Unterschiedlichkeit stehen die linguistischen bzw. biologischen Variationsmechanismen für generelle Typen. Dies zeigt die folgende Verallgemeinerung, die (wegen der leichteren Verständlichkeit) von der Linguistik ausgeht. Dabei wird das Erzeugen von Varianten in einem „System" betrachtet, das entweder eine (Modellierungs-) Sprache mit ihren (modellierungs-) sprachlichen Objekten ist oder der Gen-Pool einer Art. Im letztgenannten Fall entsprechen die Erbinformationen den Systemelementen.

Das *Hinzufügen* produziert Varianten, d. h. neue Systemelemente, indem es Elemente, die bereits im System existieren, neu zusammensetzt, anders verwendet oder erweitert. Biologisch findet die Neuzusammensetzung bei der Rekombination statt. Variation durch *Übernehmen* bedeutet, dass Elemente aus der Systemumwelt als neue Elemente in das System eingeführt werden, wie bei der biologischen Hybridbildung. Schließlich gehen Varianten auf *Erfindungen* zurück. Erfundene Elemente existieren bisher noch nicht, weder innerhalb noch außerhalb des Systems. Die Biologie erfindet durch Mutation.

Diese typisierten Mechanismen zeigen sich auch auf der Mikroebene biologischer Variation: Hinzufügen entspricht Duplikation, Inversion, Polyploidie bzw. Polysomie, Übernehmen ereignet sich bei Basenaustauschmutationen und Translokationen. Lediglich das Erfinden unterliegt Einschränkungen, da die Nukleotide, die für die Variation verwendet werden, gegeben sind. Höchstens die Insertion von beliebig zusammengesetzten Chromosomenabschnitten könnte hier als Analogon dienen.

Das *Löschen* ist ebenfalls ein genereller Variationsmechanismus, hat aber eine Sonderstellung: In der Linguistik vernichtet es Varianten, während es bei Mutationen genotypische Varianten erzeugt.

Als Detailhypothese wird hier unterstellt, dass die generellen Typen der Variationsmechanismen auch bei der Evolution von Modellierungssprachen wirken. Darüber hinaus ist zu prüfen, welche der ausschließlich linguistischen Mechanismen (s. Tabelle 2.4) zur Evolution von Modellierungssprachen beitragen. Assimilation und Dissimilation werden dabei ausgeschlossen, da sie nur Klänge betreffen; Verschmelzen wird hingegen als Gegenposition zum Aufteilen beibehalten. Da die Bedeutungsnuancen der natürlichen Sprachen in Modellierungssprachen fehlen, fallen tendenziell Verstärkungen mit Bedeutungseinschränkungen und Abschwächungen mit Bedeutungserweiterungen zusammen.

Evolutionsfaktoren

Unter *Evolutionsfaktoren* werden die Gründe verstanden, die die Variation von Modellierungssprachen *auslösen* und die *Richtung* der Veränderung bestimmen. In den damit verbundenen Merkmalen unterscheiden sich die biologische und die linguistische Evolution.

Auslöser von Variation

Die Variation weist, aufgrund der bekannten Mechanismen, eine gewisse Regelmäßigkeit auf. Allerdings existieren keine Regeln dafür, *wann* Varianten entstehen. In der Biologie geschieht dies zufällig, in der Linguistik treten kulturelle Zwänge neben den Zufall. Was die Variation von Modellierungssprachen auslöst, muss näher untersucht werden.

Durchsetzen von Varianten

Variabilität stellt zwar eine notwendige, aber keine hinreichende Voraussetzung für Evolution dar, denn nicht jede Variante führt zu einer dauerhaften Veränderung. Solche Veränderungen werden nur durch ausgewählte Varianten ausgelöst. Die Auswahl erfolgt biologisch durch die natürliche Auslese, linguistisch durch Akzeptanz in der Sprachgemeinschaft. Wahrscheinlich gibt es spezifische Kriterien, nach denen sich Varianten bei der Evolution von Modellierungssprachen durchsetzen.

Richtung von Veränderungen

Die Auswahlregel dirigiert die evolutionären Veränderungen in Biologie und Linguistik in bestimmte Richtungen. In beiden Fällen wird an erster Stelle eine bessere Anpassung erreicht, entweder an die Umweltbedingungen oder an physiologische bzw. kognitive Beschaffenheiten der Sprecher sowie an kulturelle Gegebenheiten. Die neuen, besser angepassten Varianten, die sich durchsetzen, sind alternativ komplizierter, einfacher oder spezialisierter.

Wahrscheinlich strebt die Evolution von Modellierungssprachen ebenfalls eine bessere Anpassung an. Da Modellierungssprachen (als künstliche Sprachen) für eine Verwendung konstruiert werden, liegt es nahe, dass „überlebensfähige" Varianten diese Verwendung besser erfüllen. Worin die Verwendung genau besteht und wie ihre Erfüllung gemessen werden kann, ist zu konkretisieren. Tendenziell lassen die allgemeinen Evolutionsmerkmale eine Verkomplizierung, Vereinfachung oder Spezialisierung der besser angepassten Modellierungssprachen erwarten.

Tab. 2.5 Evolutionsmerkmale und Detailhypothesen

Evolutionsmerkmale	Biologie	Linguistik	Modellierungssprachen (Detailhypothesen)
Ursprung	Monogenese	wahrscheinlich Polygenese	* Es gibt einen Ursprung.
Variabilität			
Objekt	Genotyp	Allophon, Phonem, Morphem, Wortanordnung, Bedeutung, Wort	‡ Konstrukte, Verknüpfungsregeln (Bedeutung)
Mechanismen der Variation	Rekombination, Mutation, Hybridbildung; Mikromechanismen	Assimilation/Dissimilation, Verschmelzen/Aufteilen, Verstärken/Abschwächen, Erweitern/Einschränken, Verschieben, Erfinden, Übernehmen, Hinzufügen, Löschen	Hinzufügen, Übernehmen, Erfinden, Löschen (Verschmelzen/Aufteilen, Erweitern/Einschränken, Verschieben)
Auslöser	Zufall	Zufall, kulturelle Veränderungen	* Es gibt Ursachen der Variation.
Veränderung			
Durchsetzung	natürliche Auslese	Akzeptanz (sozial)	* Es gibt ein Kriterium, wonach sich Varianten durchsetzen.
Grundrichtung	beste Anpassung an Umweltbedingungen	beste Anpassung an physiologische oder kognitive Besonderheiten der Sprecher oder kulturelle Situationen	* beste Anpassung an die Verwendung
Trends	Höherentwicklung, Vereinfachung, Spezialisierung	Vereinfachung, Verkomplizierung, Spezialisierung	Verkomplizierung, Vereinfachung, Spezialisierung
Neuerung			
Objekt	Art	Sprache	‡ Modellierungssprache
Mechanismus	reproduktive Isolation	soziale Isolation	* Isolation in spezifischer Ausprägung

** spezifische Merkmale der Evolution von Modellierungssprachen ‡ sachlogisch zwingend eingegrenztes spezifisches Merkmal der Evolution von Modellierungssprachen*

Neuerungen

Evolution bringt neue Arten bzw. Sprachen hervor.In Biologie und Linguistik entstehen diese Neuerungen durch reproduktive bzw. soziale Isolation. Deshalb ist anzunehmen, dass Isolation (in einer spezifischen Ausprägung) zugleich die Entwicklung neuer Modellierungssprachen begünstigt. Die Bildung höherer systematischer Kategorien, d. h. die Zusammenfassung von Arten bzw. Sprachen zu Familien, erwies sich in Biologie und Linguistik als außerordentlich schwierig. Deshalb wird sie für Modellierungssprachen nicht versucht.

Hypothesenprüfung

Tabelle 2.5 stellt die Detailhypothesen über die Evolution von Modellierungssprachen den Merkmalen der biologischen bzw. linguistischen Evolution gegenüber. Kapitel 3 überprüft vor allem die allgemeinen Evolutionsmerkmale, Kapitel 4 die spezifischen.

Normalerweise müssen empirische Überprüfungen die Falsifikation von Hypothesen versuchen. Allerdings lassen sich nur Allaussagen falsifizieren, nicht aber Existenzaussagen [Meye79, 34]. Die Detailhypothesen zu Ursprung, Auslöser, Durchsetzung und Grundrichtung der Evolution sowie zum Entstehen neuer Modellierungssprachen sind solche Existenzaussagen. Für sie (mit Ausnahme der Durchsetzung) suchen die folgenden Kapitel 3 und 4 nach Belegen. Warum die Durchsetzung nicht betrachtet wird, begründet Kapitel 6 (unter Offene Probleme).

Kapitel 3
Evolution als gerichtete Variation

3.1 Empirische Untersuchung

3.1.1 Vorgehensweise

Erhebung, Auswahl

Kapitel 3 zielt darauf ab, vor allem die Detailhypothesen über allgemeine Evolutionsmerkmale aus Abschnitt 2.3 durch Beobachtung zu überprüfen. Eine *Totalerhebung*, d. h. die Erfassung und Auswertung aller in der Informatik verwendeten Modellierungssprachen, würde hier zu vollkommen sicheren Aussagen führen. Praktisch scheitert solch ein Erhebungsversuch, da sich die Veröffentlichungen von Modellierungssprachen nicht auf bestimmte Konferenzen oder Zeitschriften beschränken und zudem auch unveröffentlichte Modellierungssprachen existieren. Folglich ist auf eine *Teilerhebung* auszuweichen, bei der aus einer Menge ausgewählter Modellierungssprachen (den *Untersuchungseinheiten*) Rückschlüsse auf die unbekannte *Grundgesamtheit* aller Modellierungssprachen der Informatik gezogen werden.

Aus statistischer Perspektive hängt die Zulässigkeit dieser Rückschlüsse vom angewendeten Auswahlverfahren ab. Dabei lassen sich die Zufallsauswahl und die bewusste Auswahl unterscheiden [Schw75, 15 ff.; Hoch91, 338 ff.]. Bei der *Zufallsauswahl* kann für jede Einheit der Grundgesamtheit die Wahrscheinlichkeit angegeben werden, mit der sie in die Teilerhebung einbezogen wird. Eine so durchgeführte Teilerhebung heißt *Stichprobe*. Stichproben erlauben es, mit einem anhand der Wahrscheinlichkeitsrechnung ermittelbaren Fehler (*Zufallsfehler*) Aussagen über die interessierende Grundgesamtheit zu treffen.

Die *bewusste Auswahl* erfolgt nicht zufällig, sondern nach bestimmten Kriterien. Zum Beispiel repräsentieren Untersuchungseinheiten auf diese Weise die (auf der Grundlage der Sachkenntnis) „typischen Fälle“. Weil der bewusste Auswahlprozess einigen Einheiten der Grundgesamtheit a priori den Zugang zur Teilerhebung verwehrt, lässt sich bei diesem Vorgehen nicht sicher auf die Grundgesamtheit schließen.

Die Zulässigkeit von Rückschlüssen spricht also für eine Zufallsauswahl. Allerdings birgt dies die Gefahr, dass zufällig charakteristische und wegbereitende Modellierungssprachen *nicht* in die Untersuchung der Evolution eingehen. Zudem erfordert das Ziehen einer Stichprobe

Kenntnisse über die Grundgesamtheit, z. B. deren Umfang [Schw75, 19 ff.]. Wie viele Modellierungssprachen es in der Informatik insgesamt gibt, ist aber nicht bekannt. Sachzwänge schließen somit eine Zufallsauswahl aus. Stattdessen werden Modellierungssprachen hier z. T. bewusst ausgewählt. Trotzdem besitzt die Teilerhebung den Charakter einer Stichprobe, wie die folgende Argumentation zeigen wird.[1]

Zufälligkeit, Wahrscheinlichkeit

Stichproben liefern abgesicherte Erkenntnisse über die Grundgesamtheit, weil sie auf einem wahrscheinlichkeitstheoretischen Fundament beruhen. Für die angestrebte Evolutionsbetrachtung lassen sich ebenfalls Wahrscheinlichkeiten bestimmen, die zwar nicht die Auswahl von Modellierungssprachen betreffen, aber das Schließen auf die Grundgesamtheit gestatten:

Ausgangspunkt bildet die Überlegung, dass Vorschläge von Modellierungssprachen – einschließlich aller damit verbundenen Evolutionsmerkmale – zufällige Ereignisse darstellen. Ein *zufälliges Ereignis* ist das Ergebnis eines unter bestimmten Bedingungen durchgeführten und wiederholbaren Vorgangs (z. B. eines Versuchs, einer Befragung oder einer Beobachtung), das in irgendeiner Form eintreten kann, aber nicht muss [Bosc91, 1; HeKS92, 81].

Permanent entstehen neue Modellierungssprachen. Die Wahrscheinlichkeitsrechnung beschäftigt sich gerade mit solchen massenhaften zufälligen Ereignissen und versucht, darin Gesetzmäßigkeiten zu finden [Hoch91, 353]. Dabei entspricht die Wahrscheinlichkeit einem Maß, das die Sicherheit bzw. Unsicherheit eines zufälligen Ereignisses quantifiziert [HeKS92, 85 ff.; Hoch91, 356 ff.]. Wird ein (Zufalls-) Vorgang n-mal unter denselben Bedingungen wiederholt, dann gibt die relative Häufigkeit an, wie oft ein bestimmtes zufälliges Ereignis im Verhältnis zur Gesamtanzahl der Wiederholungen auftritt. Bei unendlich vielen Vorgangswiederholungen kann die unbekannte Wahrscheinlichkeit eines zufälligen Ereignisses durch dessen relative Häufigkeit approximiert werden (Bernoullis *Gesetz der großen Zahl*) [Bosc91, 48 f.].

Bernoullis Gesetz legt es nahe, möglichst viele Vorschläge von Modellierungssprachen zu untersuchen. Aus der Zufälligkeit der Einzelereignissse treten dann nämlich die Wahrscheinlichkeiten hervor, die zum Stichprobencharakter der Teilerhebung beitragen. Die Wahrscheinlichkeiten beziehen sich dabei auf wiederholt auftretende Ausprägungen von Evolutionsmerkmalen (z. B. die konkreten Ursachen eines Sprachvorschlags). Diese Merkmalswerte bilden den *Ereignisraum*, d. h. die möglichen Ergebnisse eines (Zufalls-) Vorgangs.

Zeitreihe als Stichprobe

In Kapitel 2 wurde Evolution als Prozess geschildert. Folglich sind die Ausprägungen der Evolutionsmerkmale im Zeitablauf zu beobachten. Erhebungen derselben Größe zu unterschiedlichen, in der Regel äquidistanten Zeitpunkten heißen *Zeitreihe* [Hoch91, 283]. Da diese Zeitreihen im Kontext der Evolutionsuntersuchung zufällige Ereignisse betreffen, liegt ein stochastischer Prozess vor.

Unter einem *stochastischen Prozess* wird eine Menge von Zufallsvariablen $\{Z(t, \omega) \mid t \in T_t, \omega \in \Omega\}$ verstanden [Gard97, 42; Rao95, 1 f.]. Dabei nimmt die Zufallsvariable Z einzelne

1) Ich danke Herrn Prof. Dr. em. Klaus Lange, Universität Leipzig, Wirtschaftswissenschaftliche Fakultät, Marschnerstraße 31, D-04106 Leipzig, für wertvolle Hinweise zum Stichprobencharakter der durchgeführten Erhebung.

Werte ω aus dem Ereignisraum Ω in Abhängigkeit vom Zeitpunkt t mit bestimmten Wahrscheinlichkeiten an. Für jedes feste ω wird die Zufallsvariable, wie für Zeitreihen charakteristisch, zu einer Funktion, die nur von der Zeit abhängt. Diese Funktion $\{Z(t)\}$ heißt *Realisation* des stochastischen Prozesses. Da die Realisationen den Gesetzen der Wahrscheinlichkeit gehorchen, hat jede Zeitreihe Stichprobencharakter [Könz76, 167].

Zusammenfassend müssen möglichst viele Vorschläge von Modellierungssprachen ausgewertet werden, um die Wahrscheinlichkeiten der Ausprägungen von Evolutionsmerkmalen zu approximieren. Die Entwicklung jeweils *einer* Ausprägung im Zeitablauf entspricht dann der Realisation eines stochastischen Prozesses. Die daraus gewonnenen Einsichten können, wegen der Stichprobenartigkeit von Zeitreihen, auf die Grundgesamtheit verallgemeinert werden.

Wahl des Ursprungs

Evolution heißt laut Kapitel 2 Abstammung mit Veränderungen. Vielleicht gibt es tatsächlich eine Modellierungssprache, von der alle anderen abstammen. Derzeit stellt solch eine Monogenese reine Spekulation dar. Für die Untersuchung muss deshalb pragmatisch (mindestens) eine Modellierungssprache festgelegt werden, die den Ursprung der beobachteten Variation bildet.

Die Voraussetzungen für die Stichprobenartigkeit der Teilerhebung beeinflussen die Wahl des Ursprungs: Zum einen muss es möglichst viele abstammende Modellierungssprachen geben, zum anderen muss eine Betrachtung im Zeitablauf möglich sein. Zusätzlich sollte der Ursprung repräsentativ für die in der Informatik genutzten Modellierungssprachen sein.

Die Konzentration auf nur eine ursprüngliche Modellierungssprache gewährleistet kaum die gewünschte Repräsentativität. Anderseits muss sich die Untersuchung insgesamt gründlich bewältigen lassen. Deshalb habe ich mich entschieden, Abstammungen von zwei voneinander unabhängigen Modellierungssprachen zu analysieren. Die Unabhängigkeit verhindert einerseits Verfälschungen der Erhebungsergebnisse durch gegenseitige Beeinflussung der Evolutionen. Andererseits kann jede der unabhängigen Teilerhebungen als „Gegentest" für die jeweils andere dienen, wodurch das statistische Vertrauen in die Ergebnisse steigt.

Das Kriterium für die Unabhängigkeit von Modellierungssprachen liefert die Sprechakttheorie: Modellierungssprachen formulieren konstative Äußerungen, d. h., sie behaupten Propositionen. Diese Propositionen beziehen sich immer auf Referenzen (s. Abschnitt 1.2). Deshalb gelten Modellierungssprachen hier genau dann als voneinander *unabhängig*, wenn sich die Referenzen der einen Modellierungssprache nicht in der anderen aussagen lassen. Die Unabhängigkeit der Referenzen überträgt sich unmittelbar auf die Propositionen.

Entity-Relationship-Modell (*ER-Modell*) und Petri-Netz erfüllen das Unabhängigkeitskriterium.[2] Außerdem existieren beide Modellierungssprachen ca. 30 Jahre, was annähernd vergleichbare Zeitreihenbetrachtungen ermöglicht. Schließlich gibt es für beide sehr viele Varianten. Deshalb werden die Detailhypothesen aus Abschnitt 2.3 an den (alternativen) Evolutionen getestet, die vom ER-Modell bzw. Petri-Netz ausgehen.

---

2) Es gibt Versuche, die Bedeutung von ER-Diagrammen in einem Petri-Netz auszudrücken [HePR93, 285 ff.]. Dabei geht aber die Unterscheidung in Entitäts- und Beziehungstypen (die Referenzen des ER-Modells) verloren.

Datenmaterial

Die Untersuchung konzentriert sich auf solche Varianten des ursprünglichen ER-Modells bzw. Petri-Netzes, die als begutachtete Veröffentlichungen (inkl. Dissertationen, Habilitationen) erschienen sind, in kommerziellen Systemen genutzt werden oder auf die aus den so gefundenen Quellen verwiesen wird. Alle diese Modellierungssprachen haben (im Sinne der Rationalität aus Abschnitt 1.1) mit ihrer Verwendungseignung intersubjektiv überzeugt; zumindest die reine „psychologische Konstruktionslust" scheint somit tendenziell ausgeschlossen.

Die Teilerhebung der 100 ER-Modelle entstand durch die Auswertung von drei Tagungs-reihen[3] und zehn Zeitschriften[4] (einschließlich der Querverweise) im Zeitraum von 1975 bis 2003. Zusätzlich habe ich in verschiedenen Online-Datenbanken nach den Stichwörtern „ERM", „entity relationship modeling/modelling", „entity relationship" und „entity" gesucht. Lehrbücher wurden berücksichtigt, sofern ihnen begutachtete Veröffentlichungen vorausgin-gen (z. B. [ElNa00; Thal00]), die ER-Modelle kommerziell genutzt oder durch ER-Modelle an-derer begutachteter Veröffentlichungen weiterentwickelt werden (z. B. [Bark90; Mart90]). Die vollständige Dokumentation der Teilerhebung ist über Internet verfügbar (http://www-wi.cs.uni-magdeburg.de/forschung/er_evo/ und https://www.frank-timme.de/site/assets/files/3819/datenmaterial.zip).[5]

Schwieriger gestaltete sich die Sammlung des Datenmaterials für die Petri-Netz-Teilerhebung : Der Untersuchungszeitraum erstreckt sich von 1962 bis 2003. Die sprachspezifische Tagungsreihe *Application and Theory of Petri Nets* begann jedoch erst 1980 mit dem ersten europäischen Workshop [GiRe82]. Zuvor arbeiteten in Europa und den USA verschiedene Forschergruppen isoliert, die Veröffentlichungen zu Petri-Netzen beschränkten sich vor allem auf (schwer recherchierbare) Projektberichte und Dissertationen. Allerdings enthält das erste internationale Lehrbuch zu Petri-Netzen [Pete81] eine kommentierte Bibliografie, die nach Angabe des Autors wahrscheinlich alle zum damaligen Zeitpunkt bekannten Petri-Netze erfasst [Pete81, 242]. Diesen Verweisen bin ich nachgegangen, ebenso wie denen in verschiedenen Überblicksartikeln (u. a. [Pagn87; BeDC92; Star95; AjBD98; AlDa98]). Dadurch und durch die lückenlose Auswertung der Tagungsreihe stieg die Anzahl der gesammelten Petri-Netze auf 115, so dass ich auf eine ergänzende Recherche in Datenbanken verzichtet habe.[6] Die Petri-Netz-Teilerhebung ist ebenfalls im Internet (http://www-wi.cs.uni-magdeburg.de/forschung/pn_evo/ und https://www.frank-timme.de/site/assets/files/3819/datenmaterial.zip) dokumentiert.

Varianten

Eine Evolutionsuntersuchung basiert auf Abstammungsaussagen. Nur bei Variation lässt sich diese Abstammung mit Sicherheit feststellen. Folglich müssen die Untersuchungseinheiten Va-

3) VLDB – *Conference on Very Large Databases*, ER – *Conference on the Entity-Relationship Approach* bzw. (Umbenennung 1996) *Conference on Conceptual Modeling* und *ACM SIGMOD International Conference on Management of Data.*

4) ACM *Computing Surveys*, ACM *Transactions on Database Systems, Data & Knowledge Engineering*, IEEE *Data Engineering*, IEEE *Transactions on Data & Knowledge Engineering*, IEEE *Transactions on Systems, Man and Cybernetics, Information and Software Technology, Information Systems, Journal of Database Management* sowie *Journal of Systems and Software.*

5) Ich danke Steffen Thorhauer, Otto-von-Guericke-Universität Magdeburg, FIN-ITI, Universitätsplatz 2, D-39106 Magdeburg, für die Umsetzung der erforderlichen Implementierungen.

6) Auch die Reduktion des systematischen Fehlers (s. Abschnitt 3.5) machte eine Beschränkung des Teilerhebungsumfanges erforderlich.

rianten des ursprünglichen ER-Modells bzw. Petri-Netzes, d. h. spezielle ER-Modelle bzw. Petri-Netze, sein. Bisher wurde der Variantenbegriff intuitiv verwendet, die Durchführung der Teilerhebung erfordert jedoch eine Präzisierung.

Abschnitt 2.3 hat darauf hingewiesen (s. unter Objekte), dass sich die Notation, wegen ihrer potenziellen Beliebigkeit, nicht als Kriterium für die Abgrenzung von Varianten eignet. Stattdessen wird von Varianten gefordert, dass sie die Bedeutung der ursprünglichen Modellierungssprache erhalten.

Modellierungssprachen besitzen eine deskriptive Bedeutung (s. Abschnitt 1.2). Diese deskriptive Bedeutung ergibt sich aus dem, was die Konstrukte bezeichnen, und aus der Verknüpfung der Konstrukte. Folglich stellt eine Modellierungssprache genau dann eine *Variante* dar, wenn sie Konstrukte bereitstellt, die dasselbe bezeichnen wie die Konstrukte der ursprünglichen Modellierungssprache (*Grundkonstrukte*) und die nach den ursprünglichen Regeln verknüpft werden dürfen. Abschnitt 3.1.2 stellt die Grundkonstrukte von ER-Modell bzw. Petri-Netz und deren Verknüpfungsregeln vor.

Konstruktart, -bezeichnung

Streng genommen besteht das Vokabular einer Modellierungssprache aus *Konstruktarten*, die erst in einer Äußerung (durch *Instanziierung*) zu individuellen Konstrukten werden. Die Verknüpfungsregeln der Modellierungssprache spezifizieren die zulässigen Verbindungen der Konstruktarten (und damit aller Konstrukte).

In einer Äußerung findet zudem (durch eine *Interpretation*) die Zuordnung dessen statt, was die Konstrukte ***konkret*** bezeichnen. Solche Zuordnungen sind grundsätzlich beliebig, solange sie sich im Rahmen der Bezeichnungen bewegen, den die Modellierungssprache für ihre Konstruktarten in ***allen*** Äußerungen vorsieht. Mit der *Bezeichnung* eines modellierungssprachlichen Konstrukts ist im Folgenden immer dieser Rahmen gemeint[7]; *Konstrukt* steht verkürzend (und nach diesen Erläuterungen unmissverständlich) für Konstruktart. Das Bilden von Äußerungen, Instanziierungen und Interpretationen betreffen Anwendungen einer vorhandenen Modellierungssprache, die bei der Evolutionsuntersuchung nicht interessieren.

3.1.2 Als Ursprünge gewählte Modellierungssprachen

ER-Modell

Peter Chen stellte das ER-Modell 1975 auf der *Conference on Very Large Databases* (VLDB 75) vor [Chen75]. Die erste Veröffentlichung erschien jedoch nicht im Tagungsband, sondern erst ein Jahr später. Diese Veröffentlichung [Chen76] zählt hier als ursprüngliches ER-Modell.

Entitätstyp, Beziehungstyp und Attribut bilden die Grundkonstrukte des ER-Modells [HuKi87, 232; Teor94, 13 ff.; ElNa00, 45]. Dies geht deutlich aus den *Verknüpfungsregeln* hervor: (1) Beziehungstypen verbinden Entitätstypen, (2) Attribute ***müssen*** Entitätstypen und ***können*** Beziehungstypen zugeordnet werden.

7) Vor ähnlichem Hintergrund sprechen [Petr76, 1] von „Basis-Interpretation“ und [Holt79, 40] von „allgemeinem Stil der Interpretation“.

Ein ***Entitätstyp*** fasst Objekte (***Entitäten***) mit den gleichen Eigenschaften (Attributen) zusammen [Chen76, 10 f.]. Die Entitäten sind dabei durch einen Primärschlüssel identifizierbar. ***Beziehungen*** verbinden mindestens zwei Entitäten [Chen76, 10; KeKT76, 54]. Alle an einer Beziehung beteiligten Entitäten müssen existieren, aber nicht notwendig zu verschiedenen Entitäts-typen gehören [Chen76, 12]. Gleichartige Beziehungen bilden einen ***Beziehungstyp***.

Zuordnungen von Wertemengen bzw. des kartesischen Produkts solcher Mengen zu Entitäts- bzw. Beziehungstypen heißen ***Attribute*** [Chen76, 12]. Formal beruhen diese Zuordnungen auf Abbildungsrelationen (s. Abschnitt 4.1). Von Entitäten unterscheiden sich Attribute dadurch, dass sie keinerlei Beziehungen eingehen können [Wier96, 177]. Im Gegensatz zu Beziehungen ändern sich die Wertemengen von Attributen im Zeitablauf nicht [Lenz85, 272].

Ursprünglich wurden Entitätstypen grafisch durch Rechtecke und Beziehungstypen durch Rauten dargestellt, Attribute wurden nicht erfasst. Später kennzeichneten Ellipsen die Attribute (s. Tabelle 3.1). Grafische notierte ER-Modell-Äußerungen heißen ***ER-Diagramme***.

PN-Grundkonstrukte

Petri-Netze (PN) beruhen auf den Aktionsnetzen, die 1962 von Carl Adam Petri [Petr62] entwickelt wurden. Er führte damals die Konstrukte Transition, Stelle, Tobit und Informationsfluss ein.

Jede ***Transition*** repräsentiert genau eine unzerlegbare Aktion, deren Ausführung die Belegung von Stellen mit Tobits ändert [Petr62, 108 f.]. Das Ausführen einer Aktion wird ***Schalten*** genannt. Transitionen entsprechen damit aktiven Schaltelementen [Petr62, 55].

Stellen sind die Wirkungsbereiche der Transitionen; folglich gehört jede Stelle mindestens einer Transition an [Petr62, 54 ff.]. Da sich der ***Zustand*** der Stelle, d. h. die mögliche Belegung mit einem Tobit, nur durch das Schalten der Transition ändern kann, bezeichnen Stellen passive Elemente [Reis87b, 66; GiVa03, 10].

Ein totales Bit (***Tobit***) besitzt alternativ die Werte „0" bzw. „1" [Petr62, 56]. ***Informationsflüsse*** zeigen jeweils, von welcher Stelle beim Schalten ein 1-Tobit entnommen und auf welcher Stelle es abgelegt wird [Petr66, 110 ff.].

Grafisch wurden die Stellen der Aktionsnetze durch Kreise und die Transitionen durch Mengen gerichteter Kanten mit derselben Beschriftung (dem Transitionsnamen) veranschaulicht (s. Tabelle 3.1). Die Kantenrichtung gab die Richtung des Informationsflusses an. Ein dicker Punkt kennzeichnete die Belegung einer Stelle mit einem 1-Tobit, 0-Tobits wurden nicht abgebildet [Petr62, 114].

Aus heutiger Sicht bilden Stelle, Transition, Flussrelation und Marke die ***Grundkonstrukte*** der Petri-Netze [Pati70, 22; Petr77, 134]. Im Vergleich zu den Aktionsnetzen änderten sich ***Stellen*** nicht und ***Transitionen*** nur in der Notation: Sie werden nicht mehr durch Kanten[8], sondern durch Rechtecke [Petr73, 142] bzw. Balken [Holt68, 21] dargestellt (s. Tabelle 3.1).

Die Gesamtheit der Informationsflüsse formt heute die ***Flussrelation*** $F \subseteq (S \times T) \cup (T \times S)$. Elemente der Flussrelation (***Flüsse***) sind Tupel (s_i, t_j) bzw. (t_j, s_i), die jeweils eine Beziehung von

8) Eine Syntaxverschärfung (zum Vor- bzw. Nachbereich einer Transition gehört höchstens eine Stelle) ermöglicht auch heute noch die Darstellung von Transitionen durch Kanten; s. Abschnitt 3.3.

genau einer Stelle $s_i \in S$ zu genau einer Transition $t_i \in T$ (oder umgekehrt) anzeigen (*Verknüpfungsregel* (1)). Gerichtete Kanten symbolisieren die Flussrelation grafisch (s. Tabelle 3.1).

Marken gingen aus den 1-Tobits hervor, da ohnehin nur der Fluss dieser (abstrakten) Objekte interessierte. Stellen dürfen Marken tragen (*Verknüpfungsregel* (2); [Petr62, 114]) und sind dann *markiert* ($m(s_i)$, $s_i \in S$).

Petri-Netz, Graph

Der Übergang vom Aktions- zum Petri-Netz und die Etablierung der Grundkonstrukte vollzogen sich mit der Einführung des Begriffs *Petri-Netz* [Holt68, 22] und dem Entstehen der allgemeinen Netztheorie [Petr73; Petr77; Petr80]. Allerdings wird der Begriff „Petri-Netz", isoliert oder in Verbindung mit Varianten-Bezeichnungen, nicht einheitlich verwendet:

Die erste Irritation resultiert aus der erlaubten Markenanzahl je Stelle: In der ersten deutschen [Petr62, 56, 114] bzw. internationalen [Holt68, 23] Veröffentlichung von Petri-Netzen durfte eine Stelle höchstens eine Marke aufnehmen (*Bedingung/Ereignis-Netz*). Allerdings fand die internationale Begriffsprägung in einem eher schlecht zugänglichen technischen Bericht statt. Fortgesetzt wurde dieser Bericht zwei Jahre später in einem (englischsprachigen) Projektbericht, der zwar ebenfalls von Petri-Netzen, Bedingungen und Ereignissen sprach, je Stelle aber mehr als eine Marke zuließ [HoCo70, 21]. Diese Markierungserlaubnis ging in spätere Konsens-Definitionen von „Petri-Netz" ein (z. B. [GeSW80, 528]); seit 1978 werden derartige Petri-Netze durch die Bezeichnung *Stelle/Transition-Netz* von Bedingung/Ereignis-Netzen unterschieden [GeLa78, 214; GeSW80, 528]. Historisch begründet gelten hier Bedingung/Ereignis-Netze als ursprüngliche Petri-Netze und Stelle/Transition-Netze als Variante.

Die zweite Irritation ergibt sich zwischen Petri-Netzen als Modellierungssprachen und Äußerungen in diesen Modellierungssprachen. Analog zum ER-Modell müsste von Petri-Netz-*Modell* gesprochen werden, wenn die Modellierungssprache gemeint ist. Zwar findet sich diese Auffassung bei Petri-Netzen (z. B. beim Relationen-Netz-Modell [Reis83, 231]), unter einem *Petri-Netz-Modell* wird aber auch eine konkrete Verknüpfung von Konstrukten verstanden (z. B. [Baum90, 19 ff.; Star90, 13]). Es besteht also Verwechslungsgefahr.

Dies ist nicht die einzige Quelle von Missverständnissen: Die international verbreitete Definition führte Petri-Netze als Notation ein [HoCo70, 20]. Später bezeichnete (Petri-) „Netz" eine konkrete Äußerung in dieser Notation (z. B. [Petr77, 135]). Die Äußerungen werden z. T. weiter danach unterschieden, ob Markierungen vorliegen (Petri-Netz-*System*) oder nicht (*Petri-Netz*) [Thia87, 29, 34; DeRe98, 122; RoEn98, 13]. Durchgesetzt hat sich diese Unterscheidung nicht: Auch als Äußerungen tragen Petri-Netze Marken (z. B. [Sifa80, 308; GeSW80, 528; AjBD98, 228]).

Die vorliegende Arbeit verwendet *Petri-Netz* als Oberbegriff für Modellierungssprachen mit den oben aufgeführten Grundkonstrukten und Verknüpfungsregeln [RoEn98, 12]. Wie allgemein üblich, fehlt in den Namen der Varianten (z. B. Stelle/Transition-Netz) häufig der Zusatz „Petri".

Jede Petri-Netz-Modellierungssprache gestattet eine Menge von Äußerungen, was gelegentlich zur Bezeichnung *Petri-Netz-Klasse* bzw. -Unterklasse (z. B. [Devi89, 143]) führt. Derartige Präzisierungen sind hier überflüssig, da die Äußerungsmöglichkeiten bereits aus den generellen Eigenschaften von Sprachen folgen.

Eine Äußerung in einer Petri-Netz-Modellierungssprache ist ein endlicher, gerichteter, bipartiter *Graph* N = (X, F), der markiert und beschriftet sein darf. Die Knotenmenge X des Graphen besteht aus den disjunkten Teilmengen der Stellen S und der Transitionen T; beide Teilmengen sind endlich und nicht leer ($X = S \cup T, S \cap T = \emptyset, S \cup T \neq \emptyset$). Die Elemente der Flussrelation F bilden die gerichteten Kanten des Graphen. Der Graph ist bipartit, da die Kanten jeweils Elemente der disjunkten Knoten-Teilmengen verbinden [Baum90, 42]. Sofern die vorliegende Untersuchung einen expliziten Bezug auf Äußerungen erfordert, geschieht dies durch die Bezeichnung ***konkretes Petri-Netz***. Fehlt der Zusatz „konkret", dann ist die Modellierungssprache mit ***allen*** ihren Äußerungen gemeint.

Petri-Netze als Modellierungssprachen unterscheiden sich von *Petri-Netz-Sprachen* [Hack79, 127 ff.; Pete81, 151 ff.]. Letztere stellen formale Sprachen dar, die beim Schalten eines konkreten Petri-Netzes entstehen. Synonym wird z. T. von der „Sprache eines Petri-Netzes" gesprochen [PrWi03, 190]. Bereits in Abschnitt 1.1 wurden formale Sprachen als Untersuchungsgegenstand ausgeschlossen.

Notation

Vorschriften zum Erzeugen schriftlicher Äußerungen heißen *Notationen*. Notationen geben die Konstrukte und die zulässigen Konstruktverknüpfungen an. Bisher wurden nur die grafischen Notationen von ER-Modell bzw. Petri-Netz erwähnt. Beide Modellierungssprachen können jedoch äquivalent textuell notiert werden, wie Tabelle 3.1 exemplarisch zeigt. Insbesondere die textuelle Notation der Petri-Netze ist gebräuchlich.

Die Konstrukte *textueller Notationen* sind Zeichen, die aneinander gereiht werden dürfen [LaSi87, 68]. In zulässigen Verknüpfungen hat deshalb jedes Konstrukt höchstens zwei Nachbarn. Zu den Zeichen gehören z. B. Buchstaben, Ziffern und spezielle Symbole des ASCII-Codes sowie mathematische (Mengenoperationen, das Integralzeichen usw.) und logische (Konjunktion, Disjunktion, Äquivalenz, Implikation, Negation usw.) Symbole (ähnlich [Zsch95, 66 f.]).

Im Gegensatz dazu verwenden *grafische Notationen* als Konstrukte hauptsächlich Objekte, die in der Regel durch zwei [LaSi87, 68], ausnahmsweise durch drei[9] Dimensionen beschrieben werden. Oft kommen als Objekte geometrische Figuren (Kreis, Dreieck, Rechteck) zum Einsatz, die z. T. durch Zeichen beschriftet werden. Zulässige Konstruktverknüpfungen entstehen durch Anordnungen der Objekte. Daraus folgt, dass ein Konstrukt in einer grafisch notierten Äußerung mehr als zwei direkt benachbarte Konstrukte haben kann [LaSi87, 90].

Die Unterscheidung zwischen grafischen und textuellen Notationen ist generell schwierig, wie u. a. die Diskussion sieben alternativer Abgrenzungskriterien in [Shim01] zeigt. Die hier vorgenommene Abgrenzung kann sicher kritisiert werden, erweist sich aber für die geplante Untersuchung als praktikabel.

9) Ein Beispiel für ein dreidimensionales grafisches Konstrukt ist der Fakt-Beziehungstyp des ME/R-Modells, s. Abbildung 4.5 in Abschnitt 4.2.2.1.

Grafische und textuelle Notation am Beispiel von ER-Modell und Petri-Netz **Tab. 3.1**

<table>
<tr><th colspan="2">Grafische Notation</th><th>Textuelle Notation</th></tr>
<tr><td colspan="2">ER-Modell [Chen76]</td><td>Knowledge-based ER-Modell [KeBH90]</td></tr>
<tr><td colspan="2">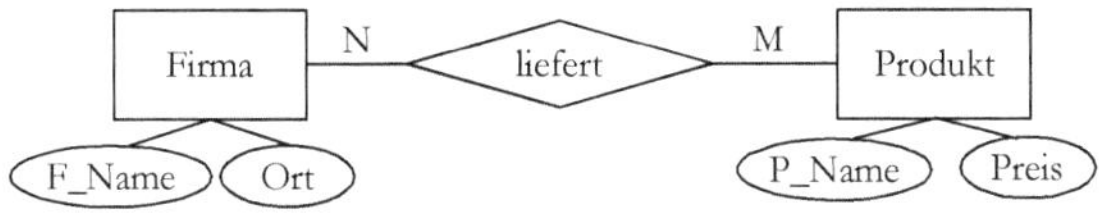
</td><td>ENTITY: FIRMA
ATTRIBUTES:
F_Name (string, key).
Ort (string).
ENTITY: PRODUKT
ATTRIBUTES:
P_Name (string, key).
Preis (integer).
RELATIONSHIP: liefert
INVOLVES:
liefern (PRODUKT, 0:M).
geliefert (FIRMA, 0:N).</td></tr>
<tr><td>Aktionsnetz [Petr62]</td><td>Petri-Netz [Holt68]</td><td>Petri-Netz [Pete81]</td></tr>
<tr><td>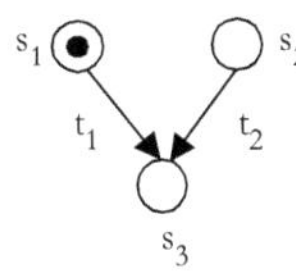
</td><td>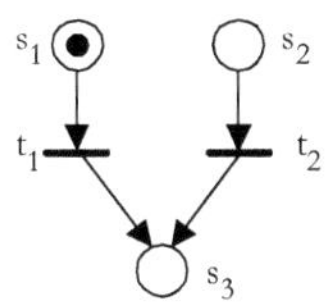
</td><td>$PN = (S, T, F, m)$
$S = \{s_1, s_2, s_3\}$
$T = \{t_1, t_2\}$
$F = \{(s_1, t_1), (s_2, t_2), (t_1, s_3), (t_2, s_3)\}$
$m(s_1) = 1, m(s_2) = 0, m(s_3) = 0$</td></tr>
</table>

3.2 Ursachen der Variation

Ursachenermittlung

Ursachen meinen die Beweggründe, die Autoren veranlassen, neue Varianten einer bestehenden Modellierungssprache vorzuschlagen. Dabei handelt es sich um kognitive Vorgänge, die sich nicht direkt beobachten lassen. Indirekt kann jedoch auf Bemerkungen in der Motivation oder der Zusammenfassung von Veröffentlichungen zurückgegriffen werden:

Zu den Ursachen zählen demzufolge alle direkt genannten Motive (z. B. [Chen76, 10; dSNF80, 103; Reis83a, 230]), spezielle Vorzüge der vorgeschlagenen Sprachvariante (z. B. [Jens81, 318; KaSc89, 311; Thal00, 9 ff.]) sowie die Nachteile existierender Modellierungssprachen, die der neue Vorschlag beseitigen soll (z. B. [ScSc79, 122 ff.; TaNa83, 73; VaMe85, 456; Zube86, 477]). Die Textauszüge, auf denen die Ursachenermittlung beruht, sind in den Dokumentationen der Teilerhebungen jeweils zitiert.

Nicht erfasst werden so u. a. soziologische Antriebe der Sprachkonstruktion (Maximierung der Veröffentlichungsanzahl o. Ä.), weil dies niemand offen zugibt. Mit der Annahme ingenieurmäßiger Rationalität (s. Abschnitt 1.1) vertragen sich solche Motive ohnehin nicht.

Datenmodell

Das ER-Modell gehört zu den Datenmodellen. *Datenmodelle* sind künstliche Sprachen, die dazu dienen, die Struktur einer Datenbank und die Operationen darauf (einfügen, löschen, ändern, anzeigen) zu beschreiben [Brod84, 20; Nava92, 112 f.]. Die Struktur der Datenbank spiegelt sich im (*Datenbank*-[10]) *Schema* wider, die schemakonform strukturierte Gesamtheit der Daten in der Datenbank zu einem bestimmten Zeitpunkt bildet eine *Datenbank-Instanz* oder einen *Datenbankzustand* [Brod84, 20; TsLo82, 10; Nava92, 113]. Regeln, die die zulässigen Datenbankzustände einschränken, heißen *Integritätsbedingungen* [Nava92, 114]. Auch Integritätsbedingungen werden durch Datenmodelle spezifiziert. Die Charakteristika von Datenmodellen zeigen sich in den Ursachen neuer ER-Modelle.

ER-Modelle

Die Angaben dazu, weshalb ein neues ER-Modell vorgeschlagen wurde, sind sehr vielfältig. Inhaltlich lassen sich folgende *Ursachenklassen* bilden:

1. Erhöhung der *Ausdrucksstärke*, d. h. der Möglichkeit, bestimmte Arten von Aussagen zu formulieren (70 Nennungen; s. weiter unten in diesem Abschnitt),
2. Unterstützung der *Implementierung* (19 Nennungen, z. B. [Lenz85, 272; Norr94, 391]),
3. Verbesserung der *praktischen Anwendbarkeit*, d. h. der Lesbarkeit, der Übersichtlichkeit oder der Veränderbarkeit großer ER-Diagramme (13 Nennungen, z. B. [TeWB89, 975; PaSp92, 69]),
4. *Korrekturen*, um vorhandene Fehler oder Ungenauigkeiten auszumerzen (12 Nennungen, z. B. [Tabo83, 565; Sinz88, 193]),
5. *Integration*, also das Schaffen eines neuen ER-Modells als Rahmenwerk, das andere Modellierungssprachen (z. B. logische [Chen76, 10] oder semantische Datenmodelle [HoNS87, 64], alternative ER-Modelle [Lenz85, 271]) als Spezialfälle enthält (9 Nennungen).

Vier ER-Modelle entstanden durch Motive, die nicht in diese Klassen fallen (nur Verwendung von 1:N-Beziehungen [TaNa83, 97], Konsolidierung von Datenstrukturen in einer Produktionsumgebung [HsRa90, 758], Lehrbarkeit, Transformierbarkeit und Robustheit [NIST93, ii] sowie Qualitätsbeurteilung [LiTe94, 241]).

Gelegentlich gibt es mehr als einen Auslöser für ein neues ER-Modell (z. B. [Chen76, 9 f; Thal00, 9 ff.]). Deshalb übersteigen die oben und in Abbildung 3.1 verzeichneten Anzahlen die der ER-Modell-Vorschläge in den einzelnen Jahren. Die exakten Zahlenwerte sind in Anhang A.1 tabelliert.

Insgesamt verursacht Ausdrucksstärke am häufigsten neue ER-Modelle, für alle anderen Ursachen sinkt die Häufigkeit. Die Häufigkeit weist auf die Wichtigkeit der Ursache als Variationsauslöser hin. Daraus resultiert eine Ursachenrangfolge, die statistisch auf Signifikanz getestet werden kann. Der verwendete Test [BoLB00, 100 ff.] gehört zu den verteilungsfreien, d. h., er stellt keine Anforderungen an die Wahrscheinlichkeitsverteilung der getesteten Daten. Allerdings setzt er voraus, dass jedem ER-Modell genau eine Ursache zugrunde liegt. Diese Voraussetzung wird hier durch den Ausschluss aller mehrfach motivierten ER-Modelle geschaffen. So bereinigt, stellt Ausdrucksstärke nach wie vor die wichtigste Ursache dar (55 Exklusivnennungen), gefolgt von Implementierungsunterstützung (7 Exklusivnennungen), Anwendbarkeit (6 Exklusivnennungen), Integration (3 Exklusivnennungen) und Korrektur (2 Exklusivnen-

10) Da keine Verwechslungsgefahr besteht, wird im Folgenden auf den Zusatz „Datenbank“ verzichtet.

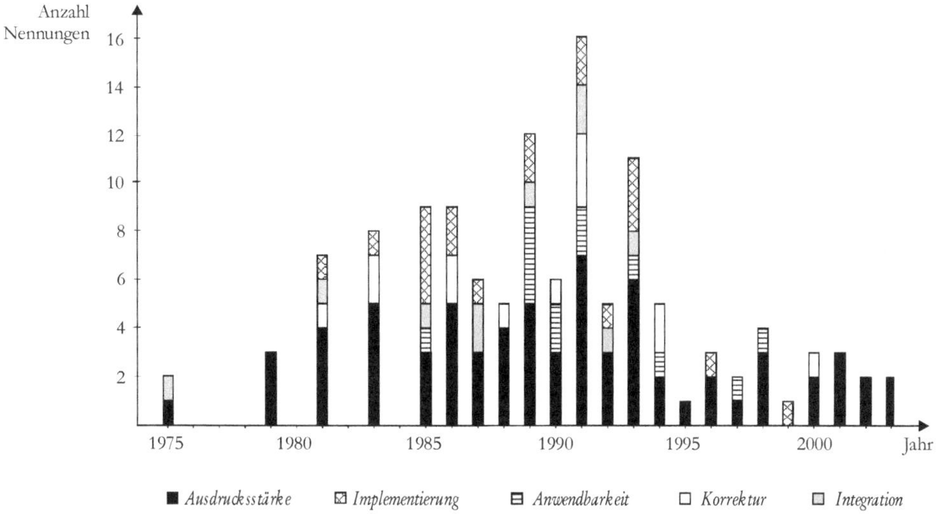

Ursachen neuer ER-Modelle **Abb. 3.1**

nungen). Mit einer Irrtumswahrscheinlichkeit von 1 % ist diese Rangfolge nicht zufällig. Die Testberechnung ist in Anhang A.2 zu finden.

ER-Ausdrucksstärke

Ausdrucksstärke bildet somit den bedeutendsten Auslöser neuer ER-Modelle. Im Detail betreffen die neuen Arten von Aussagen:

- die aus dem Schema ersichtliche *Struktur* von Datenbanken, die u. a. durch Abstraktionen (z. B. Generalisierung, Aggregation [ScSW80, 142 ff.] oder Kategorie [ElWH85, 78 f.]) verdeutlicht werden soll,
- *Integritätsbedingungen*, so dass die zulässigen Zustände der Datenbank zu allen Zeitpunkten anders eingeschränkt werden können als bisher (z. B. [Badi00, 327 ff.]),
- Operationen auf der Datenbank (*Verhalten*), die direkt im ER-Modell und nicht in einer anderen Sprache beschrieben werden (z. B. [BrEl87, 169; EdKT87, 147]),
- Unterschiede in den Instanzen [LeEl98, 23] oder im Schema [LiCC94, 135] von Datenbanken zu verschiedenen *Zeit*punkten,
- *Unsicherheit*, wenn das Schema oder die Instanzen einer Datenbank z. B. durch Wahrscheinlichkeitsverteilungen zu charakterisieren sind (z. B. [MaZM01, 702 ff.]),
- Ableitungs*wissen*, um z. B. Inferenzen zu repräsentieren (z. B. [KeBH90, 260, 264]),
- die Möglichkeit, Fakten und Dimensionen der Datenanalyse zu erfassen (*Mehrdimensionalität*, z. B. [SaBH99, 109 ff.]),

- *Domänenspezifika*, so dass mithilfe eines spezialisierten Vokabulars Eigenheiten einzelner Einsatzgebiete der Datenbank formuliert werden können. Als Einsatzgebiete sind z. B. Prozessindustrie [AlFe83, 761], Fertigung [FlGi88, 249], Sicherheit [PeWT94, 166], *Electronic Commerce* [Wagn01, 111], Multimedia [Vele85, 82], Hypermedia [GaMp94, 179], Psychologie [GrBe96, 803] und geographische Informationssysteme [LiNe87, 68] vertreten.

Alle ER-Modelle, die eine Erhöhung der Ausdrucksstärke anstreben, sind den genannten Aussagenarten zuordenbar; die Anzahlen sind in Anhang A.1 dokumentiert. Abbildung 3.4 in Abschnitt 3.4 zeigt aggregiert, wie sich die Vorschläge der neuen Aussagenarten über die Zeit verteilen.

Petri-Netze

Petri-Netze dienen allgemein dazu, Struktur und (durch das Schalten) Verhalten von Systemen zu beschreiben, z. B. im Sinne von Spezifikationssprachen. Vorschläge neuer Petri-Netze werden aus verschiedenen Gründen unterbreitet. Die Verbesserungen konzentrieren sich auf die folgenden Ursachenklassen:

1. *Beschreibung* (67 Nennungen), so dass bestimmte Aussagen getroffen werden können (s. unter PN-Ausdrucksstärke in diesem Abschnitt),
2. Verwendung der Beschreibung, um bestimmte Eigenschaften der beschriebenen Systeme zu ermitteln (*Analyse*, 33 Nennungen, z. B. [HoCo70, 4; Jens81, 318]),
3. *praktische Anwendbarkeit* (13 Nennungen), die auf kompaktere Beschreibungen oder einfachere Analysen zielt (z. B. [Reis83, 230; Ciar94, 193]),
4. *Integration* (9 Nennungen) als Zusammenfassung verschiedener Petri-Netze oder Ideen (z. B. [Valk78a, 526; Jens83, 166]).

Lediglich fünf Petri-Netze gehen auf Motive zurück, die nicht in die aufgeführten Klassen passen: die Übersetzung konkreter Petri-Netze in bestimmte Arten von Programmen [GoRe85, 169], theoretische Untersuchungen [LaPa85, 331], Grundlagenbetrachtungen zu Petri-Netzen [RoTh86, 597], algorithmische Generierung verteilter Implementierungen [Hopk91, 163] und Verbesserung der Wiederverwendbarkeit [BaDF00, 43].

Auch einige Petri-Netz-Vorschläge haben mehr als eine Ursache. Die oben sowie in Anhang A.1 aufgeführten Anzahlen und das Diagramm in Abbildung 3.2 enthalten diese Mehrfachnennungen.

Am häufigsten streben neue Petri-Netze eine Verbesserung der Beschreibung an. Diese Situation gleicht, wegen der äquivalenten Definitionen von Beschreibung und Ausdrucksstärke, der bei den ER-Modellen. Praktische Anwendbarkeit und Integration sind als Ursachen ebenfalls von den ER-Modellen bekannt. Unter Ausschluss aller mehrfach motivierten Petri-Netze ergibt sich als Rangfolge der Variationsursachen Beschreibung (25 Exklusivnennungen), gefolgt von Analyse (19 Exklusivnennungen), Anwendbarkeit (8 Exklusivnennungen) und Integration (7 Exklusivnennungen). Statistisch ist diese Rangfolge mit einer Irrtumswahrscheinlichkeit von 1 % signifikant; Anhang A.2 enthält die Berechnungen.

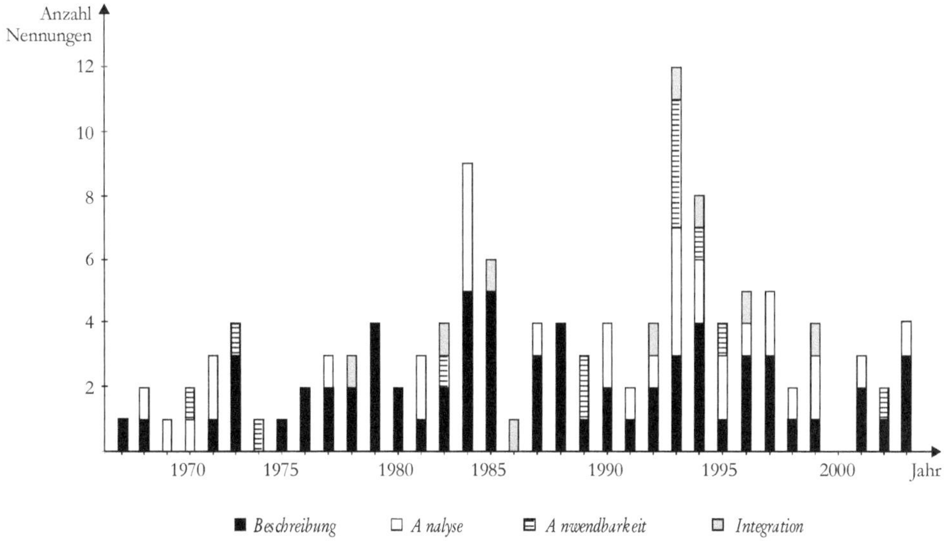

Ursachen neuer Petri-Netze

Abb. 3.2

PN-Ausdrucksstärke

Wegen der identischen Definitionen wird im Folgenden der vertrautere Begriff *Ausdrucksstärke* anstelle von Beschreibung verwendet. Erneut lassen sich die zusätzlichen Aussagen, die Petri-Netz-Varianten ermöglichen sollen, klassifizieren. Die Aussagen betreffen vor allem:

- die *Struktur* konkreter Petri-Netze oder beschriebener Systeme (z. B. [Noe80, 358; HuJS90, 315]), die stärker abstrahierend formuliert werden soll,
- die *Koordination* [AgFl73, 81] oder die *Synchronisation* (z. B. [MoPS78, 375; ChHa94, 160]) von Abläufen in Systemen,
- *Zeitangaben* für Schaltvorgänge oder Aktivierungen (z. B. [Nutt72, 24; AjCB84, 94]),
- *Unsicherheit*, die vor allem das Vorhandensein von Marken auf Stellen vor und nach dem Schalten betrifft (z. B. [Shap79a, 375; LiGS89, 12]); teilweise verbindet sich damit der Wunsch, unsicheres *Schließen* ausdrücken zu können [Loon88, 178; PePe99, 276],
- *Domänenspezifika*, z. B. für die Beschreibung von Algorithmen [Baer73a, 13], Kommunikationsprotokollen [Symo80, 29], Software [Shap79b, 107], Mathematik [Hind82, 142], fehlertoleranten Systemen [DuTG84, 508], Fertigung [CoGV86, 162], Büroinformation [RiVo86, 408], Hardware [Valk87, 218], Musik [HaRo88, 175], Diagnose [AnPo94, 39], fluiden Systemen [TrKu93, 24], Hypermedia [SedW95, 451], Worflow [vdAA97, 407] oder Biologie [MaFD03, 3].

Als Domänenspezifika wurden nur solche Petri-Netze aufgeführt, die für die neuen Aussagen Fachtermini des Einsatzgebietes verwenden. Daneben nennen einige Petri-Netz-Vorschläge zwar als Ursache ein Einsatzgebiet, erhöhen letztlich aber die generelle Ausdrucksstärke in den Klassen Struktur (z. B. für Protokolle [KiWa96, 289]), Zeit (z. B. für Performance-Analysen [Nutt72, 3]), Unsicherheit (z. B. für fehlertolerante Systeme [Shap79a, 375]) und Synchronisation (z. B. für Multimedia [DiSe94, 219]). Aus Abbildung 3.5 in Abschnitt 3.4 geht die zeitliche Verteilung der Ausdrucksstärke-Nuancen von Petri-Netzen hervor.

Symmetrie

Insgesamt wird eine gewisse „Symmetrie“ zwischen den Ursachen neuer ER-Modelle und denen neuer Petri-Netze deutlich: In beiden Fällen sollen die Varianten ausdrucksstärker oder praktisch anwendbarer sein oder andere Varianten integrieren. Gemeinsamkeiten in der erhöhten Ausdrucksstärke bestehen in den Aussageklassen Struktur, Zeit, Unsicherheit und Domänenspezifika. Koordination und Synchronisation betreffen das Verhalten von Petri-Netzen und haben deshalb keine Entsprechung bei den ER-Modellen. Unsicheres Schließen meint Inferenzen, die zum Ableitungswissen der ER-Modelle zählen. Die verbleibenden Unterschiede resultieren daraus, dass Petri-Netze keine Datenmodelle sind.

3.3 Mechanismen der Variation

Bedeutungserhaltung

Aus der Konzentration auf Varianten folgt, dass sich bestimmte Dinge nicht ändern dürfen, damit die Abstammung von der ursprünglichen Modellierungssprache gewahrt bleibt. Konkret verbietet die Variantendefinition (s. Abschnitt 3.1.1) das ***Löschen*** der Grundkonstrukte von ER-Modell bzw. Petri-Netz oder ihrer Verknüpfungsregeln. Nicht erlaubt sind ferner linguistische ***Verschiebungen***, die sich im Auswechseln der Rahmen für die Konstruktbezeichnungen oder in vertauscht angeordneten Grundkonstrukten manifestieren würden. Die genannten Verbote garantieren, dass neue Modellierungssprachen die Bedeutung der ursprünglichen erhalten.

Positiv dürfen Varianten durch Erweiterung des Vokabulars, zusätzliche Verknüpfungsregeln bzw. Bedeutungen oder durch Verschärfungen entstehen. Bedeutungsveränderungen setzen immer Konstrukt- oder Verknüpfungsvariationen voraus, da beide Sprachbestandteile die Bedeutung bestimmen (s. Abschnitt 3.1.1 unter Varianten). Verschärfungen verändern die Bedeutung hingegen nicht. Abbildung 3.3 strukturiert die nachfolgend erläuterten Variationsmechanismen. Ihnen werden im Text die linguistischen Variationsmechanismen aus Abschnitt 2.2 gegenübergestellt.

Konstruktbildung, Verschmelzen

Vokabularerweiterungen bilden empirisch die häufigste Quelle von Variationen. Dabei treten Konstrukte zu den bereits in der ursprünglichen Modellierungssprache vorhandenen hinzu und müssen sich in deren Notation eingliedern. Ein hinzutretendes Konstrukt kann entweder *atomar* sein, d. h. genau einem Zeichen bzw. grafischen Objekt entsprechen, oder zusammengesetzt. Zeichenketten, die in der Variante unzerlegbar sind, gelten ebenfalls als „atomare“ Konstrukte. Linguistische Aufteilungen kennen die untersuchten Modellierungssprachen nicht.

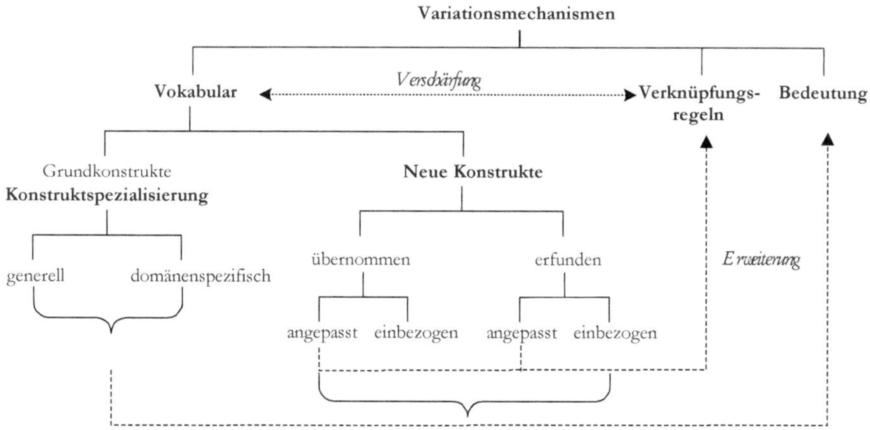

Variationsmechanismen für Modellierungssprachen **Abb. 3.3**

Zusammensetzungen entstehen durch die Kombination eines Zeichens bzw. grafischen Objekts mit bereits vorhandenen Konstrukten der Modellierungssprache. Dies entspricht der Bildung von Wörtern aus Morphemen in der Linguistik (s. Abschnitt 2.2 unter Sprachliche Objekte). Das, was das zusammengesetzte Konstrukt bezeichnet, ergibt sich aus den kombinierten Bestandteilen. Linguistisch findet ein *Verschmelzen* statt. Zum Beispiel bezeichnet das Zeichen „1" konventionsgemäß die natürliche Zahl Eins. In Zusammensetzung mit Beziehungstypen des ER-Modells führt dieses Zeichen u. a. zu obligatorischen Beziehungstypen [Ferg91, 21], die alternativ z. B. durch spezielle durchgezogene Linien [Sinz88, 196], also atomare grafische Konstrukte, dargestellt werden können (s. die Zugehörigkeit eines Kindes zu einem Mitarbeiter in Tabelle 3.2). In Petri-Netzen resultieren z. B. exklusive Ausgangskanten einer Stelle aus der Kombination des Zeichens „1" mit Elementen der Flussrelation [Nutt72, 27]. Alternativ repräsentiert ein *Switch* [Baer73a, 14 f.] als (ein) grafisches Konstrukt dieselbe Bedeutung.

Zusammensetzungen können Zeichen mit Zeichen, mehrere grafische Objekte oder Zeichen mit grafischen Objekten verschmelzen. Im letztgenannten Fall wird von *Annotation* gesprochen [Stef95, 51]. ER-Modelle kombinieren u. a. grafische Objekte (z. B. Linie und Punkt [ScSw80, 124 f.]), um abhängige Beziehungstypen (z. B. die Erziehung eines Kindes in Tabelle 3.2) zu bilden. In Petri-Netzen entstehen verschiedene totale Kantentypen durch das Zusammensetzen grafischer Objekte [HeRi92, 238]. Außerdem bilden textuell notierte stochastische Petri-Netze verzögerte Transitionen, indem sie Zeichen für Transitionen und Zahlen verbinden [FlNa82, 280 f.].

Ordnet eine Annotation einem Konstrukt genau ein Zeichen (bzw. eine Zeichenkette) zu, liegt mathematisch eine *Funktion* vor, andernfalls eine *Beschriftung* [Jens90, 346]. Insbesondere bei den untersuchten Petri-Netzen tritt diese Unterscheidung in den Definitionen der Mo-

Tab. 3.2 Notationspluralismus am Beispiel von ER-Modellen

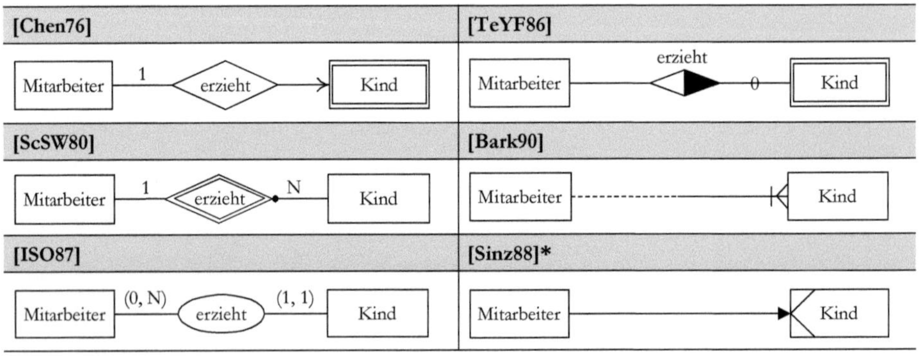

* *Als Bestandteil eines größeren ER-Diagramms ist für „Mitarbeiter" gegebenenfalls ein ER-Typ zu verwenden.*

dellierungssprachen relativ deutlich hervor (z. B. [Sifa80, 308; CaVD90, 72; GhMM91, 161]). ER-Modelle trennen hingegen, vermutlich wegen des schwächer ausgeprägten mathematischen Bezugsrahmens, die Annotationsarten nicht so scharf.

Bereits die Beispiele zu Zusammensetzungen deuten an, dass Modellierungssprachen unterschiedliche grafische Objekte oder Zeichen für dieselbe Bezeichnung verwenden. Diese „Konstruktbeliebigkeit" gilt für jede Art der Konstruktbildung und Notation. So repräsentieren z. B. in ER-Modellen (s. Tabelle 3.2) halbseitig gefüllte Rautensymbole [TeYF86, 201 f.], „Krähenfüße" [Bark90, 3-3] oder Ziffern [ISO87, 88], mit wie vielen anderen Entitäten eine Entität in Beziehung stehen darf. Inhibitorkanten in Petri-Netzen (s. Tabelle 4.14 in Abschnitt 4.2.2.2) werden mithilfe von Kanten dargestellt, die durchgestrichen sind [AgFl73, 82] oder in Punkten enden [Pete81, 200].

Konstruktspezialisierung

Die Konstrukte, die durch Variation *neben* die Grundkonstrukte treten, hängen entweder mit den Grundkonstrukten zusammen (*Konstruktspezialisierung*) oder nicht (*neue* Konstrukte), s. Abbildung 3.3. *Konstruktspezialisierungen* ergeben sich aus einer Variation durch *Hinzufügen*: Zu dem, was die Grundkonstrukte ursprünglich bezeichnen, treten bei einem spezialisierten Konstrukt neue Bezeichnungen hinzu. Die neue Bezeichnung differenziert bzw. erweitert die ursprüngliche, wie es linguistische Bedeutungseinschränkungen bzw. -erweiterungen vorsehen. Im Gegensatz zu *generell* spezialisierten Konstrukten bezeichnen *domänenspezifisch* spezialisierte etwas, das, z. B. aufgrund einfließender Fachtermini, nur in bestimmten Einsatzgebieten überhaupt nutzbar ist. Alle spezialisierten Konstrukte unterliegen den ursprünglichen, unveränderten Verknüpfungsregeln.

Generelle Konstruktspezialisierungen gehörten bereits zum ursprünglichen ER-Modell, und zwar als schwache Entitätstypen, als existenzabhängige, 1:N-, bzw. M:N-Beziehungstypen und als Primärschlüsselattribute [Chen76, 14, 18, 20]. Es handelt sich dabei jeweils um Bedeutungseinschränkungen. Einige dieser Konstruktspezialisierungen wurden im Zeitablauf gelöscht, z. B. schwache Entitätstypen [Hsu85, 58] und Primärschlüssel [ElWH85, 82]. Außerdem traten erweiternde generelle Konstruktspezialisierungen auf, z. B. in Form von Typen anstelle von Entitätstypen [dSNF80, 104].

Allgemein akzeptierte generelle Konstruktspezialisierungen gingen in die erweiterten ER-Modelle ein (z. B. [TeYF86; ElNa00, 73 ff.; EnGH93]). Aber auch darüber hinaus existieren generelle Konstruktspezialisierungen, z. B. Fakten und Klassifikation (Beziehungstypen) sowie Dimensionen (Entitätstypen) [SaBH99, 109], Fuzzy-Attribute [MaZM01, 702 f.] und kausale Beziehungstypen [DeSG83, 460]. Domänenspezifische Konstruktspezialisierungen liegen z. B. für geographische Informationssysteme (Kartenobjekt-Entitätstypen [LiNe87, 73 f]), Sicherheitsanwendungen (Sicherheitsobjekt-Entitäts- bzw. Beziehungstypen [PeWT94, 168]), Psychologie (konzeptuelle Entitätstypen, perzeptuelle Attribute [GrBe96, 809]) und *Electronic Commerce* (u. a. spezielle Entitätstypen „Agent", „Handlung", spezielle Beziehungstypen „sendet", „empfängt" [Wagn01, 115 ff.]) vor.

In den Petri-Netzen der Teilerhebung setzten generelle Konstruktspezialisierungen vergleichsweise spät (erst 1970) ein. Vorgeschlagen wurden bedeutungserweiternde Input- bzw. Output-Transitionen [Pati70, 29]. Stellen mit einer bestimmten Kapazität stellen ein Beispiel für eine bedeutungseinschränkende generelle Konstruktspezialisierung dar [GeLa78, 214]. Allgemein ist die Differenzierung in Bedeutungseinschränkung bzw. -erweiterung schwierig, da sie vom Betrachtungsstandpunkt abhängt; sie wird deshalb aufgegeben. Weitere generelle Konstruktspezialisierungen in Petri-Netzen umfassen z. B. Input- bzw. Output-Stellen [Kind97, 241], *Switch* (Stelle) [Baer73a, 14 f.], XOR-Transitionen [Baer73a, 14], zeitbehaftete Transitionen [AjCB84, 96], Inhibitorkanten [AgFl73, 82], Test-Kanten [ScSW95, 414], gefärbte Marken [ScWe78, 465; Jens83, 166] und Fuzzy-Marken [Loon88, 180]. Obwohl niemand von „erweiterten Petri-Netzen" spricht, vereinen einzelne Petri-Netze (z. B. spezielle gefärbte Petri-Netze [ChHa93], generalisierte stochastische Petri-Netze [AjCB84], hierarchische gefärbte stochastische Petri-Netze [Buch93]) mehrere der aufgeführten generellen Konstruktspezialisierungen.

Domänenspezifische Konstruktspezialisierungen finden sich bei Petri-Netzen seltener, da derartige Bedeutungen oft durch alternative Interpretationen (s. Abschnitt 3.1.1 unter **Konstruktart, -bezeichnung**) genereller Konstrukte abgedeckt werden können. Beim Einsatz von Petri-Netzen in den Bereichen Software (Komplexbedingungen als spezielle Stellen, „Verletzungen" als spezielle Transitionen [Shap79b, 117]), soziotechnische Systeme (Positionsstellen, Rollentransitionen, Objekt- und Datenflüsse, Steuer- und Objektmarken [Ober87]), Hypermedia (Mono- bzw. Multimedia-Stellen, Link-Typ-Stellen [SedW95, 456 ff.]) und Fertigung (Leer-, Prozess- und Ressourcen-Stellen [Colo03, 28 f.]) erscheinen sie dennoch.

Neue Konstrukte

Konstruktspezialisierungen wandeln Konstrukte ab, die bereits Bestandteile der ursprünglichen Modellierungssprache sind. Alternativ kann eine Variante das Ursprungsvokabular um Konstrukte erweitern, die unbekannte Sachverhalte oder Referenzen bezeichnen. Haben diese neuen Konstrukte Vorbilder in anderen (Modellierungs-) Sprachen oder Bereichen, dann heißen sie *übernommen*, andernfalls *erfunden*. Eine *Anpassung* modifiziert die Syntax: Zusätzlich definierte Regeln legen die erlaubten Verknüpfungen des neuen Konstrukts mit den Grundkonstrukten fest. Ohne solche Verknüpfungsregeln findet lediglich eine (isolierte) *Einbeziehung* neuer Konstrukte statt.

Angepasste erfundene Konstrukte erscheinen in ER-Modellen z. B. als *Constraint/ Transformation Sets* [Lazi88, 136 f.], die Attribute verbinden, sowie als Typkonstruktoren [HoNS87, 73 ff.], die Input-Entitätstypen in separate Output-Entitätstypen transformieren. Außerdem übernehmen ER-Modell-Varianten Konstrukte von Petri-Netzen [EdKT87, 148], abstrakten Datentypen [BaSh99, 18] oder wissensbasierten Systemen [KeBH90, 255] sowie aus der objektorientierten Modellierung [NaPi89, 185]; die Konstrukte werden jeweils angepasst. Fehlende Anpassung der übernommenen (z. B. [GaSh92, 184 ff.], verteilte Transaktionsschemadiagramme) bzw. erfundenen Konstrukte (z. B. [Put89, 426 f.], Sequenzdiagramme) führt zu Diagrammen, die losgelöst neben den ER-Diagrammen stehen.

Petri-Netz-Varianten weisen seltener neue Konstrukte auf, vermutlich, um die Analysierbarkeit, die viele der Varianten motiviert, nicht zu gefährden [Vale97, 23]. Erfunden und an Petri-Netze angepasst wurden z. B. *Constraint Sets* [Pati70, 30], globale Variablen [Noe80, 364], ein Gedächtnis [Symo80, 29], *Events* [MoPS78, 377], Transmissionen [Shap79b, 109] und Demimultiplexer [TaLe85, 813 f.]. Zu den übernommenen und angepassten Konstrukten gehören in Petri-Netzen Wurzelknoten ([Fehl93, 154], aus der Graphentheorie) und Kanäle ([ChHa94, 160 f.], aus Programmiersprachen). Neue einbezogene Konstrukte besitzen die Petri-Netz-Varianten der Teilerhebung nicht.

Syntaxerweiterung

Angepasste Konstrukte implizieren Syntaxerweiterungen von Varianten-Modellierungssprachen. Darüber hinaus ändern sich Verknüpfungsregeln aber auch autonom. Unterstellt sei eine „Positivsyntax“: Konstrukte dürfen *nur* verknüpft werden, wenn Regeln dies *erlauben*. Daraus (und aus der Variantendefinition) folgt, dass Varianten zusätzliche Verknüpfungsregeln aufweisen dürfen, die ursprüngliche syntaktische Restriktionen aufheben. Zu den so entstandenen Regeln gehören in ER-Modellen u. a. Beziehungstypen, die Beziehungstypen verbinden [RoMN91, 149; Thal00, 56] und Beziehungstypen, die Attribute verbinden [AlFe83, 774]. Reine Syntaxerweiterungen betreffen die erhobenen Petri-Netze nicht.

Syntaxverschärfung

Einige Varianten ergänzen die Verknüpfungsregeln nicht, sondern verschärfen die ursprünglichen durch zusätzliche quantitative bzw. qualitative Forderungen; die Bedeutung ändert sich dadurch nicht. *Quantitative Verschärfungen* legen die Anzahl anderer Konstrukte fest, mit denen ein Konstrukt verknüpft werden darf. *Qualitative Verschärfungen* formulieren zusätzliche Bedingungen, die eine ursprünglich erlaubte Konstruktverknüpfung erfüllen muss, damit sie zulässig bleibt. Beide Verschärfungsformen können simultan auftreten [BaCD95, 30].

Sowohl ER-Modelle als auch Petri-Netze verschärfen die Syntax quantitativ. Zum Beispiel verbindet in *binären ER-Modellen* eine Beziehung nicht mindestens, sondern genau zwei Entitäten [Bark90, 3-3; Mart90, 161 ff.; TaNa83, 97]. In Petri-Netzen betreffen quantitative syntaktische Verschärfungen die Elemente der Flussrelation: Es wird z. B. gefordert, dass jeder Knoten höchstens einen ein- bzw. ausgehenden Fluss besitzt. Dabei sind die Knoten entweder Stellen (*Synchronisationsgraphen* [Genr69, 2], *Marked Graphs* [HoCo70, 22], *T-Nets* [BeFe86, 8]) oder Transitionen (*State Machine Graphs* [HoCo70, 22], *S-Nets* [BeFe86, 8]), s. Tabelle 3.3.

Qualitative syntaktische Verschärfungen waren nur an den untersuchten Petri-Netzen beobachtbar. Die zusätzlichen Bedingungen betreffen dort die, aus der Flussrelation abgeleiteten,

Tab. 3.3 Syntaxverschärfungen in Petri-Netzen

Quantitativ		Qualitativ				
		Ein Knoten	Mehrere Knoten			
			Stellen mit gemeinsamen		Transitionen mit gemeinsamen	
Stellen	**Transitionen**		**Nachbereichen**	**Vor- und Nachbereichen**		**Vorbereichen**
Petri-Netze mit Syntaxverschärfungen (Beispiele)						
*Marked Graph**, *T-Net*, *Evaluation Net* [NoNu73] $\forall s \in S: \lvert\bullet s\rvert \leq 1 \wedge \lvert s\bullet\rvert \leq 1$	*State Machine Graph**, *S-Net* $\forall t \in T: \lvert\bullet t\rvert \leq 1 \wedge \lvert t\bullet\rvert \leq 1$	*reines Petri-Netz:* $\forall x \in X$: $\bullet x \cap x\bullet = \emptyset$	*Asymmetric Choice Net, Simple Net:* $\forall s_1, s_2 \in S$: $\bullet s_1 \cap \bullet s_2 \neq \emptyset \Rightarrow (s_1\bullet \subseteq s_2\bullet \vee s_2\bullet \subseteq s_1\bullet)$	nicht bekannt	*Superposed Automata* [BeCD92, 326]: nicht erlaubt**	*Free Choice Net*:: $\forall t \in T, s \in S$: $(s, t) \in F \Rightarrow$ $s\bullet = \{t\} \vee \bullet t = \{s\}$
Unzulässige Konstruktverknüpfungen (Beispiele)						
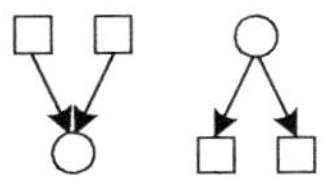	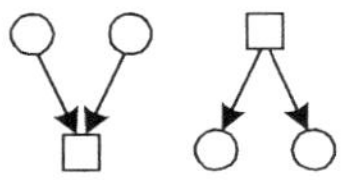		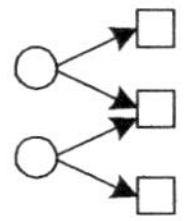	—	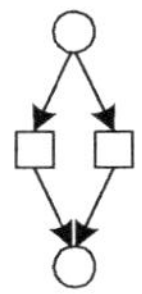	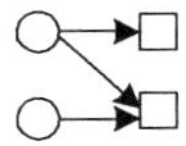
Weitere Vertreter mit anderen verschärfenden Bedingungen						
Synchronisationsgraph, *T-Graph*, *Marked-Graph*-ähnliche Prädikat/Transition-Netze [LaPa85]	*S-Graph*, *Superposed Automata*** [DCDP82]	*CP-Net* [ScWe78]	*Extended Non Self-Controlling Nets* [BaCD95]	—	—	*Equal Conflict Nets* [ReTS96]
als reine Petri-Netze: *Restricted Petri Nets* [Hack79, 35]						
Occurrence Net [RoTh86, 626]	—					

* Einführung anhand der Beispiele durch [HoCo70], in [Hack72, 42] definiert durch $\lvert\bullet x\rvert = 1 \wedge \lvert x\bullet\rvert = 1$ für $x \in S$ bzw. $s \in T$.
** Als zusätzliche Bedingung gilt $\lvert\bullet t\rvert = \lvert t\bullet\rvert$ [DCDP82, 270].

Sofern in Text oder Tabelle nicht weiter angegeben, sind die Bedingungen und Beispiele angelehnt an [Hack72, 14 f.; Pete81, 204 ff.; BeFe86, 5 ff.; Baum90, 71 ff.; RoTh86, 635 f.].

Vor- bzw. Nachbereiche von Knoten [Holt79, 40; BeFe86, 6; RoTh86, 598]: Alle Knoten, *von* denen Flüsse zu einem Knoten $x \in X$ existieren, bilden den *Vorbereich* •x des Knotens. Der *Nachbereich* x• des Knotens umfasst alle anderen Knoten, *zu* denen von ihm aus Flüsse führen. Qualitative Verschärfungen hinsichtlich *eines* Knotens formulieren z. B. *reine Petri-Netze:* Je Knoten[11] wird gefordert, dass sich sein Vorbereich von seinem Nachbereich unterscheidet; Schlingen sind also nicht erlaubt [BeFe86, 7; RoTh86, 598]. Diese Bedingung galt nicht in Aktionsnetzen [Petr62, 108 ff.], kam später hinzu [Petr73, 138 f.; Petr77, 147] und wurde in *Elementary Nets* wieder aufgehoben [BeDC92, 309; RoTh86, 600]. Andererseits erfüllen *Free-Choice-Netze* die Bedingung, dass *mehrere* Transitionen nur dann einen gemeinsamen Vorbereich besitzen, wenn ihr Vorbereich ansonsten leer ist [Hack72, 14; Pete81, 207]. Insgesamt gibt es zahlreiche qualitative Syntaxverschärfungen für Petri-Netze. Einige der zusätzlichen Bedingungen zeigt Tabelle 3.3. Exemplarisch sind jeweils Konstruktverknüpfungen aufgeführt, die diese Bedingungen *nicht* erfüllen und deshalb unzulässig sind.

Verschärfungen

Verschärfungen bilden das Kriterium für die Abgrenzung von Petri-Netz-*Unterklassen*[12] [Hack72, 13; Pete81, 204 ff.; RoTh86, 635 ff.; HaGi87, 76; BeDC92, 327 ff.]. Zu diesen Verschärfungen gehören die bereits diskutierten Syntaxverschärfungen sowie Konstruktverschärfungen. Letztgenannte traten nur bei den untersuchten Petri-Netzen auf.

Konstruktverschärfungen limitieren nicht, was ein Konstrukt bezeichnen kann, sondern unterwerfen die Konstruktbildung besonderen (quantitativen oder qualitativen) Forderungen. Zum Beispiel unterliegen die Markentypen höherer Petri-Netze Einschränkungen hinsichtlich der Attributanzahlen (z. B. [LaPa85, 332 f.]) oder der erlaubten Farben (z. B. [ScWe99, 250]). Außerdem betreffen Konstruktverschärfungen Petri-Netze mit Zeitbezügen, in denen verzögert schaltenden Transitionen keine beliebige Wahrscheinlichkeitsverteilung zugeordnet werden darf, sondern nur die Exponentialverteilung [AjCB84, 96; Ajmo89, 21].

Wegen ihrer Bedeutungsneutralität gehören Konstruktverschärfungen nicht zur Morphologie (s. Abschnitt 2.2 unter Sprachliche Objekte). Die Syntax betreffen sie ebenfalls nicht, da sie sich innerhalb eines einzigen Konstrukts bewegen.

Dokumentation

Der vorliegende Abschnitt hat jeweils exemplarisch ER-Modelle bzw. Petri-Netze genannt, an denen sich das Wirken der Variationsmechanismen zeigt. Die Aufzählungen waren jedoch nicht vollständig, um die Lesbarkeit des Textes nicht zu gefährden. Interessierte Leser/-innen finden die Detailinformationen in den Dokumentationen der beiden Erhebungen. Erläuterungen der wichtigsten Beispiele enthält Abschnitt 4.2.2.

Ich habe mich in diesem Abschnitt und in der Dokumentation streng an die Angaben gehalten, die von den Autoren bei der Beschreibung ihrer Varianten gemacht wurden. Deshalb erscheint z. B. Generalisierung als generelle Konstruktspezialisierung von Entitäts- [BaCN92] und von Beziehungstypen [ScSc79]. Außerdem habe ich neue Konstrukte als „erfunden“ klassifiziert, wenn Angaben zu ihren Quellen fehlten.

---

11) [BeFe86, 7] definieren die Bedingung auf Transitionen, [RoTh86, 598] hingegen für alle Knoten.

12) Viele Petri-Netz-Unterklassen sind auf *Free-Choice*-Netze zurückführbar [RoTh86, 635 ff.; Baum90, 74 ff.].

3.4 Richtung der Variation

Richtungsermittlung

Evolution heißt mechanisch erzeugte, gerichtete Variation, die von einem Ursprung ausgeht. Die Ursprünge wurden hier bewusst gewählt. Abschnitt 3.3 hat gezeigt, wie Varianten von Modellierungssprachen entstehen, und Abschnitt 3.2, warum. Es fehlen noch Angaben über die Richtung der Variation.

Richtungen bedeuten, dass Eigenschaften von Modellierungssprachen im Zeitablauf nicht nur zufällig schwanken. Solche Erkenntnisse erfordern eine detaillierte Untersuchung jeder Sprachvariante. Dies ist relativ aufwändig und betrifft spezifische Merkmale der Evolution von Modellierungssprachen; Kapitel 4 wird sich damit auseinander setzen.

Der vorliegende Abschnitt konzentriert sich auf die Trends der Veränderung als *allgemeine* Evolutionsmerkmale (s. Tabelle 2.5 in Abschnitt 2.3). Auch ohne Tiefenanalyse lassen sich aus dem Datenmaterial der Teilerhebungen Ausprägungen von Evolutionsmerkmalen bestimmen, deren zeitliche Entwicklung der Realisierung eines stochastischen Prozesses (s. Abschnitt 3.1.1 unter Zeitreihe als Stichprobe) entspricht: die Ursachen neuer ER-Modelle bzw. Petri-Netze. Das Wirken der Variationsmechanismen eignet sich hingegen nicht, da es zu ungleichmäßig auftritt.

Anzahlen

Die ER-Modelle und Petri-Netze verteilen sich zeitlich nicht ausgewogen (s. die Abbildungen 3.1 und 3.2 in Abschnitt 3.2): In einem gewissen Abstand zum Ursprung wird zunächst eine steigende Anzahl Varianten vorgeschlagen, die anschließend wieder sinkt.

Kaum verwunderlich setzt der spürbare Anstieg von ER-Modell- bzw. Petri-Netz-Vorschlägen nach dem Beginn der sprachspezifischen Tagungsreihen ein: 1980 fand die erste Tagung *ER – Conference on the Entity-Relationship Approach* statt [Chen80]. Größere internationale Tagungen zu Petri-Netzen begannen 1980 in Europa mit einem Workshop *APN – Application and Theory of Petri Nets* [GiRe82]. Diesem Workshop waren Sommerschulen vorausgegangen, die jedoch vorrangig der Konsolidierung der verschiedenen Varianten und Einsatzmöglichkeiten von Petri-Netzen dienten [Brau80]. Solche Konsolidierungen fanden zudem 1986 und 1998 statt, was insbesondere den „Einbruch" der Petri-Netz-Anzahl zwischen 1984 und 1993 erklärt.

Konvergenz

Aus den Abbildungen 3.1 und 3.2 in Abschnitt 3.2 geht hervor, dass im gesamten Zeitraum ER-Modelle bzw. Petri-Netze vorgeschlagen wurden, um die Ausdrucksstärke zu erhöhen. Einige Ursachen erschienen hingegen nur temporär. Für ER-Modelle trifft dies zu auf Anwendbarkeit (zwischen 1985 und 1998), Integration (zwischen 1981 und 1993), Implementierungsunterstützung (zwischen 1981 und 1999) und Korrektur (vor allem zwischen 1981 und 1994). Bei Petri-Netzen stellt Anwendbarkeit keine temporäre, sondern eine zeitlich invariante Variationsursache dar, ebenso wie Analyse. Im Gegensatz dazu motivierte Integration zeitlich eingegrenzt zwischen 1978 und 1999 neue Petri-Netze.

Die temporären Ursachen signalisieren eine gewisse Konvergenz: Sie erfordern bestimmte grundlegende Verbesserungen an ER-Modellen bzw. Petri-Netzen. Sobald verbessert wurde, entfällt die Notwendigkeit, aus diesem Grund neue Sprachvarianten vorzuschlagen.

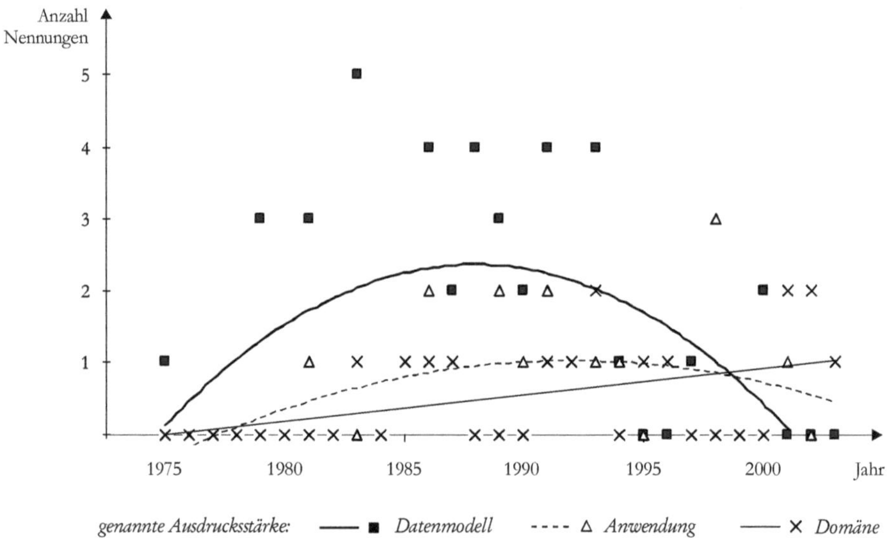

Abb. 3.4 Variationsrichtungen der ER-Modelle

ER-Modelle

Ein Trend setzt Beobachtungen über einen längeren Zeitraum voraus (s. Abschnitt 3.1.1 unter Zeitreihe als Stichprobe), kann also nicht auf den temporären Ursachen beruhen. Für ER-Modelle erfüllt nur die Ausdrucksstärke dieses Kriterium. Anhand der angestrebten Aussagenarten lässt sie sich disjunkt untergliedern in Datenmodell-, Anwendungs- und Domänenausdrucksstärke. Von der Datenmodelldefinition (s. Abschnitt 3.2) ausgehend, umfasst die ***Datenmodellausdrucksstärke*** alle Aussagen über Struktur, Verhalten und Integritätsbedingungen. Für ***Domänenspezifika*** wird eine eigene Ausdrucksstärkeklasse gebildet, da die Aussagen Fachtermini der Einsatzgebiete verwenden. Alle verbleibenden Aussagen (Zeit, Unsicherheit, Wissen und Mehrdimensionalität) werden in generellen Termini verfasst; sie bilden die ***Anwendungsausdrucksstärke.*** Abbildung 3.4 veranschaulicht die zeitliche Verteilung der ER-Modelle auf diese Ausdrucksstärkeklassen; die Anzahlen zeigt Tabelle A.1 in Anhang A.1.

Tab. 3.4 Variation der ER-Modelle: Angepasste Funktionen

Ausdrucksstärke	Lineare Funktion $f_1(t) = a + b \cdot t$					Quadratische Funktion $f_2(t) = a + b_1 \cdot t + b_2 \cdot t^2$					
	R^2	Sig F	a	b	Sig K	R^2	Sig F	a	b_1	b_2	Sig K
Datenmodell	0,0222	0,4417	1,8424	-0,0286	0,4417	0,2925	0,0111	-0,2321	0,3730	-0,0134	0,0086
Anwendung	0,0863	0,1220	0,2340	0,0281	0,1220	0,2240	0,0373	-0,5008	0,1703	-0,0047	0,0416
Domäne	0,2093	0,0126	-0,0369	0,0370	0,0126	0,2030	0,0467	0,0457	-0,0003	-0,0821	0,8783

Ermittelt durch SPSS® 12.0G für WINDOWS®.

R^2: Bestimmtheitsmaß; Sig F: berechnete empirische Signifikanz von R^2; a, b, b_1, b_2: Funktionskoeffizienten, Sig K: schlechteste berechnete empirische Signifikanz irgendeines Funktionskoeffizienten

Die Anzahl der ER-Modelle, die vorgeschlagen wurden, um die Datenmodellausdrucksstärke zu erhöhen, stieg bis 1988 und war ab 1993 fallend. Eine quadratische Funktion approximiert diese Entwicklung am besten. Die Güte der Approximation wird durch das Bestimmtheitsmaß R^2 gemessen, das möglichst hoch und statistisch signifikant sein sollte. ***Statistische Signifikanz*** (synonym: ***Sicherheit***) liegt vor, wenn der berechnete empirische Signifikanzwert kleiner ist als eine vorgegebene Irrtumswahrscheinlichkeit [BaEP00, 97].[13] Hier wird mit einer Irrtumswahrscheinlichkeit von 5 % (α = 0,05) gearbeitet. Tabelle 3.4 zeigt die statistischen Ergebnisse. Im Gegensatz zur linearen Funktion sind für die quadratische Funktion das Bestimmtheitsmaß (*Sig F*) und die Funktionskoeffizienten (*Sig K*) bei der festgelegten Irrtumswahrscheinlichkeit sicher. Gleiches gilt für die Anwendungsausdrucksstärke.

Seit 1983 setzen sich kontinuierlich mehr ER-Modelle das Ziel, die domänenspezifische Ausdrucksstärke auszubauen. Die an diesen Verlauf angepasste quadratische Funktion besitzt zwar ein relativ hohes Bestimmtheitsmaß, jedoch sind die Funktionskoeffizienten nicht statistisch gesichert. Demzufolge entspricht eine lineare Funktion mit einem positiven Anstieg dem Wachstum der domänenspezifischen Ausdrucksstärke am besten.

Petri-Netze

Relativ regelmäßig werden Petri-Netz-Varianten veröffentlicht, um Ausdrucksstärke, praktische Anwendbarkeit oder Analysierbarkeit zu verbessern. Von diesen Ursachen wird zuerst die Ausdrucksstärke genauer betrachtet. Die hinzukommenden Aussagenarten lassen sich analog zu ER-Modellen gruppieren: Als ***domänenspezifisch*** gelten Petri-Netze, die nicht nur ein Einsatzgebiet nennen, sondern für die neuen Aussagen Fachtermini benutzen. Alle anderen Petri-Netze erhöhen die Ausdrucksstärke entweder generell oder anwendungsabhängig. Basierend auf den Symmetrien aus Abschnitt 3.2, gehören Aussagen über Struktur, Koordination oder

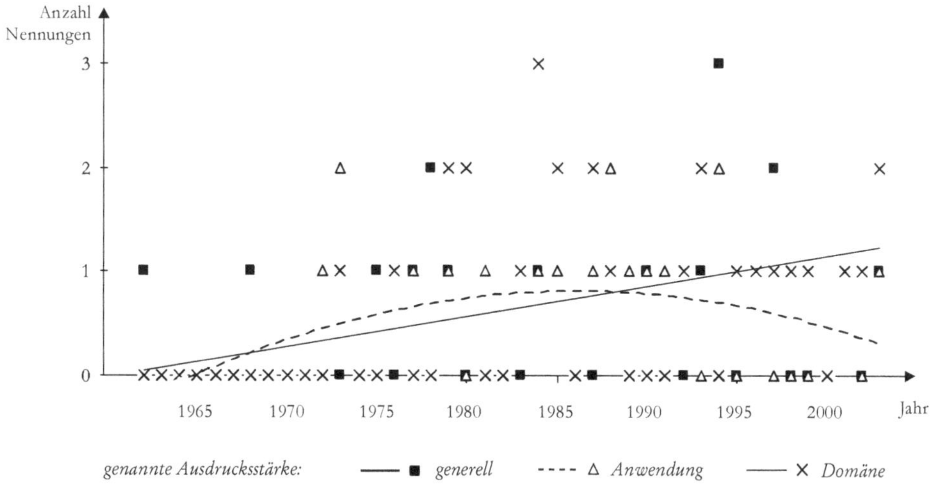

Variationsrichtungen der Petri-Netze **Abb. 3.5**

13) Anhang A.1 enthält die Berechnungsvorschriften für das Bestimmtheitsmaß und die Prüfgrößen.

Tab. 3.5 Variation der Petri-Netze: Angepasste Funktionen

Ursache	Lineare Funktion $f_1(t) = a + b \cdot t$					Quadratische Funktion $f_2(t) = a + b_1 \cdot t + b_2 \cdot t^2$					
	R^2	Sig F	a	b	Sig K	R^2	Sig F	a	b_1	b_2	Sig K
Ausdrucksstärke											
Generell	0,0526	0,1438	0,2021	0,0139	0,1438	0,0598	0,3003	0,0532	0,0342	-0,0005	0,5883
Anwendung	0,0645	0,1045	0,2416	0,0131	0,0131	0,2051	0,0114	-0,3223	0,0900	-0,0018	0,0123
Domäne	0,1868	0,0043	0,0209	0,0280	0,0043	0,2169	0,0086	-0,3153	0,0748	-0,0011	0,2307
Weitere Ursachen											
Analyse	0,1458	0,0115	0,0677	0,0317	0,0155	0,1556	0,0339	-0,1749	0,0643	-0,0007	0,4994
Anwendbarkeit	0,0368	0,2177	0,5316	0,0113	0,2177	0,0461	0,3893	-0,1158	0,0338	-0,0005	0,5369

Ermittelt durch SPSS® 12.0G für WINDOWS®.

R^2: Bestimmtheitsmaß; Sig F: berechnete empirische Signifikanz von R^2; a, b, b_0, b_1: Funktionskoeffizienten, Sig K: schlechteste berechnete empirische Signifikanz irgendeines Funktionskoeffizienten

Synchronisation zur *generellen Ausdrucksstärke* von Petri-Netzen. *Anwendungsausdrucksstärke* umfasst Aussagen über Zeit oder Unsicherheit; diese Klasse wurde analog zu den ER-Modellen gebildet. Abbildung 3.5 stellt die Zuordnung der Petri-Netze zu den Ausdrucksstärkeklassen im Zeitablauf dar; die Anzahlen finden sich in Anhang A.1.

Im gesamten Untersuchungszeitraum sollen Petri-Netze generell ausdrucksstärker werden. Aus Tabelle 3.5 geht hervor, dass keine Funktion statistisch signifikant ($\alpha = 0,05$) angepasst werden kann. Hingegen fand die Anwendungsausdrucksstärke vorrangig zwischen 1976 und 1996 Beachtung; eine quadratische Funktion gibt den Verlauf der dadurch verursachten Petri-Netze am besten wieder. Ferner bemühen sich neue Petri-Netze seit 1973 kontinuierlich um die Erhöhung der domänenspezifischen Ausdrucksstärke. Statistisch sind in diesem Fall die Funktionskoeffizienten der angepassten quadratischen Funktion nicht gesichert; eine lineare Funktion stellt hingegen eine gute Annäherung an die Entwicklung der domänenspezifischen Petri-Netz-Ausdrucksstärke dar.

Ähnliche Einschätzungen ergeben sich für die weiteren konstant verfolgten Ursachen: Bessere *Anwendbarkeit* wird zufällig angestrebt, eine Richtung in Form eines funktionalen Zusammenhangs ist nicht feststellbar. Hingegen besteht seit 1972 ein systematisches und statistisch signifikant linear ansteigendes Interesse an besser *analysierbaren* Petri-Netzen. Trotz ihres geringfügig höheren Bestimmtheitsmaßes scheidet eine Approximation dieser Ursache durch die quadratische Funktion, wegen der nicht gesicherten Funktionskoeffizienten, aus.

Tabelle 3.5 fasst die genannten statistischen Kenndaten zusammen. Die festgelegte Irrtumswahrscheinlichkeit beträgt für alle Ursachen 5 % ($\alpha = 0,05$).

Gesamteindruck

Im Zeitablauf tendieren ER-Modelle und Petri-Netze sowohl zu Konvergenz als auch zu Divergenz. Diese Tendenzen äußern sich in statistisch signifikant anpassbaren quadratischen bzw. linearen Funktionen.

Konvergenz wurde bereits bei den temporären Ursachen angesprochen. Sie tritt zusätzlich bei der Ausdrucksstärke auf, wenn bestimmte universelle Aussagen (mindestens zu Zeit und Unsicherheit) getroffen werden sollen. Diese vom Einsatzgebiet unabhängigen Aussagen betreffen alle Modellierungssprachen.

Daneben konvergieren einige Modellierungssprachen in Richtung bestimmter Basisaussagen. Konkret scheint Einigkeit darüber zu bestehen, welche Aussagen ein Datenmodell erlauben muss (vgl. z. B. [HuKi87]). Diese Aussagen wurden in das ER-Modell eingebunden und führten zu den erweiterten ER-Modellen (z. B. [TeYF86; ElNa00, 73 ff.; EnGH93]). Eine Erhöhung der Datenmodellausdrucksstärke über diesen Konsens hinaus ist schwer vorstellbar.

Die Zufälligkeit der generellen Ausdrucksstärke für Petri-Netze ergibt sich wahrscheinlich daraus, dass Petri-Netze in verschiedene Klassen zerfallen, die sich relativ isoliert voneinander entwickeln. Dies erschwert das Bilden einer einhelligen wissenschaftlichen Meinung darüber, wie ausdrucksstark Petri-Netze sein müssen.

Eindeutig ist hingegen die *Divergenz* in die Domänen: Spezifische Einsatzgebiete erfordern spezielle Aussagen; Modellierungssprachen werden „maßgeschneidert", um diese Aussagen zu enthalten. Grenzen der Divergenz gibt es, wegen der unendlich vielen möglichen Einsatzgebiete, nicht. Ähnliches gilt für die vielen denkbaren Ermittlungsmethoden bei Petri-Netzen, die zu analysebedingter Divergenz führen.

3.5 Einschätzung der empirischen Untersuchung

Inhaltliche Fehler

Keine statistische Untersuchung ist gegen Fehler gefeit. Auf einer ersten Stufe lassen sich die Fehlermöglichkeiten danach unterteilen, ob sie auch Totalerhebungen betreffen (*generelle Fehler*) oder allein daraus resultieren, dass eine Teilerhebung durchgeführt wird [KrNS94, 187 ff.]. Zu den *generellen Fehlern* gehören inhaltliche Fehler und Erfassungsfehler. *Inhaltliche Fehler* betreffen zum einen die Frage, ob die erhobenen Merkmale tatsächlich dabei helfen, die Ziele der Untersuchung zu erreichen. Da die biologische und die linguistische Evolutionstheorie die erhobenen Merkmale (Ursachen und Mechanismen der Variation) begründen (s. Abschnitt 2.3), können diese inhaltlichen Fehler fast vollständig ausgeschlossen werden.

Zum anderen entstehen generelle inhaltliche Fehler in der statistischen Praxis durch Mängel bei der Gestaltung von Fragebögen, durch Fehler der Interviewer oder durch Falschantworten der befragten Personen. Eine Befragung wurde hier aber nicht durchgeführt.

Schließlich führen falsche Berechnungen oder Interpretationen der Ergebnisse sowie Erfassungsmängel (z. B. das mehrfache Einbeziehen oder das Auslassen von Untersuchungseinheiten, falsche Codierungen oder Datenübernahmen) zu generellen inhaltlichen Fehlern. Die Verwendung von Statistik-Software, Sorgfalt und mehrfache Plausibilitätskontrollen haben diese Gefahren hier auf ein Minimum reduziert.

Zufallsfehler

Generelle Fehler wurden also wahrscheinlich nicht begangen. Trotzdem haftet den Ergebnissen Unsicherheit an, da sie aus einer Teil- und nicht aus einer Totalerhebung stammen. Teilerhebungen unterliegen Zufallsfehlern und systematischen Fehlern. Den Zufallsfehler hat Abschnitt 3.1.1 bereits thematisiert (unter Erhebung, Auswahl). Durch Bernoullis Gesetz der großen Zahl (s. Abschnitt 3.1.1 unter Zufälligkeit, Wahrscheinlichkeit) gleichen sich individuelle Zufallsabweichungen bei steigenden Stichprobenumfängen aus [KrNS94, 195]. In großen Teilerhebungen sinkt also der Zufallsfehler und kann zudem mithilfe der Normalverteilung quantifiziert werden.

Grundsätzlich stellt der Stichprobenumfang[14] keine absolute Größe dar, sondern hängt vom (hier nicht bekannten) Umfang der Grundgesamtheit ab.[15] Allerdings kann davon ausgegangen werden, dass das Gesetz der großen Zahl ab 100 Untersuchungseinheiten gilt [Hoch91, 495]. Daraus folgt, dass der Zufallsfehler, der den Teilerhebungen von Modellierungssprachen innewohnt, klein und mit statistischen Instrumenten beherrschbar ist.

Systematischer Fehler

Mit zunehmender Größe einer Teilerhebung sinkt ihr Zufallsfehler. Trotzdem ist es nicht sinnvoll, den Erhebungsumfang unendlich zu erhöhen, da sich vorhandene systematische Fehler dabei eher kumulieren [KrNS94, 195]. Der systematische Fehler unterscheidet sich vom Zufallsfehler durch die fehlende Möglichkeit der Quantifizierung und dadurch, dass die Abweichungen immer in *einer Richtung* auftreten.

In der praktischen Statistik führen veränderliche Grund- oder Erhebungsgesamtheiten (z. B. Zug-/Wegzug, Geburten/Sterbefälle, Betriebseröffnungen/-schließungen), nicht voraussetzungskonforme Anwendungen von Schätzverfahren und Verzerrungen durch die Auswahlverfahren zu systematischen Fehlern [KrNS94, 187]. Nur die letztgenannte Ursache muss hier betrachtet werden, da keine Schätzungen durchgeführt wurden und die Auswahlgrundlage konstant war.

Sachzwänge – die unbekannten Grundgesamtheiten – hatten hier dazu geführt, dass Modellierungssprachen z. T. bewusst ausgewählt wurden. Verzerrungen sind bei solchen Auswahlen nicht auszuschließen.

Statistisch gesehen ähnelt die Konzentration auf bestimmte Tagungsreihen bzw. Zeitschriften und die Erfassung *aller* Varianten von Modellierungssprachen, die dort veröffentlicht wurden, einer Klumpenauswahl [Schw75, 182; KrNS94, 94 ff.]. Normalerweise werden die Klumpen (die Tagungsreihen und Zeitschriften) zufällig ausgewählt; das Untersuchungsziel schließt dies aber aus.

Klumpenauswahlen kommen dann zum Einsatz, wenn vollständige Informationen über die Grundgesamtheit fehlen – aber für die Klumpen vorliegen. Neben der Praktikabilität erwachsen die Vorteile dieses Auswahlverfahrens aus positiven Klumpeneffekten: Klumpen mit sehr unterschiedlichen Untersuchungseinheiten liefern ein adäquates Abbild der Grundgesamtheit [Schw75, 183; HeKS92, 127]. Homogenität der Untersuchungseinheiten innerhalb der Klum-

14) Der Begriff „Stichprobe" weist auf die erforderliche Gültigkeit der wahrscheinlichkeitstheoretischen Annahmen hin.

15) Einen Überblick über verschiedene Berechnungsmöglichkeiten geben z. B. [Schw75; KrNS94, 111 ff.]

pen verkehrt den positiven Klumpeneffekt in einen negativen: Die Grundgesamtheit wird verzerrt wiedergegeben.

Die Gefahr negativer Klumpeneffekte besteht im vorliegenden Kontext vor allem für Tagungen, die als Schwerpunkt ein bestimmtes Thema verfolgen. Naturgemäß werden die dort vorgeschlagenen Varianten von Modellierungssprachen einander (bezogen auf das Schwerpunktthema) ähnlich sein. Solche negativen Klumpeneffekte wurden bei der Zusammenstellung des Datenmaterials jedoch weitgehend aufgelöst: Sofern eine Sprachvariante bereits vor der Tagung veröffentlicht wurde und der Autor auf diese Veröffentlichung verwies, wurde die Variante insgesamt diesem Jahr (und nicht dem der Tagung) zugeordnet. Außerdem wurden themenspezifische Sammelbände (z. B. zu zeitbehafteten Petri-Netzen [IEEE85] oder zu Fuzzy-Petri-Netzen [CaCa99]) von der Untersuchung ausgeschlossen, um negative Klumpeneffekte zu vermeiden.

Gesamteinschätzung

Aus statistischer Perspektive steht die vorgenommene Untersuchung unter ungünstigen Voraussetzungen, weil Kenntnisse über die Grundgesamtheiten, mit Ausnahme des zeitlichen Beginns, fehlen. Das deshalb z. T. bewusste Auswahlverfahren kann zu Verzerrungen der Ergebnisse führen. Gravierende Auswirkungen haben solche systematischen Fehler immer dann, wenn aus der Teilerhebung bestimmte Parameter (z. B. Mittelwerte, Anzahlen) geschätzt werden sollen. Solche Schätzungen werden hier jedoch nicht vorgenommen.

Insbesondere die Teilerhebung der ER-Modelle deckt wahrscheinlich das statistische Hauptmassiv ab: Die Recherche wurde sehr breit durchgeführt und berücksichtigt nicht nur Tagungen, sondern auch Zeitschriften.

Die Untersuchung der Petri-Netze wurde durch die schlecht zugänglichen Projekt- und Arbeitsberichte aus den Anfangsjahren und die später „explodierende" Anzahl der Vorschläge erschwert. Begleitende Recherchen in Zeitschriften mussten sich auf das Zurückverfolgen von Querverweisen beschränken, um eventuelle systematische Fehler nicht unnötig zu kumulieren. Allerdings entstehen dadurch allenfalls „gleichmäßig gestreute" systematische Fehler, da sich die Petri-Netz-Forschergemeinschaft bewusst dafür entschieden hat, die Tagungsreihe als einziges Schwerpunktpublikationsorgan zu nutzen, ansonsten aber keine speziellen Zeitschriften zu bevorzugen.[16] Die Petri-Netz-Teilerhebung basiert deshalb auf dem für diese Modellierungssprache relevanten, heterogenen Klumpen.

Durch das sorgfältige Vorgehen, die großen Erhebungsumfänge und die beschriebenen Bereinigungen zur Vermeidung von Klumpeneffekten besteht großes Vertrauen in die erzielten Ergebnisse. Obwohl beide Modellierungssprachen voneinander unabhängig sind, haben die Untersuchungen zu ähnlichen, statistisch signifikanten Ergebnissen geführt, was das vorhandene Vertrauen verstärkt. Interessant ist z. B., dass die Bestimmtheitsmaße der angepassten Funktionen in etwa gleich groß sind. Die insgesamt niedrigen Werte dieser Maße stellen dabei eine (akzeptierbare) Konsequenz der großen Erhebungsumfänge dar [BaEP00, 68 f., 96].

---

16) Ich danke Herrn Prof. Dr. Wolfgang Reisig, Humboldt-Universität zu Berlin, Institut für Informatik, Unter den Linden 6, D-10099 Berlin, E-Mail: reisig@informatik.hu-berlin.de, für die ausführlichen historischen und inhaltlichen Hinweise zu Petri-Netzen und der Organisation der Forschergemeinschaft.

Sachzusammenhänge

Die angeführten Argumente dürfen nicht zu blindem Vertrauen in statistische Signifikanz führen: Sie leistet wissenschaftstheoretisch höchstens eine Bestätigung, aber keine Erklärung [Steg83, 774 ff.; Opp02, 56 f.]. Dies folgt aus dem induktiven Charakter der von einer Teilerhebung ausgehenden Schlüsse. Solche Schlüsse sind also durch Sachzusammenhänge zu stützen. Berühmt geworden ist z. B. die statistisch signifikante Korrelation zwischen der Anzahl der in Südschweden nistenden Störche und der dort beobachteten Geburtenhäufigkeit [HeKS92, 168]. Bei dieser *Nonsens-Korrelation* fehlen die Sachzusammenhänge.

Teilweise sichern die allgemeinen Evolutionsmerkmale aus Abschnitt 2.3 die statistischen Resultate hinsichtlich der Evolution von Modellierungssprachen ab. So entsprechen z. B. die Mechanismen, durch die modellierungssprachliche Varianten entstehen, den allgemeinen Variationsmechanismen in Evolutionen.

Auch die Trends der Variation, die an Modellierungssprachen beobachtet wurden, klingen in den allgemeinen Evolutionsmerkmalen an. Vor allem in der divergierenden domänenspezifischen Ausdrucksstärke offenbart sich die Spezialisierung als allgemeiner Evolutionstrend. Eine Beurteilung der Verkomplizierung bzw. Vereinfachung von Modellierungssprachen im Zeitablauf ist jedoch nicht möglich, da dafür die Messkriterien fehlen.

Die allgemeinen Evolutionsmerkmale tragen außerdem nicht dazu bei, die Auslöser der Variation von Modellierungssprachen sachlogisch zu erklären. Dieses Merkmal ist spezifisch für jede Evolution und wird im folgenden Kapitel 4 untersucht. Daraus werden sich auch die noch fehlenden Messkriterien für die Evolutionstrends ergeben.

Kapitel 4
Evolutionsfaktoren

4.1 Anforderungen an Modellierungssprachen

Eigenschaften, Messung

Die *Evolutionsfaktoren*, d. h. die Auslöser und richtungsbestimmenden Größen der Variation, zählen zu den spezifischen, nicht deduktiv ableitbaren Evolutionsmerkmalen (s. Abschnitt 2.3). Erste Hinweise dazu geben die Teilerhebungen: Bei den Ursachen neuer ER-Modelle bzw. Petri-Netze (s. Abschnitt 3.2) handelt es sich u. a. um Eigenschaften (z. B. Ausdrucksstärke, Anwendbarkeit), die Sprachkonstrukteure ihren Modellierungssprachen zuschreiben.

Allerdings lassen sich diese Eigenschaften nicht direkt beobachten, sondern müssen gemessen werden. *Messung* bedeutet, skalenabhängige[1] Werte von Größen unter genau festgelegten Bedingungen nach bestimmten Kriterien zu ermitteln [HeKS92, 25 ff.]. Messvorschriften, zu denen auch Definitionen gehören, geben die Sprachkonstrukteure jedoch in der Regel[2] nicht an. Einige Autoren neuer Modellierungssprachen scheinen nicht einmal genau zu wissen, was sie mit bestimmten Begriffen meinen: So schließen z. B. [HuJS90, 315] eine Erhöhung der Ausdrucksstärke für ihr Petri-Netz erst aus und behaupten genau dies zwei Seiten später in derselben Veröffentlichung – ohne Nachweis. Letztlich können die explizit genannten Ursachen, bewusst oder unbewusst, von den tatsächlichen kognitiven Prozessen, die den Sprachvorschlag auslösten, abweichen. Die empirischen Ergebnisse sind also zu hinterfragen, die Evolutionsfaktoren durch Sachzusammenhänge zu untermauern.

Anforderungen

Zwar wurden ER-Modell und Petri-Netz wegen ihrer Repräsentativität gewählt, jedoch wäre eine Ermittlung der Evolutionsfaktoren ausschließlich anhand der Teilerhebungen induktiv und damit potenziell nicht allgemein gültig. Deshalb prüft Abschnitt 4.1, ob es eine herrschende Meinung darüber gibt, welche Eigenschaften eine Modellierungssprache besitzen soll (*Anforderungen*). Das Fehlen oder Erfüllungsmängel dieser Eigenschaften würden, im Sinne von Evo-

---

1) *Nominalskalen* erfassen qualitative Merkmalswerte (z. B. Geschlecht), *Ordinalskalen* Rangwerte (z. B. Anke ist schneller als Heike) und *metrische Skalen* Zahlenwerte (z. B. Geschwindigkeit) [HeKS92, 27 f.].

2) *Mit* Messkriterien z. B. [Köhl04, 151; SaBH99, 109 ff.], *mit* Definitionen z. B. [Thal00; BaCN92; Chen76].

lutionsfaktoren, Vorschläge neuer Modellierungssprachen auslösen. Dabei lassen sich das Herstellen oder „Verbessern" von Eigenschaften nur mithilfe von Messkriterien feststellen.

Um die Induktion aufzubrechen, beruht die Rekonstruktion der herrschenden Meinung vor allem auf Quellen, die nicht in die Teilerhebungen des Kapitels 3 eingingen. Gelegentliche Ausnahmen (z. B. [Thal00; BaCN92; Chen76]) von diesem Prinzip werden gemacht, sofern sie zu präziseren Eigenschaftsdefinitionen beitragen.

Bedeutungseindeutigkeit

In Abschnitt 1.2 wurde die Verwendung von Sprache durch den Äußerungsakt, den propositionalen Akt und den illokutionären Akt charakterisiert, die ein Urheber gegenüber einem Adressaten vollzieht. Diese Charakterisierung dient jetzt dazu, die Anforderungen an Modellierungssprachen zu strukturieren.

Durch die Eingrenzung auf Modellierungssprachen bringt der illokutionäre Akt immer Konstative hervor. Konstative gewinnen all ihre Bedeutung aus den behaupteten Propositionen. Folglich wird von einer Modellierungssprache an erster Stelle gefordert, dass jede ihrer Äußerungen eine Proposition behauptet. Die Verschärfung dieser Anforderung lässt ***genau eine*** behauptete Proposition je Äußerung zu (***Bedeutungseindeutigkeit***) [Louc92, 7; tHvW92, 58]. Folglich baut die Bedeutungseindeutigkeit eine Abbildungsrelation zwischen der Menge der Äußerungen und der Menge der behaupteten Propositionen auf (s. Abbildung 4.1).

Abbildungsrelation, Funktion

Eine Relation f zwischen zwei Mengen A und B wird *Abbildung* (*-srelation*) bzw. ***Funktion*** genannt, wenn sie *jedem* Urbild $a \in A$ genau einen Wert $b \in B$ zuordnet [Romm99, 111]. Die Menge A heißt *Definitionsbereich*, die Menge B potenzieller *Wertebereich* der Abbildung f.

In *surjektiven* Abbildungen hat jeder Wert mindestens, in *injektiven* Abbildungen höchstens ein Urbild [Romm99, 116]. *Bijektive* Abbildungen sind injektiv und surjektiv [Romm99, 117].

Durchgezogene Linien mit gefüllten Pfeilspitzen veranschaulichen in Abbildung 4.1 die Abbildungsrelationen, unterbrochene Linien symbolisieren (nicht) erfüllte Anforderungen und offene Pfeilspitzen (→) stehen für Zusammenhänge.

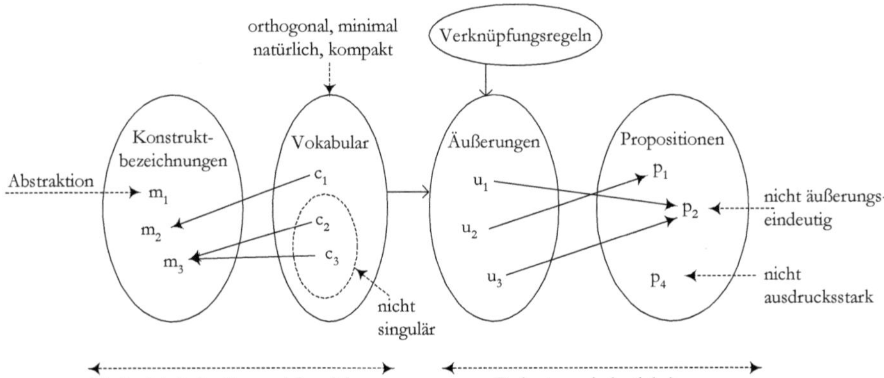

Abb. 4.1 Anforderungen an Modellierungssprachen

Ausdrucksstärke, Mächtigkeit

Die Menge der behaupteten Propositionen gibt an, was mit der Modellierungssprache überhaupt ausgesagt werden kann; dies heißt *Ausdrucksstärke* (Synonyme: *Expressiveness* [Brod84, 41], *Expressive Power* [IsBr84, 130], *Descriptive Power* [Reis83, 22], *Modeling Power* [HuJS90, 315], *Expressibility* [Halp01, 56; Sear69, 19], *Completeness* [McGe76, 379; Thal00, 22], *Flexibility* [vDel89, 144]). Dabei resultiert die Menge dieser Propositionen alternativ aus:

1. dem Zweck der Modellierung [FrvL03, 31; Brod84, 41; Halp01, 56; GrJe99, 111],
2. der Menge von Propositionen, die mit einer *anderen* Modellierungssprache behauptet werden können [Nebe99, 14; KudR99, 306; Baad96, 41; Borg96, 357; LeBr85, 53],
3. allen Propositionen, die absolut mit der (Modellierungs-[3]) Sprache äußerbar sind [McGe85, 21; JeCG99, 118; Chan88, 2; ScWü92, 4].

Die Arten von Propositionen, die eine Modellierungssprache behaupten kann, und die dafür erforderlichen Referenzarten bilden die (philosophische) *Ontologie*[4] der Modellierungssprache [Wand96, 281 f.; DiJM01, 737]. Diese Ontologie steuert, wie Verwender der Modellierungssprache die Welt beschreiben können („ontologische Brille" [DaSS93, 19]).

Positiv meint Ausdrucksstärke also das, was ausgesagt werden kann. Eine alternative Auffassung versteht unter Ausdrucksstärke das, was *nicht* ausgesagt werden *muss* [LeBr85, 53]. Ausdrucksstärke erlaubt dann Aussagen über ungenau bekannte Sachverhalte.

Da Abbildungsrelationen Propositionen zulassen, denen keine Äußerung gegenübersteht (s. Abbildung 4.1), folgt Ausdrucksstärke nicht aus Bedeutungseindeutigkeit. Liegt Ausdrucksstärke vor, so ist die Abbildung aus der Menge der Äußerungen in die Menge der Propositionen surjektiv.

Oben wurde Ausdrucksstärke, für Modellierungssprachen nahe liegend, anhand der deskriptiven Bedeutung definiert. Daneben existiert eine auf der performativen Bedeutung beruhende Auffassung von Ausdrucksstärke, welche die dynamische Äquivalenz zu Automaten, vor allem zur universellen Turing-Maschine, meint. Diese Auffassung wird hier, um Verwechslungen zu vermeiden, als *Mächtigkeit* bezeichnet; Abschnitt 4.2.1 geht genauer darauf ein.

Ausdrucksstärkeauffassungen für formale Sprachen (z. B. die Chomsky-Hierarchie [SaSH92, 242 ff.]) oder die reine Logik betreffen den Untersuchungsgegenstand dieser Arbeit, die in der Informatik genutzten Modellierungssprachen, nicht. Anwendungsorientiert dient Ausdrucksstärke gelegentlich auch als Synonym für Natürlichkeit (z. B. [Sebe99, 16 f.]) oder für eine große Konstruktanzahl [BaCN92, 29].

Äußerungseindeutigkeit

Ausdrucksstärke vernachlässigt die in der Sprechakttheorie erkannte Tatsache, dass derselbe illokutionäre bzw. propositionale Akt durch unterschiedliche Äußerungsakte erzielt werden kann [Sear69, 22 ff.; vKut93, 174 ff.]. Zum Beispiel behaupten sowohl die (konstative) Äuße-

3) [Chan88, 2; ScWü92, 4] betrachten Propositionen, die zu den Fragen einer Datenbankabfragesprache gehören. Da Fragen performative Äußerungen sind, werden diese Propositionen nicht *behauptet* (s. Abschnitt 1.2).

4) Eine philosophische Ontologie umfasst u. a. die Dinge, aus denen die Welt besteht [Bung02, 11].

rung „Das Rechteck ist grün." als auch die (konstative) Äußerung „Das Rechteck hat die Farbe Grün." denselben Sachverhalt über (annahmegemäß) dasselbe Rechteck.

Die Informatik ist ebenfalls mit alternativen bedeutungsgleichen Äußerungen konfrontiert, wie die verschiedenen Formen von Transformationen, z. B. Schema- und (Petri-) Netztransformationen, zeigen. *Schematransformationen* überführen ein Datenbankschema (als konstative Äußerung) in ein anderes mit derselben deskriptiven Bedeutung [PoMc98, 49 ff.; MiIR94, 10 ff.; McPo98, 309 ff.; LaNE89, 451 ff.; SoJB92, 98 ff.; HaPr98, 195 ff.]. *Netztransformationen* betreffen konkrete Petri-Netze, wobei entweder deren deskriptive Bedeutung (resultierend aus den verknüpften Konstrukten, s. Abschnitt 4.2.2.2) oder deren performative Bedeutung (resultierend aus dem Schalten, s. Abschnitt 4.2.1 unter Mächtigkeit) erhalten wird.

Die *Äußerungseindeutigkeit* (s. Abbildung 4.1) will alternative Äußerungen mit derselben deskriptiven Bedeutung in Modellierungssprachen vermeiden: Jede Proposition soll durch höchstens eine Äußerung behauptet werden können [Brod84, 41; McGe76, 379]. Die Abbildungsrelation zwischen der Menge der Äußerungen und der Menge der Propositionen ist dann injektiv, so dass Äußerungseindeutigkeit nicht gleichzusetzen ist mit Ausdrucksstärke.

Bezeichnungseindeutigkeit, Singularität, Abstraktion

Die behauptete Proposition als Bedeutung einer konstativen Äußerung ergibt sich aus dem, was die Konstrukte bezeichnen (*Konstruktbezeichnungen*), und aus der Konstruktverknüpfung. Deshalb wirken sich die Forderungen nach Bedeutungs- und Äußerungseindeutigkeit auf die Zuordnungen zwischen Konstrukten und Konstruktbezeichnungen aus. Im Einzelnen wird gefordert (s. Abbildung 4.1):

- *Eindeutigkeit der Konstruktbezeichnungen*: Konstrukte sind nicht überladen, d. h., jedes Konstrukt bezeichnet genau einen Sachverhalt bzw. eine Referenz [Wand96, 284]. Infolgedessen verbindet eine Abbildungsrelation das Vokabular der Modellierungssprache mit der Menge der Konstruktbezeichnungen.
- *Singularität*: Redundante Konstrukte, die dasselbe bezeichnen, kommen nicht vor [Wand96, 284; Thal00, 22 f.; PaOB00, 671]. Singularität führt zu einer injektiven Abbildung zwischen Vokabular und Konstruktbezeichnungen.
- *Abstraktion*: Obwohl dazu konträre Meinungen existieren (z. B. [Wand96, 284; McGe76, 379]), müssen nicht allen Sachverhalten und Referenzen eines Problembereichs Konstrukte zugeordnet sein [Halp01, 57; Thal00, 24; PaOB00, 672; Sebe99, 16]. Abstraktion entspricht der Forderung danach, nicht benötigte Informationen zu verbergen [He96, 213]. Anders als zwischen Äußerungen und Propositionen wird also keine surjektive Abbildung aus dem Vokabular in die Menge der Konstruktbezeichnungen gefordert.

Orthogonalität, Kompaktheit, Natürlichkeit

Ein bezeichnungseindeutiges bzw. singuläres Vokabular ist eine notwendige, aber keine hinreichende Bedingung für Bedeutungs- bzw. Äußerungseindeutigkeit der Modellierungssprache, weil die Bedeutung einer Äußerung von den Konstrukten *und* von der Konstruktverknüpfung abhängt. Die Verknüpfungsregeln sollen *einfach* [McGe76, 374; BaCN92, 29; vDel89, 144] und *eindeutig* [Louc92, 6] sein. Vom Vokabular einer Modellierungssprache werden Orthogonalität, Kompaktheit und Natürlichkeit gefordert:

Kann das, was ein Konstrukt bezeichnet, nicht durch eine Kombination anderer Konstrukte des Vokabulars erfasst werden, dann ist das Konstrukt *orthogonal* zu [Halp01, 57; PaOB00, 671] bzw. *unabhängig* von [Brod84, 42] allen anderen Konstrukten. Das Vokabular *minimaler* Modellierungssprachen umfasst nur orthogonale Konstrukte [BaCN92, 30; Thal00, 22]. Ein orthogonales Vokabular erfüllt immer die Anforderung der Singularität; die Umkehrung muss jedoch nicht gelten, weil Orthogonalität prüft, inwiefern (singulär zugeordnete) Konstruktbezeichnungen zusammengesetzt werden können.

Kompaktheit stellt tendenziell eine schwächere Anforderung als Orthogonalität dar: Eine Modellierungssprache soll nur so viele Konstrukte bereitstellen, wie für die angestrebte Ausdrucksstärke benötigt werden [Wier98, 503; vDel89, 144]. Nicht orthogonale sowie allgemein redundante Konstrukte sind demnach zulässig, wenn sie die Modellierungssprache leichter einsetzbar machen [Halp01, 58]. Manchmal werden Orthogonalität [tHPr98, 522] bzw. *Eleganz* [vaWi63, 17; McGe76, 374] im Sinne von Kompaktheit verwendet.

Schließlich sollen die Konstrukte einer Modellierungssprache *natürlich* sein, d. h., dem entsprechen, wie Menschen über Welt oder Softwaresystem denken [Chen76, 9; Louc92, 4; Thal00, 22]. Alternativ heißt diese Anforderung *Direktheit* [Brod84, 41] oder *Convenience* [Halp01, 58]. Gelegentlich wird Natürlichkeit mit Einfachheit und Verständlichkeit gleichgesetzt [Chan95, 4]. Vorschläge zur Feststellung von Natürlichkeit fehlen.

Notation, Formalität, Präzision

Im Hinblick auf die Gestalt der schriftlichen Äußerungen werden mathematische Symbole [CoGD96, 271], grafische Notationen [BaCN92, 30; McGe76, 374], formale Grundlagen (z. B. Mengentheorie, Graphentheorie, Logik) der grafischen Notationen [Halp01, 57] oder Kombinationen [PaOB00, 666] grafischer und textueller Notationen (s. Abschnitt 3.1.2) gefordert.

Die Vorstellungen darüber, was unter *Formalität* zu verstehen ist, reichen von Eindeutigkeit [Wier98, 503; BaCN92, 30] und Präzision [AbMo81, 305] über automatisch analysierbare Syntax [Louc92, 6; tendenziell tHPr98, 520] und präzise Semantik [CoGD96, 271] bis zu mathematisch manipulierbar [ClWi96, 626; BaCN92, 30] oder einer auf Mathematik basierenden Semantik [Saek02a, 239]. *Informale* Modellierungssprachen werden hingegen mit Mehrdeutigkeit [tHvW92, 58], grafischen Notationen [tHvW92, 58; CoGD96, 271] oder natürlicher Sprache [GhJM03, 167; CoGD96, 271; AbMo81, 301] assoziiert.

Präzision wird entweder nicht definiert [AbMo81, 301; Brod84, 41] oder attestiert, sofern eine Rückführung auf Mathematik bzw. Logik möglich ist [Spiv88; vii]. In dieser Arbeit subsumiert Formalität die Präzision, da anscheinend kein Unterschied zwischen beiden Begriffen besteht.

Implementierungsunabhängigkeit, Ausführbarkeit

Definitionsgemäß erzeugen Modellierungssprachen Konstative. Die Konstruktion von Modellierungssprachen muss deshalb keine Ziele anstreben, die mit der Ausführung von Programmen zusammenhängen (*Implementierungsunabhängigkeit*) [BaGo79, 58; PaOB00, 669; McGe76, 381; Thal00, 22; vEEF01, 462; Louc92, 4].

Im Widerspruch dazu steht die z. T. geforderte *Ausführbarkeit* der Äußerungen einer Modellierungssprache [Wier98, 503; Louc92, 7; HuJS90, 316]. Anhand des Kontexts und weiterer Quellen sind verschiedene Auslegungen dieser nicht definierten Eigenschaft denkbar: Sofern

Ausführbarkeit Zustandsänderungen von Maschinen meint (worauf z. B. vage Effizienzforderungen deuten [Abri74, 9]), die sich nur durch Performative erzielen lassen, ist diese Anforderung unvereinbar mit der Definition von Modellierungssprachen. Für Äußerungen in einer Modellierungssprache müsste dann neben der deskriptiven eine (andere) performative Bedeutung existieren [Wier98, 503]; s. Abschnitt 4.4.2 unter **Bedeutungszuordnung**.

Einige (verträgliche) Auslegungen erfordern keine performative Bedeutung: In diesem Sinne weist „Ausführbarkeit" einerseits darauf hin, wofür die in der Modellierungssprache gemachten Äußerungen verwendet werden, z. B. zur Simulation des beschriebenen Verhaltens (*Simulierbarkeit* [He96, 213; Louc92, 7]), zum *Beweis* bestimmter Eigenschaften [tHvW92, 60; vEEF01, 462] oder zur Überführung in Programme (*Implementierungsunterstützung* [Brod84, 42; tHvW92, 60; vDelf89, 144], *Nahtlosigkeit* [PaOB00, 671]). Andererseits kennzeichnet „Ausführbarkeit" die Realisierung dieser Verwendungen durch Maschinen (*Automatisierbarkeit* [Halp01, 57; Saek02a, 239; tHvW92, 60 f.; LeEg89, 1]).

Einfachheit, Verständlichkeit

Stehen Menschen als Adressaten im Vordergrund, dann soll eine Modellierungssprache einfach erlernbar und nutzbar sein [McGe85, 18; Halp01, 56 f.; vDel89, 144; PaOB00, 669; Wier98, 503]. Die Einfachheit betrifft sowohl das Erstellen der Äußerung (*Modellierungseffizienz* [PeMa88, 158]) als auch das Erschließen der Bedeutung einer Äußerung (*Lesbarkeit* [tHPr98, 522], *Verständlichkeit* [BaCN92, 29; Thal00, 14, 23; Brod84, 42]).

Einfachheit wird u. a. gleichgesetzt mit geringen Konstruktanzahlen im Sinne von Kompaktheit [He96, 213; Wier98, 503], mit Orthogonalität [Brod84, 42; tHPr98, 522], einfachen Verknüpfungsregeln und „vertrauten Symbolen" [vDel89, 144]. Ähnlich meint *Verständlichkeit* z. B. geringe Abweichung von Bekanntem [He96, 213]. Ansonsten bleibt offen, woran Einfachheit und Verständlichkeit zu messen sind.

Einschätzung

Da es in diesem Abschnitt um die herrschende Meinung ging, wurden nur mehrfach genannte Spracheigenschaften erwähnt (zu speziellen Anforderungen vgl. z. B. [PaOB00, 673; Halp01, 56 ff.; He96, 213]). Aber selbst hinsichtlich dieser Eigenschaften besteht kein Konsens; ein vordefinierter Kanon möglicher Evolutionsfaktoren existiert damit nicht. Mit Ausnahme von Eindeutigkeit (in den verschiedenen Formen), Singularität und Abstraktion sind die Eigenschaften selbst entweder gar nicht (für ein Extrembeispiel vgl. [Nijs77, 37]), vage oder widersprüchlich definiert, was sich in den Ausführungen dieses Abschnittes widerspiegelt. Messungen lassen sich so nicht vornehmen.

Weiteres Vorgehen

Die Abschnitte 4.2-4.5 versuchen, durch eine ceteris paribus geführte Betrachtung die bestehenden Messdefizite zu beheben: Ein Abgleich zwischen den unklar artikulierten Anforderungen an Modellierungssprachen und den Befunden der Teilerhebungen aus Kapitel 3 führt zu den Evolutionsfaktoren (s. Tabelle 4.1). Nach dem Herausarbeiten eines Evolutionsfaktors wird sein Wirken als konstant unterstellt, während weitere Evolutionsfaktoren hinzukommen.

Begonnen wird mit der Ausdrucksstärke als wichtigster Ursache neuer ER-Modelle bzw. Petri-Netze. Eine gegebene Ausdrucksstärke kann mit unterschiedlichem Aufwand erreicht werden; dies misst die Ausdruckseffizienz. Ausdruckseffizienz berührt die Anforderungen Orthogonalität, Kompaktheit, Natürlichkeit, Einfachheit und Verständlichkeit sowie die Ursache Anwendbarkeit. Implementierungsunterstützung und Analyse als Variationsursachen sowie die Auslegungen der geforderten Ausführbarkeit betreffen die sekundäre Verwendung, ebenso wie Notation und Formalität. Den in den Teilerhebungen genannten Ursachen Korrektur und Integration, denen keine Anforderungen gegenüberstehen, geht Abschnitt 4.5 nach.

Wegen der bereits vorliegenden Definitionen erübrigt sich eine weitere Betrachtung von Eindeutigkeit, Singularität und Abstraktion. Implementierungsunabhängigkeit wird hingegen unterstellt, da sie aus der Definition von Modellierungssprachen folgt.

Zusammenhang zwischen Variationsursachen, Anforderungen und Evolutionsfaktoren **Tab. 4.1**

Evolutionsfaktor (Abschnitt)	Variationsursache (Abschnitt 3.2)	Anforderung (Abschnitt 4.1)
Ausdrucksstärke (4.2)	Ausdrucksstärke (Beschreibung)	Ausdrucksstärke, Mächtigkeit
Ausdruckseffizienz (4.3)	Anwendbarkeit	Orthogonalität, Kompaktheit, Natürlichkeit, Einfachheit, Verständlichkeit
Sekundäre Verwendung (4.4)	Implementierungsunterstützung, Analyse (Anwendbarkeit)	Ausführbarkeit, Notation, Formalität
Paradigmatische Vervollkommnung (4.5)	Korrektur, Integration	—

4.2 Ausdrucksstärke

4.2.1 Messvorschrift

Programm, Maschine, Verhalten

Abschnitt 4.1 hat Ausdrucksstärke und Mächtigkeit als alternative Auffassungen eingeführt. Für Mächtigkeit existieren Messvorschriften, die jedoch an der performativen Bedeutung ansetzen. Besonders anschaulich zeigt sich dies an Programmen:

Ein *Programm* ist ein Vorgehen zur Lösung eines Problems durch eine Maschine [MaGh87, 152]. Unter einer *Maschine* wird hier ein physisches[5] Gerät verstanden, das einen Speicher mit endlich vielen Speicherzellen besitzt, die alternativ zwei Zustände, z. B. „1“ bzw. „0“, annehmen [vNeu45, 19 ff.]. Zudem verfügt eine Maschine über vordefinierte Operationen – die *Maschinenbefehle* – zur Manipulation des Speichers, z. B. ADD, MOVE, AND [Dows91, 47/7 ff.; MaGh87, 49]. Ohne Ausführung dieser Operationen ändert sich der *Zustand* der Maschine, d. h. die Gesamtheit der Speicherzellenzustände, nicht.

Die maschinelle Lösung eines Problems erfordert Veränderungen des Maschinenzustands, d. h. ein *Verhalten* der Maschine. Folglich müssen sich Programm und Maschinenverhalten „irgendwie“ entsprechen. Diese Entsprechung erwächst aus der dynamischen Äquivalenz.

5) *Virtuelle* Maschinen sind im Gegensatz dazu keine physischen Geräte. Diese Unterscheidung ist hier jedoch unerheblich, weil virtuelle und physische Maschinen zueinander dynamisch äquivalent sind.

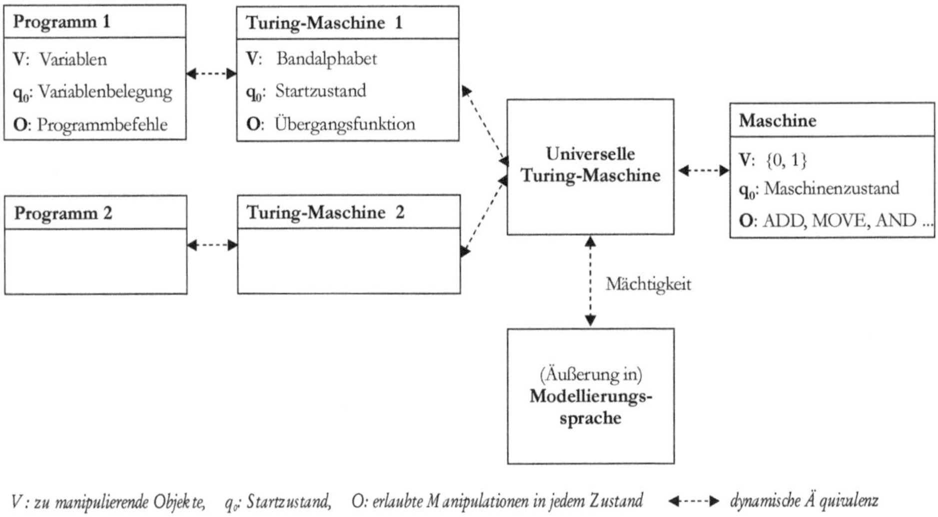

Abb. 4.2 Mächtigkeit

Automatisches formales System

Die dynamische Äquivalenz betrachtet Programm und Maschine als automatische formale Systeme [vNeu45, 17 ff.; Turi50, 436 f.; Haug81a, 5 ff.]. Ein *automatisches formales System* wird definiert durch eine Menge V zu manipulierender Objekte, einen Startzustand q_0 sowie durch die erlaubten Manipulationen O in jedem Zustand (s. Abbildung 4.2). Die Manipulationen bewirken Zustandsübergänge.

Dynamische Äquivalenz

Zwischen automatischen formalen Systemen kann schwache oder strenge *dynamische Äquivalenz* bestehen. Die *schwache* Auslegung stellt zwei Forderungen:

1. Jedem Start- bzw. Endzustand des einen automatischen formalen Systems muss jeweils genau ein Zustand des anderen Systems zugeordnet sein.

2. Lässt sich in einem automatischen formalen System ein bestimmter Startzustand durch endlich viele Zustandsübergänge in einen Endzustand überführen, dann muss dies für die zugeordneten Zustände im dynamisch äquivalenten System ebenfalls möglich sein.

Ohne weitere Zusätze wird dynamische Äquivalenz im Folgenden immer in diesem schwachen Sinne verstanden. Die *strenge dynamische Äquivalenz* verlangt darüber hinaus, dass die eindeutige Zuordnung für *jeden* Systemzustand gilt, dass es zu *jedem* Zustandsübergang des einen automatischen formalen Systems im anderen System einen gibt, der die entsprechenden Zustände ineinander überführt und dass die Systeme aus mehreren erlaubten Zustandsübergängen jeweils die einander entsprechenden auswählen [Haug81a, 8 ff.].

Selbst wenn die strenge Auslegung ***nicht*** zutrifft, transformieren dynamisch äquivalente formale Systeme analoge Startzustände in ebensolche Endzustände. Insofern besitzen diese Systeme dieselbe performative Bedeutung.

Automat, Mächtigkeit

Automaten dienen der Beschreibung automatischer formaler Systeme. Ein (deterministischer, endlicher) ***Automat*** A wird durch ein 5-Tupel A = (Q, V, δ, q_0, Q_f) repräsentiert, wobei Q für die Menge aller Zustände des Automaten steht, q_0 für den Startzustand ($q_0 \in Q$) und Q_f für die Menge aller erlaubten Endzustände[6] ($Q_f \subseteq Q$) [HoMU02, 54 f.; MaGh87, 53]. Die Übergangsfunktion δ: Q × V → Q legt den nächsten Zustand eines Automaten in Abhängigkeit vom vorliegenden Zustand und einer Eingabe aus dem Vokabular V fest.

Verschiedene Arten von Automaten unterscheiden sich u. a. im Zugriff auf die Eingaben, in der Anzahl der Zustände, in die sie übergehen können, und darin, ob beim Zustandsübergang Ausgaben zulässig sind [SaSH92, 49 ff.; HoMU02, 45 ff., 230 ff.]. Turing-Maschinen[7] sind spezielle Automaten mit einer Sonderstellung: Zu jedem möglichen Programm kann eine (im schwachen Sinne) dynamisch äquivalente Turing-Maschine konstruiert werden (***Church-Turing-These***); die spezifischen Übergangsfunktionen enthalten das jeweilige Vorgehen zur Problemlösung [MaGh87, 151 ff., 156; HoMU02, 328]. Darüber hinaus existiert eine ***universelle Turing-Maschine*** [Turi36, 243 ff.], die dynamisch äquivalent zu allen möglichen Turing-Maschinen ist.[8] Aufgrund der Transitivität der dynamischen Äquivalenz kann die universelle Turing-Maschine alle Probleme lösen, für die es Programme gibt [MaGh87, 156 ff.; HoMU02, 387].

Grundsätzlich können dynamische Äquivalenzen zu beliebigen Automaten aufgebaut werden; vor allem die spezielle Äquivalenz zur universellen Turing-Maschine heißt Turing-***Mächtigkeit*** [IsBr84, 131; CeMa99, 4; dFRM00, 187]. Turing-Mächtigkeit repräsentiert die größtmögliche informatikrelevante performative Bedeutung. Deshalb kann eine Modellierungssprache, deren Äußerungen dynamisch äquivalent zur universellen Turing-Maschine sind, alle möglichen Programme beschreiben.

Mächtigkeit als Synonym für dynamische Äquivalenz lässt sich leicht auf Petri-Netze übertragen: Die Markierung aller Stellen konstituiert einen Zustand eines konkreten Petri-Netzes, der sich durch das Schalten von Transitionen ändert [Pete81, 23]. Die ***Zustandsübergänge*** sind z. B. über die Menge der (von einem bestimmten Startzustand aus) erreichbaren Markierungen, die Menge der Schaltfolgen von Transitionen oder die Menge der beim Schalten geschriebenen Zeichenketten (formale ***Petri-Netz-Sprache***) erfassbar [Hack79, 32 f., 127 f.; Pete81, 23]. Petri-Netz-Sprachen stellen eine Möglichkeit dar, Petri-Netze mit Turing-Maschinen zu vergleichen [CeMa99, 28; MaSa97, 2].

Dynamisch äquivalente (gleich mächtige) Petri-Netze sind dadurch gekennzeichnet, dass mindestens homomorphe Beziehungen zwischen ihren möglichen Zustandsübergängen bestehen; tendenziell[9] wird strenge dynamische Äquivalenz gefordert [CeMa99, 27 ff.; Jens80,

6) Die Endzustände erscheinen hier als Bestandteil der Automatendefinition (anders [MaGh87, 51]), um die maschinell lösbaren Probleme (s. Abschnitt 4.4.1, unter **Erkennen**, **Akzeptieren** ...) zu charakterisieren.

7) Tabelle 4.21 in Abschnitt 4.4.2 zeigt eine Turing-Maschine, die in Anmerkung 73 erläutert wird.

8) Die universelle Turing-Maschine simuliert die anderen Turing-Maschinen [SaSH92, 208].

356 ff.; Devi89, 143; BoLT90, 398]. Solche *verhaltensäquivalenten* Petri-Netze [Andr82, 132 f.; DCDP83, 29 ff.] können einander wechselseitig *simulieren* [Star87].

Zustandsänderungen erfordern performative Äußerungen, die Modellierungssprachen allgemein nicht betreffen. Deshalb basiert die folgende Messvorschrift für Ausdrucksstärke nicht auf Mächtigkeit. Stattdessen wird der generelle Umstand des Beschreibens, d. h. die *deskriptive* Bedeutung, genauer untersucht, denn auch Petri-Netze beschreiben (z. B. [Genr89, 180]).

Bisherige Messung

Die Definition der Ausdrucksstärke in Abschnitt 4.1 bezieht sich auf die Menge der behaupteten Propositionen. Jedoch müssen die Propositionen, basierend auf den Konventionen zu Konstruktbezeichnungen und -verknüpfungen, erst ermittelt werden (s. Abschnitt 1.2 unter Bedeutung, Behauptung ...). Im Gegensatz dazu sind die Äußerungen einer Sprache direkt beobachtbar. Deshalb messen die bisher unterbreiteten Vorschläge (bis auf Ansatz M2) die Ausdrucksstärke anhand der (Bestandteile von) Äußerungen. Dabei lassen sich eine nominale und eine ordinale Ausdrucksstärkemessung unterscheiden.

Abbildungsrelationen

Die nominale Messung der Ausdrucksstärke versucht, *Abbildungsrelationen* zwischen verschiedenen Mengen herzustellen, und zwar alternativ zwischen:

- (*Ansatz A1*) einer philosophischen Ontologie und den Konstrukten einer Modellierungssprache [Wand96, 284; GrJe99, 113; GrRo00, 80 ff.],
- (*Ansatz A2*) den Vokabularen verschiedener Modellierungssprachen [Kung83, 150 f.],
- (*Ansatz A3*) verschiedenen Mengen von Äußerungen, wenn eine Logik als Modellierungssprache dient [IsBr84, 130; Baad96, 41; Borg96, 357; Nebe99, 14; KudR99, 306].

Gelingt es, Abbildungsrelationen zu finden, dann liegt (ontologische) Ausdrucksstärke vor (Ansatz A1) bzw. ist die Ausdrucksstärke mindestens gleich (Ansätze A2, A3). Ohne Abbildungsrelationen kann die Ausdrucksstärke nicht beurteilt werden.

Mindestens gleiche Ausdrucksstärke wird attestiert, da in Abbildungsrelationen, die nicht surjektiv sind, Elemente des Wertebereichs u. U. keine Urbilder haben [Romm99, 116]. Diese Werte weisen entweder auf Redundanz oder auf echt größere Ausdrucksstärke der Wertebereichsmenge hin.

Mengeninklusion

Die ordinale Messung der Ausdrucksstärke beruht auf *Mengeninklusionen*. Hier ist eine Sprache[10] mindestens genauso ausdrucksstark wie eine andere Sprache, wenn entweder

- (*Ansatz M1*) die Menge ihrer Konstrukte alle Konstrukte der anderen Modellierungssprache enthält [SaBH99, 109 ff.] oder
- (*Ansatz M2*) die Menge der mit ihr erzeugbaren (Arten von) Propositionen alle möglichen (Arten von) Propositionen der anderen Sprache umfasst [ScWü92, 4 f.].

---

9) Diese Tendenz besteht vor allem für Petri-Netze mit endlichen Stellenkapazitäten oder Markenwerten und ohne sonstige Erweiterungen, da diese Netze endlichen Automaten entsprechen [Star87, 3].

10) Ansatz M2 wird für Datenbankabfragesprachen eingesetzt, s. Anmerkung 3.

Im Fall echter Teilmengenbeziehungen besitzt die Obermenge eine echt größere Ausdrucksstärke. Eine Beurteilung der Ausdrucksstärke scheitert, wenn keine Inklusionsbeziehungen zwischen den Mengen vorliegen.

Aussagenorientierung

Konstruktorientierte Messungen verfehlen das Wesen von Ausdrucksstärke, weil Konstrukte allein nichts bedeuten. Die Messung von Ausdrucksstärke *ausschließlich* anhand der Äußerungen wird hier ebenfalls verworfen, da Ausdrucksstärke ein Urteil über Propositionen ist und verschiedene Äußerungen dieselbe Proposition besitzen können (s. Abschnitt 4.1 unter Äußerungseindeutigkeit). Schließlich darf nicht allein von Propositionen ausgegangen werden, denn performative Äußerungen *haben* Propositionen ohne sie zu *behaupten* (s. Abschnitt 1.2 unter Bedeutung, Behauptung ...).

Konstative Äußerungen behaupten Propositionen. Folglich muss die Messung der Ausdrucksstärke von Modellierungssprachen an behaupteten und damit wahrheitsfähigen Propositionen ansetzen, also an Aussagen (ebenso [McGe85, 18; Borg96, 355]). Diese Überlegung liegt dem Ansatz A3 zugrunde.

Modell, Interpretation

Ansatz A3 unterstellt, dass eine symbolische[11] Logik als Sprache dient, um (durch Äußerungen) Aussagen zu formulieren. Äußerungen einer symbolischen Logik sind logische Formeln, die aus den Konstrukten bestehen, welche die Logik vorsieht. Die formale Semantik legt die Bedeutung dieser Äußerungen fest. Unter der formalen Bedeutung einer logischen Formel wird hier ihr formales Modell verstanden; der Zusatz „formal" entfällt ab jetzt.

Modelle gehen davon aus, dass die Konstrukte der logischen Formel belegt werden; solche Belegungen bilden eine *Interpretation*. Eine Interpretation heißt *Modell*, wenn sie die logische Formel zu einer gültigen, also *formal wahren* Aussage macht [Herm91, 22; Kreo91, 72].

Mengen logischer Formeln sind Mengen von Äußerungen. Verschiedene Äußerungen sind genau dann gleich ausdrucksstark, wenn sie dieselbe Bedeutung besitzen. Unter Rückgriff auf den eingeführten Modellbegriff sind somit verschiedene Mengen logischer Formeln genau dann *gleich ausdrucksstark*, wenn ihre Modelle (ganz exakt: die Mengen ihrer Modelle) identisch sind [IsBr84, 130; Baad96, 41; KudR99, 306 ff.].

Extensional, intensional

Im Folgenden wird die Modelldefinition der formalen Semantik immer auf Bezüge zu einer (realen oder gedachten) Welt oder einem Softwaresystem angewandt. Dann kann ein Modell als Menge von Referenzen verstanden werden, deren Eigenschaften und Zusammenhänge die logischen Formeln in (faktisch) wahre Aussagen überführen.[12] Vom *extensionalen Standpunkt* aus sind diese Modelle genau dann identisch, wenn sie dieselben Referenzen umfassen. Zum Beispiel haben die logischen Formeln kleinste_primzahl(X) und kleinste_gerade_zahl(Y) dasselbe Modell, nämlich die natürliche Zahl Zwei [Herm91, 76 f.]; sie sind also *extensional gleich ausdrucksstark*.

---

11) Abschnitt 4.4.2 begründet die Notwendigkeit dieses Zusatzes.

12) Faktische Modelle wurden aus der Axiomatisierung realwissenschaftlicher Theorien übernommen, s. Abschnitt 5.1.

In der Modellierung reicht dieses Verständnis der Ausdrucksstärke jedoch nicht aus, da sich die in den logischen Formeln ausgedrückten Sachverhalte (kleinste Primzahl bzw. kleinste gerade Zahl zu sein) unterscheiden. Folglich muss die Messung der Ausdrucksstärke neben dem extensionalen Standpunkt, der (aufgrund der Wahrheitswerte von Modellen) das *Behaupten* von Propositionen registriert, auch den *intensionalen Standpunkt* [Herm91, 77; Ortn97, 30 f.] einbeziehen, der die *Propositionen* selbst berücksichtigt.[13] Zudem verlangt die durchgeführte Evolutionsuntersuchung eine Messvorschrift, um die echt größere Ausdrucksstärke einer Modellierungssprache festzustellen. Das Ausdrucksstärkemaß A(RB, VB), dessen Herleitung folgt, erfüllt alle genannten Forderungen.

Propositionsart, Beurteilungsobjekt

Ausdrucksstärke bezieht sich auf behauptete Propositionen, die verknüpften Konstrukten zugeordnet sind. Hier interessieren nicht die individuellen, sondern die *Arten* von Propositionen bzw. Konstruktverknüpfungen, welche die Modellierungssprache zulässt (s. Abschnitt 3.1.1 unter Konstruktart/-bezeichnung). Explizite Hinweise darauf entfallen nachfolgend weitgehend.

Eine (Modellierungs-) Sprache kann mit der (potenziell unendlichen) Menge ihrer zulässigen Konstruktverknüpfungen gleichgesetzt werden (ähnlich [McGe85, 18; ScWü92, 4; Chom73, 15, 25]). Annahmegemäß (s. Abschnitt 4.1 unter Bedeutungseindeutigkeit) besitzt jede dieser Verknüpfungen eine deskriptive Bedeutung, behauptet also (mindestens) eine Proposition. Somit unterscheidet sich die Beurteilung der Ausdrucksstärke einer Modellierungssprache konzeptionell nicht vom Vorgehen für Äußerungen. Vereinheitlichend heißen deshalb die Sprachen bzw. Äußerungen, deren Ausdrucksstärke gemessen werden soll, *Beurteilungsobjekte* B_i.

Sortierte Prädikatenlogik

Modelle, wie sie der extensionale Standpunkt fordert, gibt es nur für logische Formeln. Deshalb muss sich jedes Beurteilungsobjekt B_i durch eine Menge logischer Formeln darstellen lassen. Zudem müssen für diese Formelmengen (faktische) *Modelle* $M(B_i)$ bestimmbar sein. Um den intensionalen Standpunkt zu integrieren, soll jede logische Formel genau eine Propositionsart repräsentieren.

Für die Darstellung der Beurteilungsobjekte wird eine sortierte Prädikatenlogik erster Stufe eingesetzt [Kreo91, 34], da ihre Formeln Propositionscharakter besitzen. Eine solche Logik besteht aus Variablen für Subjekte, Prädikate und Funktionen, die gegebenenfalls mit *Konnektoren* ($\neg$ (Negation), $\wedge$ (Konjunktion), $\vee$ (Disjunktion), $\Rightarrow$ (Implikation), $\Leftrightarrow$ (Äquivalenz)) oder *Quantoren* ($\forall$ (Allquantor), $\exists$ (Existenzquantor)) sowie Klammern verknüpft werden dürfen [Herm91, 50 ff.].[14] *Deklarationen* legen die Subjekt-, Prädikaten- und Funktionsvariablen fest, Interpretationen die Trägermengen, Prädikate und Funktionen.

Subjektvariablen besitzen einen Namen und entstammen einer *Sorte*, die den Typ der Subjektvariablen (z. B. ganze Zahlen, Personen, Zeichenketten) angibt [Kreo91, 88 f.; Moni03, 88].

13) Die Bedeutungen natürlichsprachiger Äußerungen folgen ebenfalls nicht allein aus den Referenzen. Zum Beispiel besitzen die Äußerungen „Hauptstadt des Landes Sachsen-Anhalt" und „Stadt der Bundesgartenschau 1999" dieselbe Extension (die Stadt Magdeburg), aber unterschiedliche Intensionen. Deshalb analysiert die Linguistik Bedeutungen intensional [OGAA01, 250 f.]; s. Abschnitt 4.3.2 unter Bedeutung, Interpretation$_D$.

14) Auf Disjunktion, Implikation, Äquivalenz und Existenzquantor kann verzichtet werden, sie verkürzen jedoch die Formeln [Herm91, 42].

Prädikate beschreiben Sachverhalte, nämlich Eigenschaften oder Zusammenhänge, die Subjekte (als Referenzen) betreffen [Moni03, 75 f.; vKut93, 39; Carn68a, 4]. Folglich hat jede *Prädikatenvariable* nicht nur einen Namen, sondern einen – aus mindestens einer Sorte bestehenden – Argumentbereich, der kennzeichnet, auf welche Typen von Subjekten sich das Prädikat beziehen kann [Kreo91, 34]. *Funktionen* ordnen den Subjekten des (u. U. mehrsortigen) Argumentbereichs genau ein Subjekt aus dem Wertebereich zu [Nils82, 312]. *Funktionsvariablen* sind also durch Namen, Argumentbereich (mindestens eine Sorte) und Wertebereich (genau eine Sorte) gekennzeichnet. Funktionsvariablen mit leerem Argumentbereich heißen *Konstanten* [Herm91, 45; Kreo91, 34].

Literale

Die logischen Formeln der Beurteilungsobjekte müssen *Literale* sein, d. h. atomare logische Formeln oder Negationen solcher Formeln [Moni03, 170; Nils82; 135].

In einer Prädikatenlogik entstehen *atomare Formeln* durch die Anwendung von Prädikatennamen auf Terme [Herm91, 53; Kreo91, 47]. *Terme* sind Konstanten, Subjektvariablen oder die Ergebnisse der Anwendung von Funktionsnamen auf Terme [Herm91, 52; Kreo91, 46]. Literale drücken somit nicht weiter zerlegbare Propositionen (s. Abschnitt 1.2) aus, so dass der Beitrag eines Literals zur Ausdrucksstärke isoliert gemessen werden kann.

Aussagen, d. h. behauptete Propositionen, haben einen Wahrheitswert. Literale sind noch keine Aussagen, sondern nur Aussageformen, da sie Subjektvariablen[15] enthalten, die nicht durch Quantoren gebunden sind [Tars77, 19; Herm91, 25; Nils82, 136]. Erst die Modelle bringen die (wahren) Aussagen der Literale hervor.

Widerspruchsfreiheit

Damit überhaupt ein Modell $M(B_i)$ existiert, muss die Literalmenge eines Beurteilungsobjekts widerspruchsfrei sein [Kreo91, 76, 100]. Die Menge darf also nicht sowohl die atomare logische Formel als auch deren Negation enthalten, weil in einem Modell nicht beide wahr sein können [Tars77, 144].

Prädikatenlogische Interpretation

Bei einem Modell handelt es sich um eine Interpretation, die alle logischen Formeln in wahre Aussagen überführt. Entstammen die Formeln einer sortierten Prädikatenlogik [Kreo91, 38 f.], dann legt die *Interpretation* für jede Sorte eine Trägermenge als Menge der Subjekte fest. Außerdem interpretiert sie Prädikatenvariablen extensional durch Prädikate. Ein *Prädikat* besteht aus den Subjekten (bei mehrsortigen Argumentbereichen: den geordneten n-Tupeln von Subjekten), für die der Prädikatenname definitionsgemäß eine wahre, atomare Aussage ist [Carn68a, 40]. Schließlich definiert die Interpretation extensional die *Funktionen*, indem sie jedem Subjekt (jedem geordneten n-Tupel von Subjekten) aus dem Argumentbereich eines Funktionsnamens ein Subjekt des Wertebereichs zuordnet [Herm91, 77].

Unabhängigkeit

Schließlich müssen die Literale – und damit die Propositionen – jedes Beurteilungsobjekts voneinander unabhängig sein. Unabhängigkeit verbietet zum einen *synonyme* logische Formeln

15) Weil nur Subjektvariablen quantifiziert werden, liegt eine Prädikatenlogik erster Stufe vor [Nils82, 136 f.; Herm91, 140; Moni03, 89]. Zum generellen Verzicht auf Quantoren ohne Informationsverlust [Kreo91, 92].

mit derselben Proposition in der Literalmenge eines Beurteilungsobjekts. Zum Beispiel wären die logischen Formeln kleinste_Primzahl(X) und smallest_prime_ number(Y) synonym, während die Formel kleinste_gerade_zahl(Z) eine dazu nicht synonyme Proposition besitzt. Zum anderen heißt die Literalmenge eines Beurteilungsobjekts genau dann unabhängig, wenn *keine Aussage* (also keine behauptete Literalproposition) aus den übrigen *folgt* [Herm91, 23; Tars77, 140]. Die Aussage einer logischen Formel *folgt* genau dann aus einer Menge logischer Formeln, wenn jedes Modell der Formelmenge auch ein Modell der logischen Formel ist [Herm91, 27].

Abhängige Literale verändern die Modelle $M(B_i)$ eines Beurteilungsobjekts nicht und wirken sich somit nicht auf seine extensionale Ausdrucksstärke aus. Hingegen kann das Erweitern einer Literalmenge um unabhängige Literale zu größerer Präzision führen (s. Tabelle 4.2):

Ein Beurteilungsobjekt B_{1+} ist *extensional ausdrucksstärker* als ein Beurteilungsobjekt B_1 *im Sinne von Präzision*, wenn alle Modelle von B_{1+} echte Teilmengen der Modelle von B_1 sind: $M(B_1) \supset M(B_{1+})$. Im Beispiel aus Tabelle 4.2 gehören nicht mehr alle roten Referenzen zum Modell des Beurteilungsobjekts B_{1+}, sondern nur noch die, die zugleich schwer sind. Durch die Proposition des unabhängigen Literals schwer(X) erhöht sich der Gehalt bzw. die selektive Kraft der Literalmenge [Zele93, 368; Balz82, 293].

Umgekehrt kann dem Beurteilungsobjekt B_1, dessen Modelle die des Beurteilungsobjekts B_{1+} als echte Teilmengen enthalten, eine größere extensionale Ausdrucksstärke *im Sinne von Universalität* zugesprochen werden (s. Tabelle 4.2). Allerdings besitzt das extensional universellere Beurteilungsobjekt eine geringere intensionale Ausdrucksstärke, da die Proposition des unabhängigen Literals schwer(X) fehlt; diese Lesrichtung interessiert damit hier nicht.

Tab. 4.2 Beurteilungsobjekte und Modelle

	Beurteilungsobjekt			
	B_1	**B_{1+}**	**B_2**	**$B_{2\sim}$**
Literal-menge	rot(X)	rot(X) schwer(Y)	kleinste_primzahl(X)	kleinste_primzahl(X) kleinste_gerade_zahl(Y)
Modell	alle roten Referenzen	alle Referenzen, die sowohl rot als auch schwer sind	Zahl „2"	Zahl „2"
Extensionale Ausdrucks-stärke	extensional ausdrucksstärker $M(B_1) \supset M(B_{1+})$		extensional gleich ausdrucksstark: $M(B_2) = M(B_{2\sim})$	
	als B_{1+}: *Universalität*	als B_1: *Präzision*		

Manchmal bleiben die Modelle trotz zusätzlicher unabhängiger Literale unverändert. Dies zeigt sich (s. Tabelle 4.2), wenn die aus kleinste_primzahl(X) bestehende Literalmenge eines Beurteilungsobjekts B_2 um die unabhängige logische Formel kleinste_gerade_zahl(Y) zum Beurteilungsobjekt $B_{2\sim}$ erweitert wird. Extensional sind beide Beurteilungsobjekte gleich ausdrucksstark. Intensional weist jedoch das Beurteilungsobjekt $B_{2\sim}$ eine größere Ausdrucksstärke auf, da seine Literalmenge durch das unabhängige Literal eine neue Proposition enthält.

Zusammenfassend werden zur Messung der Ausdrucksstärke von Modellierungssprachen Literale benötigt, da diese Propositionen repräsentieren, und die Modelle dieser Literale. Erst die Modelle führen die (für das Behaupten erforderliche) Wahrheitsfähigkeit der Literale herbei. Die Propositionen entsprechen dem intensionalen und die Modelle dem extensionalen Standpunkt zur Beurteilung von Ausdrucksstärke. Widerspruchsfreie Erweiterungen der Literalmenge eines Beurteilungsobjekts um unabhängige Literale sind eine hinreichende Voraussetzung für extensional mindestens gleiche Ausdrucksstärke. Die intensionale Ausdrucksstärke des Beurteilungsobjekts erhöht sich infolge zusätzlicher unabhängiger Literale immer.

A(RB, VB), Referenzbeurteilungsobjekt

Durch die Einbeziehung des extensionalen Standpunkts kann die Ausdrucksstärke nur beurteilt werden, wenn die Modelle der Beurteilungsobjekte nicht disjunkt sind. Disjunkte Modelle entstehen aus nicht überlappenden Mengen von Referenzen, so dass sich die Propositionen fundamental unterscheiden.[16] Teilmengenbeziehungen, wie sie bisher zwischen den Literalmengen und damit den Modellen von Beurteilungsobjekten unterstellt wurden, sind ein Spezialfall von Nichtdisjunktheit. Damit die Ausdrucksstärke von Beurteilungsobjekten auch dann gemessen werden kann, wenn dieser Spezialfall nicht vorliegt, wird hier das Maß A(RB, VB) für Ausdrucksstärke vorgeschlagen.

Das Maß geht von einem *Referenzbeurteilungsobjekt RB* aus, das eine Menge zu behauptender Propositionen vorgibt. Diese Propositionen können sich aus dem Modellierungszweck, der Menge in einer anderen Modellierungssprache behaupteter oder (absolut) behauptbarer Propositionen ergeben (s. Abschnitt 4.1). Dargestellt wird das Referenzbeurteilungsobjekt durch eine widerspruchsfreie Menge voneinander unabhängiger Literale einer sortierten Prädikatenlogik erster Stufe.

Die Ausdrucksstärke eines *Vergleichsbeurteilungsobjekts VB* entspricht der Ähnlichkeit zum Referenzbeurteilungsobjekt, die das Maß A(RB, VB) bestimmt. Es misst die Ähnlichkeit binärer Merkmalsvektoren. Solche Merkmalsvektoren entstehen, indem alle Propositionen, die ein Beurteilungsobjekt behaupten kann, durch „1" codiert werden, alle übrigen durch „0". Die Anzahlen der Propositionen, die Beurteilungsobjekte (nicht) behaupten, werden mittels einer Kontingenztafel erfasst, s. Tabelle 4.3. Weil Ausdrucksstärke immer von behaupteten Propositionen ausgeht (s. Abschnitt 4.1), gilt $s = 0$. Aus dem Umstand, dass Äußerungen in einer Modellierungssprache immer eine Bedeutung besitzen (s. Abschnitt 4.1 unter Bedeutungseindeutigkeit), folgt $p + q + r > 0$.

Kontingenztafel zur Messung der Ausdrucksstärke **Tab. 4.3**

Anzahl der Propositionen im		**Referenzbeurteilungsobjekt RB**		**Zeilensumme**
		behauptet	**nicht behauptet**	
Vergleichs-beurteilungsobjekt VB	**behauptet**	p	q	p + q
	nicht behauptet	r	s = 0	r
Spaltensumme		p + r	q	p + q + r > 0

16) Aus diesem Grund ist die Ausdrucksstärke von ER-Modellen nicht mit der von Petri-Netzen vergleichbar.

Typische Ähnlichkeitsmaße für binäre Merkmalsvektoren sind der Tanimoto-, der *Simple-Matching*- oder der Rassel-Rao-Koeffizient [BaEP00, 333]. Unter den Bedingungen der Tabelle 4.3 nehmen diese Koeffizienten folgende Form an:

$$A(RB, VB) = \frac{p}{p+q+r}$$

Ergibt das Maß A(RB, VB) einen Wert von null, so ist das Vergleichsbeurteilungsobjekt im Verhältnis zum Referenzbeurteilungsobjekt nicht ausdrucksstark. Maximale Ausdrucksstärke zeigt sich daran, dass das Maß A(RB, VB) den Wert eins annimmt. Enthält das Referenzbeurteilungsobjekt *alle* zu behauptenden Propositionen, so beträgt seine Ausdrucksstärke immer eins. Der folgenden Abschnitt 4.2.2 nutzt das Maß A(RB, VB), um die Ausdrucksstärke der ER-Modelle bzw. Petri-Netze aus den Teilerhebungen des Kapitels 3 zu messen.

4.2.2 Empirische Überprüfung der Ausdrucksstärke

4.2.2.1 Entity-Relationship-Modelle

Vorgehen

Die Anwendung des Maßes A(RB, VB) setzt ein Referenzbeurteilungsobjekt voraus, d. h. eine widerspruchsfreie Menge voneinander unabhängiger Literale einer sortierten Prädikatenlogik erster Stufe. Jedes Literal steht für eine in den ER-Modellen der Teilerhebungen behauptete Proposition (-sart). Die Literale und ihre Propositionen werden im Folgenden erläutert.

Maßgeblich für die Gewinnung der Propositionen waren die Kommentare und Beispiele, mit denen neue ER-Modelle eingeführt wurden, nicht aber die Konstrukte der Modelle. Dies hat verschiedene Gründe: Zum einen sind in vielen Fällen die (spezialisierten oder neuen) Konstrukte der ER-Modelle nicht klar benannt. Außerdem muss eine Proposition nicht zwangsläufig durch ein Konstrukt ausgesagt werden, dafür reichen Annahmen aus. Schließlich verweisen Sprachkonstrukteure z. T. auf andere ER-Modelle, von denen ihr Entwurf abstammt, und verzichten deshalb darauf, die Vorgänger-Konstrukte aufzuführen.

In den dokumentierten Binärvektoren der ER-Modelle kennzeichnen die Codierungen „a“ bzw. „m“, dass das Behaupten auf Annahmen bzw. Abstammung beruht. Soweit bekannt, werden die Vorgänger bei Abstammungen aufgeführt. Aus Beispielen ermittelte Propositionen sind nicht besonders markiert. In diesen Fällen behaupten ER-Modelle Literalpropositionen, obwohl dies u. U. nicht aus den aufgelisteten Konstrukten hervorgeht.

Um die extrahierten Propositionen inhaltlich zu präzisieren, wurden ergänzend Lehrbücher (z. B. [TsLo82; ElNa00; FeSi01; Halp01; Thal00; BaCN92]) und Überblicksartikel (z. B. [HuKi87; Nava92; KeKT76]) herangezogen. Wegen der Zufälligkeit von Notationen (s. Abschnitt 2.3 unter **Objekte**) finden sich im Folgenden nur dann grafische Veranschaulichungen, wenn dies für die Erläuterungen unverzichtbar ist.

Abhängigkeiten

Nicht jede Proposition der ER-Modell-Varianten erscheint als Literal des Referenzbeurteilungsobjekts, da dessen Literalmenge unabhängig sein muss (s. Abschnitt 4.2.1). *Synonyme Propositionen* p_s stehen in logischer Äquivalenz zu einer Literalproposition p_l ($p_s \Leftrightarrow p_l$). *Nicht synonyme abhängige Propositionen* p_a ergeben sich entweder aus mindestens einer Literalproposition (p_l ($\wedge$ ... $\wedge$ p_{ln}) $\Rightarrow$ p_a) oder implizieren sie ($p_a \Rightarrow p_l$ ($\wedge$ ... $\wedge$ p_{ln})).

Eigene Literale dürfen für die abhängigen Propositionen nicht eingeführt werden; die Sachverhalte werden aber je Literal unter dem Stichwort *Abhängigkeiten* aufgeführt.

Referenzarten

Bisher wurde nur von Propositionen gesprochen. Laut Abschnitt 1.2 entstehen Propositionen aus Sachverhalten, die sich auf Referenzen beziehen. Es interessieren nachfolgend, analog zu Konstrukten (s. Abschnitt 3.1.2) bzw. Propositionen (s. Abschnitt 4.2.1), die *Arten* von Referenzen bzw. Sachverhalten, ohne dies explizit zu betonen. Die Referenzen des ER-Modells ergeben sich aus den Grundkonstrukten Entitätstyp, Beziehungstyp und Attribut (s. Abschnitt 3.1.2).

Insbesondere die Differenzierung in Beziehungstypen und Attribute bietet Anlass zur Diskussion: Im relationalen Datenmodell dienen (Fremdschlüssel-) Attribute dazu, Beziehungen auszudrücken [Codd70, 380]. Außerdem können Attribute als Beziehungen zwischen Entitäten und Wertemengen aufgefasst werden [HuKi87, 218]. Manchmal wird die Schwierigkeit, Attribute von Beziehungstypen zu trennen, als so gravierend empfunden, dass „vereinfachte ER-Modelle" von vornherein auf diese Unterscheidung verzichten sollen [Kent84, 99, 102].

Das ursprüngliche ER-Modell definierte Attribute als Abbildung zwischen einem Entitäts- bzw. Beziehungstyp und einer Wertemenge. Anscheinend waren also tatsächlich Attribute und Beziehungstypen (neben Entitätstypen) als separate Referenzen beabsichtigt, so dass diese Trennung hier beibehalten wird.

Deklaration

Die Darstellung der Propositionen als Literale einer sortierten Prädikatenlogik erster Stufe ist eine „technische Anwendungsvoraussetzung" für das Ausdrucksstärkemaß A(RB, VB). Die Literale werden hier aufgeführt, um zu demonstrieren, dass eine solche Darstellung tatsächlich gelingt. Dabei entsprechen die Sorten **entity_type** (Subjektvariablen: !e, !e_1, !e_2, !e_i), **relationship_type** (Subjektvariablen: !r, !r_1, !r_j) und **attribute** (Subjektvariable: !a) den Referenzen des ER-Modells. Darüber hinaus werden noch Sorten für natürliche Zahlen (**nat**; Subjektvariable: **!N**) und für positive rationale Zahlen (**rat_number**; Subjektvariable: !rn) benötigt.

Zur Vereinfachung der Formeln sei angenommen, dass verschieden benannte Variablen immer unterschiedliche Referenzen repräsentieren (*unique name assumption*) [Leve86a, 278]. Das Symbol „!" fungiert als Platzhalter für weitere Differenzierungen der Namen von Subjektvariablen. Dies bedeutet, dass sich z. B. die Subjektvariablen !e in verschiedenen Literalen unterscheiden, und zwar abhängig davon, womit „!" ersetzt wird. Der Platzhalter soll die Anzahl der Subjektvariablen klein halten.

Anhang B.1 enthält die Deklaration der Prädikatenvariablen. Generell gilt, dass die Prädikatennamen auf Subjektvariablen angewandt werden, deren Sorten mit dem Argumentbereich der Prädikatenvariablen übereinstimmen.

Die folgenden Erläuterungen verwenden die deutschen Begriffe (z. B. „Entitätstyp", „Beziehungstyp"). Hingegen wurden die Literale auf Englisch deklariert, um die Gegenüberstellung mit der Dokumentation der Erhebung, die über Internet (http://www-wi.cs.uni-magdeburg.de/forschung/er_evo/) international verfügbar ist, zu erleichtern.

Strukturierung

Die Literale des Referenzbeurteilungsobjekts gehören zu verschiedenen Klassen (s. Tabelle 4.4). Die Hauptklassen Datenmodell (Literale [E1]-[E18]), Anwendung (Literale [E19]-[E27]) und Domänenspezifika (Literale [E28]-[E33]) spiegeln die Aussagenarten wider, die als Ursachen neuer ER-Modelle genannt wurden (s. Abschnitt 3.2). Die Trendberechnung in Abschnitt 3.4 beruhte bereits auf diesen Klassen.

Grundlegend für die Ausdrucksstärke der ER-Modelle sind die Literale der Klasse *Datenmodell* (s. Abschnitt 3.2), die noch weiter untergliedert wird: Zur Unterklasse *dynamisch* gehören Literale, die Übergänge zwischen Datenbankzuständen beschreiben. Die Literale in der Unterklasse ***statisch*** treffen entweder Aussagen über den ***Aufbau des Schemas*** oder sie formulieren (statische) ***Integritätsbedingungen***.

Auf den Datenmodell-Literalen setzen alle anderen auf: Die Literale in der Klasse *Anwendung* betreffen spezielle Probleme des Datenbankentwurfs, nämlich Mehrdimensionalität, Unsicherheit, Wissen und Zeitbezug. Diese Probleme können in allen Einsatzgebieten der Datenbank auftreten, was sie von den Literalen der Klasse *Domänenspezifika* unterscheidet.

Nach absteigender Bedeutung der Klassen geordnet, werden zuerst die Datenmodell-, dann die Anwendungs- und abschließend die Domänen-Literale erläutert. Den Anfang innerhalb der Klasse Datenmodell bilden die Integritätsbedingungen, da sie die meisten Literale stellen.

[E7]: Primärschlüssel

Die Definition von Entitätstypen (s. Abschnitt 3.1.2) verkündet zwar die *Existenz* eines Primärschlüssels, sagt aber nichts über dessen Gestalt. Wenn sein Aufbau beschrieben werden kann ([E7]: key_description(!e)), steigt die Ausdrucksstärke. Ein Primärschlüssel kann z. B. aus mindestens einem Attribut bestehen [Chen76, 14; ElNa00, 50] oder auf Beziehungen zu anderen Entitäten zurückgreifen ([Chen76, 14]; s. Literale [E11]).

Abhängigkeiten: Primärschlüssel implizieren ein spezielles *Uniqueness-Constraint,* um eine eindeutige Identifizierung der Entitäten zu gewährleisten. Dieses *Constraint* (s. auch die Literale [E15], [E16]) schließt das mehrfache Auftreten oder das Fehlen der Attributwerte bzw. Beziehungen des Primärschlüssels aus [Codd70, 380; Chen76, 14; Halp01, 110 ff.; ElNa00, 50].

[E8]: Mehrwertige Attribute

Die ursprüngliche Definition von Attributen als Abbildungsrelation [Chen76, 12] erlaubt je Entität bzw. Beziehung *genau einen* Attributwert (oder ein n-Tupel von Attributwerten bei Abbildungen in das kartesische Produkt). Mehrwertige Attribute ([E8]: multivalued(!a)) hingegen dürfen für eine Entität bzw. Beziehung gleichzeitig mehr als einen Wert annehmen [HuKi87, 218; BaCN92, 34; ElNa00, 47 f.]. Zum Beispiel kann eine Person mehr als einen Wohnsitz (mehrwertiges Attribut) haben.

Strukturierung des Referenzbeurteilungsobjekts für ER-Modelle **Tab. 4.4**

<table>
<tr><td colspan="4">Statisch</td><td rowspan="5">Dynamisch</td><td rowspan="6">Datenmodell</td></tr>
<tr><td rowspan="4">Aufbau des Schemas</td><td colspan="3">Integritätsbedingungen</td></tr>
<tr><td colspan="3">Statisch</td></tr>
<tr><td>Aus Konstrukten</td><td colspan="2">Aus der Welt</td></tr>
<tr><td>Inhärent</td><td>Implizit</td><td>Explizit</td></tr>
<tr><td>[E1] Aggregation
e_type_treatment(!r, !e)
[E2] Rolle
role(!e, !r)
Ableitungen:
[E3] derived_att(!a)
[E4] derived_rel(!r)
Bedingungen:
[E5] e_condition(!e)
[E6] r_condition(!r)</td><td>[E7] Primärschlüssel
key_description(!e)
[E8] mehrwertige Attribute
multivalued(!a)
[E9] Attributwerte
value_description(!a)</td><td>[E10] maximale Kardinalität
max_participate(!e_1, ..,!e_i, !r, !N)
[E11] minimale Kardinalität
min_participate(!e_1, ..,!e_i, !r, !N)
[E12] Optionalität
option_participate(!e, !r)
[E13] Exklusivität
excl_participate(!e, !r_1, …, !r_j)
[E14] Entitätsidentität
ident_participate(!e_1, !e_2, !r)</td><td>[E15]
e_ex_constraint(!e)
[E16]
r_ex_constraint(!r)</td><td>Transaktionen
[E17]
e_transaction(!e)
[E18]
r_transaction(!r)</td></tr>
<tr><td colspan="5">Mehrdimensionalität: [E19] fact(!r), [E20] dimensional_level(!e), [E21] classification(!e_1, !e_2, !r)</td><td rowspan="4">Anwendung</td></tr>
<tr><td colspan="5">Unsicherheit: [E22] e_fuzzy(!e, !rn), [E23] r_fuzzy(!r, !rn), [E24] a_fuzzy(!a, !rn)</td></tr>
<tr><td colspan="5">Wissen: [E25] causal_relation(!e_1, !e_2, !r)</td></tr>
<tr><td colspan="5">Zeit: [E26] time_participate(!e, !r), [E27] time_dependent(!a)</td></tr>
<tr><td colspan="5">[E28] geoscientific(!e), [E29] search(!e), [E30] conceptual(!e), [E31] agent_e(!e), [E32] agent_r(!r), [E33] perceptual(!a)</td><td>Domäne</td></tr>
</table>

[E9]: Attributwerte

Aus der Definition von Attributen des ER-Modells folgt nur die Existenz einer Wertemenge. Die Beschreibung der Werte ([E9]: value_description(!a)), z. B. durch Aufzählung der Einzelwerte, Vorgabe von Wertebereichen oder Angabe von Wertetypen [Chen76, 21; ElNa00, 50; HoNS87, 66; Thal00, 61 ff.], ist ein neuer Sachverhalt, dessen Behauptung die Ausdrucksstärke erhöht.

Abhängigkeiten: Zwei typische spezielle Aussagen setzen Attributwerte voraus [HoNS87, 66; GoHo91, 373; Thal00, 64]: Zum einen können die Werte eines Attributes (z. B. „Adresse“) aus mehreren Wertemengen (z. B. „Straße“, „Ort“, „Postleitzahl“) zusammengesetzt sein (*zusammengesetzte Attribute* [ElNa00, 46; PaSp92, 70]). Dies war bereits im ursprünglichen ER-Modell (textuell) möglich [Chen76, 12]. *Komplexe Objekte* [LiNe87, 70; CaJA90, 44 f.] basieren auf zusammengesetzten Attributen.

Zum anderen spielen UNDEFINED, UNKOWN oder NULL die Rolle reservierter Attributwerte. Diese Werte kommen zum Einsatz, wenn eine Entität oder Beziehung für ein bestimmtes Attribut keinen Wert besitzt (z. B. hat eine Person kein Telefon) oder dieser Wert

(z. B. die Telefonnummer) unbekannt ist [TjWa80, 147 f.; ElNa00, 48; HoNS87, 66]. *Optionale Attribute* dürfen die Werte UNDEFINED, UNKOWN oder NULL annehmen [HoNS87, 66].

[E10], [E11]: Kardinalitäten

Kardinalitäten charakterisieren die Beziehungen einer Entität zahlenmäßig: Entweder werden Aussagen dazu gemacht, an wie vielen Beziehungen sich eine Entität beteiligt (*Participation-Kardinalität*), oder es wird angegeben, wie viele Entitäten eine Entität an einer Beziehung teilnehmen „sieht" (*Look-Across-Kardinalität*) [Ferg91, 3 ff.]. Besteht eine Beziehung zwischen höchstens zwei Entitätstypen, dann sind diese Arten von Kardinalitäten synonym [Ferg91, 24].

Die Literale [E10] und [E11] basieren auf *Participation*-Kardinalitäten, weil diese – im Gegensatz zu *Look-Across*-Kardinalitäten – bei mehr als zwei beteiligten Entitätstypen eine eindeutige Beschreibung der Beziehungsanzahl gewährleisten [Thal00, 167]. Die hier verwendeten *allgemeinen Participation*-Kardinalitäten sind dadurch gekennzeichnet, dass eine Sequenz von Entitätstypen !e_1 bis !e_i (mit $i \geq 1$) eine Beziehung eingeht [Thal00, 169]. Die Literale [E10] bzw. [E11] formulieren die maximale bzw. die minimale Kardinalität:

Die *maximale Kardinalität* ([E10]: max_participate(!e_1, ..., !e_i, !r, !N)) sagt aus, dass jede Entitäten-Sequenz der aufgeführten Entitätstypen an höchstens !N Beziehungen eines Beziehungstyps teilnimmt. Damit Beziehungen bestehen, muss !N > 0 gelten. Das ursprüngliche ER-Modell enthielt nur diese maximale Kardinalität [Chen76, 21; TsLo82, 176].[17] In bestimmten Anwendungssituationen ist auch ausschließlich die maximale Kardinalität kritisch (wenn z. B. in einem Büroraum höchstens zwei Personen arbeiten dürfen).

Die *minimale Kardinalität* ([E11]: min_participate(!e_1, ..., !e_i, !r, !N)) legt fest, dass jede Entitäten-Sequenz der Entitätstypen mindestens !N Beziehungen des Beziehungstyps aufweist. Dies setzt ebenfalls !N >0 voraus: Tritt !N = 0 für *alle* Entitäten auf, dann besteht keine Beziehung (s. auch Literal [E12]). Manchmal hat anwendungsbedingt nur die minimale Kardinalität Bedeutung (z. B. erfordert eine Habilitation mindestens drei Gutachter).

Gelegentlich fassen Notationen die Zahlenwerte !N der minimalen (*min*) bzw. maximalen (*max*) Kardinalität als Tupel *(min, max)* zusammen (z. B. [ElWH85, 80; ISO87, 87 f.; Thal00, 165 ff.; BaCN92, 32 f.]). Das Beispiel in Tabelle 4.5 zeigt, dass ein Vertreter mindestens drei Produkte anbietet (min = 3). Zugleich muss jedes Produkt durch mindestens einen Vertreter vertrieben werden (min = 1). Hingegen sind die maximal erlaubten Beziehungen des Typs „vertreibt" je Vertreter bzw. Produkt nicht begrenzt (max = *). Diese (min, max)-Notation der Kardinalitäten wird hier für die Beispiele genutzt.

Abhängigkeiten: Vereinfachend interessiert im Folgenden nur, wie sich *ein* Entitätstyp an Beziehungen beteiligt; es liegt also eine Sequenz mit i = 1 vor. In diesem Fall sagt die minimale Kardinalität !N = 1 aus, dass jede Entität des Entitätstyps mindestens eine Beziehung des Beziehungstyps hat. Dieser Beziehungstyp und seine Beziehungen werden *total* genannt [ScSW80, 124], die Entität gilt als *abhängig* [Teor94, 31]. Der Zahlenwert !N der minimalen Kardinalität trifft diese Aussage bereits.

Geht eine totale Beziehung in den Primärschlüssel der (abhängigen) Entität ein, dann heißen der Entitäts- [Chen76, 18] bzw. Beziehungstyp [ScSW80, 125] schwach (*weak*). Synonym

17) Irritierend ist, dass ursprünglich auch !N = 0 zugelassen war [Chen76, 20].

Mögliche Aussagen über Beziehungen **Tab. 4.5**

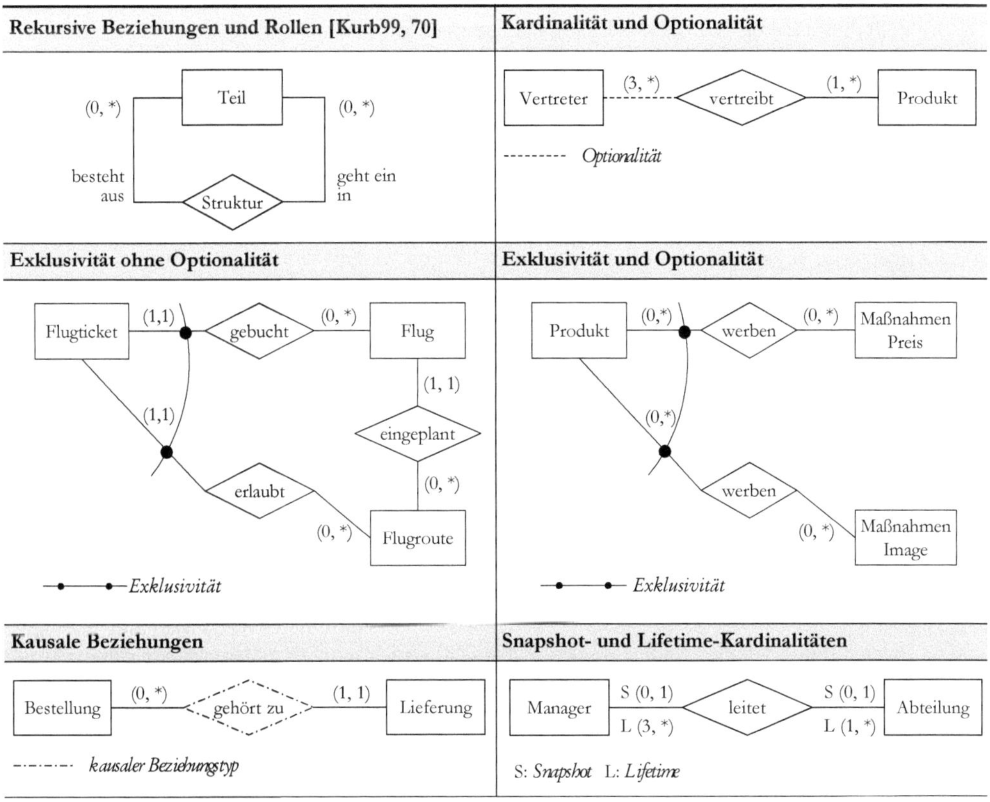

wird davon gesprochen, dass der Entitätstyp *existenzabhängig* [Chen76, 20] bzw. *schlüsselabhängig* [Teor94, 31] von dem Entitätstyp ist, mit dem er in totaler Beziehung steht. Die Beschreibung des Primärschlüssels [E7] von Entitätstypen kann diesen Sachverhalt aussagen. Sobald eine minimale Kardinalität angegeben ist, liegt eine *obligatorische* Teilnahme der Entitäten an einem Beziehungstyp vor [Ferg91, 21; TeYF86, 203]. Der Unterschied zwischen minimaler Kardinalität und Optionalität wird in Zusammenhang mit Literal [E12] erläutert.

[E12]: Optionalität

Optionalität ([E12]: option_participate(!e, !r)) lässt es zu, dass *nicht alle* Entitäten eines Entitätstyps an der Bildung von Beziehungen eines Beziehungstyps teilhaben [BaCN92, 21; TeYF86, 203]. Solche Beziehungstypen und ihre Beziehungen heißen auch *partiell* [ScSW80, 124]. Teilweise werden durch Annahmen alle nicht totalen Beziehungen wie partielle behandelt [ScSW80, 124; Put89, 424; ElNa00, 58].

Optionalität sagt nichts darüber aus, wie viele Beziehungen (Literale [E10], [E11]) die Entitäten eines Entitätstyps eingehen: Im Beispiel der Tabelle 4.5 müssen Vertreter keine Produkte vertreiben, aber wenn sie es tun, dann mindestens drei [Ferg91, 21]. Die Teilnahme am Beziehungstyp „vertreibt" ist also für Entitäten des Entitätstyps „Vertreter" optional (dargestellt durch die unterbrochene Linie), die minimale Kardinalität beträgt drei.

Trotz der inhaltlichen Unabhängigkeit wird Optionalität oft mit einer minimalen Kardinalität von null gleichgesetzt [BaCN92, 21; TeYF86, 203; Ferg91, 5]. In (min, max)-Notationen der Kardinalitäten bezeichnet dann der Zahlenwert min = 0 die optionale Beziehungsteilnahme, während Zahlenwerte min > 0 (wie bei Literal [E11] definiert) die minimale Anzahl der Beziehungsteilnahmen einer Entität nennen. Auch wenn dadurch die Möglichkeit verloren geht, die Sachverhalte der Literale [E11] und [E12] *gleichzeitig* auszusagen, ist dieses Vorgehen üblich. Es findet sich deshalb in den Beispielen dieses Abschnittes. Im Übrigen verletzt es, wegen der nicht überlappenden Festlegung der Zahlenwerte für „min", die geforderte Eindeutigkeit von Konstruktbezeichnungen nicht.

[E13]: Exklusivität

Exklusivität ([E13]: excl_participate(!e, $!r_1$, ..., $!r_j$)) besagt, dass die Entitäten eines Entitätstyps nur mit einem der aufgezählten Beziehungstypen $!r_1$ bis $!r_j$ Beziehungen eingehen dürfen [Down92, 126 f.; TeWB89, 976 f.; Bark90, 7-8 ff.; Mart90, 162].

Wie die Beispiele in Tabelle 4.5 illustrieren, schränkt Exklusivität weder die Kardinalitäten ([E10], [E11]) noch die Optionalität [E12] ein [TeWB89, 976 ff.; Bark90, 7-9]: Im linken Beispiel bezieht sich ein Flugticket entweder auf genau einen datierten Flug oder auf genau eine Flugroute, die zwar Strecke und Fluggesellschaft, aber nicht das Flugdatum festlegt [Bark90, 7-10]. Im rechten Beispiel können verkaufsfördernde Maßnahmen für ein Produkt entweder am Produktimage oder am Preis ansetzen. Je Produkt können mehrere Maßnahmen einer Art zum Einsatz kommen, Produktwerbung insgesamt ist aber optional.

[E14]: Entitätsidentität

„Normale" Beziehungen verbinden verschiedene Entitäten [ElNa00, 76]. *Entitätsidentität* ([E14]: ident_participate($!e_1$, $!e_2$, !r)) hingegen sagt aus, dass zwei Entitäten, zwischen denen eine Beziehung besteht, dasselbe weltliche Objekt repräsentieren [AlFe83, 774; DaBo90, 98 ff.]. Um die reflexive Gleichheit einer Entität mit sich selbst auszuschließen, bezeichnen die Variablen $!e_1$ und $!e_2$ verschiedene Entitätstypen.

Abbildung 4.3 illustriert die Entitätsidentität an einem Beispiel: Ein Autobesitzer ***kann*** gleichzeitig Autofahrer sein (und umgekehrt) und ist dann auch dieselbe Person. Das Symbol ⊜ [Halp01, 231 f.] im Rautensymbol des Beziehungstyps kennzeichnet die Entitätsidentität.

Abhängigkeiten: Entitätsidentität gehört zu den notwendigen Bedingungen für eine Spezialisierungsbeziehung zwischen Entitätstypen [ElNa00, 76; FeSi01, 153], ist aber dafür nicht hinreichend. Spezialisierung wird am Ende dieses Abschnittes unter Keine Literale analysiert.

[E15], [E16]: Integritätsbedingungen

Integritätsbedingungen (*Constraints*) schränken die zulässigen Datenbankzustände ein. Ein Datenbankzustand umfasst dabei die (dem Schema entsprechend strukturierte) Gesamtheit der Daten in der Datenbank zu einem bestimmten Zeitpunkt (s. Abschnitt 3.2). *Statische* Integritätsbedingungen beziehen sich jeweils auf genau einen Datenbankzustand, *dynamische* Integritätsbedingungen hingegen schließen bestimmte Übergänge von einem in einen anderen Daten-

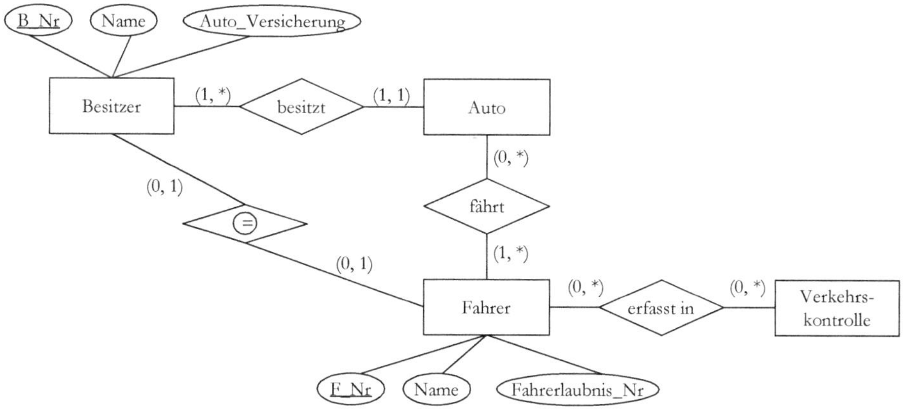

Entitätsidentität **Abb. 4.3**

bankzustand als unzulässig aus [HaMc75, 27 f.; Nava92, 114; Halp01, 31, 110; Thal00, 106]. Im Folgenden werden statische Integritätsbedingungen näher untersucht.

Bereits aus den Grundkonstrukten des ER-Modells resultieren Integritätsbedingungen, nämlich [ElNa 202 ff.; BaCN92, 312 f.; QiWi85, 51]:

- die Entitätsintegrität (eindeutige Identifizierung von Entitäten durch Primärschlüssel [E7]),
- die referenzielle Integrität (damit eine Beziehung existiert, müssen die beteiligten Entitäten existieren [ScSW80, 126]) und
- die Werteintegrität (Attribute besitzen je Entität bzw. Beziehung mindestens einen Wert [E8] aus einer gegebenen Menge [E9]).

Weil diese Integritätsbedingungen immer auftreten, wenn die Grundkonstrukte eingesetzt werden, sich also bei der Verwendung der Modellierungssprache nicht vermeiden lassen, heißen sie *inhärent* [TsLo82, 12; Brod84, 23; Nava92, 114]. Neben den genannten Literalen implizieren die Sorten **entity_type**, **relationship_type** und **attribute** inhärente Integritätsbedingungen.

Daneben gibt es Integritätsbedingungen, die nicht aus den (Grund-) Konstrukten folgen, sondern aus dem Problembereich, den das Schema beschreibt. Spezielle Konstrukte oder Konstruktverknüpfungen werden benötigt, um diese Integritätsbedingungen im Schema sichtbar zu machen. Gewähren Datendefinitionssprachen[18] von Datenmodellen dafür standardmäßig Unterstützung, wird von *impliziten Integritätsbedingungen* gesprochen [Nava92, 114]. Typische implizite Integritätsbedingungen sind Kardinalitäten ([E10], [E11]), Optionalität [E12], Exklusivität [E13] und Entitätsidentität [E14].

Integritätsbedingungen, die sich aus dem zu beschreibenden Problembereich ergeben, aber nicht zu den impliziten gehören, heißen hier *explizit* [Nava92, 114; TsLo82, 11; QiWi85, 51].[19]

18) Unterstützung durch die Datenmanipulationssprache wird an dieser Stelle ausgeklammert, da nur statische Integritätsbedingungen betrachtet werden.

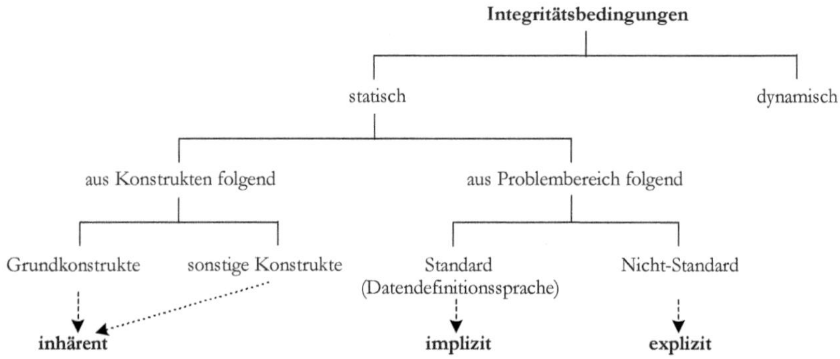

Abb. 4.4 Klassifikation von Integritätsbedingungen

Explizite Integritätsbedingungen können für Entitätstypen ([E15]: e_ex_constraint(!e)) oder für Beziehungstypen ([E16]: r_ex_constraint(!r)) definiert werden [AlFe83, 775 f.; HoNS87, 67; DaBo90, 98 ff.; HaLi92, 200 f.]. Generell ist die Trennung zwischen impliziten und expliziten Integritätsbedingungen schwierig, da sie von den Fähigkeiten der Datendefinitionssprache des Datenmodells abhängt. Abbildung 4.4 fasst die Integritätsbedingungen zusammen.

Abhängigkeiten: Uniqueness-Constraints schließen das mehrfache Auftreten eines als eindeutig (*unique*) gekennzeichneten Tatbestands aus [ElWH85, 82; Halp01, 110 ff.; ElNa00, 50]. Gehen *Uniqueness-Constraints* über den Primärschlüssel [E7] hinaus, werden sie durch die Literale für explizite Integritätsbedingungen abgedeckt. Beispielsweise bildet die Immatrikulationsnummer den Primärschlüssel für den Entitätstyp „Student", daneben ist aber auch die Personalausweisnummer der Studenten einmalig.

Entitäten oder Beziehungen eines Entitäts- bzw. Beziehungstyps können nach bestimmten Kriterien geordnet werden [MoTM91, 426 ff.]. Die dabei definierten *Ordnungsrelationen* auf Entitäts- bzw. Beziehungstypen [Psai03, 381], die in jedem Datenbankzustand gelten sollen, werden hier ebenfalls als spezielle explizite Integritätsbedingungen angesehen.

Schemaaufbau

Die Propositionen, die sich hinter den Literalen für Rollen [E2], Aggregation [E1] und Ableitungen ([E3], [E4]) verbergen, sollen keine Integritätsbedingungen spezifizieren, sondern die Welt inhaltlich genauer, abstrakter bzw. redundanzfreier beschreiben. Auch wenn sie letztlich die zulässigen Datenbankzustände einschränken[20], gehören die genannten Literale zur Unterklasse *Schemaaufbau* des Referenzbeurteilungsobjekts, s. Tabelle 4.4.

Zu dieser Unterklasse zählen zudem Bedingungen [E5], [E6], da sie im Gegensatz zu Integritätsbedingungen die zulässigen Datenbankzustände nicht einschränken, sondern auswerten.

19) Für eine andere, schwer nachvollziehbare Unterscheidung vgl. [Brod84, 24].

20) Darauf deutet die Formulierung hin, dass nutzerfreundlicher Schemaentwurf Integritätsbedingungen involviert [Thal00, 107]. Eventuell ist das hier vertretene Verständnis inhärenter Integritätsbedingungen zu erweitern.

[E2]: Rolle

Alle Entitäten eines Entitätstyps haben eine Funktion, spielen also eine bestimmte *Rolle* [Chen76, 12; Halp01, 8], wenn sie an Beziehungen eines Beziehungstyps teilnehmen. Zwingend benötigt wird die Beschreibung von Rollen ([E2]: role(!e, !r)), wenn Beziehungen zwischen Entitäten desselben Entitätstyps bestehen (*rekursive Beziehungen*): Ohne Rollenangabe sind rekursive Beziehungen nicht interpretierbar [ElNa00, 55 f.]. Für alle anderen Beziehungen müssen keine Rollen benannt werden.

Tabelle 4.5 veranschaulicht die Verwendung von Rollen am Beispiel des Schemas für eine Stückliste [Kurb99, 70]. Der Beziehungstyp „Struktur“ ist rekursiv, da er Beziehungen zwischen Entitäten desselben Entitätstyps „Teil“ zusammenfasst. Die Kanten sind mit den Rollen beschriftet. Ohne die Rollen wäre unklar, wann eine Beziehung zwischen zwei Teilen bedeutet, dass ein Teil aus einem anderen *besteht* bzw. in ein anderes Teil *eingeht*. Durch Rollen steigt also die Ausdrucksstärke, da sie den Inhalt von Beziehungen explizieren.

[E1]: Aggregation

Eine *Aggregation*[21] ([E1]: e_type_treatment(!r, !e)) sagt aus, dass ein Beziehungstyp wie ein Entitätstyp behandelt wird [ScSc79, 142; Brod84, 34; Nava92, 120; ElNa00, 103]. Jede Aggregation beschreibt eine Abstraktion, weil die miteinander in Beziehung stehenden Entitäten zu einer imaginären Entität „verschmelzen“. Im Beispiel a) der Tabelle 4.6 entsteht z. B. der Entitätstyp „Vorlesung“ aus dem Beziehungstyp „belegt“. Das Entitätstypen symbolisierende Rechteck umschließt die Entitätstypen, die am aggregierten Beziehungstyp beteiligt sind.

Aggregation und Beziehungstypen höherer Ordnung **Tab. 4.6**

a) Aggregation [ScSc79]	b) Beziehungstypen höherer Ordnung [Thal00, 75]
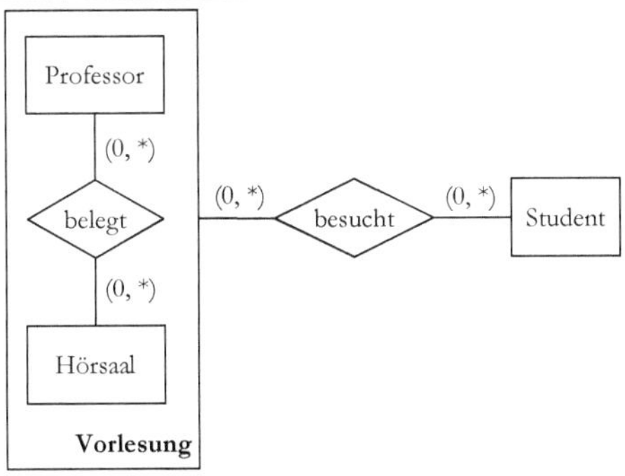	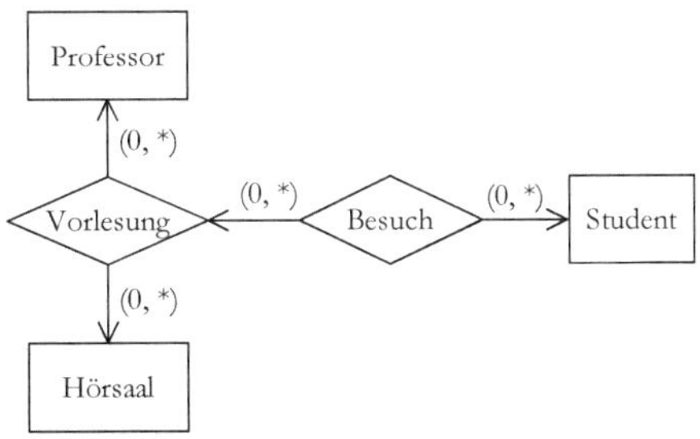

Als Konsequenz von Aggregationen kann alles, was bisher über Entitätstypen ausgesagt wurde, jetzt über (aggregierte) Beziehungstypen ausgesagt werden. Insbesondere ist die Teil-

21) Abweichend wird „Aggregation“ auch als bloße Zusammenfassung unterschiedlicher Entitätstypen verstanden, ohne einen Beziehungstyp zu bilden [TsLo82, 17; DiGL87, 425].

nahme von (aggregierten) Beziehungen an Beziehungen möglich [KeKT76, 54; RoMN91, 152 ff.]. Im Beispiel a) der Tabelle 4.6 besuchen Studenten die aus der Aggregation hervorgegangenen Vorlesungen.

Abhängigkeiten: Durch Aggregation [E1] entstehen ***Beziehungstypen höherer Ordnung***, die nicht mehr nur Entitäts-, sondern auch Beziehungstypen verbinden [Thal00, 56], s. Tabelle 4.6, Beispiel b). Die Kantenrichtung zeigt, welche Typen sich am Beziehungstyp beteiligen [Thal00, 34]. Zudem ermöglicht das Literal [E1] die ***Spezialisierung von Beziehungstypen*** [LeSa83, 532].

[E3], [E4]: Ableitungen

Ableitungen sollen Redundanz vermeiden, indem bestimmte Bestandteile eines Schemas (z. B. das Alter einer Person) nicht gespeichert, sondern bei Bedarf aus vorhandenen Informationen (dem Geburtsdatum der Person und dem Tagesdatum) ermittelt werden [Halp01, 31; HuKi87, 224]. Voraussetzung für Ableitungen ist eine Ableitungsregel. Sie legt fest, wie sich der abgeleitete Schemabestandteil aus den vorhandenen Informationen ergibt.

Ableitbare Schemabestandteile sind Entitätstypen [LoTP91, 326; GaMP94, 183; Wint94, 63 ff.], Beziehungstypen [HoNS87, 71; LoTP91, 326; GoHo91, 374] und Attribute [ElNa00, 48; GoHo91, 374]. Hier werden nur für die Beschreibung der Ableitung von Attributen ([E3]: derived_att(!a)) sowie Beziehungstypen ([E4]: derived_rel(!r)) separate Literale eingeführt.

*Abhängigkeiten: **Abgeleitete Entitätstypen*** entstehen aus der Ableitung *aller* Attribute eines Entitätstyps. Außerdem ist ein abgeleiteter Entitätstyp vom Ursprung der Ableitung existenzabhängig [Wint94, 63], woraus sich !N = 1 für die minimale Kardinalität [E11] ergibt. ***Spezialisierung*** setzt Attributableitung notwendig voraus (s. in diesem Abschnitt unter Keine Literale).

Aus der Perspektive der ***Performative*** entsprechen sowohl die Ableitung von Attributen [E3] als auch die Ableitung von Beziehungstypen [E4] Abfragen an eine Datenbankinstanz [Thal00, 59; EnGH93, 170 f.]. Konstativ unterscheiden sich jedoch die Propositionen, da sich die Sachverhalte der Literale auf unterschiedliche Referenzen beziehen.

[E5], [E6]: Bedingungen

Ein Entitätstyp ([E5]: e_condition(!e)) [ScSc79, 142 f.] bzw. Beziehungstyp ([E6]: r_condition(!r)) wird Bedingungen (*Conditions*) unterworfen [Bert83, 191 ff.]. Das Erfüllen oder Nichterfüllen dieser Bedingungen gliedert die in einem konkreten Datenbankzustand vorliegende Menge der Entitäten bzw. Beziehungen in Teilmengen. Zum Beispiel können Entitäten des Entitätstyps „Person" aufgeteilt werden in diejenigen, die mindestens 30 Jahre alt sind, und in die jüngeren.

Bedingungen werden durch Abfragen ausgeführt [ScSc79, 142 f.]. Diese Gleichheit der Performative ist hier jedoch unerheblich, da sich die ausgesagten Propositionen aufgrund der Referenzen untereinander und aufgrund des Sachverhalts von Ableitungen ([E3], [E4]) unterscheiden.

[E17], [E18]: Transaktionen

Die Propositionen aller bisher erläuterten Literale betrafen jeweils einen Datenbankzustand. Daneben kann der Übergang von einem zulässigen Datenbankzustand in den nächsten durch *Transaktionen* [ElNa00, 631; Thal00, 256] im Schema beschrieben werden. Die Beschreibung der Transaktionen kann Entitätstypen ([E17]: e_transaction(!e)) oder Beziehungstypen ([E18]: r_transaction(!r)) zugeordnet sein [AtBL83, 381 ff.; BrEl87, 172 ff.; EdKT87, 153 ff.].

Die Definition von Transaktionen umfasst die Operationen zum Einfügen, Löschen und Ändern von Daten, nicht aber Leseoperationen, weil diese den Datenbankzustand nicht beeinflussen [ElWH85, 94]. Leseoperation fallen hier unter die Bedingungen ([E5], [E6]). Zusätzlich wird unterstellt, dass Transaktionen keine Veränderungen des Schemas vornehmen.

Anwendungen

Neben den grundlegenden Propositionen der Literale aus der Klasse Datenmodell müssen bei bestimmten, anwendungsinduzierten Problemen weitere Sachverhalte ausgesagt werden können. Die folgende Erläuterung dieser Propositionen ist nach den speziellen Problemen des Datenbankentwurfs geordnet.

[E19]-[E21]: Mehrdimensionalität

Mehrdimensionalität bedeutet, dass der Wert einer bestimmten Kennzahl (*Fakt*) von verschiedenen Einflussfaktoren (*Dimensionen*) abhängt [Hahn98, 106; BaGü01, 101]. Ziel ist die Analyse dieser Abhängigkeiten, die deshalb im Schema beschrieben werden [SaBH99, 109 ff.]. Spezifische Beziehungstypen stellen dabei die Fakten dar ([E19]: fact(!r)). Abbildung 4.5 zeigt, wie die Attribute „Kosten“ und „Dauer“ des Fakts „Reparatur“ nach den Dimensionen „Zeit“, „Fahrzeugart“, „Ort“ und „Kunde“ analysiert werden.

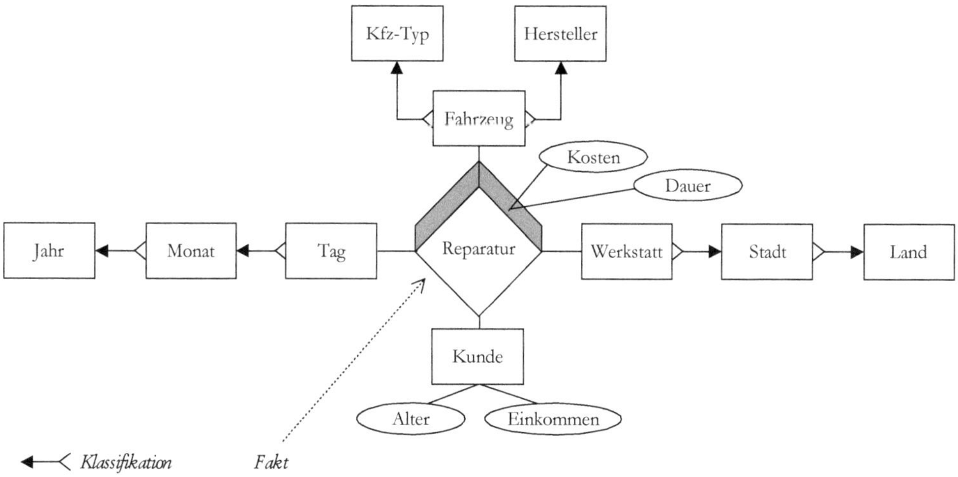

Mehrdimensionalität, in Anlehnung an [SaBH99, 113] **Abb. 4.5**

Der Sachverhalt der Dimensionen wird nicht durch *ein* Konstrukt, sondern durch eine Konstruktverknüpfung ausgesagt: Jede Dimension besteht aus mindestens einer Ebene. Für Ebenen existiert ein eigener Entitätstyp ([E20]: dimensional_level(!e)). In Abbildung 4.5 bilden z. B. Tag, Monat und Jahr die Ebenen der Dimension „Zeit“. Die Ebenen einer Dimension sind durch den speziellen Beziehungstyp *Klassifikation* ([E21]: classification(!e_1, !e_2, !r)) verbunden. Klassifikationen richten sich immer zur Dimensionsebene mit dem nächsthöheren Abstraktionsniveau, also z. B. von „Tag“ zu „Monat“.

[E22]-[E24]: Unsicherheit

Liegt Unsicherheit vor, dann gehören spezielle *Fuzzy*-Entitätstypen ([E22]: **e_fuzzy(!e, !rn)**), *Fuzzy*-Beziehungstypen ([E23]: **r_fuzzy(!r, !rn)**) oder *Fuzzy*-Attribute ([E24]: **a_fuzzy(!a, !rn)**) nicht generell zum Schema, sondern nur mit einem bestimmten Zugehörigkeitsgrad !rn [MaZM01, 701 ff.; VeSM02, 167 ff.]. Zum Beispiel ist der Entitätstyp „Radio" nur mit einer Sicherheit von 0,7 Bestandteil eines Schemas, das Autos beschreibt, weil nicht jedes Auto ein Radio hat [MaZM01, 706].

Abhängigkeiten: Daneben können die Attribut*werte*, z. B. die akademischen Grade[22] einer Person, unsicher sein [Lazi88, 136; MaZM01, 702]. Unsichere Attributwerte lassen sich durch eine Zusammensetzung der Wertebereiche [E9] aus Wert und Sicherheit erfassen.

[E25]: Wissen

Die Absicht, in einem Schema Wissen zu beschreiben, motivierte die Einführung abgeleiteter Attribute [Lazi90, 132; KeBH90, 264] und kausaler Beziehungstypen. Abgeleitete Attribute wurden bereits als Literal [E3] diskutiert, da sie in vielen erweiterten ER-Modellen zu finden sind (z. B. [HoNS87], [ElNa00], [Thal00]).

Kausale Beziehungstypen ([E25]: **causal_relation(!e_1, !e_2, !r)**) geben an, dass Entitäten des einen an der Beziehung beteiligten Entitätstyps die Entitäten des anderen verursachen [DeSG83, 460]. Zum Beispiel ist eine Bestellung in der Regel die Ursache für mindestens eine Lieferung [DeSG83, 470], s. Tabelle 4.5. Ist die bestellte Ware vergriffen, entfällt die Lieferung; u. U. sind mehrere Teillieferungen nötig.

[E26], [E27]: Zeitbezug

Zeitbezüge wollen die Gesamtheit aller Datenbankzustände, die eine Datenbank während ihrer Existenz (*Lifetime, Lifespan*) durchläuft, beschreiben [Klop83, 474; Jeet94, 54 ff.; GrJe99, 465]. Der Bereich eines einzelnen Datenbankzustands (*Snapshot*) wird damit verlassen, ohne jedoch Übergänge zwischen den Datenbankzuständen zu spezifizieren.

Zeitbezüge erscheinen zum einen als zusätzliche Aussage über Beziehungsteilnahmen [Tauz91, 167 ff.]. Dabei wird die Teilnahme von Entitäten an Beziehungen nach den Kriterien *Snapshot* bzw. *Lifetime* unterschieden ([E26]: **time_participate(!e, !r)**). In Kombination mit den impliziten Integritätsbedingungen [E10]-[E14] ergeben diese Kriterien neue Aussagen. Zum Beispiel (s. Tabelle 4.5) kann eine Abteilung je Zeitpunkt durch höchstens einen Manager geleitet werden (*Snapshot-Kardinalität* „S"); während der Existenz der Datenbank muss sie jedoch mindestens einen Manager gehabt haben (*Lifetime-Kardinaliät* „L"). Zu einem Zeitpunkt leitet ein Manager höchstens eine Abteilung, insgesamt hingegen mindestens drei.

Zum anderen sind die *Attribute* eines Schemas während der Existenz einer Datenbank veränderlich ([E27]: **time_dependent(!a)**), d. h., sie können umbenannt, gelöscht und wieder hinzugenommen werden [LiCC94, 135 f.]. Derartige Veränderungen des Schemas führen zu einer *Schemaevolution*.

Abhängigkeiten: *Zeitattribute* speichern die Werte, die ein Attribut zu einzelnen Zeitpunkten während der Existenz der Datenbank aufweist [Kais00, 80 ff.; BrEl87, 172 f.; ElEK91, 246 f.], z. B. die Beträge des Bruttogehalts eines Mitarbeiters in verschiedenen Jahren. Dies im-

22) Der akademische Grad ist hier kein Fuzzy- sondern ein „normales", sicheres Attribut.

pliziert jedoch einerseits, dass [E8] ein Attribut je Entität bzw. Beziehung mehr als einen Wert annehmen kann [Klop83, 476]. Andererseits müssen die Wertebereiche solcher Attribute aus Zeitpunkt und eigentlichem Attributwert zusammengesetzt [E9] sein [Klop83, 481 f.; LeEl98, 23]. *Temporale Entitätstypen* [BeSa98, 39 f.] fassen Zeitattribute zusammen.

[E28]-[E33]: Domänenspezifika

Alle bisher erläuterten Literale hängen nicht vom geplanten Einsatzgebiet der beschriebenen Datenbank ab. Im Gegensatz dazu stehen domänenspezifische Sachverhalte. Sie können theoretisch allen Grundkonstrukten des ER-Modells zugeordnet werden. In den Teilerhebungen vertreten sind die folgenden Propositionen:

- geowissenschaftliche Entitätstypen ([E28]: geoscientific(!e)), die entweder real existieren (wie Städte, Flüsse usw.) und geographische Koordinaten besitzen oder Karten sind, so dass Lage und Struktur von der Realität abweichen [LiNe87, 74],
- zu durchsuchende Entitätstypen ([E29]: search(!e)), z. B. Stapel, Ketten, die sich im Suchaufwand unterscheiden [GrBe96, 807 ff.],
- konzeptuelle Entitätstypen ([E30]: conceptual(!e)), z. B. der Plot (eines Buches, Film usw.), die nur (nicht materielle) Informationen repräsentieren, z. B. „Held schlägt Teufel", „Aschenputtel wird Prinzessin" [GrBe96, 809],
- Agenten ([E31]: agent_e(!e)), die u. a. kommunizieren, Zuschläge erteilen und spezielle Beziehungen ([E32]: agent_r(!r)) eingehen können, z. B. Senden und Empfangen [Wagn01, 113, 118],
- perzeptuelle Attribute ([E33]: perceptual(!a)), die sich in ihrer Wahrnehmbarkeit unterscheiden; z. B. ist das Attribut „Farbe" sofort erkennbar, während ein Buchtitel als Attribut erst gelesen werden muss [GrBe96, 809].

Unabhängigkeit

Die Unabhängigkeit der Literale ergibt sich zum einen bereits aus der gewählten Strukturierung: Wie von einer Klassifikation gefordert (s. Abschnitt 1.1), sind die Klassen des Referenzbeurteilungsobjekts disjunkt. Zwischen Literalen verschiedener Klassen bestehen somit keine Abhängigkeiten. Außerdem wurden die Literalpropositionen so anhand von Beispielen erklärt, dass ihre Unabhängigkeit, auch innerhalb der Klassen, möglichst deutlich hervortritt. Leser/-innen, die deshalb die Literale als unabhängig akzeptieren, können die folgenden Kommentare übergehen.

Alle Literale, insbesondere jedoch die der Domänenspezifika ([E28]-[E33]), implizieren das Vorhandensein der Grundkonstrukte. Da aber eine Proposition immer eine Referenz voraussetzt (was auch die Gestalt der Literale zeigt), liegen keine Abhängigkeiten vor, die bei der Anwendung des Maßes A(RB, VB) untersagt sind.

Die Referenzen sind voneinander unabhängig. Daraus folgt die Unabhängigkeit der Literale, die denselben Sachverhalt auf unterschiedliche Referenzen beziehen (Literale [E3]-[E4], [E5]-[E6], [E15]-[E16], [E17]-[E18], [E22]-[E24]). Um Überladungen zu vermeiden, müssen analoge Sachverhalte ohnehin durch unterschiedliche Prädikatenvariablen ausgedrückt werden.

Verschiedene Literale hängen mit dem Primärschlüssel [E7] zusammen: Attribute und Beziehungen, die in den Primärschlüssel eingehen, dürfen nicht optional ([E9], [E12]), unsicher ([E23], [E24]) oder zeitabhängig [E27] sein. Der Primärschlüssel sagt jedoch nichts über die generelle (Un-) Zulässigkeit von Optionalität, Unsicherheit oder Zeitbezügen. Beziehungen, die Bestandteil des Primärschlüssels sind, müssen total sein [E11] – aber nicht jede totale Beziehung wird Primärschlüsselbestandteil [ScSW80, 125; FeSi01, 145]. Entitätstypen, die aus einer Aggregation hervorgehen [E1], haben einen aus Beziehungen bestehenden Primärschlüssel; daneben existieren aber „normale" Entitätstypen mit einem Primärschlüssel aus Attributen.

Aus einer maximalen Kardinalität [E10] von !**N** = 1, der Entitätsidentität [E14] und einer Klassifikationsbeziehung [E21] folgt !**N** = 1 für die minimale Kardinalität [E11]. Für die maximale Kardinalität [E10] resultiert aus der Entitätsidentität [E14] ein Wert von !**N** = 1. Jedoch legen die Literale [E10] und [E11] die Zahlenwerte !**N** der Kardinalitäten nicht fest.

Keine Literale

Obwohl Spezialisierung/Generalisierung, Typkonstruktionen und Assoziation oft eine Erhöhung der Ausdrucksstärke zugesprochen wird, erscheinen sie nicht als Literale, denn dies würde zu Abhängigkeiten im Referenzbeurteilungsobjekt führen:

Spezialisierungen [HuKi87, 220; ScSc79, 143; LeSa83, 531 f.] setzen einen allgemeineren Entitätstyp (***Supertyp***) in Beziehung zu einem spezielleren Entitätstyp (***Subtyp***). Dabei sind die Entitäten des Subtyps identisch zu denen des Supertyps, erben ***alle*** Attribute des Supertyps und dürfen zusätzliche Attribute und Beziehungen besitzen.

Die Vererbung von Attributen entspricht hier der Attributableitung [E3]. Abbildung 4.3 verdeutlicht exemplarisch, dass Entitätsidentität ohne eindeutig gerichtete Attributableitung auftreten kann. Außerdem zeigt Abbildung 4.6, dass die Ableitung ***aller*** Attribute zwar notwendig, aber nicht hinreichend für Entitätsidentität ist: In dem Beispiel besteht jedes Bild aus mehreren Punkten derselben Farbe. Obwohl alle Attribute des Entitätstyps „Bild" an den Entitätstyp „Punkt" vererbt werden, unterscheiden sich die Entitäten der beiden Typen (Punkte sind keine Bilder); eine Spezialisierung liegt damit nicht vor (inspiriert durch [FeSi01, 301]).

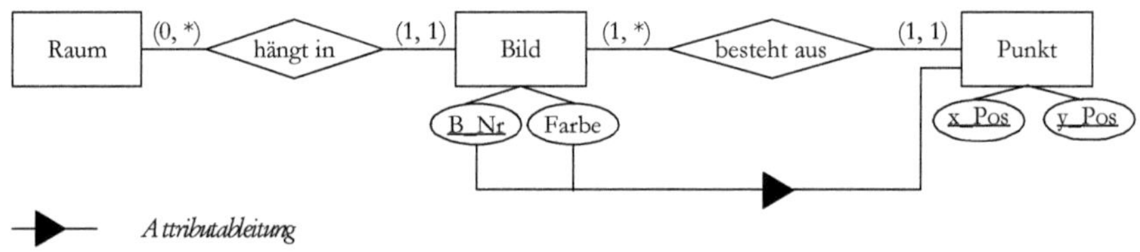

Abb. 4.6 Attributableitung

Spezialisierung impliziert also die Konjunktion der Literale zu Entitätsidentität [E14] und Attributableitung [E3]. Darüber hinaus folgt aus einer Spezialisierung, dass alle Entitäten des Subtyps zu genau einer Entität des Supertyps in Beziehung stehen müssen ([E10]-[E11]). Ein eigenes Literal für Spezialisierung wäre somit nicht unabhängig.

Als Bedingungen [E5] können Spezialisierungen nicht interpretiert werden, da Bedingungen keine zusätzlichen Attribute und Beziehungen zulassen.

Generalisierung wird einerseits als Umkehrung der Spezialisierung gesehen [TsLo82, 17; NaPi89, 188 ff.; ElNa00, 77 f.]; die Argumentation zur fehlenden Unabhängigkeit gilt dann analog. Andererseits wird Generalisierung so verstanden, dass die Menge der Entitäten des allgemeineren Supertyps mengentheoretisch eine Vereinigung der Entitätenmengen aller beteiligten Subtypen (oder eine Teilmenge der Vereinigung) darstellt [FrtL97, 22; HeSa00, 75, 84 f.]. Daraus ergeben sich von der Spezialisierung abweichende Aussagen zur Ableitung von Attributen und zur Beteiligung von Entitäten an Beziehungen, die hier jedoch durch die Literale [E3] bzw. [E10]-[E11] erfasst werden. Generalisierung erfordert also ebenfalls kein eigenes Literal.

Typkonstruktionen sind entweder ein Mittel zur Definition von Bedingungen ([E5], [E6]) auf Entitäts-/Beziehungstypen [dSNF80, 105] oder stellen eine Möglichkeit zur Verfügung, um sowohl Spezialisierungen als auch Generalisierungen zu beschreiben [HoNS87, 73 ff.; EnGH93, 166 ff]. Die bereits erläuterten Abhängigkeiten übertragen sich auf Typen.

Assoziation (Synonyme: *Gruppierung* [HuKi87, 216 f.], *Klassifikation* [Nava92, 120]) meint die Zusammenfassung von Einzelobjekten (z. B. Schiffen) zu einer Gruppe (z. B. Konvoi); das Schema trifft dann Aussagen über die Gruppe [Brod84, 34]. Im ER-Modell wird die Assoziation durch Beziehungstypen dargestellt [NaPi89, 191; ElNa00, 103].

Welche Konsequenzen sich aus eigenständigen Konstrukten für Spezialisierung, Generalisierung und Typkonstruktionen ergeben, wird in Abschnitt 4.3 diskutiert.

Binärvektoren

Aus den (Download und im Internet) dokumentierten Binärvektoren geht hervor, welche der als Literale dargestellten Propositionen die ER-Modelle jeweils behaupten können. Für das Behaupten einer Proposition lassen sich mehrere Fälle unterscheiden: Möglichkeiten, Propositionen durch Konstrukte (Codierung „1"), Annahmen (Codierung „a") oder Abstammung (Codierung „m") auszusagen, wurden bereits zu Beginn dieses Abschnittes erläutert (s. unter Vorgehen). Sofern es sich bei den (je Literal genannten) Abhängigkeiten nicht um Synonyme handelt, behauptet ein ER-Modell eine *andere* (abhängige) Proposition, welche die Proposition des betrachteten Literals impliziert (Codierung „i"). Die Codierung „f" zeigt an, dass ein ER-Modell zum Behaupten einer Proposition die vorherrschende Notation wechselt (von grafisch auf textuell oder umkehrt).

Nicht behauptbare Propositionen sind in der Regel nicht gekennzeichnet. Eine Ausnahme (Codierung „0") wird nur gemacht, wenn ein Vorgänger eine Proposition behaupten konnte, dies im nachfolgenden ER-Modell aber nicht mehr möglich ist.

Berechnung

Bei der Berechnung der Ausdrucksstärke A(RB, VB) erscheint die Anzahl der Literale des Referenzbeurteilungsobjekts im Nenner. Der Zähler gibt jeweils an, wie viele der mit diesen Literalen verbundenen Propositionen ein ER-Modell behaupten kann; er entspricht der Anzahl aller von null verschiedenen Codierungen des Binärvektors. Abbildung 4.7 veranschaulicht die so ermittelten Werte grafisch. Die Gesamtausdrucksstärke bezieht sich auf ein Referenzbeurteilungsobjekt aus allen Literalen ([E1]-[E33]). Zusätzlich wurde für jede Literalklasse aus Ta-

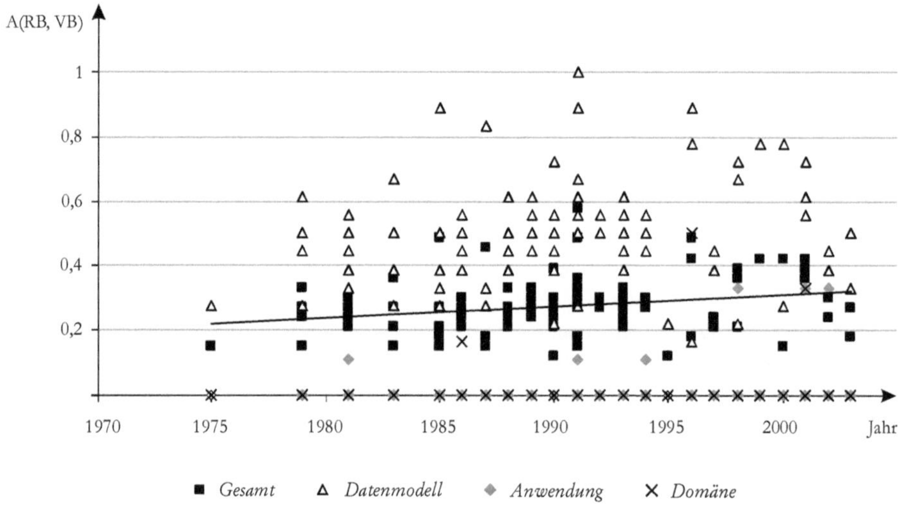

Abb. 4.7 Berechnete Ausdrucksstärke A(RB, VB) der untersuchten ER-Modelle

belle 4.4 ein eigenes Referenzbeurteilungsobjekt gebildet und eine spezielle Ausdrucksstärke ermittelt.

Abbildung 4.7 zeigt, dass die verschiedenen Ausdrucksstärkewerte sehr stark streuen. Da sich die Entwicklung der Ausdrucksstärke deshalb grafisch schlecht einschätzen lässt, habe ich Funktionen angepasst. Der Kurvenverlauf für die Gesamtausdrucksstärke ist in Abbildung 4.7 eingezeichnet.

Lineare Funktionen erzielten die besten Bestimmtheitsmaße (s. Tabelle 4.7). Die Werte dieser Maße sind zwar nicht hoch, aber für Irrtumswahrscheinlichkeiten von 5 % ($\alpha = 0{,}05$; Gesamt- bzw. Anwendungsausdrucksstärke) bzw. 10 % ($\alpha = 0{,}1$; Datenmodellausdrucksstärke) statistisch signifikant. Mit maximal 10 % Irrtumswahrscheinlichkeit besteht auch für die entsprechenden Funktionskoeffizienten b_1 statistische Sicherheit. Hingegen lässt sich die Entwicklung der domänenspezifischen Ausdrucksstärke nur mit einer Irrtumswahrscheinlichkeit von 15 % durch eine lineare Funktion approximieren; bei geringeren Irrtumswahrscheinlichkeiten schlägt der Test des Bestimmtheitsmaßes fehl. Das statistische Vorgehen entspricht dem aus Abschnitt 3.4 (s. unter ER-Modelle).

Auswertung

Seit 1975 ist die Gesamtausdrucksstärke der ER-Modelle leicht angestiegen. Allerdings beruht diese Erhöhung, wie aus den niedrigen Bestimmtheitsmaßen hervorgeht, nur zu einem geringen Teil auf dem Einfluss der Zeit. Dieses Ergebnis stimmt mit dem Maß A(RB, VB) überein: Die Ausdrucksstärke steigt, weil (durch zusätzliche Konstrukte oder Annahmen) mehr ausgesagt werden kann – und nicht durch das Verstreichen von Zeit per se. Offensichtlich besitzt damit nicht jedes neue ER-Modell eine (dramatisch) höhere Ausdrucksstärke. Diese Beobach-

Ausdrucksstärke von ER-Modellen: Angepasste Funktionen **Tab. 4.7**

Ausdrucksstärke	RB (Literale)	Funktionsgleichung $f(t) = b_1 \cdot t - b_0$	R^2	Sig F	Sig K
Gesamt	[E1]-[E33]	f(t) = 0,0037 · t - 7,0392	0,0650	0,0105	0,012
Datenmodell	[E1]-[E18]	f(t) = 0,0048 · t - 9,0418	0,0335	0,0684	0,067
Anwendung	[E19]-[E27]	f(t) = 0,0028 · t - 5,5106	0,0797	0,0083	0,004
Domänenspezifika	[E28]-[E33]	f(t) = 0,0017 · t - 3,3242	0,0277	0,1174	0,098

Ermittelt durch SPSS® 12.0G für WINDOWS®.

R^2: Bestimmtheitsmaß; Sig F bzw. K: berechnete empirische Signifikanz von R^2 bzw. b_1

tung lässt vermuten, dass es neben der Ausdrucksstärke andere Gründe geben muss, um ein neues ER-Modell vorzuschlagen. Die Abschnitte 4.3-4.5 gehen diesen Gründen nach.

Vorgehenskritik

Das Referenzbeurteilungsobjekt erfasst alle (unabhängigen) Propositionen der untersuchten ER-Modell-Varianten. Ob diese Propositionen „nützlich" sind, interessiert dabei nicht: Solche Einschätzungen verbietet die Wertungsfreiheit (s. Abschnitt 1.1). Trotzdem gewährleistet das Maß A(RB, VB) keine vollständig objektive Messung der Ausdrucksstärke. Fehler können u. a. dadurch entstehen, dass ich die Propositionen, die in einem neuen ER-Modell beabsichtigt waren, nicht korrekt extrahiert habe. Solchen Fehlern sollte die ergänzende Berücksichtigung von Lehrbüchern und Überblicksartikeln entgegenwirken.

Außerdem ist die Bildung der Literale subjektiv. Wie für alle Sprechakte gilt auch dabei, dass unterschiedliche Äußerungen dieselbe Proposition behaupten können. Zum Beispiel wäre die Aggregation [E1] alternativ als Literal e_type_treatment(!r) formulierbar. Da das Maß A(RB, VB) jedoch die behaupteten Propositionen betrachtet, haben alternative Literalformulierungen keine Konsequenzen für die gemessene Ausdrucksstärke.

Schließlich beeinflusst die geforderte Unabhängigkeit den Aufbau des Referenzbeurteilungsobjekts: Je mehr Aussagen berücksichtigt werden, um so mehr Informationsgehalt müssen die Propositionen der Literale zusammenfassen, weil Literale für Propositionen einer feineren Granularität nicht mehr voneinander unabhängig wären. Zum Beispiel könnte die minimale Kardinalität des Literals [E11] durchaus in die unabhängigen Literale [E11a] min_participate(!e_1, ..., !e_i, !r, 1) und [E11b] min_participate(!e_1, ..., !e_i, !r, !M) mit !M > 1 aufgespalten werden. Allerdings würde dann z. B. das Literal der Entitätsidentität [E14] direkt das Literal [E11a] implizieren – was die Unabhängigkeit verletzt. Die Anzahl der untersuchten ER-Modelle und der Wunsch nach Praktikabilität rechtfertigen meines Erachtens solche Zusammenfassungen.

Insgesamt sind damit die Erkenntnisse zur Ausdrucksstärke eventuell nicht völlig objektiv, aber als Ausgangspunkt für die Untersuchung weiterer Evolutionsfaktoren brauchbar.

4.2.2.2 Petri-Netze

Deklaration, Strukturierung

Erneut wird ein Referenzbeurteilungsobjekt benötigt, um die Ausdrucksstärke der in Kapitel 3 untersuchten Petri-Netze mithilfe des Maßes A(RB, VB) zu messen. Die (voneinander unabhängigen) Literale des Referenzbeurteilungsobjekts beziehen sich auf die Referenzen Stelle, Transition, Flussrelation und Marke. Repräsentiert werden diese Referenzen durch die Sorten **place** (Subjektvariable: !p), **transition** (Subjektvariablen: !t, !t_1, !t_n), **flow_relation** (Subjektvariablen: !f, !f_1, !f_n) bzw. **token** (Subjektvariable: !tk). Zudem kommt die Sorte **nat** für die natürlichen Zahlen (Subjektvariable: !N) zum Einsatz. Es gelten alle Anmerkungen, die bei der Ausdrucksstärkemessung der ER-Modelle (s. Abschnitt 4.2.2.1) zu Referenzarten, Deklarationen von Prädikatenvariablen (einschließlich des vorangestellten Symbols „!") sowie zur Codierung der Binärvektoren gemacht wurden. Die Deklaration der Prädikatenvariablen ist in Anhang B.2 zu finden, die Binärvektoren sind Bestandteil der Download- und der (englischsprachigen) Internet-Dokumentation.

Das Referenzbeurteilungsobjekt umfasst ebenfalls mehrere Literalklassen (s. Tabelle 4.8): Inhärente Aussagen treten unvermeidbar auf, sobald die Petri-Netz-Grundkonstrukte verwendet werden. Alle Literale der ***inhärenten Ausdrucksstärke*** modifizieren diese Aussagen. Unterklassen entstehen durch die Trennung zwischen Petri-Netz-Struktur und -Verhalten. Literale, deren Propositionen Annahmen revidieren, auf denen das ursprüngliche Petri-Netz beruht, erhöhen die ***explizite Ausdrucksstärke***. Schließlich fasst die ***domänenspezifische Ausdrucksstärke*** alle Literale zusammen, deren Propositionen die Fachtermini eines bestimmten Einsatzgebietes nutzen. Die Erläuterungen beginnen mit den Literalen der Klasse „inhärent".

Tab. 4.8 Strukturierung des Referenzbeurteilungsobjekts für Petri-Netze

Ausdrucksstärke	Struktur	Verhalten	
		Aktivierung	Schalten
Inhärent	*Netzdetaillierung:* [P1] detailed_p(!p) [P2] detailed_t(!t) *Markenwerte*: [P3] value(!tk) *Stellenkapazität*: [P4] capacity(!p, !N) *Aktionsinhalt*: [P5] action(!t) *Fakten*: [P6] fact(!t) *Flussvariabilität*: [P7] varying(!f)	**Kausalität** *Stellenausschluss*: [P8] not_enable(!f_1, …!f_n, !t) *Abhängigkeit*: [P9] dep_enable(!t, !t_1,.., !t_n) *Nichtautonomie*: [P10] ext_enable(!t) [P11] ext_marking(!p)	*Markierungen*: [P12] unchanged(!t, !f_1, ..!f_n) [P13] postset_delete(!t, !f_1, ..!f_n) *Konfliktauflösung*: [P14] conflict_resolve(!t_1,…, !t_n) *Synchronisation:* [P15] synchronized(!t_1,…, !t_n)
Explizit	*fluide Marken*: [P16] fluid(!tk) *Orte:* [P17] p_location(!p) [P18] t_location(!t)	**Zeit** *Zeitabhängigkeit*: [P19] time_enable(!t)	*Schaltzeitpunkt*: [P20] firing_delay(!t, !N) *Schaltdauer*: [P21] firing_duration(!t, !N)
Domänenspezifisch	[P22] mean(!p), [P23] resource(!p), [P24] space(!p), [P25] monomedia(!p), [P26] link_type(!p), [P27] register(!p), [P28] idle(!p), [P29] musical(!t), [P30] violation(!t), [P31] automated(!t)		

PN-Struktur

Petri-Netze werden hier als Modellierungssprachen untersucht. Modellierungssprachen bestehen aus (Arten von; s. Abschnitt 3.1.1) Konstrukten, Regeln für die Verknüpfung dieser Konstrukte und Angaben über die Bedeutung von Konstruktverknüpfungen. Konstrukte und Verknüpfungsregeln zeigen sich in der ***Struktur*** von Petri-Netzen [RoTh86, 596], also im gerichteten, markierten und u. U. beschrifteten Graphen (s. Abschnitt 3.1.2).

Petri-Netz-Graphen bestehen (mindestens) aus Stellen, Transitionen und der Flussrelation. Ein endlicher Graph mit konkreten Bestandteilen stellt eine Äußerung (***konkretes Petri-Netz***, s. Abschnitt 3.1.2) dar. Die ***Markierung***, d. h. die Belegung von Stellen mit Marken, schlägt die Brücke von der Petri-Netz-Struktur zum -Verhalten.

PN-Verhalten, Aktivierung, Schalten

Das ***Verhalten*** eines konkreten Petri-Netzes ergibt sich aus dem Schalten aktivierter Transitionen. Ursprünglich ist eine Transition genau dann ***aktiviert***, wenn alle Stellen ihres Vorbereichs[23] markiert und die ihres Nachbereichs nicht markiert sind [Petr77, 150]. Neben dieser ***starken Aktivierungsregel*** deutschen Ursprungs existiert international eine ***schwache Aktivierungsregel***, welche die Markierungen der Stellen im Nachbereich der Transition nicht prüft [Holt68, 25; Hack79, 23]. Darüber hinaus variieren die Aktivierungsregeln.

Eine aktivierte Transition ***kann*** schalten, muss aber nicht [Petr77, 138, 150]. Das ***Schalten*** verändert die Markierung, indem Marken von Stellen im Vorbereich der Transition entnommen und Stellen des Nachbereichs markiert werden [HoCo70, 22; Petr77, 138], s. Tabelle 4.14. ***Schaltregeln*** gibt es ebenfalls in verschiedenen Ausprägungen. Jede Regel schreibt vor, wie sich die Zustände von Stellen durch das Schalten ändern – und entspricht damit einem Performativ.

Die vorliegende Untersuchung konzentriert sich auf Konstative, nicht auf Performative. Deshalb finden Aktivierungs- und Schaltregeln nur dann Berücksichtigung bei der Messung von Ausdrucksstärke, wenn Petri-Netze als Modellierungssprachen darüber Aussagen treffen, z. B. durch Konstrukte oder Annahmen.

Harmonie, Vertreter, Äquivalenz

Von den Literalen des Referenzbeurteilungsobjekts wird Unabhängigkeit gefordert (s. Abschnitt 4.2.1). Aus dieser Unabhängigkeitsforderung ergeben sich für Petri-Netze einige Besonderheiten: So vollzieht sich zum einen das Verhalten von Petri-Netzen immer in dem Rahmen, den die Struktur vorgibt [RoTh86, 629 ff.; Reis87a, 125 ff.]. Deshalb enthält das Referenzbeurteilungsobjekt in diesem Fällen nur Literale, die Propositionen über die Petri-Netz-***Struktur*** behaupten. Aussagen über das Verhalten, das die strukturell geschaffenen Spielräume ausnutzt und damit abhängig ist, erscheinen jeweils unter dem Stichwort ***Verhaltensharmonie***; eigene Literale werden für diese Aussagen nicht eingeführt.

Die Verhaltensabhängigkeit von der Struktur besteht insofern nur z. T., da sich strukturell ***gleiche*** Petri-Netze durch alternative Aktivierungs- bzw. Schaltregeln unterschiedlich verhalten können.[24] Unabhängige Literale, die Aussagen über das Verhalten repräsentieren, sind deshalb möglich und gehören zur gleichnamigen Unterklasse des Referenzbeurteilungsobjekts.

---

23) Zu Vor- bzw. Nachbereichen von Knoten s. Abschnitt 3.3 unter **Syntaxverschärfung**.

24) Zum Beispiel wurde ausschließlich die Schaltregel gefärbter Petri-Netze so verändert, dass Marken, die nur temporär im Transitionsinneren beim Schalten erscheinen, zu Zustandsänderungen führen [Gome99, 231].

Aussagen, nicht verhaltensharmonisch von einem Literal abhängen, sind jeweils im Abschnitt ***Abhängigkeiten*** angegeben. Im Anschluss an die Erläuterung des Referenzbeurteilungsobjekts werden bestimmte Unabhängigkeiten zwischen Literalen speziell begründet, sofern dies notwendig erscheint.

Generell variieren Petri-Netze sehr stark. Die Propositionen, die den Literalen des Referenzbeurteilungsobjekts zugeordnet sind, existieren deshalb empirisch in unterschiedlichen, synonymen Ausprägungen. Ferner sagen verschiedene Petri-Netze dieselben Propositionen durch grundverschiedene Konstruktverknüpfungen aus. Diese Vielfalt entspricht der sprechakttheoretisch bekannten Tatsache alternativer Äußerungsakte mit identischem propositionalem Akt. Weder für Synonyme noch für alternative Konstruktverknüpfungen dürfen eigene Literale eingeführt werden. Stattdessen zeigen die Binärvektoren beide Situationen durch eine Codierung mit „1“ an. Der folgende Text nennt jeweils Beispiele (z. T. in einem eigenen Abschnitt ***Vertreter***) für Synonyme und Konstruktverknüpfungen, ohne dabei Vollständigkeit anzustreben.

Abschnitt 4.2.1 hat darauf hingewiesen, dass die Ausdrucksstärke von Petri-Netzen bisher z. T. (neu und anders z. B. [Reis05]) mithilfe der Mächtigkeit gemessen wird, da sich die dynamische Äquivalenz eindeutig nachweisen lässt. Besonders bekannte Messergebnisse erscheinen bei einigen Literalen im Abschnitt ***Äquivalenzen***. Konsequenzen für die Ausdrucksstärke A(RB, VB) ergeben sich daraus nicht, da die gemessenen Bedeutungen nicht vergleichbar sind (s. Abschnitt 4.2.1). Deshalb habe ich nicht versucht, alle dynamischen Äquivalenzen zusammenzutragen (für Überblicke vgl. z. B. [Star87, Star90]).

Neben der dynamischen gibt es eine statische Äquivalenz, die vorliegt, wenn sich konkrete Petri-Netze ineinander transformieren lassen. Obwohl diese Einschätzung die Äußerungsebene betrifft, werden daraus gelegentlich Rückschlüsse auf die Modellierungssprache gezogen. Unter ***Äquivalenzen*** werden auch eventuelle statische Äquivalenzen je Literal kurz diskutiert, um zu zeigen, dass sie auf der Ebene der Modellierungssprache nicht bestehen. Die dafür benötigten Begriffe fasst die im Folgenden erläuterte Tabelle 4.9 zusammen.[25]

Netztransformation, Morphismus

Die *Netztransformationen* der statischen Äquivalenz setzen an den Graphen konkreter Petri-Netze an und erhalten die deskriptive Bedeutung, d. h. die Menge der Aussagen.[26] Grob geht dabei ein konkretes Petri-Netz N_2 aus einem anderen konkreten Petri-Netz N_1 hervor; auf den Zusatz „konkret“ wird für die Petri-Netze N_1 und N_2 ab jetzt verzichtet.

Mathematisch entsteht eine Abbildungsrelation zwischen den Graphen der beteiligten Petri-Netze, d. h., jedem Knoten eines Petri-Netzes N_1 wird genau ein Knoten des Petri-Netzes N_2 zugeordnet. Grundsätzlich dürfen dabei Stellen auf Transitionen (und umgekehrt) abgebildet werden. Damit das Ergebnis der Netztransformation wieder ein Petri-Netz ergibt, sind die Flussrelationen F_i der Petri-Netze einzubeziehen. Deshalb wird von der Abbildungsrelation zusätzlich gefordert, dass sie keine Kanten zerreißt [Petr77, 160]. Eine solche Abbildung f [Baum90, 69] bzw. das Tripel (N_1, N_2, f) heißt *Netzmorphismus* [GeLT80a, 147].[27]

---

25) Zu den formalen Definitionen vgl. [Baum90, 57 ff.; SmRe87, 462 f.; GeSW80, 522 f.; RoEn98, 20].

26) Zu Netztransformationen, die sich auf das Petri-Netz-Verhalten beziehen, vgl. u. a. [Wins86, 456 ff.].

Netztransformationen **Tab. 4.9**

<table>
<tr><td colspan="3">Konkrete Petri-Netze N_1 und N_2</td></tr>
<tr><td colspan="2">Abbildung f: $X_1 \rightarrow X_2$
Netzmorphismus, wenn $(x_a, x_b) \in F_1 \Rightarrow f(x_a) = f(x_b) \vee (f(x_a), f(x_b)) \in F_2$
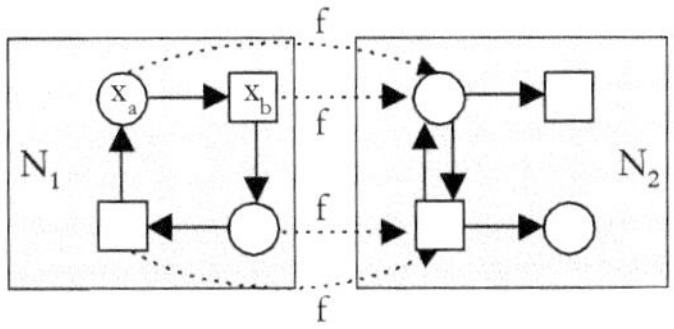</td><td>Keine Abbildung</td></tr>
<tr><td>Netzisomorphismus</td><td>Netzabstraktion</td><td>Netzdetaillierung</td></tr>
<tr><td rowspan="2">$\forall s_1$: $s_1 \in S_1 \Leftrightarrow f(s_1) \in S_2$
$\forall t_1$: $t_1 \in T \Leftrightarrow f(t_1) \in T_2$
$\forall x_a, x_b$:
$(x_a, x_b) \in F_1 \Leftrightarrow (f(x_a), f(x_b)) \in F_2$</td><td>Vergröberung
• stellenberandetes Teilnetz von N_1 auf Stelle in N_2
• transitionsberandetes Teilnetz von N_1 auf Transition in N_2</td><td>Verfeinerung</td></tr>
<tr><td>Faltung
$f(S_1) \subseteq S_2$, $f(T_1) \subseteq T_2$, $f(F_1) \subseteq F_2$</td><td>Entfaltung</td></tr>
</table>

Es gilt $N_i = (S_i, T_i, F_i)$, $X_i = S_i \cup T_i$, $F_i \subseteq (S_i \times T_i) \cup (T_i \times S_i)$, $i \in \{1, 2\}$.

Ein Netzmorphismus kann eine Stelle und eine Transition des Petri-Netzes N_1, die durch eine Kante verbunden sind, „verschlucken", indem er sie zu einer Stelle bzw. Transition des Petri-Netzes N_2 zusammenfasst. Die Abbildung (angelehnt an [Baum90, 69]) in Tabelle 4.9 zeigt dies am Beispiel von x_a und x_b. Erhält ein Netzmorphismus alle Stellen, Transitionen sowie gerichteten Kanten und fügt keine hinzu, dann heißt er *Netzisomorphismus* [RoEn98, 20; Baum90, 57]. Isomorphe Petri-Netze N_1 und N_2 unterscheiden sich also höchstens in Stellen- oder Transitionsnamen.

Netzabstraktionen haben das Verbergen von Elementen eines Petri-Netzes zum Ziel. Eine allgemeine Netzabstraktion (*Vergröberung*) ist ein Netzmorphismus, der ein stellen- bzw. transitionsberandetes Teilnetz des Petri-Netzes N_1 auf eine Stelle bzw. Transition des Petri-Netzes N_2 abbildet [Baum90, 59 ff.]. Ein Netzmorphismus, der nur Stellen (bzw. Transitionen) des Petri-Netzes N_1 auf Stellen (bzw. Transitionen) des Petri-Netzes N_2 abbildet, heißt strenge Netzabstraktion oder *Faltung* [GeLT80a, 147; GiVa03, 20]. Die Umkehrung der Netzabstraktion besteht in der *Netzdetaillierung*.

[P1], [P2]: Netzdetaillierung

Ursprünglich sind Transitionen elementar und Stellen nicht weiter zerlegbar [RoTh86, 597; RoEn98, 26]. Eine *Netzdetaillierung* ordnet einer Stelle ([P1]: **detailed_p(!p)**) bzw. Transition ([P2]: **detailed_t(!t)**) des abstrakteren Petri-Netzes N_2 *mehr* als eine Stelle oder Transition des (detaillierteren) Petri-Netzes N_1 zu. Eine Abbildungsrelation liegt somit nicht vor. Tabelle 4.10

27) Die ursprüngliche mathematische Formulierung des Netzmorphismus beruht auf der Nachbarschafts- und der Flussrelation [GeLT80a, 147]. Die Formulierung in Tabelle 4.9 sagt dasselbe aus (vgl. auch [SmRe87, 462]), ohne die Einführung der Nachbarschaftsrelation zu erfordern (anderer Auffassung sind [GiVa03, 24]).

zeigt exemplarisch die Verfeinerung der Transition „eintreten" durch ein Teilnetz mit den Randtransitionen „Tür öffnen" und „durchgehen" [Baum90, 62].

Netzdetaillierungen führen zu hierarchischen [HuJS90, 317 ff.] bzw. rekursiven [Reis82, 125] Petri-Netzen. Petri-Netze, die keine Detaillierung vorsehen, heißen *flach*. Ein flaches grobes Petri-Netz sagt nicht aus, dass noch Aussagen (durch die Detaillierung) hinzugefügt werden. Einem flachen detaillierten Petri-Netz fehlt der Hinweis auf einen Morphismus (Vergröberung bzw. Faltung).

Abhängigkeiten: Multimedia-Szenarien [SedW95, 456 f.] setzen voraus, dass zu einer Stelle ein Teilnetz mit mehr als einer Monomediaressource gehört. Außerdem machen einige Petri-Netze Netzdetaillierungen vom Erfülltsein logischer ***Bedingungen*** abhängig [StGl02, 407 f.].

Tab. 4.10 Flache und hierarchische Petri-Netze (in Anlehnung an [Baum90, 62])

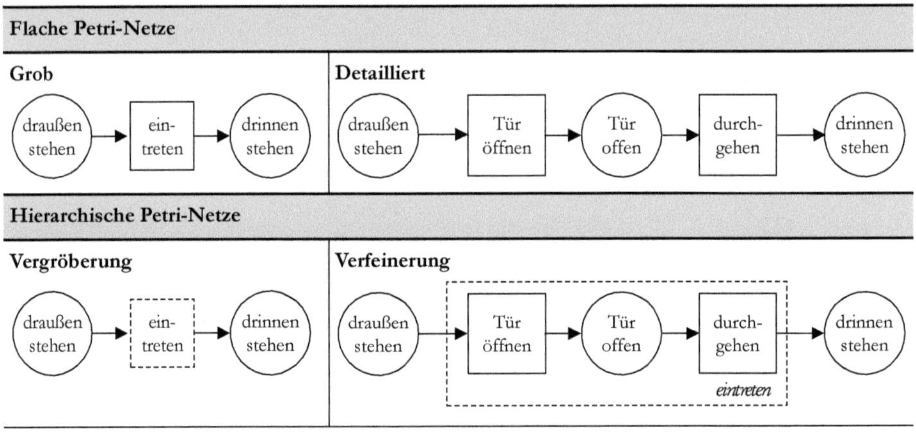

[P5]: Aktionsinhalt

In manchen Petri-Netzen starten schaltende Transitionen Aktionen, die über die Veränderung der Markierung hinausgehen, z. B. das Abfragen von Umweltereignissen [Pati70, 29], die Aktualisierung von (Petri-Netz-) Speicherbereichen [Symo80, 30] oder das Aufrufen von Programmen [NeHS83, 590]. Solche Aktionsinhalte werden gelegentlich beschrieben ([P5]: action(!t)), z. B. durch die Zuordnung natürlich- bzw. programmiersprachigen Texts. Im Unterschied zur Netzdetaillierung [P2] kommt also für die Beschreibung des Transitionsinhalts kein Petri-Netz zum Einsatz. Die ursprüngliche Unteilbarkeit der Transitionen bleibt erhalten.

[P6]: Fakten

Fakten ([P6]: fact(!t)) sind Transitionen, die in einem konkreten Petri-Netz nie aktiviert werden und deshalb nie schalten [GeLa78, 213]. Diese Aussage folgt nicht aus der Definition von Transitionen als ***aktiven*** Elementen. Stellt sich beim wiederholten Schalten eines Petri-Netzes heraus, dass für bestimmte Transitionen nie eine Aktivierung vorliegt, dann führt diese Erkenntnis nicht zu einer Erhöhung der Ausdrucksstärke. Einige Petri-Netze (z. B. [GeLa78, 215 ff.; Shap79b, 110; HeRi92, 238 f.]) sagen diesen Sachverhalt hingegen von vornherein aus, z. B.

durch eine Konstruktspezialisierung. Damit verbindet sich die Behauptung einer unveränderlichen, generellen Wahrheit [GeLa78, 215; Shap79b, 110]. Durch diese Behauptung steigt die Ausdrucksstärke.

[P3]: Markenwerte

Als Grundkonstrukte sind alle Marken gleich [Reis83, 229]. In *höheren Petri-Netzen* hingegen besitzt jede Marke einen Wert oder einen Typ ([P3]: value(!tk)), durch den sie *unterscheidbar* wird [Smit98, 174]. Dabei spezifiziert ein *Typ* die zulässigen Markenwerte [Reis83, 231].

Eine Identifikation der Marken anhand ihrer Werte ist in der Regel nicht möglich, da mehrere Marken dieselben Werte (bzw. n-Tupel von Werten) besitzen dürfen. Mathematisch bildet die Gesamtheit der Marken auf einer Stelle deshalb eine Multimenge[28] (*Bag*) [GeLT80a, 79; Jens90, 345; Reis83, 231].

Vertreter: Marken sind auf sehr verschiedene Art unterscheidbar. Oft stellen Markenwerte die Werte $w(a_i)$ mindestens eines Attributes a_i dar [Nutt72, 61]. Bei mehr als einem Attribut wird von ***strukturierten Marken*** gesprochen [LeEg89, 12]. Die zulässigen Attributwerte sind dabei in der Regel als (Marken-/Daten-) Typen festgelegt. In *gefärbten Petri-Netzen* (s. Tabelle[29] 4.12) wird das n-Tupel[30] ($n \geq 1$) der Attributwerte ($w(a_1), w(a_2), \ldots, w(a_n)$) einer Marke *Farbe* genannt; der Typ, der die erlaubten Farben festlegt, heißt *Farbmenge* [Jen81, 317; Jens90, 344 f.]. *Prädikat/Transition-Netze* verzichten auf die explizite Angabe von Attributen und Typen [Jen83, 167]. Eine Marke ist hier einfach ein n-Tupel aus (Individuen-) Konstanten [GeLa81, 118].

Marken können beliebige Attribute transportieren, wie in gefärbten Petri-Netzen und in Prädikat/Transition-Netzen, oder aber spezielle. Einige spezielle Attribute zeigt Tabelle 4.11. Gelegentlich dienen sogar Petri-Netze (z. B. Bedingung/Ereignis-Netze [Valk87, 229; Valk98]) als unterscheidbare Marken; Markenwerte sind dann bestimmte Markierungen.

Verhaltensharmonie: Unterscheidbare Marken erfordern differenzierte Aussagen darüber, welche Marken eine Transition aktivieren oder vom Schalten betroffen sind [Nutt72, 61 ff.; GeLT80a, 78]. Zum Beispiel können logische Formeln (*Guards*), die den Transitionen zugeordnet sind, die Aktivierung davon abhängig machen, ob die Markenwerte bestimmte Bedingungen erfüllen [GeLa81, 118; Jens87, 257]. Zudem legt das Schalten fest, welche Werte die Marken besitzen, die auf den Stellen im Nachbereich abgelegt werden [Jens83, 166; Jens90, 346; BüEM90, 49]. Tabelle 4.11 fasst ausgewählte Aktivierungs- und Schaltregeln zusammen.

Abhängigkeiten: Manchmal sollen schaltende Transitionen in einer bestimmten *Reihenfolge* auf die Marken der Stellen *zugreifen*, z. B. nach dem *First-come-first-served*-Prinzip [Rouc87, 438]. Oder das Schalten soll ganz gezielt Marken bestimmter Vorbereichsstellen auf einzelnen Nachbereichsstellen ablegen [ScWe78, 465]. Beides impliziert, dass sich die Marken

---

28) Im Gegensatz zu einer „normalen" Menge darf eine Multimenge dasselbe Element mehrfach enthalten [Pete81, 237 f.]. Multimengen sind z. B. $B_1 = \{a, a, a\}$, $B_2 = \{a\}$, $B_3 = \{b, c, b\}$, $B_4 = \{c, b, b\}$. Nur B_2 ist gleichzeitig eine „normale" Menge. Da die Reihenfolge von Elementen weder in Mengen noch in Multimengen eine Rolle spielt, handelt es sich bei B_3 und B_4 um dieselbe Multimenge.

29) Das Beispiel der Tabelle 4.12 nutzt die Farbmengen $PH = \{ph_1, ph_2, ph_3, ph_4, ph_5\}$ sowie $G = \{g_1, g_2, g_3, g_4, g_5\}$. Dabei repräsentieren die Farben ph_1-ph_5 bzw. g_1-g_5 die Philosophen bzw. freien Gabeln [Jen81, 324 ff.].

30) Gelegentlich werden Farben für unstrukturiert gehalten (z. B. [GeLT80a, 81]). Dies steht jedoch im Widerspruch zur Originalveröffentlichung [Jen81, 317].

Tab. 4.11 Markenwerte und Petri-Netz-Verhalten (Beispiele)

Markenwert	Verhaltensharmonie		Vertreter
	Aktivierungsregel	Schalten	
Zeitstempel	Aktivierungszeitpunkt einer Transition ist der maximale Markenzeitstempel	Fortschreibung des Zeitstempels	*Interval Timed Coloured PN* [vdAA93]
Alter	Erreichung eines Mindestalters, nicht Überschreiten eines Höchstalters	Zurücksetzen des Alters	*Distributed Timed-Arc PN* [NiSS01]
verfügbar/ nicht verfügbar	Aktivierung nur durch verfügbare Marken	nur Fluss verfügbarer Marken	*Timed Place-Transition Nets* [Sifa80]
Zugehörigkeitsgrad zu Stelle	Überschreitung eines Grenzwertes für (aggregierten) Zugehörigkeitsgrad	Berechnung des neuen Zugehörigkeitsgrades	*Fuzzy PN* [CaVD90]

unterscheiden [LeEg89, 10 ff.]. Synonym legen strukturierte Stellen (z. B. als *Queue*, *Stack* oder Menge) die erlaubten Zugriffsreihenfolgen für ihre Marken fest [ScSW95, 414].

Äquivalenzen: Konkrete Petri-Netze mit nicht unterscheidbaren Marken können auf konkrete höhere Petri-Netze gefaltet werden, die dieselben Propositionen aussagen (z. B. [GeLT80a, 78; Smit98, 178 ff.; VaMe85, 455 ff.]). Tabelle 4.12 zeigt eine solche Faltung eines Bedingung/Ereignis-Netzes[31] auf ein gefärbtes Petri-Netz. Da aber unterscheidbare Marken die Abbildungsvorschrift f der durchgeführten Netztransformation (s. Tabelle 4.9) aussagen[32], besitzen sie eine höhere Ausdrucksstärke als nicht unterscheidbare Marken. Turing-Mächtigkeit wird bei unendlichen Farbanzahlen erreicht [VaMe85, 456].

[P4]: Stellenkapazität

In Aktionsnetzen waren Stellen entweder mit genau einem Tobit markiert oder nicht [Petr62, 114]. *Stellenkapazitäten* ([P4]: capacity(!p, N)) besagen, dass eine Stelle höchstens N Marken (!N > 1) aufnimmt. Unendliche Stellenkapazitäten sind zu lässig [Reis87a 120; DeRe98, 122].

Eine Stelle mit einer Kapazität !N > 1 hat nicht mehr zwei, sondern !N + 1 mögliche Zustände (nicht belegt, belegt mit einer Marke, …, belegt mit !N Marken) [DeRe98, 127]. Unendliche Stellenkapazitäten ermöglichen damit die Darstellung unendlicher Zustandsräume durch endliche Petri-Netze [BeDC92, 311].

Verhaltensharmonie: Sobald eine Stelle mehr als eine Marke aufnimmt, können den Kanten des Petri-Netz-Graphen Gewichte zugeordnet werden [GeLa78, 215]. Diese *Gewichte* geben zum einen an, wie viele Marken der Stelle benötigt werden, um eine Transition zu aktivieren. Zum anderen spezifizieren die Gewichte die Anzahlen der Marken, die beim Schalten von Stellen entfernt bzw. darauf abgelegt werden.

Abhängigkeiten: Negative Markierungen [HaRo88, 180] setzen voraus, dass eine Stelle mehr als zwei Zustände besitzt.

---

31) Im Bedingung/Ereignis-Netz der Tabelle 4.12 denken die Philosophen genau dann, wenn sie nicht essen. Explizit modelliert z. B. [Jens81, 323] das Denken.

32) Besonders plakativ zeigt sich dies in der Definition der Faltung in [Star90, 225].

Bedingung/Ereignis-Netz und gefärbtes Petri-Netz **Tab. 4.12**

<table>
<tr><th>Bedingung/Ereignis-Netz [Star90, 124]</th><th>Gefärbtes Petri-Netz [Jens81, 326]</th></tr>
<tr><td>
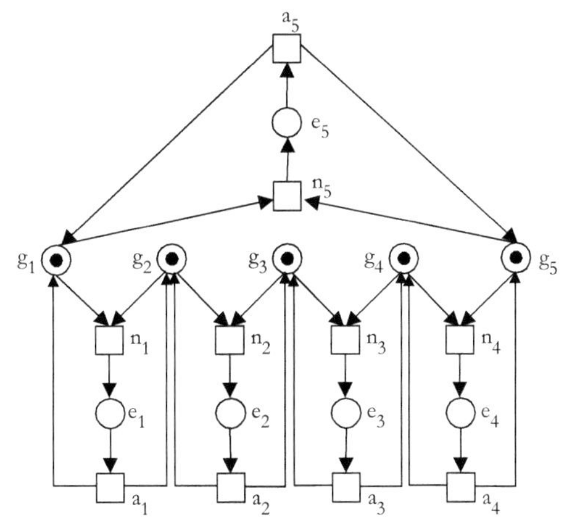

</td><td>
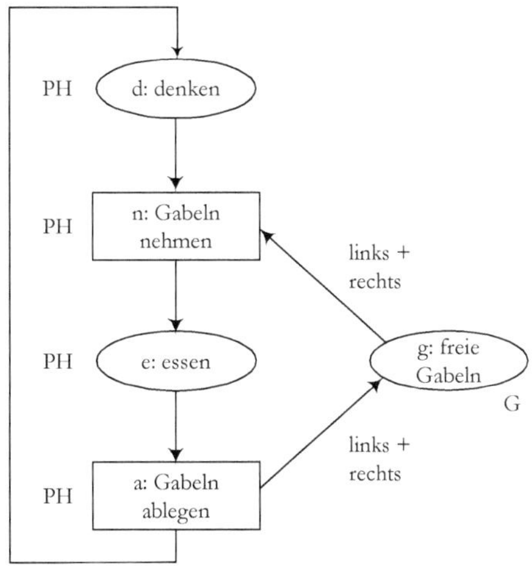

</td></tr>
</table>

Äquivalenzen: Jedes konkrete Petri-Netz mit Stellenkapazitäten kann durch eines ohne Stellenkapazitäten simuliert werden [Devi89, 132 ff.; Star90, 102 ff.]. Wie die Vergröberung[33] in Tabelle 4.13 zeigt, besteht zudem auf der Ebene konkreter Petri-Netze die Möglichkeit, Bedingung/Ereignis- zu Stelle/Transition-Netzen zu abstrahieren [Reis87, 122]. Die Entfaltung ist jedoch nicht eindeutig, da es Stellenkapazitäten erlauben, eventuell unbekannte Details ***nicht*** anzugeben [Reis87a, 119, 124]. In diesem Sinne lässt sich die Erhöhung der Ausdrucksstärke durch Stellenkapazitäten mit der vergleichen, die aus der Erweiterung einer (Aussagen-) Logik[34] um Quantoren (und Variablen für Subjekte sowie Prädikate) resultiert [GeLT80a, 76 f.; Moni03, 79 ff.]. Stellen mit unendlichen Kapazitäten sind nicht mehr entfaltbar.

[P7]: Flussvariabilität

Bisher war ein konkreter Petri-Netz-Graph, mit Ausnahme der Markierung, konstant. Einige Petri-Netze behaupten jedoch (zufalls- oder markierungsabhängige) Veränderungen der Flussrelation ([P7]: **varying(!f)**).

Vertreter: Diese Proposition wird z. B. dadurch ausgesagt, dass Stellen, die selbst markiert werden können, die Rolle der Kantengewichte übernehmen (***selbstmodifizierende Petri-Netze*** [Valk78a, 464]). Die Gewicht-Stellen heißen z. T. ***Steuer-Puffer*** [Fuss75, 329]. Ähnlich ist die Grundidee von ***Zählkanten*** [DuTG84, 508] bzw. ***Verbrauchskanten*** [ScSW95, 414]: Sie führen

33) Eine Faltung liegt nicht vor, weil ein stellenberandetes Teilnetz, das Transitionen enthält, zur Stelle „Puffer" zusammengefasst wurde. Für eine Faltung vgl. [Reis87a, 122 f].

34) Zum Beispiel kann die allquantifizierte prädikatenlogische Formel $\forall$ x: rot(x) genau dann durch eine Konjunktion von Literalen rot(x_1) $\wedge$ rot(x_2) $\wedge$ ... $\wedge$ rot(x_n) ersetzt werden, wenn die Anzahl n der (roten) Konstanten $x_1,\ldots, x_n$ bekannt und endlich ist [Herm91, 41 f.]. Andernfalls sagt die allquantifizierte Formel mehr aus.

Tab. 4.13 Bedingung/Ereignis- und Stelle/Transition-Netz [Reis87a, 119 f.]

Bedingung/ Ereignis-Netz	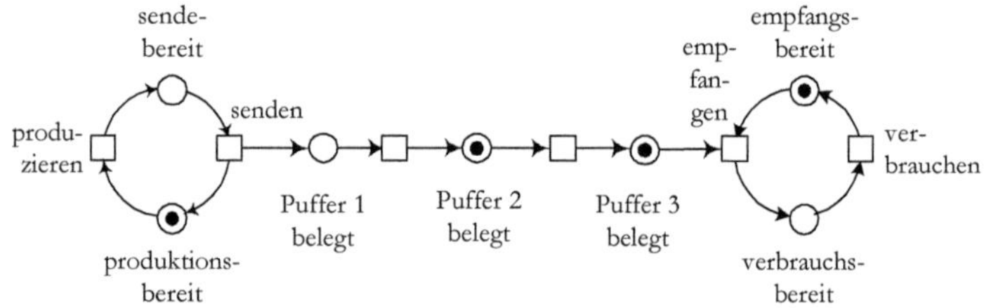
Stelle/ Transition-Netz	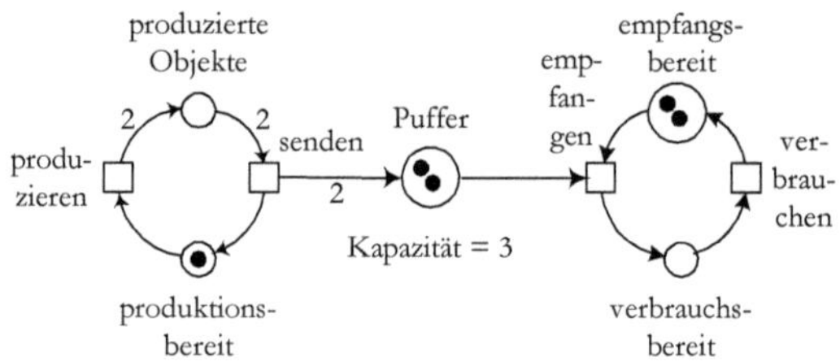

dazu, jeweils *alle* Marken von der so verbundenen Stelle im Transitionsvorbereich zu entnehmen. Außerdem gibt es Petri-Netze mit Kanten, die sich selbst aus dem Graphen löschen dürfen (*Löschkanten* [CoGV86, 164]).

Abhängigkeiten: Ein *Random Switch*[35] (s. Tabelle 4.14) wählt für jedes Schalten die relevante Kante des Graphen zufällig aus [Shap79a, 375]. Damit variieren die Kanten, entlang derer die Marken konkret fließen.

Äquivalenzen: Selbstmodifizierende Petri-Netze können Netze mit Inhibitorkanten, Prioritäten und Markenvernichtungskanten simulieren [Valk78b, 526 f.].

[P8]-[P11]: Kausale Aktivierung

Alle bisher erläuterten Literalpropositionen beschäftigen sich mit der Struktur von Petri-Netzen. Die Literale über das Verhalten lassen sich nochmals danach klassifizieren, ob sie eher die Aktivierung oder eher das Schalten von Transitionen betreffen. Tendenziell werten ***Aktivierungen*** die vorhandene Markierung eines konkreten Petri-Netzes aus, während das ***Schalten*** diese Markierung ändert.

Sofern die Marken nicht unterscheidbar sind und die Stellenkapazität eins beträgt, ist eine Transition genau dann aktiviert, wenn *alle* Stellen ihres Vorbereichs markiert sind (UND-Logik [Baer73b, 51]); einen nicht markierten Nachbereich fordert nur die starke Aktivierungsregel. Die untersuchten Petri-Netze behaupten zusätzlich zu dieser ursprünglichen Aussage folgende Propositionen:

- Es wird ausgesagt, dass bestimmte Stellen des Vorbereichs einer Transition für deren Aktivierung *nicht* geprüft werden ([P8]: not_enable(!f_1, ...!f_n, !t)); wegen der Konzentration auf die Nachbarschaft erscheinen in der Literalformulierung die Elemente der Flussrelation.

35) *Random Switch* ist ein Homonym, s. Anmerkung 37 zur Konfliktauflösung [P14].

Durch den Stellenausschluss erhöht sich die Ausdrucksstärke in ähnlicher Weise wie bei der Erweiterung einer symbolischen Logik um die Negation: Durch die Kombination von Konjunktion und Negation kann jeder Junktor definiert werden [Herm91, 39]. Stellenausschluss wird z. B. durch Inhibitorkanten [AgFl73, 82]), *Constraints* [Pati70, 30 ff.] und OR- [Noe71, 373; Nutt72, 17 ff.; AgFl73, 82] sowie XOR-Transitionen [Noe71, 373; Nutt72, 17 ff.3; Baer73a, 14] realisiert, s. Tabelle 4.14. In höheren Petri-Netzen können logische Formeln, die den Transitionen zugeordnet sind (*Guards*), die Proposition des Literals [P8] aussagen [Baum90, 246 f.].

- Die Aktivierung einer Transition kann von der Aktivierung *anderer Transitionen* abhängig gemacht werden ([P9]: **dep_enable(!t, !t_1, ..., !t_n)**. Zum Beispiel ist eine Transition genau dann aktiviert, wenn nach der ursprünglichen Aktivierungsregel eine Aktivierung vorliegt und keine andere Transition mit höherer *Priorität* aktiviert ist [Hack79, 175; Pete81, 200]. Diese *Transitionsabhängigkeit* folgt nicht aus der für Petri-Netze typischen *Nebenläufigkeit*, bei der mehrere Transitionen kausal voneinander unabhängig aktiviert sein (und schalten) dürfen [Holt68, 39; Genr69, 3; Petr73, 140; Petr77, 14; Devi89, 137 ff.].
- Schließlich können (nicht zeitliche) Informationen, die sich nicht aus den Bestandteilen des beschrifteten Petri-Netz-Graphen ergeben und somit der *Umwelt* entstammen, direkt oder indirekt zur Aktivierung einer Transition beitragen. Bei einem *direkten Beitrag* benötigen aktivierte Transitionen zusätzlich eine Schalterlaubnis ([P10]: **ext_enable(!t)**) aus der Umwelt, z. B. [Pati70, 29; Vale77, 103]. *Indirekt* ([P11]: **ext_marking(!p)**) greift die Umwelt in Aktivierungen ein, indem sie Marken auf bestimmten Stellen ablegt oder daraus entfernt [Nutt72, 37; MoPS78, 374]. Markierungen ändern sich also *ohne* Schalten. Petri-Netze, die auf diese Art in Wechselwirkung mit der Umwelt stehen, heißen *nicht autonom* [MoPS78, 374; DaAl94, 177].

Äquivalenzen: Petri-Netze mit Inhibitorkanten, *Constraints*, XOR-Transitionen und Prioritäten sind dynamisch äquivalent zu Turing-Maschinen [Pete81, 200 f.; Baum90, 247 ff.; Hack79, 175].

[P12], [P13]: Markierung

Wenn eine Transition schaltet, dann ändern sich normalerweise die Markierungen *aller* Stellen ihres Vor- bzw. Nachbereichs. Gelegentlich sagen Petri-Netze aus, dass diese Markierungen trotz des Schaltens *konstant* bleiben ([P12]: **unchanged(!t, !f_1, ..., !f_n)**); die Elemente der Flussrelation in der Literalformulierung betonen erneut die Nachbarschaft. Markierungskonstanz wird u. a. durch spezielle Stellen [Nutt72, 32], einen *Switch* [Baer73a, 15], probabilistische Kanten [DuTG84, 508; Shap79, 375], Test- bzw. Aktivierungskanten [ScSW95, 414; ChHa94, 195], Zählgegenkanten [DuTG84, 508], partielle Schaltregeln [LeEg89, 16 f] und Output-Selektoren [NeHS83, 591] ausgesagt. *Switch*, Test- und probabilistische Kanten zeigt Tabelle 4.14.

In einigen Petri-Netzen *vernichtet* das Schalten Marken, die sich auf Stellen im Transitionsnachbereich befinden ([P13]: **postset_delete(!t, !f_1, ... !f_n)**). Die betroffenen Stellen sind dann das Ziel spezieller Markenvernichtungskanten [Baer73a, 15]; s. Tabelle 4.14. Ursprünglich legt das Schalten im Nachbereich nur Marken ab.

[P14], [P15]: Konflikt, Synchronisation

Die Flussrelation diktiert lediglich eine Halbordnung für die Reihenfolge, in der die Transitionen eines konkreten Petri-Netzes schalten [HoCo70, 12; Petr77, 143; Reis87a, 125]. Diese Halbordnung ermöglicht sowohl Nebenläufigkeit als auch Konflikte. Bei Nebenläufigkeit können die Transitionen kausal voneinander unabhängig (*asynchron* [KiCK97, 329]) schalten. Die *Synchronisation*[36] [MoPS78, 374; Köhl04, 133 f.] hebt diese Unabhängigkeit auf, denn hier muss eine Transition $!t_1$ genau dann schalten, wenn bestimmte andere Transitionen schalten ([P15]: synchronized($!t_1$, ..., $!t_n$)).

Ein *Konflikt* liegt vor, wenn mehrere Transitionen aktiviert sind, aber nur eine schalten kann und dadurch die Aktivierung der anderen Transitionen aufhebt [Holt68, 46 f.; Petr77, 151 ff.; RoTh86, 603]. Konflikte schließen also Nebenläufigkeit aus.

Welche der an einem Konflikt beteiligten Transitionen schaltet, geben Petri-Netze traditionell nicht vor (*Nichtdeterminismus* [Petr77, 147; Ager79, 86; RoTh86, 604]). Einige Petri-Netze treffen jedoch Aussagen über die *Konfliktauflösung* ([P14]: conflict_resolve($!t_1$, ..., $!t_n$)). Zum Beispiel erteilen Wahrscheinlichkeiten[37] [AjCB84, 96], Prioritäten (Verweis in [KiCK97, 334]) oder die Umwelt [Shap79b, 110] im Konfliktfall die Schalterlaubnis.

[P16]-[P18]: Explizite Ausdrucksstärke

Carl Adam Petri legte seinen Aktionsnetzen ausdrücklich drei Basisannahmen zugrunde: Er wollte diskrete Systeme beschreiben und dabei von Raum und Zeit abstrahieren [Petr62, 1 f.]. Petri-Netz-Varianten heben diese Annahmen auf:

- *Fluide Marken* ([P16]: fluid(!tk)) dienen der Beschreibung kontinuierlicher Zustandsräume[38] [TrKu93, 24; Hort98, 48]. Da fluide Marken nicht gezählt werden können, führt das Schalten von Transitionen nicht zur Veränderung von Markenanzahlen auf Stellen, sondern zu einem Zu- bzw. Abfluss von Marken. Damit gleicht das Schalten dem Füllen bzw. Leeren von Behältern mit Flüssigkeiten [Hort98, 38, 44]. Für die Zu- und Abflüsse werden Raten (*Feuergeschwindigkeit* [MaFD03, 6. f.]) angegeben. *Verhaltensharmonisch* nehmen fluide Stellen nur fluide Marken auf [Hort98, 37]. Fluide Transaktionen und Kanten beschreiben die Veränderung der Markierung fluider Stellen [Hort98, 37 f].
- Einige Petri-Netze sagen aus, wo gespeichert wird ([P17]: p_location(!p)) und an welchen Orten Aktionen ausgeführt werden ([P18]: t_location(!t)). Räumliche Nähe bzw. Entfernung werden dann zu zusätzlichen Restriktionen, z. B. bei der verteilten Ausführung von Algorithmen [Hopk91, 162].
- Quantitative Aussagen zu Zeitdauern oder Zeitpunkten stellen *Zeitbezüge* her. Das ursprüngliche Petri-Netz enthielt Zeitbezüge höchstens qualitativ (vor/nach dem Schalten) [Petr62, 52; Baum90, 256]. Zeitbezüge berühren das Petri-Netz-Verhalten. Analog zum kau-

36) Im Zusammenhang mit dem gleichen Alter aller Marken verschiedener Stellen wird ebenfalls von Synchronisation gesprochen [NiSS01, 26]. Diese Synchronisation meint Literal [P15] jedoch nicht.

37) Die Wahrscheinlichkeitsverteilung heißt ebenfalls *Random Switch* [AjCB84, 96; Pagn87, 464].

38) Stochastische Petri-Netze (s. unter [P20]), die eine Exponentialverteilung verwenden, können so transformiert werden, dass ihnen „versteckt“ ein kontinuierlicher Zustandsraum zugrunde liegt [Hort98, 16]. Allerdings sagen sie keine fluiden, sondern diskrete Marken aus.

Beispiele zum Verhalten konkreter Petri-Netze **Tab. 4.14**

Konstrukte	**Aktivierungs- bzw. Schaltregel**	**Schalten**	
		Vorher	**Nachher**
Standard	starke Aktivierungsregel; Standardkanten	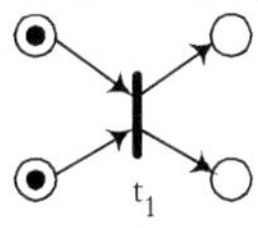	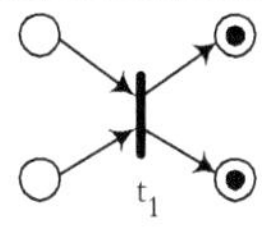
Inhibitorkante [AgFl73, 82]	Eine Transition ist genau dann aktiviert, wenn die Stellen ihres Vorbereichs, die durch Inhibitorkanten verbunden sind, ***nicht*** markiert sind.	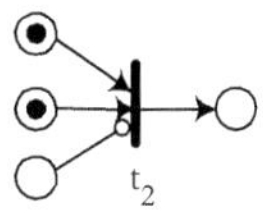	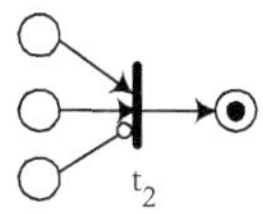
XOR-Transition [Noe71, 373; Baer73a, 14]	***Input***: Eine Transition ist genau dann aktiviert, wenn nur eine von mehreren Stellen ihres Vorbereichs markiert ist. ***Output*** (ohne Darstellung): Beim Schalten erhält genau eine von mehreren Stellen des Nachbereichs eine Marke.	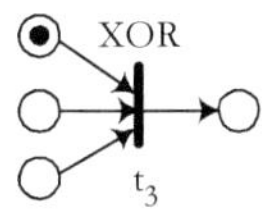	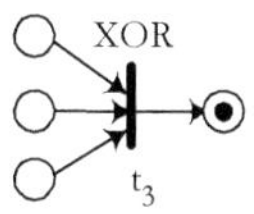
Testkante [ScSW95, 414]	Die Markierung der Vorbereichsstelle aktiviert die Transition, ändert sich aber beim Schalten nicht.	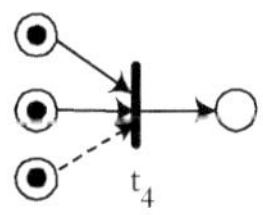	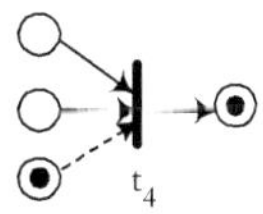
Switch [Baer73a, 14 f.]	***Aktivierung***: Die Markierung des Switch s wird nicht geprüft. ***Schalten:*** Ist der Switch s markiert, wird beim Schalten die Stelle v markiert, andernfalls die Stelle l.	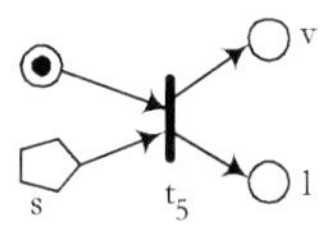	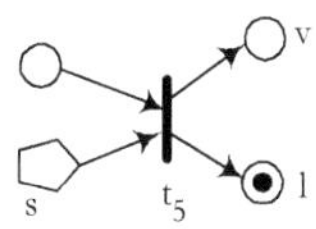
Marken-vernichtungskante [Baer73a, 15]	Das Schalten der Transition löscht alle Marken von den Stellen, zu denen Markenvernichtungskanten führen.	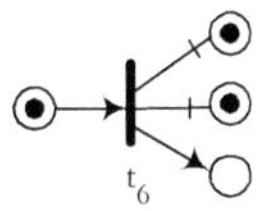	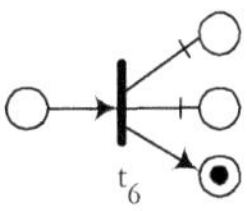
Probabilistische Kante [DuTG84, 508]	Das Schalten der Transition legt mit Wahrscheinlichkeiten p bzw. (1-p) Marken in genau eine der Stellen, zu denen probabilistische Kanten führen.	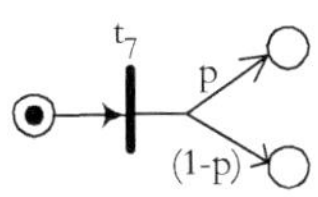	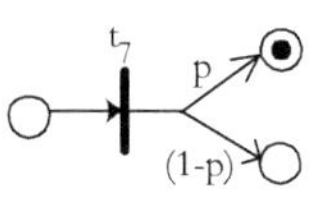
Random Switch [Shap79a, 375]	Von mehreren Transitionen im Nachbereich einer Stelle wird zufällig eine für den Markenfluss gewählt.	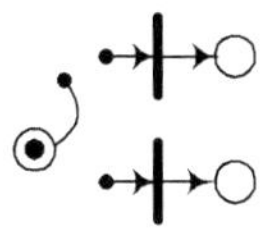	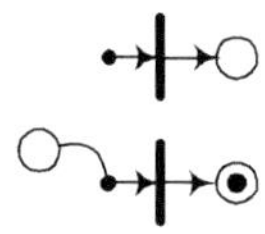

salen Verhalten lassen sich die Literale danach klassifizieren, ob sie die Aktivierung oder das Schalten betreffen, s. Abbildung 4.8. Die Literale werden im Folgenden einzeln erläutert. Tabelle 4.15 fasst exemplarisch zusammen, wie einzelne Petri-Netze die Propositionen dieser Literale durch Verknüpfungen unterschiedlicher Konstrukte behaupten. Dynamisch (gemessen u. a. an Zeitdauern, Zeitpunkten für das Eintreffen von Marken auf Stellen, Erreichbarkeitsmengen oder Schaltfolgen) sind die Aussagen über Zeiten z. T. äquivalent [Ajmo89, 21 ff.; Star95, 20 ff.; KöQu88, 128 ff.].

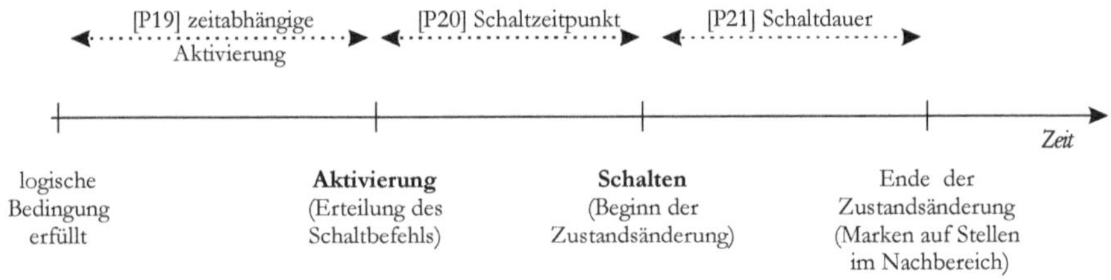

Abb. 4.8 Literale für Zeitbezüge in Petri-Netzen

[P19]: Zeitabhängige Aktivierung

In einem kausalen Petri-Netz hängt die Aktivierung einer Transition ausschließlich davon ab, ob bestimmte logische Bedingungen erfüllt sind. Zu diesen Bedingungen gehören z. B. das Vorhandensein, die Anzahl [P4] oder Eigenschaften [P3] von Marken, die Aktivierung anderer Transitionen [P9] oder Umweltsignale ([P10], [P11]). ***Zeitabhängig*** ([P19]: time_enable(!t)) ist eine Transition genau dann aktiviert, wenn eine logische Aktivierung vorliegt ***und*** die zeitlichen Restriktionen eingehalten werden. Typische zeitliche Restriktionen sind z. B. das Alter einzelner [NiSS01, 24 f.] oder aller [Sifa80, 309] Marken auf Stellen sowie die Durchlässigkeit von Kanten für Marken ab (*retardierend*) oder bis (*limitierend*) zu einem bestimmten Zeitpunkt [Hani92, 119 ff.]. Damit kann sich eine Aktivierung allein durch zeitliche Kriterien ändern – ohne dass eine Transition schaltet [BoLT90, 397].

[P20]: Schaltzeitpunkt

Traditionell besteht für eine (logisch oder zeitabhängig) aktivierte Transition kein Zwang zu schalten [Petr77, 138]. Der ***Schaltzeitpunkt*** ([P20]: firing_delay(!t, !N)) führt einen solchen Schaltzwang ein: Er legt fest, wie viele Zeiteinheiten !N (!N ≥ 0) nach ihrer Aktivierung (*Verzögerung*) eine Transition schaltet [Pagn87, 462; KöQu88, 127].[39] Bei einer Verzögerung von null schalten Transitionen sofort [CoRo83, 604]. Während der Verzögerung kann die Aktivierung der Transition durch das Schalten anderer Transitionen oder zeitabhängig verloren gehen. Die Verzögerung wird entweder deterministisch oder stochastisch als Dauer bzw. Intervall angegeben, s. Tabelle 4.15. ***Deterministisch*** ist die Länge der Verzögerung genau bekannt. ***Stochastische*** Verzögerungen sind Werte einer Zufallsvariablen [Bosc91, 55], die jeweils mit einer be-

39) Zeiteinheiten, die sich aus der Verwendung von Wahrscheinlichkeitsverteilungen ergeben, sind streng Elemente der Menge reeller Zahlen, praktisch reichen rationale Zahlen aus [Star95, 4]. Durch die Wahl einer sehr feinen Zeitskala lassen sich die Zeiteinheiten aus den rationalen in die natürlichen Zahlen transformieren.

Tab. 4.15 Zeitbezüge in den untersuchten Petri-Netzen

Ausgesagter zeitlicher Sachverhalt			Modifiziertes Grundkonstrukt			
			Stelle	**Transition**	**Flussrelation**	**Marke**
Zeitabhängige Aktivierung [P19]			• Nichtverfügbarkeitszeit: *Timed Place-Transition Nets* [Sifa80] • Ausführungsdauer: *Time Augmented PN* [CoRo83] • Uhr: *Zeitbewertetes Netz (ZPN)* [Hani92]	• größter akzeptierter Markenzeittempel: *Interval Timed Coloured PN* (ITCPN) [vdAA93] • Trägheit, Latenz: *Synchronized Elementary Net Systems* [Andr91]	• Durchlässigkeit: *ZPN* [Hani92] • Fuzzy-Ankunftszeit: *Fuzzy-Timing High-Level Petri Nets (FTHN)* [MuSS99]	• Alter: *Distributed Time-Arc PN* [NiSS01] • Zeitstempel: *Time Environment Relationship Nets* [GhMM91] • Verfügbarkeitszeit: *ITCPN*
Schalten	**Zeitpunkt nach Aktivierung [P20]**	**Sofort**	—	*Generalized Stochastic PN* [AjCB84], *Extended Stochastic PN* [DuTG84] *Time Augmented PN* [CoRo83] ZPN, ITCPN, FTHN	—	—
		Stochastisch	—	Verzögerungsdauer: • stetig (Exponentialverteilung): *Stochastic PN* [Mollo82], *Generalized Stochastic PN* [AjCB84] • diskret (Fuzzy-Schaltzeit(punkt)): *FTHN* • beliebige Verteilungsfunktion: *Stochastic PN* [FlNa82], *Extended Stochastic PN* [DuTG84] *Discrete Time Stochastic PN* [Moll85]	Fuzzy-Aktivierungs-zeit: *FTHN*	—
		Deterministisch	—	• Verzögerungsdauer: *Stochastic PN with Deterministic and Exponential Firing Times* [AjCh87] • Verzögerungsintervall: *Time PN* [MeFa76], *Pro-Net* [Noe80]	Gültigkeitsintervall: *Time Stream PN* [DiSé94]	—
	Dauer [P21]	**Stochastisch**	—	• Exponentialverteilung: *M-Nets* [Zube86] • Gleichverteilung, Normalverteilung: *General PN* [HaRo88]	Fuzzy-Verspätung: *FTHN*	—
		Deterministisch	—	• Dauer: *Timed PN* [Rama73], *Evaluation nets* [Nutt72] • Intervall: *Hierarchical Duration M-net* [FlPe03]	—	—

stimmten Wahrscheinlichkeit angenommen werden. Ist die Anzahl dieser Werte abzählbar, dann handelt es sich um eine diskrete Zufallsvariable, andernfalls um eine stetige [HeKS92, 95 f.]. Die zugehörigen Wahrscheinlichkeitsverteilungen, d. h. die Gesamtheiten aus Werten und deren Wahrscheinlichkeiten, heißen entsprechend diskret bzw. stetig, s. Tabelle 4.15.

Verzögerungsintervalle (f_{min}, f_{max}) legen fest, dass eine Transition frühestens f_{min} Zeiteinheiten nach ihrer Aktivierung schalten kann und spätestens f_{max} Zeiteinheiten nach ihrer Aktivierung schalten muss [MeFa76, 1039].

Äquivalenzen: Petri-Netze mit Schaltzeitpunkten sind dynamisch äquivalent zur Turing-Maschine [Star95, 20; CeMa99, 4].

[P21]: Schaltdauer

Schaltdauern ([P21]: firing_duration(!t, !N)) geben den Zeitverbrauch in Zeiteinheiten !N (!N ≥ 0) für das Verändern der Markierung an. Das Schalten ist damit nicht mehr atomar [Genr69, 3; Star90, 197], sondern besteht aus den *drei Phasen* Beginn, Durchführung und Abschluss der Markierungsveränderung [Nutt72, 36]. Die Schaltdauer bezieht sich auf die Durchführung.

Für den Verbleib der Marken während der Durchführung gibt es zwei Möglichkeiten: Entweder werden sie *in* der Transition verborgen [Rama73, 107 ff.] oder sie liegen unverändert auf den Stellen im Vorbereich, sind aber für andere Transitionen gesperrt [Nutt72, 38]. In beiden Fällen erreichen die Marken erst nach Ablauf der Schaltdauer die Stellen im Nachbereich der Transition.

Abhängigkeiten: Nur nicht atomare Schaltvorgänge können unterbrochen werden [Zube86, 490; KöQu88, 135].

[P22]-[P31]: Domänenspezifika

Interpretationen weisen einem *konkreten* Petri-Netz als Äußerung singulär zu, was die Konstrukte bezeichnen [Holt79, 40 ff.; Ager79, 87; KöQu88, 56]. Domänenspezifika meinen nicht solche singulären Interpretationen, sondern Sachverhalte, die den Rahmen der möglichen Konstruktbezeichnungen (s. Abschnitt 3.1.1), d. h. alle denkbaren Interpretationen einer Modellierungssprache, beeinflussen.

Wie bei den ER-Modellen beruhen die domänenspezifisch ausgesagten Sachverhalte auf den Termini bestimmter Einsatzgebiete. In den untersuchen Petri-Netzen bezeichnen Stellen z. B. Mittel [Ober80] zum Erreichen bestimmter Ziele ([P22]: mean(!p)), Ressourcen [RiVo86], die für Arbeitsfortschritte benötigt werden ([P23]: resource (!p)), den Stillstand [Colo03] des Arbeitsfortschritts ([P28]: idle(!p)), organisatorische Struktureinheiten ([P24]: space(!p); [Ober87]), Monomedia-Ressourcen ([P25]: monomedia(!p)) und Hypermedia-Links ([P26]: link_type(!p); [SedW95]) sowie Hardware-Register ([P27]: register(!p); [Deus01]). Musik-Transitionen ([P29]: musical(!t)) lösen musikalische Aktionen aus, z. B. das Abspielen von Tonsequenzen [HaRo88]. Unzulässige Programmvorgänge ([P30]: violation(!t); [Shap79b]) und automatische Arbeitsvorgänge ([P31]: automated(!t); [Ober87]) sind ebenfalls Transitionen zugeordnet. Die genannten Sachverhalte führen jeweils zu domänenspezifischen Konstruktspezialisierungen.

Abhängigkeiten: Domänenspezifika fließen auch in die Marken ein: So repräsentieren Marken z. B. Musikobjekte [HaRo88, 182]. Dabei handelt es sich jedoch um eine spezielle Ausprägung unterscheidbarer Marken [P3].

Unabhängigkeit

Die Unabhängigkeit der Literalpropositionen geht in den meisten Fällen klar aus den Erläuterungen hervor. Erneut gelten die Referenzen als voneinander unabhängig. Diese Unabhängigkeit überträgt sich auf die Propositionen, wenn dieselben Sachverhalte über unterschiedliche Referenzen ausgesagt werden (Literale [P1]-[P2], [P17]-[P18]). Als Konsequenz der disjunkten Klassifikation bestehen keine Abhängigkeiten zwischen Literalen verschiedener Klassen. Es bleiben nur noch wenige Literale offen, deren Unabhängigkeit einer Begründung bedarf:

Analog zu ER-Modellen setzen die domänenspezifischen Literale die Existenz der Referenzen voraus. Das gehört jedoch zum definitorischen Kern von Propositionen und ist deshalb unvermeidbar und unbedenklich für die Anwendung des Maßes A(RB, VB).

Markenwerte [P3] erzeugen im Verhältnis zur Stellenkapazität [P4], zum Stellenausschluss [P8] und zu zeitabhängigen Aktivierungen [P19] den Verdacht der Abhängigkeit. Jedoch treten unterscheidbare Marken sowohl mit als auch ohne Stellenkapazität $!N > 1$ auf [GeLT80a, 81; Smit98, 182]. Stellenausschluss entstand für nicht unterscheidbare Marken, wie alle bei der Erläuterung des Literals [P8] aufgeführten Vertreter (mit Ausnahme der *Guards*) zeigen. Schließlich geht bereits aus Tabelle 4.15 hervor, dass die Formulierung zeitabhängiger Aktivierungen, z. B. durch die Trägheit von Transitionen oder zusätzliche Konstrukte [Andr91, 6], auch für nicht unterscheidbare Marken möglich ist.

Aktivierungsabhängigkeiten zwischen Transitionen [P9] und Konfliktauflösung [P14] führen jeweils zu eindeutigen Schaltreihenfolgen. Hier ist zu berücksichtigen, dass traditionell die aktivierte Transitionen nicht zum Schalten gezwungen sind. Deshalb gehören die beiden Literale im Referenzbeurteilungsobjekt zu verschiedenen Klassen. Zudem schließen Konflikte [P14] Nebenläufigkeit aus. Aktivierungsabhängigkeiten [P9] können hingegen auch zwischen nebenläufig schaltbaren Transitionen definiert werden.

Schließlich erfordern synchronisiert schaltende Transitionen [P15] einige Begründungen: Schalten ist vom Aktivieren [P9] getrennt. Synchronisation stellt eine Beziehung zwischen Elementen eines konkreten Petri-Netzes her; Umweltkontakte ([P10], [P11]) ergeben sich daraus nicht. Umweltabhängigkeit kann durchaus mit asynchronem Schalten, z. B. durch das Platzieren von Marken [Buch94, 122], einhergehen. Schließlich treffen detaillierte Transitionen [P2] nicht zwangsläufig Aussagen darüber, wie die Transitionen des zugeordneten Teilnetzes schalten. Asynchrones Schalten ist möglich.

Keine Literale

Das Referenzbeurteilungsobjekt enthält keine eigenen Literale für den Abbruch von Schaltvorgängen, Fusionen, Selbstnebenläufigkeit und Fuzzy-Petri-Netze, da diese Propositionen Literalpropositionen aus Tabelle 4.8 implizieren:

Ein *Abbruch* [KiCK97, 330 ff.] wird ausgelöst, wenn bestimmte (nicht alle) Stellen aus dem Vorbereich einer Transition markiert sind [P8]. Zudem leert er sämtliche markierten Vorbereichsstellen *vollständig*, was variablen Flüssen [P7] entspricht.

Fusionen [HuJS90, 329] als Zusammenfassungen mehrerer Stellen bzw. Transitionen zu einer Stelle bzw. Transition (z. B. bei einer Faltung) bilden die Umkehrung von Detaillierungen ([P1], [P2]). Zusätzlich verbinden sich mit Fusionen z. T. Aussagen über die einheitliche Markierung der zusammengefassten Stellen [ChPe92, 114] bzw. das synchronisierte Schalten [P15] der zusammengefassten Transitionen [GiVa03, 108].

Selbstnebenläufigkeit bedeutet, dass eine Transition, die gerade schaltet, erneut aktiviert werden und schalten kann [Vale77, 106]. Die ***Feuerkapazität*** legt fest, wie viele Schaltvorgänge eine Transition simultan abwickeln kann [ScSW95, 414]. Selbstnebenläufigkeit setzt entweder Schaltdauern [P21] voraus (z. B. [Zube86]) oder Stellen, die mehr Marken tragen [P4], als die Transition für Aktivierung und Schalten benötigt (z. B. [ScSW95, 414]).

Fuzzy-PN

Vorschläge für Fuzzy-Petri-Netze gibt es seit 1988 [Loon88]. In Fuzzy-Petri-Netzen sind bestimmte Sachverhalte nur ungenau (*fuzzy*) bekannt, z. B.:

1. die Erfüllung von Bedingungen [Loon88, 180] oder die Zugehörigkeit von Marken zu Stellen [CaVD90, 70; LiGS89, 14],
2. die Aktivierung von Transitionen, die bestimmte Schwellwerte überschreiten muss [Loon88, 180; PePe99, 280 ff.],
3. die Verteilung von Marken auf Stellen nach dem Schalten [CaVD90, 71 ff.; Loon88, 180],
4. das Ausmaß des Schaltens, das um so stärker ist, je stärker die schaltende Transition aktiviert wurde [LiGS89, 17].

Graduell erfüllte Bedingungen sowie Zugehörigkeiten von Marken zu Stellen werden z. B. durch Markenwerte [P3] zwischen null (nicht erfüllt/zugehörig) und eins (erfüllt/zugehörig) angegeben (z. B. [Loon88, 180; CaVD90, 70]). Alternativ erfassen Ausschöpfungsgrade der Stellenkapazität[40] [P4] die Zugehörigkeitsgrade (z. B. [LiGS89, 14]).

Wie es die Verhaltensharmonie vorsieht, prüft die Aktivierung Bedingungserfüllung bzw. Zugehörigkeitsgrad, das Schalten aktualisiert beides. Ungenaues Schaltausmaß impliziert markierungsabhängige Kantengewichte [P7].

Mit den Konstrukten für abhängige Propositionen beschäftigt sich Abschnitt 4.3.

Berechnung

Wie für ER-Modelle wurde die Ausdrucksstärke A(RB, VB) berechnet; Abbildung 4.9 veranschaulicht die resultierenden Werte. Petri-Netze, die nur durch Verschärfungen entstanden, gingen nicht in die Berechnung ein, da Verschärfungen die Bedeutung nicht beeinflussen (s. Abschnitt 3.3).

Neben der Gesamtausdrucksstärke aus allen 31 Literalen wurde für jede Literalklasse (s. Tabelle 4.8) ein eigenes Referenzbeurteilungsobjekt gebildet. Daraus ergeben sich die spezifischen Werte für die inhärente, die explizite und die domänenspezifische Ausdrucksstärke.

Weil die Ausdrucksstärke A(RB, VB) des ursprünglichen Petri-Netzes null beträgt, weisen die angepassten Funktionen (s. Tabelle 4.16) zwei Besonderheiten auf[41]: Zum einen fehlt der

---

40) Zum Beispiel gibt $m_{tk}(tk_{ug}, s) = 0{,}1$ an, dass die Marke tk_{ug} nur sehr unsicher (Zugehörigkeitsgrad 0,1) zur Stelle s gehört [CaVD90, 70]. Kann eine Stelle s_{ug} zehn Marken aufnehmen, so besagt die ungenaue Markierung $m_s(s_{ug}) = [8; 0{,}9]$, dass relativ sicher (durch den Zugehörigkeitsgrad von 0,9) acht Marken auf der Stelle liegen.

41) Das ursprüngliche ER-Modell hat ein Ausdrucksstärke von 0,15; der konstante Term ist deshalb nötig.

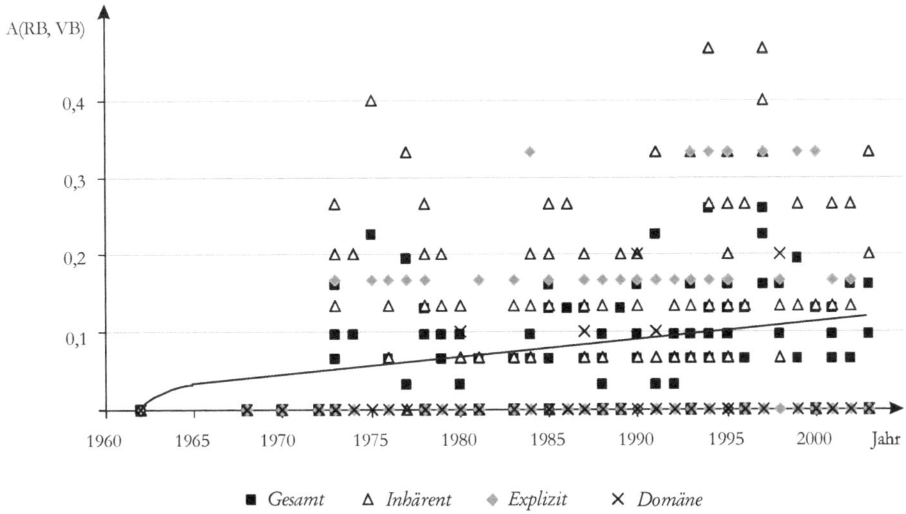

Berechnete Ausdrucksstärke A(RB, VB) der untersuchten Petri-Netze **Abb. 4.9**

konstante Term b_0. Zum anderen erzielt die logarithmische Funktion, aufgrund des stärkeren Anstiegs zu Beginn des Kurvenverlaufs, ein höheres Bestimmtheitsmaß; Abbildung 4.9 zeigt die Gesamtausdrucksstärke. Alle Bestimmtheitsmaße und Funktionskoeffizienten sind mit einer Irrtumswahrscheinlichkeit von 1 % (α = 0,01) statistisch gesichert.

Auswertung

Seit 1962 wächst die Ausdrucksstärke von Petri-Netzen leicht, aber kontinuierlich. Insgesamt streuen die Werte ebenfalls stark. Obwohl die Vorgehenskritik aus Abschnitt 4.2.2.1 auch hier zutrifft, bestätigen sich insgesamt die für ER-Modelle getroffenen Einschätzungen: Eine Erhöhung der Ausdrucksstärke motiviert neue Petri-Netze, stellt aber vermutlich nicht die einzige Einflussgröße dar.

Ausdrucksstärke von Petri-Netzen: Angepasste Funktionen **Tab. 4.16**

Ausdrucksstärke	**RB (Literale)**	**Funktionsgleichungen** $f_1(t) = b_1 \cdot t$ $f_2(t) = b_1 \cdot \ln(t)$	R^2	**Sig F**	**Sig K**
Gesamt	[P1]-[P31]	$f_1(t) = 0{,}0016 \cdot t$	0,7082	0,0000	0,0000
		$f_2(t) = 0{,}0260 \cdot \ln(t)$	0,7705	0,0000	0,0000
Inhärent	[P1]-[P15]	$f_2(t) = 0{,}0441 \cdot \ln(t)$	0,7180	0,0000	0,0000
Explizit	[P16]-[P21]	$f_2(t) = 0{,}0195 \cdot \ln(t)$	0,3196	0,0000	0,0000
Domänenspezifika	[P22]-[P31]	$f_2(t) = 0{,}0029 \cdot \ln(t)$	0,07388	0,0077	0,0077

Ermittelt durch SPSS® 12.0G für WINDOWS®.

R^2: Bestimmtheitsmaß; Sig F bzw. K: berechnete empirische Signifikanz von R^2 bzw. b_1

4.3 Ausdruckseffizienz

4.3.1 Empirische Befunde

Behaupten

Modellierungssprachen behaupten Propositionen entweder durch Äußerungen, also notierte Konstruktverknüpfungen, oder durch Annahmen. Annahmen fallen nicht unter die linguistische Sprachdefinition (s. Abschnitt 1.1 unter Vokabular, Syntax, Semantik); es besteht deshalb keine Möglichkeit, sie sprechakttheoretisch zu analysieren.

Sowohl die Konstrukte als auch die Verknüpfungsregeln tragen zur Bedeutung bei (s. Abschnitt 3.1.1 unter Varianten). Nur eine einzige Literalproposition, die Aggregation [E1] des Referenzbeurteilungsobjekts für ER-Modelle, wurde in vier Modellierungssprachen [LeSa83; Lenz85; RoMN91; Thal00] durch eine autonome Syntaxerweiterung (zusätzlich erlaubte Beziehungen zwischen Beziehungen) ausgesagt. Bei insgesamt 215 untersuchten Modellierungssprachen scheint es deshalb legitim, das Behaupten von Literalpropositionen vor allem den Konstrukten einer Modellierungssprache zuzuschreiben. Dabei fließen die Verknüpfungsregeln aufgrund der Variationsmechanismen zur Vokabularerweiterung (s. Abschnitt 3.3) in der Regel indirekt in die modellierungssprachigen Äußerungen ein:

Die zwischen den Grundkonstrukten definierten Verknüpfungsregeln dürfen in Varianten nicht verschwinden. Spezialisierte Konstrukte unterliegen zwangsläufig diesen ursprünglichen Regeln. Angepasste neue Konstrukte gehen mit Syntaxerweiterungen einher, wobei die zusätzlichen Verknüpfungsregeln lediglich die Verwendbarkeit der Konstrukte in Äußerungen herstellen (und dadurch die Behauptungen ermöglichen). Allein einbezogene neue Konstrukte werden nicht verknüpft.

Zusammenfassend behaupten Varianten-Modellierungssprachen Propositionen also durch Konstrukte – unter konstantem bzw. fehlendem Einfluss der Verknüpfungsregeln. Diese Beobachtung rehabilitiert nachträglich die Ansätze A1, A2 und M1 (s. Abschnitt 4.2.1), sofern sie konstruktbasiert die Ausdrucksstärke solcher Modellierungssprachen messen, die durch *Variation* voneinander abstammen.

Abhängige Konstrukte, Redundanz

Die Ausdrucksstärkemessung durch das Maß A(RB, VB) unterscheidet das Behaupten von Literalpropositionen p_l, der davon abhängigen (und nicht synonymen) Propositionen p_a sowie der literalsynonymen Propositionen p_s (s. Abschnitt 4.2.2.1 unter Abhängigkeiten). Es sei angenommen, dass eine Modellierungssprache Konstrukte für die Literalpropositionen p_l besitzt.

Tab. 4.17 Tabellen der Wahrheitswerte bei abhängigen Propositionen

p_s	p_l	$p_s \Leftrightarrow p_l$
w	w	w
w	f	f
f	w	f
f	f	w

w: wahr, f: falsch

p_a	p_l	$(p_a \Rightarrow p_l)$	$(p_l \Rightarrow p_a)$
w	w	w	w
w	f	f	w
f	w	w	f
f	f	w	w

Enthält ihr Vokabular daneben Konstrukte für synonyme Propositionen p_s, dann sind diese Konstrukte – wegen der logischen Äquivalenz, s. Tabelle 4.17 [Tars77, 36 ff.; Romm99, 16] – *total redundant*. Nicht synonyme abhängige Propositionen p_a stehen in einer logischen Implikationsbeziehung zu den Literalpropositionen p_l; s. Tabelle 4.17. Deshalb liegt lediglich *partielle Redundanz* vor, wenn eine Modellierungssprache sowohl für eine Proposition p_l als auch für eine Proposition p_a ein eigenes Konstrukt vorsieht.

Theoretisch gibt es zwei mögliche Implikationsrichtungen für Propositionen p_a. Praktisch treten fast keine Implikationen $p_l \Rightarrow p_a$ auf: Dies würde zulassen, dass nur die abhängige Proposition p_a und nicht die Literalproposition p_l behauptet wird. Ich habe die Referenzbeurteilungsobjekte aber gerade so konstruiert, dass sie *alle* unabhängigen Propositionen enthalten, die in den untersuchten ER-Modellen bzw. Petri-Netzen auftraten. Die umgekehrte Implikation $p_a \Rightarrow p_l$ findet sich hingegen relativ häufig (s. Tabelle 4.18) und geht mit partiell redundanten Konstrukten einher; nur diese *nicht synonymen Abhängigkeiten* werden im Folgenden näher untersucht.

Partiell redundante Konstrukte **Tab. 4.18**

Modellierungs-sprache	Partiell redundante Konstrukte	Implizierte Literale	Absolute Häufigkeit
Implikation genau eines Literals			
ER-Modelle	Abhängigkeit, totale Beziehung	[E11]: minimale Kardinalität	22
	optionale Attribute	[E9]: Attributwerte	3
Petri-Netze	Zugriffsreihenfolge für Marken	[P3]: unterscheidbare Marken	3
	Unschärfe	*alternativ*: [P3] *oder* [P4]: Stellenkapazität *oder* [P7]: Flussvariabilität	3
	Selbstnebenläufigkeit	*alternativ*: [P4] *oder* [P21]: Schaltdauer	2
	Unterbrechbarkeit	[P21]	2
Implikation einer Konjunktion von Literalen			
ER-Modelle	Spezialisierung (allgemein), Generalisierung, Typkonstruktion	[E3]: Attributableitung, [E10]: maximale Kardinalität, [E11]: minimale Kardinalität, [E14]: Entitätsidentität	48
	Spezialisierung (total/partial)	[E3], [E10], [E11], [E14]	10
	Spezialisierung (disjunkt/überlappend)	[E3], [E10], [E14], [E13]: Exklusivität	9
	Zeitattribute, Temporale Entitätstypen	[E9], [E8]: mehrwertige Attribute	4
	schwache Entitätstypen	[E7]: Primärschlüssel, [E10], [E11]	3
Petri-Netze	Fusion	[P2]: Netzdetaillierung, [P15]: Synchronisation	2
	Abbruch	[P7]: Flussvariabilität, [P8]: Stellenausschluss	2

Inflexibilität

Propositionsabhängigkeiten führen nicht zwangsläufig zu Redundanz: Bei Synonymität können vorhandene Konstrukte für Propositionen p_s fehlende Konstrukte für p_l ersetzen. Aufgrund der Wahrheitswerte logischer Implikationen $p_a \Rightarrow p_l$ wird mit der abhängigen Proposition p_a immer die Literalproposition p_l behauptet, andernfalls wäre die Implikation falsch; s. Tabelle 4.17. Deshalb erreicht eine Modellierungssprache redundanzfrei dieselbe Ausdrucksstärke, wenn sie nur ein Konstrukt für p_a und keines für p_l bietet. Allerdings sind die Konstrukte dieser Propositionen p_a ***inflexibel***. Hinter dieser Bezeichnung verbirgt sich die Vorstellung von Flexibilität als Anzahl möglicher Handlungsalternativen [Pati01, 32 ff.]. Inflexible Konstrukte schließen bestimmte Handlungsalternativen – nämlich die Möglichkeit, ausschließlich p_l (und nicht p_a) zu behaupten – aus. Die Implikation $p_a \Rightarrow p_l$ erlaubt dies.

Deskriptive Statistiken

Die untersuchten ER-Modelle besitzen zwischen null und fünf partiell redundante Konstrukte, der Mittelwert liegt (mit einer Standardabweichung von 1,063) bei einer Anzahl von 1,39. Diese Anzahl ist im Zeitablauf, abgesehen von zufälligen Schwankungen, konstant; ein Trend war nicht nachweisbar. Abbildung 4.10 zeigt, wie sich die Anzahlen der partiell redundanten Konstrukte (auch solcher, die nur ein Mal auftraten und deshalb in Tabelle 4.18 fehlen) im Zeitablauf verteilen.

Die Petri-Netze der Teilerhebung verwenden seltener und jeweils höchstens zwei partiell redundante Konstrukte. Der Mittelwert beträgt 0,19 (Standardabweichung: 0,462). Eine Darstellung dieser Informationen als Diagramm lohnt nicht.

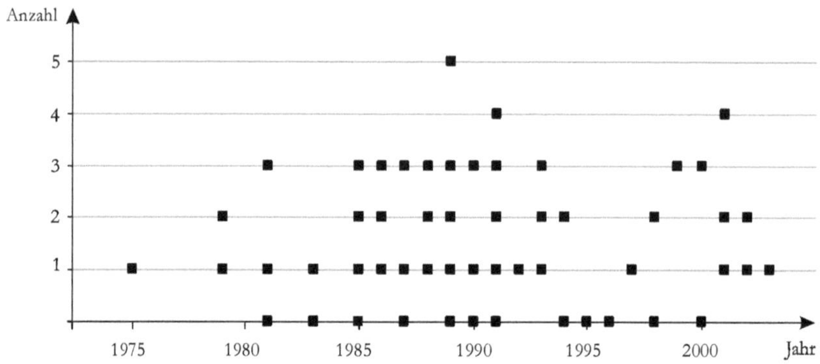

Abb. 4.10 Anzahlen partiell redundanter Konstrukte in ER-Modellen

4.3.2 Theoretische Argumente

Erklärungssuche

Die Beobachtungen aus Abschnitt 4.3.1 betreffen den Zusammenhang zwischen Äußerung (den verknüpften Konstrukten der Modellierungssprache) und Bedeutung (den behaupteten Propositionen). Aus der Perspektive der Linguistik besteht keine Hoffnung, die Beobachtungen zu erklären, da sich die Bedeutungsträger natürlicher Sprachen zufällig ergeben (s. Abschnitt 2.2 unter Sprachliche Objekte). Allerdings sind die untersuchten Modellierungssprachen keine natürlichen, sondern künstliche Sprachen; eventuell ermöglicht ihr bewusster Konstruktionsprozess bestimmte Erklärungen.

Für natürliche Sprachen liegt der interessierende Zusammenhang im Grenzgebiet von Linguistik, Kognitionspsychologie und (zunehmend) Neurobiologie. Dabei beschäftigt sich die Linguistik mit der Struktur und die Kognitionspsychologie mit der Verarbeitung natürlicher Sprache [Ande00, 354]. Die Neurobiologie erforscht Aufbau, Zellstruktur und -funktion des Gehirns. Speziell werden u. a. Gehirnaktivitäten beim Lesen oder Sprechen gemessen [Ande00, 27 ff.; OGAA01, 493 ff.].

Die Vorstellungen vom Ablauf menschlicher Sprachverarbeitung gehen weit auseinander [OGAA01, 503 ff.]. Sofern überhaupt Hypothesen vorliegen, betreffen sie das Sprachverstehen (*Comprehension*), also die Adressatenseite von Sprechakten [Ande00, 389]. Einige dieser Erkenntnisse werden hier aufgeführt, da sie (wenn auch nicht unumstritten) zur Erklärung der Beobachtungen an Modellierungssprachen beitragen.

Sprachverstehen

Menschliches Sprachverstehen zerfällt grob in drei Phasen [Ande00, 389; OGAA01, 485 ff.; FrRo98, 383]. Die erste Phase umfasst die biologische Erregungsleitung von der *Wahrnehmung* der akustischen, visuellen oder taktilen Sinnesreize bis zum Eingang ins Gehirn. Die zweite Phase dient der *Interpretation*, d. h. dem „Bemühen um Bedeutung" [Wess94, 335]. Die dritte Phase betrifft die *Verwendung* der interpretierten sprachlichen Äußerung für Denkprozesse.

Die gemachten Beobachtungen tangieren die Phase der Interpretation. Wegen der primär biologischen Ausrichtung wird die Wahrnehmung hier nicht betrachtet. Eventuelle Auswirkungen der Verwendung auf Modellierungssprachen untersucht Abschnitt 4.4.

Bedeutung, Interpretation$_D$

Sprechakttheoretisch (s. Abschnitt 1.2) erfordern Bedeutungen zuerst das Entschlüsseln des illokutionären Aktes [Sear69, 48 ff.; Wess94, 311; Bode77, 130, 397; OGAA01, 271]. Für Modellierungssprachen führt dies immer zu Konstativen. Die (deskriptive) Bedeutung eines Konstativs besteht in den behaupteten Propositionen. Diese Propositionen sind das Resultat einer Interpretation$_D$[42].

Zur *Interpretation$_D$* gehören eine syntaktische Komponente, nämlich das Erkennen der Konstruktverknüpfung (*Parsing*), und eine semantische Komponente. Die semantische Komponente bestimmt aus dem, was die Konstrukte bezeichnen und wie sie verbunden sind[43], die

42) Das tief gestellte „D" dient der Abgrenzung von den Interpretationen aus Abschnitt 4.2.1 und betont die deskriptive Bedeutung.

deskriptive (Gesamt-) Bedeutung [OGAA01, 261, 491; FrRo98, 383]. Als gesichert gilt, dass das Gehirn die beiden Komponenten beim Verarbeiten natürlicher Sprache trennt [Ande00, 398 ff.]. Wie die syntaktische Verarbeitung abläuft und wann im Verhältnis zur semantischen Verarbeitung (davor, danach oder gleichzeitig dazu), ist noch ungeklärt [OGAA01, 500 ff.].

In Abschnitt 4.3.1 wurde argumentiert, dass Verknüpfungsregeln für das Behaupten in Modellierungssprachen, die Varianten darstellen, allenfalls eine konstante Rolle spielen. Diese Konstanz rechtfertigt die Konzentration auf die semantische Komponente. Dabei muss zunächst geklärt werden, was „Bedeutung“ eigentlich ist.

Konzept: propositional, Denkschema

Die Linguistik definiert die Bedeutung eines Wortes z. B. als Konnotation (die Assoziationen, die das Wort weckt), als Denotation (die realweltliche Referenz, auf die sich das Wort bezieht) oder als Intension (das Konzept, das dem Wort zugeordnet wird) [OGAA01, 250 ff.]. Konnotationsdefinitionen haben sich nicht durchgesetzt. Der Vorteil der Intension gegenüber der Denotation liegt darin, dass Konzepte (z. B. ein Einhorn), die die Wortbedeutung ausmachen, nicht real existieren müssen. Dieser Vorteil birgt gleichzeitig ein Abgrenzungsproblem: Weil *Konzepte* (subjektive) Einheiten des Denkens sind [Quil68, 238; Boli75, 246; BrKP85, 46], lassen sie sich nicht beobachten. Unter diesen erschwerten Bedingungen wurden u. a. propositionale und schematische Konzeptdefinitionen vorgeschlagen:

Propositional[44] besteht ein Konzept aus unabhängigen, atomaren Sachverhalten und den erforderlichen Referenzen [Ande00, 144 ff.; Wess94, 269]. Die konjunktive Verknüpfung *aller* atomaren Einheiten konstituiert die Bedeutung (*Feature Analysis* [OGAA01, 251; Wess94, 214; Quil68, 238]). Zum Beispiel ist dem Wort „Junge“ als Bedeutung ein Konzept zugeordnet, das durch die Einheiten „Mensch“, „jung“ und „Mann“ charakterisiert wird [Boli75, 193]. Obwohl das Maß A(RB, VB) nicht bewusst vor diesem Hintergrund hergeleitet wurde, sondern aus vagen Vorstellungen über Ausdrucksstärke entstand, entspricht es der propositionalen Konzept- und damit Bedeutungsauffassung.

Kognitionspsychologische Experimente bestätigen z. T., dass Menschen beim Sprachverstehen Bedeutungen propositional erschließen [Wess94, 263, 269 ff.]. Allerdings hat sich dabei auch gezeigt, dass eine *vollständige* Bedeutungszerlegung in atomare Einheiten aus verschiedenen Gründen scheitern kann [Wess94, 216 ff.; OGAA01, 253 ff.]. So sind einige Konzepte nur unscharf abgegrenzt (z. B. Fluss und Strom, reich und arm). Außerdem fällt die Festlegung (gemeinsamer) atomarer Einheiten schwer, wenn zu einem Konzept „untypische“ Vertreter existieren (z. B. Pinguine als untypische Vögel).

Diese Beobachtungen legen es nahe, dass Menschen nicht ausschließlich propositionale Konzepte verarbeiten [Wess94, 292; Ande00, 169]. Eine Alternative bietet die Definition von Konzepten als Denkschemata. Ein *Denkschema* fasst (in der Regel unvollständig) *einige* „übliche“ Eigenschaften, Ereignisse oder Situationen zusammen, die nicht atomar sein müssen [Minsk75, 212; Brac85, 84 ff.; Ande00, 151 ff.; OGAA01, 253 ff.]. Damit findet eine Standar-

43) Zum Beispiel unterscheidet sich die Bedeutung des Satzfragments „wohlhabende Männer und Frauen“ in Abhängigkeit vom Parsing: Entweder sind Männer *und* Frauen wohlhabend oder nur Männer [OGAA01, 263]. Das gleiche Prinzip findet sich in der Arbeitsweise von Compilern wieder, s. Abschnitt 4.4.3.

44) [Rams92, 248] sieht Konzepte als Gegensatz zu Propositionen an.

disierung der Erwartungen an die Bedeutung statt [Minsk75, 231, 242]. Beispielsweise erwarten wir aufgrund des Denkschemas „Elefant" ein großes, graues Säugetier mit vier Beinen und einem Rüssel. Weiße Elefanten (Albinos) weichen von dieser Bedeutung ab, ändern aber nicht das mit dem Konzept „Elefant" verbundene Denkschema [Brac85, 82]. Eine Zusammenfassung typischer Ereignisse liegt z. B. beim Denkschema „Restaurant" mit Bestellung, Essen und Bezahlung vor [Wess94, 327 ff.].

Brückeninferenzen

Unter der hier statthaften Vernachlässigung der syntaktischen Komponente betrifft die Interpretation den Weg vom Konstrukt zum propositional oder schematisch definierten Konzept. Die Kognitionspsychologie kennt für diesen Weg verschiedene Hypothesen [Ande00, 413 ff.; BaCG95, 216 ff.], u. a. die Propositionsverkettung.

Bei propositional definierten Konzepten besteht das Verstehen eines Textes im Extrahieren und Verketten seiner Propositionen.[45] Es wird geschätzt, dass Menschen durchschnittlich vier Propositionen gleichzeitig im Gedächtnis ablegen können [Kint79, 9]. Deshalb lässt sich nicht der gesamte Text propositional speichern. Stattdessen werden die nicht identischen Propositionen aufeinander folgender Sätze durch ***Brückeninferenzen*** verkettet. Verstehen wird tendenziell um so schwerer, je mehr Brückeninferenzen zu bilden sind [Kint79, 10].

Brückeninferenzen stellen Schlussfolgerungen dar. Sie lassen sich in Modellierungssprachen vermeiden, wenn jede (auch eine u. U. abhängige) Proposition durch ein spezielles Konstrukt ausgesagt wird. Dies trifft zum einen auf die partiell redundanten Konstrukte aus Tabelle 4.18 zu. Zum anderen erwächst daraus der Vorteil der (domänenspezifisch) spezialisierten Konstrukte, die Literalpropositionen der domänenspezifischen Ausdrucksstärke behaupten (s. jeweils in den Abschnitten 4.2.2.1 und 4.2.2.2).

Kapazitätsgrenzen, Vorinterpretation

Lange Zeit ging die Kognitionspsychologie davon aus, dass der Weg vom Konstrukt zur Bedeutung über das Kurzzeitgedächtnis ins Langzeitgedächtnis führt. Dem Kurzzeitgedächtnis wurde eine begrenzte Speicherkapazität von 7 ± 2 „Blöcken" zugeschrieben [Mill56, 92; Simo90, 60 ff.]. Diese ***Blöcke*** (***Chunks***) wiederum fassen mehrere elementare Informationseinheiten (***Bits***) zusammen, um die begrenzte Speicherkapazität besser auszunutzen [Mill56, 92 f.].

Denkschemata verkörpern solche Zusammenfassungen – und treten bei den untersuchten Modellierungssprachen auf. Für ER-Modelle vereinen z. B. Spezialisierung und schwache Entitätstypen mehrere Aussagen, in Petri-Netzen trifft dies auf Abbruch und Fusion zu (s. Tabelle 4.18). Durch die Einführung eines speziellen Konstrukts für jedes Denkschema entsteht ein Block, der zu einer effizienteren Ausnutzung des Kurzzeitgedächtnisses führt und eine stereotypische Bedeutung „vorinterpretiert" [IsBr84, 137].

Obwohl die Hypothese von der Existenz eines Kurzzeitgedächtnisses mittlerweile widerlegt wurde, deuten kognitionspsychologische Experimente darauf hin, dass Menschen je Zeit-

---

45) In ähnlicher Form [Ande00, 151 ff.] lag diese Überlegung bereits den semantischen Netzen zugrunde, nach denen Menschen Satzbedeutungen verstehen, indem sie durch netzartig verknüpfte, propositional beschriebene Konzepte navigieren [Quil68, 234 ff.]. Mittlerweile gibt es jedoch experimentelle Ergebnisse, die gegen diese Hypothese sprechen [Wess94, 255 ff.].

punkt nur eine begrenzte Menge an Informationen verarbeiten können [Ande00, 175 ff.]. Denkschemata wären also nach wie vor vorteilhaft.

Gegenargumente

Die aufgeführten Erkenntnisse erklären die bei Modellierungssprachen gemachten Beobachtungen. Allerdings gibt es sowohl empirische als auch methodologische Gegenargumente:

Propositionsverkettung, Denkschemata und begrenzte menschliche Verarbeitungskapazität stellen Hypothesen dar, die experimentell durch Verhaltensbeobachtung gewonnen wurden. Für natürliche Sprachen sind diese Hypothesen inzwischen z. T. durch einige Experimente mit abweichenden Resultaten widerlegt [BaCG95, 219 ff.; Wess94, 279 ff.]. Verantwortlich für diese widersprechenden Befunde sind u. a. die Situations- und Personenabhängigkeit der Experimente und die Nichtbeobachtbarkeit der kognitionspsychologischen Grundbegriffe (z. B. Informationsblöcke, -einheiten) [Wess94, 112]. Von gesicherten Erkenntnissen kann also nicht gesprochen werden, eher von „fruchtbaren Spekulationen“ [Bode77, 155].

Der propositionalen Definition von Konzepten liegt die Annahme zugrunde, dass sich menschliches Denken in einer Prädikatenlogik vollzieht [Moor82, 428]. Tatsächlich belegen Experimente, dass Menschen bestimmte Texte in einer prädikatenlogischen Formulierung besser[46] verstehen [Cast85, vi]. Jedoch hängt dieses Resultat vom Persönlichkeitstyp und den zu lösenden Aufgaben ab [Cast85, 132]. Ob Menschen in Propositionen *denken*, kann *experimentell* nicht mit Sicherheit festgestellt werden, da sich das Denken der Beobachtung entzieht [Ande78, 258]. Daraus ergibt sich eine grundlegende methodologische Schwierigkeit, die Abschnitt 4.4.2 vertiefend untersucht.

Trotz der genannten Gegenargumente werden die Hypothesen über die Einsparung von Brückeninferenzen, die Entschärfung von Kapazitätsgrenzen und die Standardisierung erwarteter Bedeutung beibehalten, da sie mit den Befunden aus Abschnitt 4.3.1 vereinbar sind. Diese Hypothesen gehen im folgenden Abschnitt in die Messvorschrift für Ausdruckseffizienz ein.

4.3.3 Messvorschrift

Ausdruckseffizienz

Die Abbildungen 4.7 und 4.9 deuten darauf hin, dass dieselbe Ausdrucksstärke durch unterschiedliche Modellierungssprachen und deshalb vermutlich mit unterschiedlichem Aufwand erreicht werden kann. *Ausdruckseffizienz* misst diesen Aufwand (ähnlich für natürliche Sprachen [Aitc91, 213]); er ist zu minimieren.

Aufbauend auf den Beobachtungen zum Behaupten in Abschnitt 4.3.1, beeinflussen vor allem die Konstrukte die Ausdrucksstärke maßgeblich. Der Aufwand lässt sich also zum einen an der Konstruktanzahl messen; sie sollte für eine gegebene Ausdrucksstärke möglichst klein sein (*Konstrukteffizienz*).

---

46) Die Güte des Verstehens wurde an der Anzahl der Fehler gemessen, die Personen beim Beantworten von Fragen zum Text machten.

Dieser an sich plausiblen Überlegung steht die empirische Erhöhung der Konstruktanzahlen gegenüber, die sich in den partiell redundanten Konstrukten der Tabelle 4.18 manifestiert. Um dem gerecht zu werden, wird eine zweite Form der Ausdruckseffizienz, die ***kognitive Effizienz***, definiert. Damit ist der geistige Aufwand für die Handhabung der Modellierungssprache gemeint. Betrachtet wird der Aufwand für das Sprachverstehen, da theoretische Erkenntnisse über die Spracherzeugung bislang fehlen (s. Abschnitt 4.3.2 unter Erklärungssuche).

Eine Messung der kognitiven Effizienz verlangt mehr als die „schwammigen" kognitionspsychologischen Vorstellungen aus Abschnitt 4.3.2. Zudem benötigen die Konstruktanzahlen der Konstrukteffizienz eine Bezugsgröße. Schließlich wäre es wünschenswert, wenn die Messung einen Zusammenhang zwischen beiden Formen der Ausdruckseffizienz erhält. Diesen Zusammenhang stellen das Referenzbeurteilungsobjekt des Ausdrucksstärkemaßes A(RB, VB) und die Sprechakttheorie her. Insgesamt stehen die Messergebnisse im Einklang mit den Erkenntnissen der Kognitionspsychologie.

Konzeptuelle Abbildung

Wie in Abschnitt 4.3.2 dargelegt, betrifft eine Interpretation$_D$ Äußerung und Bedeutung. Experimente dokumentieren, dass Mehrdeutigkeiten (d. h., einer natürlichsprachigen Äußerung sind unterschiedliche Propositionen zugeordnet) den menschlichen Interpretationsaufwand erhöhen [Ande00, 406, 400 ff.; OGAA01, 500 ff.], weil z. B. Textpassagen mehrfach gelesen werden müssen. Deshalb geht die Messung der Ausdruckseffizienz davon aus, dass bei der Konstruktion von Modellierungssprachen, wie in Abschnitt 4.1 gefordert, auf Bedeutungseindeutigkeit geachtet wird. Zwischen der Menge der Äußerungen und der Menge der behaupteten Propositionen besteht dann eine Abbildungsrelation. Da Konzepte u. a. auf Propositionen beruhen (s. Abschnitt 4.3.2), heißt diese Abbildungsrelation hier ***konzeptuell*** [Bode77, 155]. In ihrem Wertebereich erscheinen u. a. die Literalpropositionen des Referenzbeurteilungsobjekts.

Orthogonalität, Konstrukteffizienz

Bei konstantem Einfluss der Verknüpfungsregeln (s. Abschnitt 4.3.1 unter Behaupten) hängt die Bedeutung einer modellierungssprachigen Äußerung (die behauptete Proposition) nur von dem ab, was die Konstrukte bezeichnen. Ausgehend von den Bestandteilen einer Proposition (s. Abschnitt 1.2), können vor allem atomare Konstrukte (s. Abschnitt 3.3 unter Konstruktbildung) entweder Referenzen oder Sachverhalte bezeichnen. Dies hat sich in den Teilerhebungen bestätigt: Die Grundkonstrukte des ER-Modells stehen für die Referenzarten Entitätstyp, Beziehungstyp und Attribut. Alle anderen Konstrukte (z. B. Kardinalitäten, Aggregation, Mehrwertigkeit) repräsentieren Sachverhalte, die ***über*** die Grundkonstrukte ausgesagt werden. Gleiches gilt für Petri-Netze: Stellenkapazitäten, Netzdetaillierungen, Synchronisation usw. stellen Sachverhalte dar, die sich auf die Grundkonstrukte (Stelle, Transition, Flussrelation und Marke) beziehen. Bei Anwendung des Maßes A(RB, VB) enthält das Referenzbeurteilungsobjekt die Sachverhalte in den Prädikatenvariablen der Literale und die Referenzarten in den Sorten.

Praktisch lassen sich die Grenzen zwischen atomaren und zusammengesetzten Konstrukten (s. Abschnitt 3.3 unter Konstruktbildung) nicht in jedem Fall klar ziehen. Außerdem wird, da Sachverhalte ohnehin immer Referenzen erfordern, oft für die komplette Literalproposition ein eigenes, in der Regel spezialisiertes Konstrukt (s. Abschnitt 3.3) verwendet. Die Dokumentationen der Teilerhebungen zeigen dies deutlich.

Konstrukte, die entweder Referenzarten oder Literalsachverhalte (bzw. -propositionen) des Referenzbeurteilungsobjekts bezeichnen, sind zueinander *orthogonal* (s. Abschnitt 4.1). Diese Orthogonalität folgt einerseits aus der Unabhängigkeit zwischen den Literalen des Referenzbeurteilungsobjekts, andererseits aus dem kategorialen Unterschied zwischen Sachverhalt und Referenz.

Um (ohne Annahmen) eine bestimmte Ausdrucksstärke A(RB, VB) zu erreichen, muss eine Modellierungssprache für jede Referenzart und jeden Literalsachverhalt des Referenzbeurteilungsobjekts ein Konstrukt besitzen. Wird diese Konstruktanzahl nicht überschritten, dann liegt *Konstrukteffizienz* vor. Eine Unterschreitung dieser Anzahl entsteht entweder durch inflexible Konstrukte (s. Abschnitt 4.3.1) oder verletzt die Eigenschaften von Abbildungsrelationen (s. Tabelle 4.19).

Die Referenzarten, also die Sorten der verwendeten Prädikatenlogik, stellen selbst Propositionen einer unsortierten Prädikatenlogik dar: Zu jeder Sorte (z. B. **entity_type**) kann eine atomare logische Formel angegeben werden (**entity_type(x)**), die auf alle Elemente der Sorte zutrifft [Kreo91, 89]. Damit entspricht die vorgeschlagene Messung von Ausdrucksstärke mittels des Maßes A(RB, VB) durchgängig der propositionalen Konzeptdefinition.

Konstrukteffiziente Modellierungssprachen sind nicht theoretisch minimal, da jedes beliebige endliche Vokabular umcodiert werden kann in eine künstliche Sprache, deren Vokabular aus nur zwei Konstrukten besteht [HoMU02, 367]; s. Abschnitt 4.4.3 unter Notation.

Konzepte: konjunktiv, verkettet

Alle Konstrukte, die über die konstrukteffiziente Anzahl hinausgehen, sind für die gegebene Ausdrucksstärke redundant. Experimentell hat sich gezeigt, dass Menschen von Redundanz profitieren[47]: Sie verbessert die Erinnerungsleistung [Ande00, 212 ff.]. Modellierungssprachen mit partiell redundanten Konstrukten lassen sich kognitiv einfacher handhaben. Diese Vereinfachung zeigt sich im Falle konjunktiver bzw. verketteter Konzepte in der konzeptuellen Abbildung:

Die theoretischen Argumente aus Abschnitt 4.3.2 lassen vermuten, dass die beobachteten nicht synonymen abhängigen Propositionen p_a ($p_a \Rightarrow p_l$) aus Abschnitt 4.3.1 für kognitionspsychologische *Konzepte* stehen: Ein *verkettetes Konzept* impliziert jeweils eine einzelne Literalproposition, ein *konjunktives Konzept* eine Konjunktion. In ER-Modellen zählen z. B. totale Beziehungen und optionale Attribute zu den verketteten, Spezialisierung und schwache Entitätstypen zu den konjunktiven Konzepten. Zugriffsreihenfolge und Selbstnebenläufigkeit bilden verkettete, Fusion sowie Abbruch konjunktive Konzepte in Petri-Netzen. Tabelle 4.19 betrachtet abstrakt das konjunktive Konzept ($a \wedge b$), das die Literalpropositionen a sowie b voraussetzt, sowie das verkettete Konzept x*. Letzteres impliziert die Literalproposition x.

Idealisierend erfordert das Behaupten einer Proposition eine *minimale Äußerung*, die genau ein Konstrukt k für einen Sachverhalt mit genau einem Konstrukt r für eine Referenz verknüpft; s. Tabelle 4.19. Abhängige Propositionen entstehen, ohne die Menge der Referenzarten

47) Für Beispiele, die diese Behauptung stützen, vgl. auch [Slom93, 422].

zu verändern. Bei konstanter Referenz hängt die behauptete Proposition (der minimalen Äußerung) folglich nur vom Sachverhalt ab, den das Konstrukt k bezeichnet.

Zunächst wird von einer konstrukteffizienten Modellierungssprache mit orthogonalen Konstrukten ausgegangen. Soll eine solche Modellierungssprache ein konjunktives Konzept aussagen, dann muss die konzeptuelle Abbildung so viele unabhängige Variablen besitzen, wie Propositionen in die Konjunktion des Konzepts eingehen. Andernfalls wären einer minimalen Äußerung mit einem orthogonalen Sachverhalt-Konstrukt (z. B. k_1 in Tabelle 4.19) mehrere Bedeutungen, nämlich die Proposition *und* die Konjunktion, zugeordnet. Dies widerspricht jedoch den Eigenschaften von Abbildungsrelationen. Durch die unabhängigen Variablen der konzeptuellen Abbildung ist die Äußerung, die jeweils genau einer Proposition zugrunde liegt, nicht mehr minimal.

Das Aussagen verketteter Konzepte mittels eines orthogonalen Vokabulars erzwingt eine verkettete konzeptuelle Abbildung: Erst muss der minimalen Äußerung mit dem orthogonalen Sachverhalt-Konstrukt die Proposition des verketteten Konzepts zugeordnet werden, dann die implizierte Literalproposition.

Spezielle Konstrukte (k_5 bzw. k_6 in Tabelle 4.19), die (bei gegebenen Referenzen) konjunktive bzw. verkettete Konzepte bezeichnen, sind zwar partiell redundant, ermöglichen aber den Übergang zu einfacheren konzeptuellen Abbildungen mit nur *einer* unabhängigen Variablen – der minimalen Äußerung. Wie erwähnt (unter Orthogonalität, Konstrukteffizienz), kann diese minimale Äußerung ein (u. U. zusammengesetztes) spezialisiertes Konstrukt sein; dies war in den Teilerhebungen sogar der Regelfall. Kognitionspsychologisch führt das spezialisierte Konstrukt (bzw. die minimale Äußerung) eines konjunktiven Konzepts zu einem gedächtnisvorteilhaften, vorinterpretierten Block, während spezialisierte Konstrukte (bzw. minimale Äußerungen) für verkettete Konzepte das Bilden von Brückeninferenzen ersparen. Das Verstehen wird in beiden Fällen erleichtert.

Konjunktive und verkettete Konzepte **Tab. 4.19**

Konzepte	**Keine konzeptuelle Abbildung**	**Konzeptuelle Abbildung bei**	
		Orthogonalen Konstrukten	**Partiell redundanten Konstrukten**
Konjunktiv (a ∧ b)	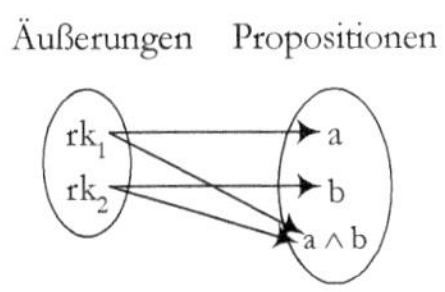	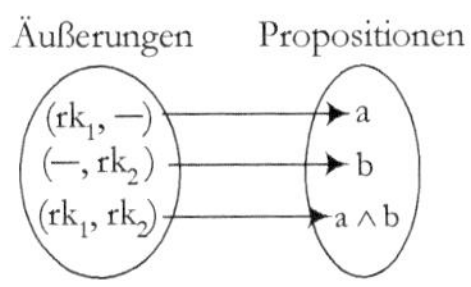	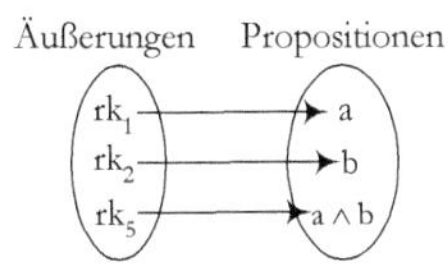
Verkettet (x* ⇒ x)	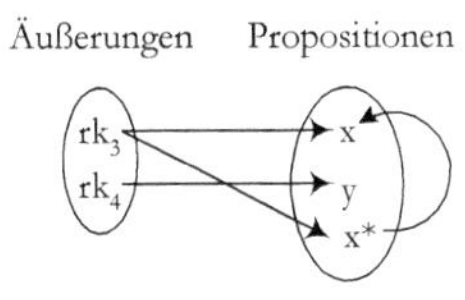	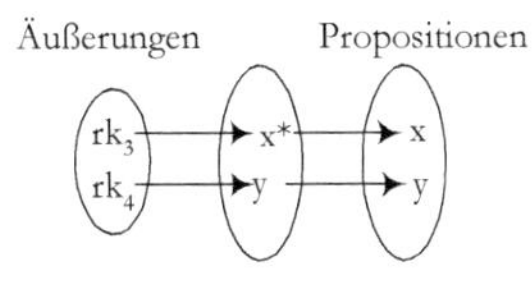	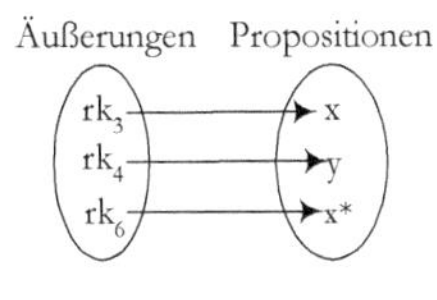

Kognitive Effizienz, Natürlichkeit

Die kognitive Effizienz bezieht sich auf den geistigen Interpretationsaufwand je Äußerung. Dieser Aufwand entsteht, wenn Menschen die Bedeutung einer Äußerung erschließen. Er sollte möglichst gering sein. Folglich konkretisiert die kognitive Effizienz, von Seiten der Adressaten, die Anforderungen Einfachheit und Verständlichkeit aus Abschnitt 4.2.1. Eventuell meint auch die Ursache Anwendbarkeit (s. Abschnitt 3.2) diese Anforderungen.

Messen lässt sich kognitive Effizienz anhand der konzeptuellen Abbildung: Handelt es sich dabei mathematisch um eine (unverkettete) Funktion mit nur einer Variablen, dann liegt ***kognitive Effizienz*** vor. Partiell redundante Konstrukte ermöglichen eine solche konzeptuelle Abbildung und sind demnach kognitiv effizient. Folglich veranschaulicht Abbildung 4.10 die kognitive Effizienz der ER-Modelle.

So definiert, deckt sich kognitive Effizienz mit *Natürlichkeit* (s. Abschnitt 4.1), d. h. der direkten Zuordnung zwischen minimaler Äußerung und Konzept. Eine Modellierungssprache, deren Vokabular nur aus kognitiv effizienten Konstrukten besteht, heiße ***kompakt***.

Soll eine Modellierungssprache ***keine*** konjunktiven bzw. verketteten Konzepte aussagen, führt Konstrukteffizienz zu kognitiver Effizienz. Die beiden Auslegungen der Ausdruckseffizienz fallen dann also zusammen.

Vorhandene Ansätze

Zusammenfassend dient hier eine univariate konzeptuelle Abbildung, kognitionspsychologisch plausibel und praktikabel, als Maß für Verständlichkeit. „Intuitiv“ existiert diese Vorstellung schon lange: 1-zu-1-Zuordnungen zwischen Konzepten und Knoten in semantischen Netzen [Schu76, 164] bzw. Konstrukten generell werden als „leicht verständlich“ angesehen, da sie Schlussfolgerungen überflüssig machen [LaSi87, 95, 98; PeMa88, 157]. Indirekte Modellierungen, die Konstrukte miteinander kombinieren müssen, gelten indes als „schwer anwendbar“ [McGe76, 378 f.]. (Nicht genau gemessene) Distanzen zwischen dem, was ein Nutzer sagen will, und den Konstruktbezeichnungen sollen gering sein, um den kognitiven Aufwand zu reduzieren [HuHN85, 318 ff.].

Die Kognitions*psychologie* zieht u. a. die Zeit, die Personen zum Lösen von „Sprachverständnisaufgaben“ benötigen, als Indikator für leichte oder schwere Verständlichkeit heran [Kint79, 8; Ande00, 406; OGAA01, 508]. Mit diesem Vorgehen verbinden sich mehrere Schwierigkeiten: So ist zunächst theoretisch zu klären, unter welchen Bedingungen Aufgabenlösungen tatsächlich Verstehen signalisieren. Zudem erfordern derartige Messungen Experimente, die nur induktive, nicht allgemein gültige Schlüsse erlauben. Schließlich scheitert ein experimentelles Vorgehen an der Vielzahl und Verschiedenartigkeit der hier untersuchten Modellierungssprachen.

Alternativ schlägt die Kognitions*wissenschaft* vor, *menschliche* Verarbeitungseffizienz durch die Effizienz der *Computersimulation* des Verarbeitungsvorgangs zu messen [Ande78, 273]. Die damit vorgenommene Gleichsetzung menschlicher und maschineller Verarbeitung wirkt absurd, hat jedoch ihre Wurzeln in der Entstehungsgeschichte der Kognitionswissenschaft. Abschnitt 4.4.2 wird auf diese Entstehung und den Unterschied zur Kognitionspsychologie eingehen.

4.4 Sekundäre Verwendung

4.4.1 Arten von Sekundärzwecken

Modellierung, $Modell_B$

Modellierung heißt im Kontext dieser Arbeit, Welt oder Softwaresystem mithilfe einer künstlichen Sprache (Modellierungssprache) für einen bestimmten Sekundärzweck zu beschreiben [Wart79, 5 f., 9 f.]. Durch die sprechakttheoretische Fundierung geben die beiden Klassen illokutionärer Akte (Konstativ, Performativ) den Primärzweck an; darauf weist der Begriff *Sekundärzweck* hin.

Das Ergebnis einer Modellierung, die Beschreibung, wird auch *$Modell_B$* genannt [Wart79, 1; Eich79, 61; Zsch95, 5, 221 ff.; Reih98, 158]. Das tief gestellte „B" soll diese $Modelle_B$ von den in Abschnitt 4.2.1 definierten formalen Modellen unterscheiden. Sofern möglich, wird im Folgenden der Begriff *Beschreibung* bevorzugt, um Verwechslungen vorzubeugen.

Sekundäre Verwendung, Pragmatik

Bereits die (ER-Modelle betreffenden) Abbildungen 4.7 und 4.10 deuten an, dass Modellierungssprachen gleich ausdrucksstark und kognitiv effizient sein können, sich aber trotzdem unterscheiden. Es muss folglich weitere Evolutionsfaktoren geben. Darauf weisen auch die in den Teilerhebungen genannten und bisher noch nicht diskutierten Ursachen Implementierungsunterstützung (ER-Modelle) und Analyse (Petri-Netze) sowie die Anforderungen zu Ausführbarkeit, Notation und Formalität aus Abschnitt 4.1 hin.

Ausdrucksstärke bzw. -effizienz von Modellierungssprachen beeinflussen den möglichen Inhalt von Beschreibungen und den dafür erforderlichen Aufwand. Weitere Anforderungen stellt der konstative Primärzweck nicht. Deshalb resultiert die zusätzliche Variabilität von Modellierungssprachen wahrscheinlich daraus, wofür (Sekundärzweck) und durch wen (Mensch oder Maschine) die Beschreibung verwendet wird. Dies prüfen die Abschnitte 4.4.2 und 4.4.3.

Sekundäre Verwendung bezeichnet die Einheit aus Sekundärzweck und Adressat der Äußerung. Überlegungen zur Abhängigkeit bestimmter Spracheigenschaften vom Sekundärzweck existieren bereits vereinzelt [DaSS93, 17]. In der Sprechakttheorie vollzieht sich die Verwendung von Sprache zwischen einem Urheber und einem Adressaten. Als Urheber modellierungssprachiger Äußerungen treten immer Menschen auf (s. Abschnitt 1.2 unter Sprachklassifikation); dieser Einfluss kann also wegen seiner Konstanz vernachlässigt werden. Adressaten sind hingegen Menschen bzw. Maschinen, was in die Untersuchung einbezogen werden muss.

Semiotisch betrifft die sekundäre Verwendung die *Pragmatik*, die sich mit den Ursprüngen, Verwendungen und Effekten sprachlicher Äußerungen beschäftigt [Morr46, 219]. In der Sprechakttheorie gehören Teile der Pragmatik, nämlich der illokutionäre Akt, zur Bedeutung (s. Abschnitt 1.2 unter Modellierungs-/Programmiersprachen). Folglich fließt die Pragmatik bereits in Ausdrucksstärke und -effizienz ein. Um die Evolutionsfaktoren so gut wie möglich voneinander zu isolieren, subsumiert hier die sekundäre Verwendung alle noch nicht behandelten pragmatischen Aspekte (anders z. B. [Slom93, 419]).

Die Abschnitte 4.4.2 und 4.4.3 werden zeigen, dass sich tatsächlich die Eigenschaften von Modellierungssprachen adressatenabhängig unterscheiden (s. Tabelle 4.22). Zuvor systematisiert jedoch der vorliegende Abschnitt 4.4.1 die möglichen Sekundärzweckarten. Dabei werden zunächst unterschiedliche Klassifikationen von Sekundärzwecken vorgestellt. Nicht immer sind diese Klassifikationen disjunkt und exhaustiv (s. Abschnitt 1.1 unter Sprachklassifikationen). Außerdem gehen die Gemeinsamkeiten der Sekundärzwecke in den divergierenden Begrifflichkeiten unter. Deshalb findet eine Verallgemeinerung zu repräsentativen Sekundärzweckarten statt.

Modell$_B$-Verwendung

Neben der Beschreibung[48] dienen Modelle$_B$ unterschiedlichen Sekundärzwecken, z. B.:

1. der zwischenmenschlichen Kommunikation über den Problembereich [Mylo92, 51],
2. der Ermittlung, d. h. dem Ableiten (wahrer) Schlussfolgerungen [Eich79, 88 f.],
3. der Erklärung (s. Abschnitt 1.1), wobei das Modell dann Gesetzescharakter besitzt [Opp02, 90; Eich79, 90 f.],
4. der Prognose, d. h. der (gesetzbasierten) zeitlichen Voraussage [Eich79, 92],
5. der Entscheidungsfindung, d. h. der begründeten Auswahl einer Handlungsalternative [Zsch95, 296 ff.; Eich79, 95],
6. dem Erarbeiten von Vorgaben für künftige Handlungen (*Gestaltungsmodelle*) [Reih98, 159],
7. der Konstruktion der Realität, die für nicht objektiv erkennbar gehalten wird und erst konsensbasiert durch die Beschreibung „entsteht“ [Wier89, 34 ff.; Louc92, 4; Reih98, 160].

Dieser Klassifikation mangelt es an Disjunktheit. Zum Beispiel lassen sich die Sekundärzweckarten 2 bis 6 als das Ermitteln unbekannter (wahrer) Größen auffassen. Vor allem bei den Sekundärzwecken 4 und 5 sind diese Größen oft numerisch. „Realitätskonstruktionen“ stellen lediglich Behauptungen (über die Welt oder das Softwaresystem) auf und gehen deshalb nicht über den Primärzweck des Beschreibens hinaus. Punkt 7 stellt folglich keine *Sekundär*zweck dar.

Mathematisches Ermitteln, Beweisen

Mathematische Probleme liegen in der Regel beschrieben vor und gehören entweder zur Klasse Ermitteln oder zur Klasse Beweisen [Poly62, 118 ff.]. Das *Ermitteln* zielt darauf ab, unbekannte Größen zu bestimmen. Hingegen soll das *Beweisen* die Wahrheit einer Behauptung zeigen [Tars77, 265]; es unterscheidet sich vom Ermitteln nur durch die Bekanntheit des Beweisziels (der *Behauptung*). In beiden Fällen werden jedoch (durch Umformung der ursprünglichen Beschreibung) wahrheitserhaltende Schlüsse gezogen. Deshalb stellt eine erfolgreich durchgeführte mathematische Ermittlung immer auch einen Beweis der Lösung, der dann bekannten Größe, dar [Romm99, 21 f.].

Kognitive Prozesse

Allgemein umfassen *kognitive Prozesse* die gesamte menschliche Informationsverarbeitung im Gehirn [Ande00, 12; Wess94, 14]. Dazu gehören das Aufnehmen (Wahrnehmung, Interpretation), das Speichern und das Verwenden von Information [BaCG95, 12; Wess94, 14, 42 f.].

---

48) Der Begriff „Beschreibungsmodell“ stellt eine Tautologie dar: Als Abbilder von Welt oder Softwaresystem (und als Ergebnisse konstativer Sprechakte) beschreiben Modelle$_B$ unvermeidbar und in erster Linie.

Das Verwenden von Informationen betrifft das Verstehen im weiteren Sinne und das Denken. *Verstehen im weiteren Sinne* äußert sich zum einen als „korrekte“ Reaktion auf den illokutionären Akt (z. B. das Beantworten einer Frage, das Ausführen eines Befehls) [Wess94, 311; Ande00, 389]. Zum anderen wird Verstehen im weiteren Sinne angenommen, wenn Menschen eine Beschreibung kommentieren oder in eine andere Beschreibung mit derselben Bedeutung umformulieren können [Bode77, 166].

Verstehen im weiteren Sinne setzt Denken voraus. Abgrenzungen des Begriffs „Denken“ variieren. Zum Beispiel wird Denken als Gedankenassoziation, als Anpassung an die Umwelt, als kognitive Um- und Neustrukturierung, als Auflösung von Diskrepanzen oder als Problemlösen gesehen [BaCG95, 123 ff.]. Die Unterschiede in den Auffassungen betreffen hauptsächlich den Auslöser des Denkens. Dem Wesen nach meint *Denken* mehrheitlich eine geistige Veränderung, die zu neuen Ideen führt [Bode77, 247]. Solche geistigen Veränderungen können grob, aber nicht überschneidungsfrei wie folgt aufgeteilt werden [Bode77, 247 f.]:

1. Lernen, d. h. eine allgemeine Verbesserung geistiger Fähigkeiten unter äußerem Einfluss,
2. Kreativität als spontane neue und potenziell nützliche Ideen [Huss86, 65 ff.],
3. Problemlösen als die Generierung neuer Ideen zum erfolgreichen Bewältigen einer spezifischen Situation [Wess94, 338]. Oft ist das Ziel beim Problemlösen (zumindest abstrakt) gegeben.

Kreativität entzieht sich bislang Messungen [Wess94, 338; Huss86, 77 ff].[49] Lernen und Problemlösen sind hingegen mit *Schlussfolgerungen* verbunden, d. h., neues Wissen wird aus vorhandenem ermittelt [BaCG95, 127 ff.; Ande00, 314].

Erkennen, Akzeptieren, Übersetzen, Berechnen

Bisher wurden die durch Menschen verfolgten Sekundärzwecke betrachtet. Maschinen als physische Geräte sind dynamisch äquivalent zu Automaten (s. Abschnitt 4.2.1). Deshalb dienen die durch Automaten bearbeitbaren Problemarten als Grundlage für die Abgrenzung der maschinell ausführbaren Sekundärzwecke. Zu diesen Problemarten gehören das Erkennen einer (formalen) Sprache, das Durchführen einer Übersetzung und das Berechnen einer Funktion [MaGh87, 148].

In Abschnitt 1.1 wurde eine formale Sprache als Menge von Zeichenketten definiert. Die Zeichen entstammen jetzt dem (Eingabe-) Vokabular des Automaten. Ein Automat *erkennt* eine formale *Sprache*, indem er alle ihre Zeichenketten akzeptiert und nur diese. *Akzeptieren* bedeutet, dass der Automat durch (u. U. wiederholte) Anwendung der Übergangsfunktion auf die Zeichen der eingegebenen Zeichenkette einen Endzustand erreicht [MaGH87, 53; SaSH92, 40, 192; HoMU02, 61, 337]. In einem Endzustand hält der Automat immer an [HoMU02, 337].

Übersetzungen sind besonders anschaulich bei Automaten, die in Abhängigkeit von der Eingabe und dem aktuellen Zustand eine Ausgabe erzeugen. Zu der formalen Sprache, die ein Automat akzeptiert, existiert nun die formale Sprache, die er bei diesem Akzeptieren ausgibt [MaGH87, 56]. Ist jeder eingegebenen Zeichenkette genau eine ausgegebene Zeichenkette zugeordnet, *berechnet* der Automat (durch die Folge der Zustandsübergänge) eine *Funktion*

---

49) [Huss86, 65 ff.] betrachtet kreative Prozesse ausführlich und gibt kritische Hinweise zu „Kreativitätstests“.

[SaSH92, 175; MaGh87, 92]. Bei Automaten ohne Ausgabe sind das Akzeptieren und das Nichtakzeptieren einer eingegebenen Zeichenkette als die beiden „Zeichen" einer imaginären Ausgabesprache interpretierbar, so dass die Definitionen des Übersetzens und des Berechnens einer Funktion übertragen werden können [MaGh87, 149 f.].

Alle mathematisch beschreibbaren Probleme lassen sich als Spracherkennung, -übersetzung oder Funktionsberechnung darstellen. Zudem sind die genannten Problemarten ineinander überführbar [MaGh87, 187 f.].

Sekundärzweckarten

Modellierung erfolgt nicht „um des Modellierens Willen" [Wier98, 504], sondern dient einem Sekundärzweck. Die bisherigen Erläuterungen haben die Heterogenität dieser Sekundärzwecke demonstriert. Um möglichst viele Modellierungssprachen einheitlich betrachten zu können, wird hier eine verallgemeinerte und exhaustive Klassifikation der Sekundärzweckarten aufgestellt. Absichtlich wird dabei an einigen Stellen nicht von „Beschreibung", sondern von „Äußerung" gesprochen, da einige Sekundärzweckarten auch auf Programmiersprachen zutreffen.

Die erste Sekundärzweckart ist das *Speichern*. Dabei wird eine Äußerung ohne Bezug auf ein bestimmtes Problem abgelegt. Alle anderen Sekundärzweckarten hängen mit bestimmten zu lösenden Problemen zusammen. Beim *Übersetzen* wird eine Äußerung in einer anderen (künstlichen bzw. natürlichen) Sprache reformuliert. Im konventionellen Sinne soll eine Übersetzung die Bedeutung der Äußerung erhalten [Crys87, 344]. Solche „konventionellen" Übersetzungen treten in der Informatik jeweils zwischen Modellierungs- bzw. Programmiersprachen und zwischen Programmiersprachen und Maschinenbefehlen auf. Darüber hinaus werden Überführungen aus Modellierungs- in Programmiersprachen ebenfalls „Übersetzungen" genannt [HuKi87, 202; Whys93, 24/4], obwohl sie – durch den Wechsel von der deskriptiven zur performativen Bedeutung – nicht bedeutungserhaltend sind. Hier sei hier unterstellt, dass beim Übersetzen ein Sprachwechsel stattfindet und keine neuen Informationen entstehen.

Ermitteln und Beweisen unterscheiden sich vom Übersetzen eben durch die Produktion neuer Informationen. Das *Ermitteln* zielt darauf ab, unbekannte Größen zu bestimmen, die grundsätzlich beliebige Werte (-mengen) annehmen dürfen. *Beweise* hingegen ordnen einer gegebenen Aussage einen Wahrheitswert, z. B. einen der klassischen Werte „wahr" oder „falsch", zu. Solche zweiwertigen Zuordnungen heißen *Entscheidungen* [SaSH92, 174 ff.; HoMU02, 320].

Offensichtlich kann das Beweisen als Spezialfall des Ermittelns einer Größe, welche nur zwei bestimmte Werte annehmen darf, gesehen werden. Weniger offensichtlich ist jedes Problem des Ermittelns auf ein Problem des Entscheidens, wie es das Beweisen darstellt, reduzierbar [HoMU02, 323 ff.]. Da dafür jedoch die Größe bekannt sein muss, die sich erst aus dem erfolgreichen Ermitteln ergibt, wird hier die Trennung der Sekundärzweckarten beibehalten; in Abschnitt 4.4.3 wird sich dies als nützlich erweisen (s. unter **Tradeoff: Ausdrucksstärke**). Abbildung 4.11 fasst die Sekundärzweckarten zusammen.

Einordnung

Die differierenden Sekundärzwecke der einzelnen Klassifikationen finden sich in den abstrakteren Sekundärzweckarten wieder: Die Verwendungen 2-6 von Modellen$_B$ entsprechen speziellen Formen des Ermittelns. Übersetzungen in natürliche Sprachen sind notwendig für die

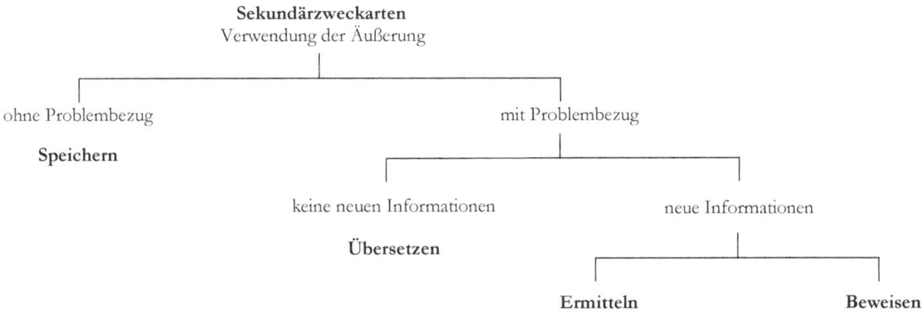

Sekundärzweckarten **Abb. 4.11**

zwischenmenschliche Kommunikation (Verwendung 1). Die mathematischen Problemarten wurden direkt als Bezeichnungen von Sekundärzweckarten übernommen.

Speichern gehört zu den kognitiven Prozessen. Wahrnehmung und Interpretation stellen keine Sekundärzwecke, sondern Voraussetzungen für das mentale Zustandekommen einer Beschreibung dar. Interpretationen$_D$ wurden bereits in Abschnitt 4.3.2 behandelt, Wahrnehmungen ausgeklammert (s. unter Sprachverstehen). Das Verstehen im weiteren Sinne geht in die Sekundärzweckarten Übersetzen, Ermitteln (Schlussfolgern) und Beweisen (Problemlösen mit Ziel) ein.

Die Sekundärzweckart Ermitteln entspricht der Berechnung einer unbekannten Funktion durch einen Automaten. Die Entscheidung, die das Beweisen erzwingt, kann ein Automat treffen, indem er eine Zeichenkette im Endzustand „wahr" bzw. „falsch" akzeptiert. Die von den Automaten bekannte Problemart Übersetzen weicht von der gleichnamigen Sekundärzweckart dadurch ab, dass die Ein- und die Ausgabesprache als formale Sprachen keine Bedeutung besitzen (s. Abschnitt 1.1). Da Übersetzungen in der Informatik ohnehin nicht immer die Bedeutungserhaltung gewährleisten, ist diese Abweichung unerheblich.

Teilerhebungen

Speichern erscheint nicht als Ursache für neue ER-Modelle bzw. Petri-Netze. Sofern sich die Ursache Anwendbarkeit auf kognitive Prozesse bezieht, gehört Speichern dazu. In Abschnitt 4.3 ist es noch nicht betrachtet worden.

Unterstützung der Implementierung bildet die zweitwichtigste Ursache neuer ER-Modelle. Die in der Dokumentation der Teilerhebung aufgeführten Zitate verdeutlichen, dass damit die Überführbarkeit in eine Programmier- [Lenz85, 272], Datendefinitions- oder Datenmanipulationssprache [HoNS87, 59; Thal00, 11; NIST93, ii] gemeint ist. Die Sekundärzweckart *Übersetzen* hat also eine direkte empirische Entsprechung.

Den zweiten Rang in der Ursachenreihenfolge neuer Petri-Netze belegt die Analyse. Die *Analyse* versucht, den Sekundärzweckarten entsprechend, hauptsächlich bestimmte dynamischen Eigenschaften eines konkreten Petri-Netzes zu ermitteln oder zu beweisen [Pete81, 79 ff.; GiVa03, 58; Hani92, 65 f.].

Dynamische Eigenschaften wie Sicherheit, Lebendigkeit und Erreichbarkeit betreffen das Schalten eines konkreten Petri-Netzes [Genr69, 5; Hack72, 12 ff.; Pete81, 80 ff.; Baum90, 130 ff.]. *Sicherheit* besagt, dass keine Schaltung zu einer Markierung führt, die irgendeine Stellenkapazität überschreitet. *Lebendigkeit* bedeutet, dass jede Transition von jeder Folgemarkierung aus, die sich aufgrund ihres Schaltens ergibt, durch eine endliche Folge von Schaltungen anderer Transitionen wieder aktivierbar ist. Eine Markierung, die sich mittels einer endlichen Schaltfolge aus einer Anfangsmarkierung ergibt, ist *erreichbar*.

Bei der Analyse eines konkreten Petri-Netzes können durch mehrfaches Schalten (*Petri-Netz-Simulation*) die Markierungen bzw. Schaltfolgen ermittelt werden, um daraus auf die Eigenschaften zu schließen [Holt68, 26; Hack72, 11; Hani92, 65; GiVa03, 58]. Alternative Ermittlungsmethoden sind die Übersetzung in ein verhaltensäquivalentes konkretes Petri-Netz [GiVa03, 59] oder Berechnungen, z. B. die Erreichbarkeitsanalyse [Petr81, 90] oder lineare Invarianten [Baum90, 176 ff.; GiVa03, 68 ff.].

Im traditionellen Sinne umfasst die Analyse den *Beweis* von Eigenschaften (z. B. [Hack72, 37 ff.; AgFl73, 84 ff.], als Forderung bei [Hani92, 65]). Beweise verwenden die üblichen Strategien (s. Abschnitt 4.4.2).

Weiteres Vorgehen

Die Sekundärzweckarten treten in den Teilerhebungen tatsächlich auf. Die folgenden Abschnitte 4.4.2 und 4.4.3 prüfen, ob die – nach Sekundärzweckart und Adressat differenzierte – sekundäre Verwendung einen Evolutionsfaktor darstellt.

Von Evolutionsfaktoren wird Auslösung der Variation und Richtungslenkung gefordert. Die Richtung ergibt sich dabei aus nicht nur zufällig schwankenden Eigenschaften von Modellierungssprachen (s. Abschnitt 3.4). Folglich ist zu prüfen, ob die sekundäre Verwendung systematisch bestimmte Eigenschaften von Modellierungssprachen erzwingt.

4.4.2 Menschen als Adressaten

Repräsentation

Zum Speichern (und zum späteren Denken) müssen Wahrnehmungen dem Gehirn zugänglich gemacht werden. Dies geschieht durch ein Abbild der Wahrnehmungen, eine mentale *Repräsentation* [Wart79, xv; DaSS93, 18; Ande00, 105 ff.; Rams92, 247]. Über das Wesen dieser Repräsentation existieren gegensätzliche Vorstellungen (vgl. z. B. [Paiv86, 23 ff.] als Überblick). Grob werden wahrnehmungs- und bedeutungsbasierte Repräsentationen unterschieden [Ande78, 249 ff.; Huss86, 98].

Wahrnehmungsbasierte Repräsentationen, die visuellen bzw. verbalen, stehen in einer mindestens homomorphen Beziehung zum ursprünglichen Sinnesreiz [Paiv86, 53 f.; Bode77, 341; Ande00, 106; BaCG95, 158]. *Visuelle* (synonym: *analoge*[50], *bildliche, vivide* [Leve86b, 93]) Repräsentationen, z. B. das „geistige Bild“ einer auf dem Sofa sitzenden Katze, erhalten die For-

50) Trotz späterer Kommentare [Slom95, 13] ist unklar, ob analoge (geprägt als Gegensatz zu „Frege'schen“ Repräsentationen [Slom71, 216]) und visuelle Repräsentationen tatsächlich Synonyme darstellen.

men, Oberflächenstrukturen, relativen Größen, Entfernungen[51] und räumlichen Anordnungen wahrgenommener Objekte [Wess94, 284 f.; Ande00, 111 ff.; Glas93, 310]. *Verbale Repräsentationen* speichern Klänge (von Wörtern), Schrift und Wortfolgen [Paiv86, 57].

Im Gegensatz dazu abstrahieren *bedeutungsbasierte* (synonym: *symbolische*[52]) *Repräsentationen* [Ande00, 136 ff.] vom Sinnesreiz. Zum Beispiel gehen die Größe der Katze und die Farbe ihres Fells im Gedächtnis „verloren". Gespeichert wird die (wahrgenommene und interpretierte$_D$) Bedeutung des Sinnesreizes, und zwar u. a. *propositional* (z. B. sitzen_auf(Katze, Sofa)) oder als *Denkschema* (weitere Möglichkeiten in [Paiv86, 27 ff.]). Damit entsprechen bedeutungsbasierte Repräsentationen den bereits in Abschnitt 4.3.2 erläuterten Konzepten.

Sowohl wahrnehmungs- als auch bedeutungsbasierte Repräsentationen haben sich auf Modellierungssprachen ausgewirkt. Bedeutungsbasierte Repräsentationen motivierten direkt neue Modellierungssprachen. So unterstellen z. B. IF-THEN-Repräsentationen [Cast85, 88, 132] und semantische Netze[53] [Quil68, 234 ff.] propositionale Repräsentationen, während *Frames* [Mins75, 212] Denkschemata annehmen.

Wegen des Fehlens von Konstrukten und Verknüpfungsregeln sind visuelle Repräsentationen (z. B. [Glas93, 314 ff.]) keine Sprachen (anders [BaFe89, 205]). Allerdings spiegeln sich generelle Überlegungen zu wahrnehmungsbasierten Repräsentationen in der Notation (s. Abschnitt 3.1.2) von Modellierungssprachen wider: Textuelle Notationen als *Aneinanderreihungen* von Zeichen unterstützen verbale Repräsentationen, grafische Notationen als *Anordnungen* geometrischer Objekte eher visuelle Repräsentationen.

Um die verschiedenen Vorstellungen von Repräsentationen sind heftige Kontroversen entbrannt: Zum Beispiel wird *für* eine strikt propositionale Repräsentation argumentiert [Haye74, 6; Pyly73; Moor82, 430], gegen eine visuelle [Pyly73; Haye74, 66 f.] und ohne einer schematischen[54] irgendeinen „Wert" zuzugestehen [Haye79, 58]. Hinterfragt wird, ob Denkschemata nicht vielleicht doch nur aus einer Menge von Propositionen bestehen – und damit entbehrlich sind [Brac85, 86 f.]. Suggestive Beispiele sollen die Überlegenheit visueller über bedeutungsbasierte Repräsentationen demonstrieren, z. B. [Slom71; LaSi87; Leve86b; Glas93]. Dabei sind solche Beispiele hochgradig individuell und besitzen allenfalls „anekdotische Evidenz" [Wess94, 16]. Experimentelle „Belege" der Vorteile visueller Repräsentationen [Koss76] kranken an der, im Verlauf dieses Abschnittes noch diskutierten, Introspektion. Manchmal wird die Vorziehenswürdigkeit grafischer Notationen für Menschen schlicht behauptet [Hare88, 528; tHvW92, 58; McGe76, 374]. Obwohl empirisch viel für eine gleichberechtigte Existenz alternativer Repräsentationen spricht [Ande78, 262 ff.], findet sich diese Überlegung in theoretischen Diskussionen nur selten (z. B. [Poly73, 134 ff.; Bobr75, 29; DaSS93, 23 ff.; Slom95]).

---

51) Gelegentlich wird zwischen visuellen Repräsentationen, die Form und relative Größe erhalten, und räumlichen Repräsentationen für Anordnung und Entfernung unterschieden [Glas93, 311].

52) Teilweise werden analoge den propositionalen bzw. „Frege'schen" Repräsentationen gegenübergestellt (z. B. [Wess94, 290; Slom71, 216 f.; Bode77, 341]). Dieses Gegensatzpaar würde jedoch Denkschemata nicht erfassen.

53) Semantische Netze gibt es in verschiedenen Arten, die z. T. auch mit Denkschemata in Verbindung gebracht werden [Brac79; Wood75]. Die hier vorgenommene Zuordnung orientiert sich am ursprünglichen Vorschlag.

54) Angegriffen werden *Frames*. Die Diskussion ist insofern „unfair", als sie von [Haye79] auf der Ebene der Implementierung, also im Hinblick auf maschinelle Adressaten, geführt wird. Gedacht waren *Frames* jedoch dazu, das menschliche Speichern und Sprachverstehen zu beschreiben [Mins75, 211 f.].

Letztlich ist die Favorisierung einer bestimmten Repräsentation eine Frage des „Glaubens", weil gesicherte Erkenntnisse darüber, wie Menschen Informationen speichern, bislang fehlen.

Kognitionspsychologie, -wissenschaft

Die Streitigkeiten um Repräsentationen entstehen, weil sich kognitive Prozesse generell [Wess94, 260] und damit große Teile der menschlichen Sekundärzweckbewältigung nicht direkt beobachten lassen. Auf den ersten Blick macht diese Feststellung Wissenschaft darüber, wie Menschen Informationen speichern (und verarbeiten), unmöglich [Ande78, 275]. Auf den zweiten Blick wird der „Unmöglichkeit" mit speziellen Forschungsmethoden und Annahmen begegnet. Insbesondere methodisch lassen sich zwei (nicht völlig disjunkte) Wissenschaftsdisziplinen unterscheiden:

Die *Kognitionspsychologie* stellt, in Zusammenarbeit mit Linguistik und Neurobiologie, Experimente mit Menschen in den Vordergrund, während die *Kognitionswissenschaft* in enger Beziehung zur Informatik steht [Ande00, 6 ff; Wess94, 33 ff.]. Der vorliegende Abschnitt deckt sukzessiv die Forschungsmethoden und Annahmen der Wissenschaftsdisziplinen auf, da sie zum uneinheitlichen Bild vom menschlichen Speichern (und Ermitteln, Beweisen) beitragen. In dieser Uneinheitlichkeit liegt ein Grund für die Vielfalt von Modellierungssprachen.

Indikatoren

Um wissenschaftliche Erkenntnisse über die „unsichtbare" menschliche Informationsverarbeitung zu gewinnen, legt die Kognitionspsychologie beobachtbare Hilfsgrößen fest, die wahrscheinlich mit dem eigentlichen Erkenntnisobjekt, den kognitiven Prozessen, zusammenhängen. Die Hilfsgrößen heißen *Indikatoren* und die Zusammenhangsvermutung *Indikatorenhypothese* [Opp02, 123 ff., 204]. „Vermutung" weist darauf hin, dass gesichertes Wissen über die Zusammenhänge fehlt.

Wie alle realwissenschaftlichen Hypothesen (s. Abschnitt 1.1) sind Indikatorenhypothesen empirisch zu überprüfen. Dabei droht, vor allem bei nicht exakt definierten Erkenntnisobjekten, die Gefahr eines unendlichen Regresses (zur Prüfung der Indikatorenhypothese wird eine weitere Hypothese herangezogen) [Opp02, 127]. Bereits genaue Definitionen kognitiver Prozesse erweisen sich als schwierig. Die kognitionspsychologischen Indikatoren – Gehirnaktivitäten, Introspektion und menschliches Verhalten – sind ebenfalls angreifbar.

Gehirnaktivitäten

Elektroenzephalogramme, Positron-Emissions-Tomographie bzw. funktionale Magnetresonanz-Tomographie messen Gehirnströme, Blutfluss oder metabolische Raten bei bestimmten kognitiven Prozessen [Ande00, 28 f.]. Diese Messungen zeigen, dass beim Lesen natürlicher Sprache andere Gehirnregionen aktiv sind als beim Nachdenken über Bedeutungen [Ande00, 29]. Demzufolge trennen Menschen anscheinend Wahrnehmung und Bedeutung.

An Affen wurde untersucht, wie sich tatsächliche Bewegungen von Gegenständen im der Ablauf der Aktivierung bestimmter Zellen widerspiegeln [Ande00, 113 f.]. Dieses Phänomen dient als Indikator für die Wahrnehmungsäquivalenz kognitiver Prozesse.

Wahrscheinlich ist jeweils eine Gehirnhälfte (*Hemisphäre*) auf verbale bzw. visuelle Repräsentationen spezialisiert [Ande00, 109 f.]. Allerdings stammt diese Erkenntnis aus Experimenten mit Patienten, deren Gehirn Schädigungen aufwies (z. B. durch Schlaganfall) oder deren Gehirnhälften zur Heilung schwerer Epilepsie chirurgisch getrennt wurden [Ande00, 24 f.;

Wess94, 281 ff.]. Ob insbesondere die Epilepsie die normale Gehirnfunktion beeinträchtigt hat und damit die Ergebnisse der Experimente verfälscht, ist unbekannt [Wess94, 284].

Individuelle Unterschiede in verbalen bzw. visuellen Fähigkeiten [Paiv86, 100 ff.] werden gleichfalls auf unterschiedlich stark bzw. schwach ausprägte Gehirnregionen zurückgeführt. Bei schwacher Ausprägung verstärken sich die Gehinaktivitäten – dies gilt aber auch für ungeübte Personen [Ande00, 453 f.]. Insgesamt lässt sich also aus dem Wissen über Hemisphärenspezialisierung nicht viel über die Form menschlicher Repräsentation ableiten [Ande78, 271].

Diese keineswegs erschöpfenden Kommentare sollten auf die relativ junge und lebhafte neurobiologische Forschung hinweisen, die zwar viele neue Erkenntnisse, aber (meines Wissens) noch keine generellen Aussagen hervorgebracht hat. Ob solche Aussagen jemals möglich sind, muss schon deshalb bezweifelt werden, weil das Gehirn ein individuell ausgeprägtes Organ ist [Ande00, 454]. Damit unterliegt es der genotypischen und phänotypischen Variabilität aus Abschnitt 2.1.

Introspektion

Neurobiologie ***allein*** kann das Wesen kognitiver Prozesse kaum aufdecken [Ande78, 271], da Gehirnaktivitäten höchstens auf einer biologischen Mikroebene Indikatorqualität besitzen: Sie legen das Gehirn offen, nicht den Geist. Zusätzliche Indikatoren werden benötigt. Einer davon ist die Introspektion, die 1879 in Leipzig entstand [Ande00, 7 ff.; Wess94, 21 f.]. Bei der *Introspektion* beschreibt ein Mensch seine kognitiven Prozesse. Er gibt z. B. an, dass er sich an Bilder oder Stimmen erinnert.

Viele kognitive Prozesse, z. B. das Zuordnen von Bedeutungen zu Wörtern beim Lesen, lassen sich schwer beschreiben. Außerdem ist nur die Beschreibung als verbale Äußerung beobachtbar, nicht aber der kognitive Prozess. Dieser kann, absichtlich oder nicht, von der Beschreibung abweichen [Pyly73, 3; Wess94, 22]. Zudem haben die Erkenntnisse aus Introspektion nur den Wert individueller Einzelaussagen [BaCG95, 93].

Verhaltensbeobachtung, Behaviorismus

Der *Behaviorismus*, der sich um 1920 in den USA formierte, versuchte, die Unzulänglichkeiten der Introspektion zu vermeiden [Ande00, 8 ff.; BaCG95, 93]. Sehr radikal verbannte er alle kognitiven Prozesse – wegen ihrer Nichtbeobachtbarkeit – aus der Psychologie. Stattdessen sollte sich die Forschung ausschließlich auf (beobachtbares) Verhalten konzentrieren. Wie die Kognitionspsychologie zeigt, hat sich die behavioristische Ausklammerung der Kognition nicht durchgesetzt, die Methode der Verhaltensbeobachtung blieb jedoch erhalten.

Verhaltensbeobachtungen verfolgen einen Blackbox-Ansatz: Menschen müssen in Experimenten unter kontrollierten Bedingungen bestimmte Aufgaben lösen. Aus der Lösung, deren Qualität oder der zur Lösung erforderlichen Zeit wird auf die kognitiven Prozesse geschlossen. Die Vielfalt der Indikatoren (der Paare aus Aufgabe und Lösungscharakteristika) führt zu unendlich vielen Experimenten mit differierenden Resultaten [Ande00; Wess94]. Zum Beispiel konnte experimentell die Vorteilhaftigkeit grafisch notierter Modellierungssprachen für Menschen bestätigt werden [HeGo91, 143; JaTe93, 22] – oder auch nicht [BaHB90, 137; Chan95, 10]. Generell sprechen derartige Beobachtungsergebnisse weder eindeutig für noch gegen visuelle bzw. bedeutungsbasierte Repräsentationen [Ande78, 262].

Experimente erfassen nie das Speichern *allein*, sondern immer das menschliche Gesamtverhalten [Ande78, 263; Paiv86, 20]. Dasselbe Verhalten kann aber durchaus mit unterschiedlichen Repräsentationen erreicht werden [Ande78, 263]. Dient z. B. die Anzahl korrekt beantworteter Fragen über Unterschiede zwischen Bildern als Indikator für das Erinnern an Bilder, dann können alternativ visuelle oder bedeutungsorientierte Repräsentationen zum selben Ergebnis führen [Ande00, 140 f.; Ande78, 256].

Speichern

Da sich nicht separat analysieren lässt, wie Menschen modellierungssprachige Äußerungen speichern, bleibt die (durch das Gehirn) biologisch bedingte Individualität kognitiver Prozesse als Auslöser der Variation von Modellierungssprachen übrig. Eventuell wirken Repräsentationen in Verhaltensbeobachtungen vorteilhaft, weil sie bestimmte „Operatoren" des Ermittelns erleichtern oder ermöglichen [Ande78, 250; Bobr75, 21 ff.]. Deshalb werden als nächstes die Formen menschlichen Ermittelns geprüft.

Schließen

Nach dem Kriterium der (Nicht-) Beobachtbarkeit findet menschliches Ermitteln entweder als Schließen oder als Umformen statt. Das *Schließen* meint einen rein kognitiven Prozess. *Inferenz* [Bobr75, 16] geht nicht auf die fehlenden Beobachtungsmöglichkeiten ein, ist ansonsten aber zum Schließen synonym.

Wie für das Ermitteln typisch, gewinnt das Schließen neue Informationen (*Konklusionen*) aus gegebenen. In Abschnitt 1.1 wurden Induktion (von Einzeltatsachen ausgehendes, verallgemeinerndes Schließen) und Deduktion (Schließen aufgrund genereller Aussagen) als Strategien menschlicher Informationsgewinnung vorgestellt [vKut72a, 258; Popp73, 3]. Die konkrete Ausprägung[55] dieser Strategien kann unterschiedlich sein (s. die Beispiele in Tabelle 4.20), u. a.:

- *Syllogistisch*:
  Die Konklusion folgt aus zwei Prämissen, die jeweils einen der Quantoren „alle", „kein", „einige" bzw. „einige nicht" enthalten [Ande00, 325 f.; Huss86, 12 ff.].
- *Konditional*:
  Aus einer Prämisse und einer generellen Aussage wird die Konklusion ermittelt, z. B. mithilfe des Modus Ponens, des Modus Tollens [Huss86, 30 f.; Ande00, 315 ff.; Carn68a, 88; Tarsk77, 59] oder der Abduktion[56] [ChMc87, 453]. Abduktiv ermittelte Konklusionen sind selbst bei sicheren Ausgangsinformationen nicht generell gültig [BrDK97, 65].
- *Nichtmonoton*:
  Eine bereits (z. B. aufgrund stereotyper Erwartungen) ermittelte Konklusion wird revidiert, wenn nicht erwartete Informationen bekannt werden [Reit80, 85 ff.; ChMc87, 370 f.].
- *Probabilistisch*:
  Probabilistische Konklusionen besitzen einen numerisch quantifizierten (Un-) Sicherheits-

55) Da Unsicherheit der Konklusion nun nicht mehr nur induktives Schließen kennzeichnet, verschwimmen die Grenzen zwischen Induktion und Deduktion.

56) Neue Erkenntnisse können zur Revidierung der abduktiv ermittelten Konklusion führen [BrDK97, 65]. Abduktion ist also nichtmonoton.

Tab. 4.20 Menschliches Schließen anhand von Beispielen

Schließen		Information: gegeben	Information: ermittelt	Status der ermittelten Größe	Schluss-strategie	Eingegangen in
Syllogistisch		• Alle Adler (A) sind Vögel (V). (A = V) oder ((A) V) • Alle Vögel (V) sind Tiere (T). (V = T) oder ((V) T)	Alle Adler sind Tiere. (A = V = T) oder ((A= V) T) ((A) V = T) oder (((A) V) T)	wahr	deduktiv	Grafische Inferenz [WaLZ95]
Konditional	**Modus Ponens**	• Wenn es regnet, fahre ich mit dem Auto ins Büro. • Es regnet.	Ich fahre mit dem Auto ins Büro.			Prädikatenkalkül [Herm91]
	Modus Tollens	• Wenn es regnet, fahre ich mit dem Auto ins Büro. • Ich fahre nicht mit dem Auto ins Büro	Es regnet nicht.			
	Abduktion	• Wenn es regnet, fahre ich mit dem Auto ins Büro. • Ich fahre mit dem Auto ins Büro.	Es regnet. (**aber**: *Eventuell scheint die Sonne, ich habe nur viel zu transportieren.*)	plausibel		*Logic of Belief* [Leve89]
Nicht-monoton		• Wenn kein Stau gemeldet wurde, dann ist die Autobahn in der Regel frei. • Es gibt keine Staumeldung.	Die Autobahn ist frei. (**aber**: *Rücknahme dieser Schlussfolgerung bei Stau.)*	wahr bis zu gegen-teiliger Evidenz	tenden-ziell deduktiv	*Default Logic* [Reit80]
Vage		• Ich besitze eine Kopie des Arbeitsberichts. • Ich finde die Kopie nicht im regulären Ordner.	Möglicherweise ist diese Kopie in einem anderen Ordner.	eventuell wahr		Modal-Logik [HuCr96]
				wahr, sowohl wahr als auch falsch (*beides*)		Mehrwertige Logik [Beln77]
Probabi-listisch		Die Ampel stand an 9 von 10 Tagen auf Rot, als ich kam.	Mit einer Wahrscheinlichkeit von 90 % ist die Ampel heute rot.	wahr mit Un-sicherheitswert	deduktiv	*Fuzzy*-Logik [Zade73]
					induktiv	Bayes-Inferenz [ChMc85]
Analog		• Als ich keinen Radioempfang hatte, war der Antennenstecker gezogen. • Ich habe keinen Fernsehempfang. • Fernseher haben auch eine Antenne.	Eventuell ist der Antennenstecker gezogen.	plausibel	tenden-ziell induktiv	*Case-Based Reasoning* [AaPl94]

wert. Solche Konklusionen ergeben sich entweder induktiv aus wenigen Beobachtungen oder deduktiv durch Weiterleitung des Unsicherheitswertes genereller Aussagen [Ande00, 332 ff.; Huss86, 49 ff.; Zade92, 24].

- *Vage*:
  Vage Konklusionen sind nur möglicherweise wahr [Krip63b, 70; HuCr96, 17; ChMc87, 376 f.] bzw. in ihrem Wahrheitswert nicht eindeutig [Beln77, 11]. In jedem Fall wird deduktiv vorgegangen. Im Gegensatz zum probabilistischen Schließen findet keine numerische Festlegung von Möglichkeit bzw. Wahrheitswert statt.
- *Analog*:
  Ähnlichkeiten zwischen bestimmten (Einzel-) Tatbeständen werden in unbekannten Situationen zum Ermitteln eingesetzt [Bobr75, 20; ChMc87, 626 f.; Huss86, 38 ff.; Ande00, 448 f.]. Eine absolute Verallgemeinerung wird jetzt jedoch nicht angestrebt.

Bereits aus dieser (unvollständigen) Aufzählung geht hervor, dass es die eine (einzige) Art menschlichen Schließens nicht gibt. Jede dieser Ausprägungen hat Modellierungssprachen oder Kalküle motiviert, s. Tabelle 4.20, und damit Vielfalt verursacht. Kalküle werden im weiteren Verlauf dieses Abschnittes definiert.

Kognitionswissenschaft

Die bisherige Argumentation war kognitionspsychologisch. Menschliches Denken, das als Schlussfolgern in Abschnitt 4.4.1 der Sekundärzweckart Ermitteln zugeordnet wurde, bildet daneben ein Erkenntnisobjekt der Kognitionswissenschaft. Auch in dieser Wissenschaftsdisziplin kämpfen (mindestens) zwei Hypothesen gegeneinander: Die erste behauptet, menschliches Denken sei Symbolverarbeitung [NeSi76, 116; Sear80, 417; Stef95, 136]. Die Gegenhypothese (*Konnektionismus*) nimmt an, dass menschliches Denken aus der massiv parallelen Interaktion einer großen Anzahl primitiver, vernetzter Einheiten entsteht [RuNo81, 2 ff.].

Beide Hypothesen sind mit wahrnehmungs- und mit bedeutungsbasierten Repräsentationen vereinbar. Trotzdem tragen sie nicht zur Erklärung menschlichen Ermittelns bei, da ihre Quellen und die Ursprünge der Kognitionswissenschaft in der Informatik liegen. Der folgende kurze historische Abriss[57] soll diese Behauptung belegen.

Informatik

Vor allem Turing-Maschinen und physische Maschinen spielten eine wesentliche Rolle bei der Entstehung der Informatik. 1936 definierte Alan Turing, zusammen mit seinen Überlegungen zur Berechenbarkeit (s. Abschnitt 4.4.3), die (universelle) Turing-Maschine [Turi36, 243 ff.]. Damit waren alle überhaupt durch Maschinen lösbaren Probleme abgegrenzt [Turi36, 231].[58] Turing-Maschinen selbst sind automatische formale Systeme (s. Abschnitt 4.2.1), die mithilfe gegebener Operationen die Inhalte eines Speichers manipulieren [Turi50, 436 ff.].

57) Vgl. auch die (isolierten) Betrachtungen zur Geschichte von Informatik [Schw94, 26 ff.], Kognitionspsychologie und -wissenschaft [Wess94, 23 ff.; Ande00, 6 ff.], künstlicher Intelligenz [Drey89, 22 ff.; BaFe89, 5 ff.; Thom91], Logik [DaSS93, 21 ff.; Herm91, 11; Thom91] und Berechenbarkeit [Turi50, 439; HoMU02, 420].

58) Unabhängig von Turing hatte Alonzo Church kurz zuvor ein äquivalentes Ergebnis formuliert [Turi36, 231].

Die heutige Architektur physischer Maschinen geht hauptsächlich auf eine Arbeit John von Neumanns aus dem Jahr 1945 zurück [vNeu45]. Er verglich damals Aufbau und Arbeitsweise der Maschinen mit einer Beschreibung des menschlichen Gehirns [vNeu45, 20, 24]. Danach sollte das Gehirn aus vielen primitiven Speicherzellen bestehen, die alternativ die Zustände „alles“ oder „nichts“ annehmen [McPi43, 117]. Die Zustände waren aus den beiden Wahrheitswerten der klassischen Aussagenlogik abgeleitet worden [McPi43, 118 ff.].

Turing-Test

Die Informatik interessiert das maschinell Mögliche. Insbesondere ausgehend von den Analogien zwischen Gehirn und Maschine [vNeu45] bzw. menschlichem und maschinellem Berechnen [Turi36, 231, 249 ff.] stellte sich die Frage, ob auch menschliche Intelligenz maschinell realisierbar sei. Zu ihrer Beantwortung schlug Turing 1950, in der Tradition behavioristischer Verhaltensbeobachtungen, ein Frage-Antwort-Spiel vor (*Turing-Test*): Der Test sprach Maschinen, die menschliches Verhalten produzieren, Intelligenz zu [Turi50, 433 ff.].

Künstliche Intelligenz

Die Frage nach maschineller Intelligenz und der Turing-Test lösten nicht nur hitzige Debatten aus[59], sondern begründeten das Forschungsgebiet ***künstliche Intelligenz (KI)*** innerhalb der Informatik. Ziel dieses Forschungsgebietes ist es, menschliches Denken und das darauf zurückzuführende Verhalten durch Maschinen zu erzeugen [BaFe91, 4; Bode77, 4]. Dies setzt Grundannahmen darüber voraus, ***wie*** Menschen denken.

Repräsentationen, z. B. die in Abschnitt 4.3.2 eingeführten propositionalen Konzepte und die Denkschemata, gehören zu diesen Grundannahmen. Sie entstanden in der künstlichen Intelligenz und gingen in die Kognitionswissenschaft ein.[60] Dabei verkörpern semantische Netze und *Frames* als Vertreter propositionaler bzw. schematischer bedeutungsbasierter Repräsentationen Hypothesen darüber, wie ***Menschen*** Informationen speichern. Eine Beeinflussung der Hypothesengewinnung durch aktuelle Forschungsarbeiten in der künstlichen Intelligenz geben beide Autoren zu [Quil68, 229; Mins75, 215 f.].

Diese Beeinflussung provoziert nicht direkt einen Widerspruch, denn die künstliche Intelligenz hat mit ihrer stärksten Grundannahme, der oben unter Kognitionswissenschaft angesprochenen und 1976 postulierten *Symbolverarbeitungshypothese*, eine Behauptung über das Wesen menschlichen Denkens aufgestellt: Ein (physikalisches) Symbolsystem, bestehend aus Symbolen, um Ausdrücke zu bilden, und Operatoren, um diese Ausdrücke zu manipulieren, sei eine notwendige und hinreichende Bedingung für intelligentes Verhalten [NeSi76, 116].

Das Entstehen dieser Hypothese hat zwei Ausgangspunkte: den Turing-Test mit den sich „menschlich verhaltenden“ automatischen formalen Systemen und das intelligente Verhalten, das seit dem Behaviorismus als Indikator für Denken dient [NeSi76, 117; Sear80, 417]. Zusammengenommen behauptet die Symbolverarbeitungshypothese die logische Äquivalenz zwischen Symbolverarbeitung und Denken (*starke KI-These*[61] [Sear80, 417; Pyly86, 259 f.]). Über-

---

59) Vgl. z. B. [Sear80] und die Entgegnungen, u. a. [Drey89].

60) Zusammenfassungen verschiedener Repräsentation der KI sind z. B. in [BaFe89, DaSS93] zu finden. Die Vorläufer von *Frames* wurden in der Psychologie zwischen 1920 und 1932 vorgeschlagen [Paiv86, 26].

61) Die Reformulierung der starken KI-These [Zele91, 341] wird dem Einfluss nicht gerecht, den diese These bis heute, an den Experimenten sichtbar, auf die Kognitionswissenschaft ausübt.

spitzt führte diese Behauptung zu Formulierungen, das Gehirn würde „berechnen“ [Pyly86, 260]. In der Symbolmanipulation entspringt erneut (zum zweiten Mal nach der Verhaltensbeobachtung) die Forderung, Repräsentationen nur gemeinsam mit den Operatoren zu betrachten, die die Repräsentation verarbeiten [BaFe89, 143; DaSS93, 17].

Erklärungsdefekt

Die Entstehungsgeschichte zeigt, dass die Symbolverarbeitungshypothese *nicht* widerspiegelt, wie Menschen denken, da sie aus der Nichtbeobachtbarkeit menschlichen Denkens und der Arbeitsweise von *Maschinen*[62] entstand. Folglich liegt zumindest ein *Defekt* vor, wenn diese Hypothese zur Erklärung des *tatsächlichen* Denkens von Menschen herangezogen wird.

Leider ist dieser Erklärungsdefekt, wegen der Einbettung der Hypothese in die Kognitionswissenschaft, relativ versteckt. Daraus erwächst eine Gefahr für alle anderen Wissenschaften, die versuchen, menschliche kognitive Prozesse kognitionswissenschaftlich zu erklären. Entschärfend wirkt sich hier jedoch aus, dass die Kognitionswissenschaft weitere Hypothesen über menschliches Denken anbietet, z. B. den oben genannten Konnektionismus.

Konnektionismus

Durch den genutzten Indikator übernimmt die Symbolverarbeitungshypothese den Schwachpunkt kognitionspsychologischer Verhaltensbeobachtungen: Dasselbe Verhalten ist mit unterschiedlichen, bedeutungs- oder wahrnehmungsbasierten[63] Repräsentationen erzielbar.[64]

Diese „Blackbox“ der menschlichen Informationsverarbeitung versucht der Konnektionismus seit 1979 zu erhellen, indem er neurobiologische Erkenntnisse über Aufbau und Arbeitsweise des Gehirns verwendet [HiAn81, ix; AnHi81, 31]. Den interagierenden vernetzten primitiven Einheiten liegt die Zusammenarbeit der Neuronen zugrunde.

Der Konnektionismus verteilt sowohl bedeutungs- als auch wahrnehmungsbasierte Repräsentationen über die Menge der primitiven Einheiten [Rume92, 70 ff.; Rams92, 258 ff.]. Ansätze des konnektionistischen Ermittelns entsprechen dem induktiven menschlichen Schließen in analoger oder probabilistischer Ausprägung [Rume92, 71].

Umformen

Generell leiden alle bisherigen Überlegungen zum Ermitteln durch Menschen unter der Nichtbeobachtbarkeit kognitiver Prozesse und den Schwächen der herangezogenen Indikatoren. Deshalb wird im Folgenden das *Umformen* als beobachtbare Form menschlichen Ermittelns untersucht, um zu prüfen, ob es spezielle Eigenschaften von Modellierungssprachen voraussetzt. Das *Umformen* besteht darin, eine Äußerung so zu manipulieren, dass eine andere Äußerung in derselben Sprache entsteht.

Die Vorstellung des Ermittelns durch Umformen liegt auch der Symbolverarbeitungshypothese zugrunde. Diese Hypothese wird hier jedoch, wegen des Erklärungsdefekts, verworfen. Stattdessen werden die beiden älteren Wurzeln des Umformens, Mathematik und symbolische Logik, näher betrachtet.

---

62) Ähnlich [ChMc87, 6]. Unkommentiert klingt dieser Verdacht bei [Wien90, 185; Rume92, 70] an.

63) Zur maschinellen Nutzung visueller Repräsentationen vgl. z. B. [BaFa89, 200 ff.; Glas93; WaLZ95; Oliv01].

64) Auf der Maschinenebene sind diese Repräsentationen beobachtbar. Da aber Maschinen jede Repräsentation als Folge der beiden Speicherzellenzustände „0“ bzw. „1“ codieren, lassen sich keine Unterschiede zwischen Repräsentationen feststellen.

Mathematik: Kalkül, Notation

Das *mathematische Ermitteln,* z. B. das Lösen von Gleichungssystemen, das Differenzieren oder das Integrieren, besteht darin, schrittweise von einer zulässigen Äußerung zur nächsten überzugehen [Poly62, 119]. Die Zulässigkeit hängt nicht von der Bedeutung der Äußerungen ab, sondern davon, ob die Verknüpfungsregeln und die *Umformungsregeln*, welche die erlaubten Übergänge zwischen Äußerungen festlegen, eingehalten werden. In der Mathematik liegen diese Umformungsregeln inhärent und oft, z. B. in Lehrbüchern [Romm99, 193 ff.], beschrieben in natürlicher Sprache vor [Herm91, 12]. Die Einheit aus künstlicher Sprache und Umformungsregeln wird *Kalkül*[65] genannt [Carn68b, 4; Leve86a, 257].

Mathematische Notationen verknüpfen mathematische Symbole und haben Zugriff auf die Umformungsregeln der Mathematik. Da diese Notationen frei von jeder Anwendung sind, zählen sie nicht per se zu den Modellierungssprachen. Ausnahmen können vorliegen, wenn mathematisch notierte Äußerungen wahrheitsfähige Behauptungen über Referenzen aufstellen, z. B. bei der mathematischen Beschreibung physikalischer, biologischer oder gesellschaftlicher Zusammenhänge [Könz76, 114].

Dokumentationen mathematischen Ermittelns zeigen tendenziell die vorgenommenen Umformungen. Allerdings heißt dies nicht, dass Menschen die unbekannten Größen tatsächlich so gewonnen haben: Befragungen berühmter Mathematiker haben ergeben, dass sie nicht (nur) sprachlich, sondern auch in visuellen Repräsentationen denken [DaAn79, 117]. Kinder scheinen einfache mathematische Aufgaben ebenfalls visuell zu lösen [Mins70, 206 ff.].

Eine unkritische Übernahme dieser Erkenntnisse verbietet sich, da die Aussagen über Kinder auf unsystematischen Beobachtungen und die Befragungsergebnisse auf Introspektion beruhen. Jedoch existieren allgemein bekannte *visuelle* mathematische Ermittlungsmethoden, die Menschen z. B. bei Problemen der Geometrie [Poly73, 103 ff.; LaSi87, 82 ff.] oder beim grafischen Lösen linearer Gleichungssysteme mit nur zwei Variablen [Opit90, 308 ff.; BaFr88, 165 ff.] heranziehen.

Selbst wenn mathematische Notationen im Sinne von Modellierungssprachen zum Einsatz kommen, können sie grafisch sein. Zum Beispiel wurden das Problem der Brücken von Königsberg [Eule36, 4] und das „Zollstationenproblem" [Genr69, 2 ff.] durch die Verwendung von Graphen gelöst. Allerdings besitzen Graphen eine grafische *und* eine äquivalente textuelle Notation (s. Abschnitt 3.1.2). Argumentationen (z. B. [Hare88, 514]), welche die Überlegenheit grafischer Notationen für Menschen mit der Lösung des Königsberger-Brücken-Problems belegen, „übersehen" die textuelle Notation: Leonhard Euler hat zwar Graphen einführt, das Problem aber letztlich durch das Finden einer Sequenz von Buchstaben gelöst [Eule36, 4].

Insgesamt verwenden Menschen zum mathematischen Ermitteln unterschiedliche Repräsentationen und Notationen gleichzeitig und erfolgreich [Slom95, 17].

Symbolische Logik

Aus dem Teil der Philosophie, der das Wesen menschlicher Erkenntnis ergründen will, ging die *Logik* als Wissenschaft über gültige Schlüsse aus bekannten Urteilen hervor [Albe91, 13; Carn68b, 1; Tars77, 31; Herm91,11, 27]. Die *symbolische Logik* hat spezielle künstliche Spra-

65) Gelegentlich wird nur die Menge der Umformungsregeln als Kalkül bezeichnet [Herm91, 33; Zsch95, 282; Spiv88, 101 ff.]. Hier wird jedoch der historischen Auffassung gefolgt (ebenso [Opp02, 170]).

chen geschaffen, um das Schließen als Umformen von Äußerungen durchzuführen [Carn68a, 1]. Zu jeder künstlichen Sprache der Logik existieren damit Umformungsregeln, so dass erneut ein Kalkül entsteht. Der Unterschied zur Mathematik besteht in der Explizitheit, mit der die logischen Umformungsregeln definiert werden [Carn68b, 4].

Logische Umformungen orientieren sich nur an der „Wohlgeformtheit" von Äußerungen, d. h. an der Einhaltung der (durch die Syntax definierten) Verknüpfungsregeln beim Übergang von einer zur nächsten Äußerung [Carn68a, 1; Carn68b, 2 ff., 25 ff.]. Umformungsregeln sind, genauso wie Verknüpfungsregeln, im Grundsatz beliebig (*Toleranzprinzip*[66] [Carn68b, 45]). Allerdings wird diese Beliebigkeit dadurch eingeschränkt, dass die syntaxkonformen Umformungen (*Ableitungen*) gültige Schlüsse (*Folgerungen*) darstellen sollen [Leve86a, 259; HoKu91, 20]. Ein Schluss ist genau dann gültig, wenn er uneingeschränkt die Wahrheit einer bekannten, behaupteten Äußerung, die den Ausgangspunkt einer Ableitung bildet, erhält [Albe91, 13 f.].[67] Wahrheitswerte drücken eine deskriptive Bedeutung aus, so dass die künstlichen Sprachen der Logik Modellierungssprachen im hier definierten Sinne darstellen (s. Abschnitt 1.2). Speziell setzt sich die Logik mit der Erhaltung von *formaler* Wahrheit auseinander.

Die Erhaltung der Wahrheitswerte durch Umformungsregeln unterliegt streng genommen der Beweispflicht [Herm91, 31 f.; HoKu91, 20; Kreo91, 124; MaGh87, 392 ff.]: Dabei ist zum einen zu zeigen, dass jede regelkonforme Umformung einer wahren Aussage wieder eine wahre Aussage erzeugt (*Korrektheit*). Zum anderen muss nachgewiesen werden, dass sich jede mögliche wahre Aussage mithilfe der Umformungsregeln aus einer gegebenen Menge wahrer Aussagen gewinnen lässt (*Vollständigkeit*).

Die Vielfalt menschlichens Schließens hat, wie Tabelle 4.20 demonstriert, in der symbolischen Logik zu vielfältigen künstlichen Sprachen und Umformungsregeln geführt. Die künstlichen Sprachen selbst heißen wiederum *Logiken;* so wird der Begriff im Folgenden gebraucht. *Nicht klassische Logiken* mit mehr als zwei Wahrheitswerten (z. B. „wahr", „falsch", „beides", „keines" in einer vierwertigen Logik [Beln77, 11]) oder anderen Auffassungen von „wahr" (z. B. möglicherweise bzw. notwendig wahr in der Modallogik [HuCr96, 17 f.]) erzwingen spezielle Definitionen der „Erhaltung" von Wahrheit.

Zu einer Logik (z. B. der Prädikatenlogik) können mehrere Umformungsregeln existieren (z. B. Modus Ponens, Modus Tollens, Abduktion), die nicht alle korrekt sein müssen (z. B. ist die Abduktion logisch nicht korrekt [BrDK97, 65]). Sofern nicht der hier definierte Begriff des Kalküls verwendet wird, werden die Umformungsregeln z. T. als Inferenzregeln [Bobr75, 16] bezeichnet und z. T. unter den Begriff „Logik" subsumiert.

Obwohl textuelle Notationen überwiegen, gibt es auch grafisch notierte Logiken (z. B. die *Picture Logic* [Meye02, 264 f.]). Zudem verdeutlicht das syllogistische Schließen (s. Tabelle 4.20) die Umformbarkeit visueller Repräsentationen durch Menschen beim Schließen.

Ermitteln, Ausführbarkeit$_U$, Formalität$_U$

Als Zwischenergebnis lässt sich festhalten, dass für eine Modellierungssprache Umformungsregeln existieren müssen, wenn Menschen die Äußerungen zum mathematischen bzw. symbol-

66) „In der Logik gibt es keine Moral. Jeder mag seine Logik, d. h. seine Sprachform, aufbauen wie er will. Nur muss er, wenn er mit uns diskutieren will, deutlich angeben, wie er es machen will ...", [Carn68b, 45].

67) Prädikatenlogische Folgerungen [Kreo91, 99 f.] wurden in Abschnitt 4.2.1 unter **Unabhängigkeit** definiert.

logischen *Ermitteln* verwenden wollen. Umformbarkeit stellt *eine* Möglichkeit dar, die Anforderung der *Ausführbarkeit*$_U$ aus Abschnitt 4.1 zu präzisieren; die verschiedenen Auslegungen werden durch tief gestellte Buchstaben gekennzeichnet.

Die Mathematik enthält diese Umformungsregeln inhärent, die Logik formuliert sie explizit. Eventuell verbindet sich mit der geforderten *Formalität*$_U$ von Modellierungssprachen der Wunsch, die mathematischen und (vor allem aussagen- bzw. prädikaten-) logischen Kalküle mitnutzen zu können [Loom93, 2/6]. Begrifflich lässt sich diese Vermutung anstellen, weil Mathematik und Logik zu den Formalwissenschaften zählen [UlHi79, 163]. Formalität$_U$ wäre insofern für Sprachkonstrukteure rationell, da die Überprüfung der Umformungsregeln auf Korrektheit und Vollständigkeit in den Zuständigkeitsbereich der genannten Formalwissenschaften fällt [Bobr75, 17; AbSM80, 343].

Linguistisch gehören zwar die (durch die Syntax spezifizierten) Verknüpfungsregeln zur künstlichen Sprache, nicht aber die Umformungsregeln [Carn68b, 4]. Deshalb bilden Ausführbarkeit$_U$ und Formalität$_U$ keine Eigenschaften einer Modellierungssprache (ähnlich [IsBr84, 127]), sondern fordern die Einbindung der Sprache in einen Kalkül. Allerdings verschwimmt die Grenze zwischen Modellierungssprache und Kalkül praktisch. Dies dokumentieren die verschiedenen Petri-Netze, die dieselben Konstrukte und Verknüpfungsregeln verwenden, sich aber in der Schaltregel, d. h. der Umformungsregel der Markierung, unterscheiden. Die Schaltregel wiederum belegt, dass sich aus dem Ziel der Umformbarkeit von Äußerungen keine Einschränkung der Konstruktform ergibt, denn sowohl grafisch („grafisches Kalkül" [Petr76, 11]) als auch textuell notierte Petri-Netze (s. Tabelle 3.1 in Abschnitt 3.1.2) lassen sich schalten.

Mathematische Semantik

Sollen modellierungssprachige Äußerungen zum mathematischen Ermitteln verwendet werden, dann müssen die Konstrukte der Modellierungssprache mathematische Objekte (z. B. Mengen, Funktionen) bezeichnen. Eine solche Zuordnung wird (u. U. nachträglich, z. B. für das ER-Modell [MaMP83]) durch eine *mathematische Semantik* hergestellt [Luca78, 11].

Lassen sich die mathematischen Entsprechungen für die Konstrukte nur „schlecht" umformen oder fehlen sie ganz, dann führt dies zur Einschränkung der Modellierungssprache in Form von Verschärfungen (s. Abschnitt 3.3); die Definition von Varianten (s. Abschnitt 3.1.1) schließt das Entfernen von Grundkonstrukten aus. Weil Verschärfungen die (deskriptive) Bedeutung nicht limitieren, sinkt die Ausdrucksstärke A(RB, VB) *nicht*. Bei Petri-Netzen führen die Syntax- bzw. Konstruktverschärfungen, die die Analysierbarkeit herstellen sollen [Genr69, 6; Hack79, 16; Hort98, 33, 43; Hani92, 65], zu Petri-Netz-Unterklassen (s. Abschnitt 3.3).

Sprachdetermination

Menschliches Ermitteln, das auf modellierungssprachigen Äußerungen beruht, geschieht entweder durch den kognitiven Prozess des Denkens (Schließen) oder durch Umformen. Ob das Schließen überhaupt Auswirkungen auf Modellierungssprachen hat, kann sprachphilosophisch durchaus angezweifelt werden:

Die auf Wilhelm von Humboldt (um 1830) zurückgehende *Identität* von Sprache und Denken [vHum30, 53] ließ sich empirisch nicht belegen [Ande00, 368; Huss86, 103].[68] Die *Sprach-*

68) Vor allem in der deutschen Sprachwissenschaft wirken diese Gedanken heute trotzdem fort [vKut93, 289].

determination (synonym: *Relativitätsthese* [vKut93, 330]) als schwächere Position behauptet, dass die (natürliche) Sprache das menschliche Denken bestimmt [Whor40, 212 ff.]. Die kognitionspsychologische Überprüfung dieser Behauptung ist schwierig, da dies völlig isolierte Sprachkreise erfordert. Zudem wird direkt nur die Sprache, nicht aber das Denken beobachtet [Carr56, 28]. Experimente haben jedoch gezeigt, dass die Sprache *nicht* darüber entscheidet, welche Konzepte Menschen denken können [Ande00, 369 ff.].

Umgekehrt drückt sich aber in einer Sprache wahrscheinlich z. T. aus, *wie* Menschen denken [Ande00, 371 ff.]: Als kognitiver Prozess läuft Denken im Gehirn ab, das, wie die Kommentare zu Gehirnaktivitäten gezeigt haben, genotypischer und phänotypischer Variabilität (s. Abschnitt 2.1) unterliegt. Diese biologische Variabilität führt zur Individualität der Denkprozesse, so dass sich nachweisbar (z. B. [Cast85, 132]) für Menschen (-typen) ganz unterschiedliche Modellierungssprachen als vorteilhaft herausstellen können.

Weil die Vielfalt von Modellierungssprachen folglich u. a. eine Konsequenz biologisch individueller Ermittlungsstrategien ist, sollte ihr dieselbe Toleranz entgegengebracht werden wie biologischen Varianten. Diese Toleranz fehlt jedoch weitgehend [DaAn79, 116].

Mathematischer Beweis

Geht es um das Ermitteln von Wahrheit, liegt die Sekundärzweckart Beweis vor. Klassische *Beweise* sollen die Wahrheit einer Aussage demonstrieren [Tars77, 265]; misslingt dies, gilt die Aussage als falsch. Beweise gibt es auch in natürlichen Sprachen, z. B. als Schuldbeweise im Beweisrecht [MuSt84, 14]. In dieser Arbeit interessieren jedoch Beweise, die in künstlichen Sprachen geführt werden. Mathematische Beweise sind dafür prototypisch. Sie orientieren sich an der formalen Wahrheit.

Das Wesen *mathematischer Beweise* besteht darin, als wahr *behauptete* Aussagen mithilfe von Umformungen auf bereits als wahr bekannte Aussagen (*Voraussetzungen*) [Tars77, 126 ff.; Herm91, 10] zurückzuführen. Für Beweise gibt es verschiedene Strategien:

- Der *direkte Beweis* besteht in einer endlichen Anzahl Umformungen [Romm91, 21; MeMu00, 111], und zwar entweder von der Voraussetzung zur Behauptung (*Konstruktion*) oder als *Rückschluss* in umgekehrter Richtung [MeMu00, 112 ff.; Thie88, 100 f.].

- *Indirekte Beweise* verwenden zusätzliche Informationen, indem sie zur Implikation Voraussetzung $\Rightarrow$ Behauptung logisch äquivalente Aussagen (direkt) beweisen, z. B. als Beweis durch Kontraposition (direkter Beweis für $\neg$Behauptung $\Rightarrow$ $\neg$Voraussetzung) oder als Beweis durch Widerspruch (direkter Beweis von Voraussetzung $\wedge$ $\neg$Behauptung $\Rightarrow$ falsch) [MeMu00, 111 ff.; HoMU02, 25 ff.].

- *Induktionsbeweise*[69] zeigen zuerst die Wahrheit der Aussage für die Induktionsbasis. Anschließend beweist der Induktionsschritt, dass aus der Wahrheit einer Aussage für eine beliebige natürliche Zahl n die Wahrheit für (n + 1) folgt [Poly73, 114 ff.; MeMu00, 128 ff.].

Weil so definierte mathematische Beweise umformen, gelten alle Kommentare zum menschlichen Ermitteln durch Umformen analog. Die dort bereits herausgearbeitete Tendenz zum Pluralismus setzt sich fort, da die durch Menschen eingesetzten Beweisstrategien vielfältig sind.

---

69) Induktionsbeweise können immer geführt werden, wenn die Axiome von Peano gelten [Ebbi94, 71 f.].

In vielen Fällen verlangt Beweisen kreatives und intuitives Vorgehen [Laka76, 4; MaGh87, 416; DaAn79, 115; DeLP79, 273 ff.; Thom91, 461]. Zum Beispiel kann das Aufstellen von Behauptung, Induktionsbasis oder Induktionsschritt Schwierigkeiten bereiten [Ehre02, 35 ff.; Fefe91, 48]. Kreativität und menschliche Intuition stellen jedoch rein kognitive Prozesse dar, aus denen sich, aufgrund der nicht nachgewiesenen Sprachdetermination, keine speziellen Eigenschaften von Modellierungssprachen ergeben.

Als Idealvorstellung verwenden Beweise Sprachen der symbolischen Logik für lückenlose Umformungen (*formaler Beweis* [Bobr75, 17; AdBC82, 167 f.]). Allerdings ist dieses Ideal selten praktikabel.[70] Deshalb verzichten Menschen beim Beweisen oft auf eine vollständige Formalisierung (vgl. z. B. [Thie88, 96 ff.; MeMu00, 112 ff.]) und schließen die entstehenden Lücken durch natürlichsprachige Kommentare [DeLP79, 273].

Wahrheitsfähigkeit

Da Beweise die Wahrheit ermitteln sollen, müssen die Umformungen wahrheitserhaltend sein und die umgeformten Äußerungen generell eine wahrheitsfähige Bedeutung besitzen [Haye74, 64 f.]. Beweise setzen also Modellierungssprachen im Sinne von Abschnitt 1.2 voraus. Damit geht jedoch nicht zwangsläufig die Forderung nach den zwei Wahrheitswerten der klassischen Logik einher: Bereits beim Ermitteln in nicht klassischen symbolischen Logiken wurde erwähnt, dass andere Auffassungen von Wahrheitserhaltung – und damit von Beweis – denkbar sind.

Neben den künstlichen Sprachen der symbolischen Logik sind mathematische Notationen wahrheitsfähig (betrachtet wird die *formale* Wahrheit), da die Idee des Beweises vor allem durch die Mathematik geprägt wurde [Tars77, 265]. Hingegen können Äußerungen, die *in* einer Programmiersprache formuliert wurden, im Grundsatz – wegen ihrer performativen Bedeutung – nicht für Beweise eingesetzt werden (ähnlich [Holt68, 10]).

Bedeutungszuordnung

Einschränkend muss bei der geforderten Wahrheitsfähigkeit berücksichtigt werden, dass Bedeutungen, wie in Abschnitt 1.2 erläutert, zum größten Teil auf Festlegungen (Definitionen) beruhen. Aufgrund der Beliebigkeit von Festlegungen ist es prinzipiell möglich, durch einen Austausch des illokutionären Operators derselben Proposition (und Äußerung) sowohl eine performative als auch eine deskriptive (und damit wahrheitsfähige) Bedeutung zuzuordnen.[71] Von „Bedeutungserhaltung“ kann dabei allerdings nicht gesprochen werden.

Diese „doppelte Bedeutung“ findet sich bei informatikrelevanten künstlichen Sprachen mehrfach und in beiden illokutionären „Tauschrichtungen“. So werden einerseits Modellierungssprachen (z. B. die *Operational Modeling Language* [EcMR93]) durch die zusätzliche Zuordnung performativer Bedeutungen zu Programmiersprachen. Dies geschieht auch bei den Logiken, die logischen Programmiersprachen[72] zugrunde liegen (z. B. die Prädikatenlogik erster

---

70) Ich danke Herrn Prof. Dr. Jürgen Dassow, Otto-von-Guericke-Universität Magdeburg, Fakultät für Informatik, Universitätsplatz 2, D-39106 Magdeburg, E-Mail: dassow@iws.cs.uni-magdeburg.de, für wichtige Auskünfte über die mathematische Arbeitsweise sowie Hinweise zu Fragen der theoretischen Informatik.

71) Vgl. das Beispiel unter **Bedeutung**, **Behauptung** ... in Abschnitt 1.2.

72) Inwiefern *funktionale* Programmiersprachen [Watt86, 14; Gehz93, 44/4 ff.; Sebe99, 567 ff.] eine wahrheitsfähige Bedeutung besitzen, ist zu prüfen, gehört hier aber nicht zum Untersuchungsgegenstand.

Stufe als Basis von PROLOG [Kowa74]). Da performative Bedeutungen im Kontext dieser Arbeit maschinelle Adressaten betreffen, werden die Zusammenhänge in Abschnitt 4.4.3 genauer betrachtet (unter Ausführbarkeit_C, Bedeutungszuordnung).

Mit dem Ziel, Äußerungen zum Beweisen zu verwenden, interessiert der umgekehrte Tausch, d. h. die Zuordnung wahrheitsfähiger Bedeutungen zu programmiersprachigen Äußerungen. Dabei erfolgt eine (nicht bedeutungserhaltende) Übersetzung in eine Spezifikationssprache.

Formale Spezifikationssprachen

Historisch entstanden Spezifikationssprachen (s. die Sprachklassifikation in Abschnitt 1.2), weil Programme (als Äußerungen in Programmiersprachen) so groß wurden, dass sie einer Strukturierung bedurften. Diese Situation legte den Grundstein für die Systementwicklung [GhJM03, 3 ff.]. Die Bedeutung von Spezifikationen (z. B. Ablaufplänen) besteht folglich zunächst in den zugeordneten Programmteilen.

Beweise sind erst möglich, wenn mit den Programmteilen Aussagen einhergehen [Floy67, 20; WuLS76, 255; AmGB86, 427]. Im Hinblick auf die Wahrheitsfähigkeit bietet sich (wie oben erläutert) eine Zuordnung von künstlichen Sprachen der symbolischen Logik oder von mathematischen Notationen an. Hier liegt der Ursprung *formaler Spezifikationssprachen* [Floy67], die (u. U. in Teile dekomponierte) Programme *beschreiben* und damit Modellierungssprachen sind. Der Zusatz „formal" weist auf den Bezug dieser Sprachen zu den Formalwissenschaften hin.

Programmbedeutung

Da ein *Programm* eine Anweisung zur maschinellen Problemlösung ist, wird bei der Beschreibung eines Programms, neben der Dekomposition [Wier98, 463 ff.; CoGD96, 270], *Verhalten* beschrieben (s. Abschnitt 4.2.1). Die performative Bedeutung eines Programms besteht in dem Verhalten, das es bei seiner Ausführung zeigt [vaWi63, 20; Watt91, 5; Sebe99, 132]. Grob gibt es drei Möglichkeiten, diese Programmbedeutung zu beschreiben (s. Tabelle 4.21):

- *Operational* werden eine Menge von Zuständen und die schrittweisen Zustandsänderungen spezifiziert [MaGh87, 118; Fehr89, 3 f.; RaSm93, 10/12]. Solche Spezifikationen sind z. B. mit Automaten jeder Art [Kowa93, 22], inklusive Turing-Maschinen[73], Petri-Netzen oder der Spezifikationssprache Z [AbSM80, Spiv88] möglich.

---

73) Turing-Maschinen [Turi36, 249 ff.; SaSH92, 186; HoMU02, 328 f.] bekommen ihre Eingaben von einem (aus Zellen bestehenden) Band, auf das sie auch schreiben. Das *Bandalphabet* V enthält das Vokabular E und das Leerzeichen *. Zustandsübergänge definiert die Übergangsfunktion $Q \times V \rightarrow Q \times V \times \{L, R, N\}$. In Abhängigkeit von der Eingabe aus dem Bandalphabet und dem aktuellen Zustand ändert die Turing-Maschine ihren Zustand, schreibt eine Ausgabe auf das Band und bewegt den Lesekopf eine Position nach links (L), rechts (R) oder gar nicht (N). Der Lesekopf der Turing-Maschine aus Tabelle 4.21 steht (1) ganz links am Beginn des Bandes über dem Leerzeichen *. Nach diesem Leerzeichen folgt auf dem Band (2) sofort das erste Zeichen aus dem Vokabular. (1) und (2) sind erforderlich, damit die Turing-Maschine die Funktion des Beispiels berechnen kann, d. h., nach dem Addieren von 2 in einen Endzustand gelangt, von dem aus kein weiterer Zustandsübergang möglich ist; zudem muss der Lesekopf am Anfang des Bandes über dem Leerzeichen stehen [SaSH92, 191 ff.]. Die eingegebenen bzw. zu berechnenden natürlichen Zahlen n werden als formale Sprachen $L_{nat} = \{1^n \mid n \geq 1\}$ codiert [SaSH92, 200]; zu formalen Sprachen s. Abschnitt 1.1.

Tab. 4.21 Exemplarische Beschreibung der Bedeutung von Programmen

	Wertezuweisungen in Programmiersprachen	
	Pascal [Wirth71]	**C [Sebe99, 79 ff.]**
Programmbefehl	n := n + 2;	n = n + 2;
Performative Bedeutung[1]	MOV R1, n /* n in Register R1 kopieren (laden); n als symbolischer Bezeichner für den Inhalt ab einer Speicheradresse*/ ADD R1, 2 /* Konstante 2 zum Wert des Registers R1 addieren */ MOV n, R1 /* Wert des Registers R1 an n kopieren (speichern) */	

Beschreibung der performativen Bedeutung			**Exemplarische Spezifikationssprache**
Natürlichsprachig	Erhöhung des in der Variable n gespeicherten Wertes um 2		—
Operational	Turing-Maschine $T = (Q, E, V, \delta, q_0, Q_f)$ mit $Q = \{q_0, q_1, q_2\}$, $E = \{1\}$, $V = \{1, *\}$, $Q_f = \{ q_3\}$, δ laut Matrix: (siehe unten)		**Z** [Spiv88; MoSh93] **add** Ergebnis!, Eingabe?: ℕ n, n': ℕ n = Eingabe? Ergebnis! = Eingabe? + 2 n' = Ergebnis!
Denotational[2]	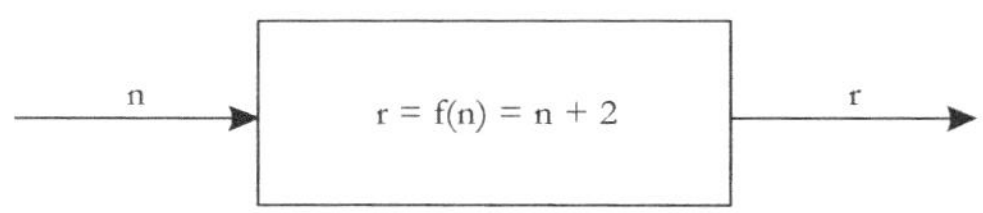		**VDM** [BjJo78] add(n) = if $1 \leq n \leq 10$ then n + 2 else undefined; type: add: nat → nat
Axiomatisch[2]	Vorbedingung: $1 \leq n \leq 10$	Nachbedingung: $2 \leq r \leq 12$	**Hoare-Logik** [HoWi73] {Pre} S {Post} $\{ 1 \leq n \leq 10\}$ S $\{2 \leq r \leq 12\}$

Matrix δ (Operational):

δ	*	1
q_0	$(q_1, *, R)$	-
q_1	$(q_2, 1, R)$	$(q_1, 1, R)$
q_2	$(q_3, 1, L)$	-
q_3	-	$(q_3, 1, L)$

1 Mnemonisch notierte Maschinenbefehle der Intel® Pentium® IV Prozessorenfamilie [InteC4]; Umsetzung angelehnt an [AhSU99, 21].
2 Als zusätzliche Bedingung sind in der denotationalen und der axiomatischen Beschreibung die Eingaben n auf $1 \leq n \leq 10$ eingeschränkt.

- *Denotationale* Beschreibungen sehen das Programm selbst als eine Blackbox an, die zu jeder beliebigen Eingabe genau eine Ausgabe produziert. Diese funktionale Beziehung wird spezifiziert. Die schrittweisen Zustandsänderungen, die die Funktion berechnen, werden hingegen nicht vorgeschrieben [MaGh87, 297; Loom93, 2/8; Fehr89, 4 ff.; Watt91, 49 f.]. Die Spezifikationssprache VDM[74] (*Vienna Development Method*) wurde für diese Beschreibungsform geschaffen [BjJo78, xi].
- *Axiomatische* Beschreibungen schließlich behaupten Sachverhalte über Eingabe und Ausgabe, die bei einer erfolgreichen Programmausführung zu wahren Aussagen werden [Fehr89, 6 f.; RaSm93, 10/12]. Die Hoare-Logik [HoWi73] und algebraische Spezifikationen [EhGL89] sind Vertreter solcher Spezifikationssprachen. Daneben kann der Prädikatenkalkül genutzt werden, wie bei der Annotation von Ablaufplänen [Floy67, 21] oder in der Idee der schwächsten Vorbedingung (*weakest precondition*) [Dijk76, 14 ff.].

Tabelle 4.21 zeigt einen Programmteil, der zu einer beliebigen eingegebenen natürlichen Zahl zwei addiert. Die performative Bedeutung dieses Programmteils besteht aus den aufgeführten drei (mnemonisch notierten) Maschinenbefehlen. Wie in der gesamten Sprechakttheorie kann diese (identische) Bedeutung unterschiedlichen Spezifikationen (Äußerungen) zugeordnet werden.[75] Jede der Spezifikationen verfolgt einen anderen Ansatz zur Beschreibung der Programmbedeutung.

Programmbeweise, Verifikation

Formale Spezifikationssprachen wurden u. a. geschaffen, um Beweise führen zu können [Floy67, 19; AmGB86, 421; HoWi73, 335 f.; AbSM80, 3445; BjJo78, xi f.]. Typische zu beweisende Behauptungen sind die *(partielle) Korrektheit* des beschriebenen Programms (d. h., ein Programm, das die Spezifikation erfüllt, führt bei einem zulässigen Startzustand nie zu einem unzulässigen Endzustand) und das *Terminieren* (d. h., ein Programm, das die Spezifikation erfüllt, erzeugt zu jedem Startzustand einen Endzustand) [MaGh87, 387; Loom93, 2/5; Ehre02, 37]. Ein partiell korrektes und terminierendes Programm ist korrekt.[76]

Das mathematische Beweisen erfordert wahrheitserhaltende Umformungsregeln, die für die Spezifikationssprachen unterschiedlich ausfallen: Zum Beispiel entstand die Spezifikationssprache Z als „lesefreundliche Abstraktion" von Teilgebieten der Mathematik (vor allem Mengen-[77] und Relationentheorie). Deshalb kann Z die mathematischen Umformungsregeln nutzen [AbSM80, 344 f., 361]. Zusätzlich verfügt Z über einen Schemakalkül mit nachgewiesener Korrektheit [Spiv88, 101 ff.]. In der Hoare-Logik gibt es Umformungsregeln (u. a. die Zuweisungs-, die Sequenz- und die Schleifenregel), die nicht zu einem Kalkül der klassischen symbolischen Logik gehören [HoWi73, 336 ff.; MaGh87, 367 ff.]. (Äquivalenz-) Beweise in VDM

74) Im Gegensatz zu VDM folgt die *Vienna Definition Language (VDL)* dem operationalen Ansatz [BjJo78, v].

75) Durch den Verzicht auf Variablendeklarationen und Ein- bzw. Ausgabe ergeben sich Abweichungen zwischen dem Programmteil und seiner Beschreibung in Z und VDM. Da es hier jedoch um die Verdeutlichung des Prinzips geht, werden diese Abweichungen in Kauf genommen.

76) Ein nur partiell korrektes Programm ist sicher, da es nie einen unzulässigen Zustand produziert, es ist aber nicht lebendig, weil es u. U. keinerlei Endzustand erzeugt [Loom93, 2/5; MaGh87, 386]. Diese Art der Sicherheit entspricht der für Petri-Netze definierten, die Lebendigkeit unterscheidet sich tendenziell.

77) Das Kürzel „Z" kennzeichnet den Bezug zu Mengen (englisch: „set").

werden durch systematisches Umformen von Definitionen geführt, ohne jedoch die Regeln dafür explizit anzugeben [Jone78, 292 ff.].

Spezifikationssprachen unterstützen nicht nur direkte, sondern z. B. auch Induktionsbeweise. Induktionsbeweise gibt es u. a. für denotationale Spezifikationssprachen [Fehr89, 5; MaGh87, 409; RaSm93, 10/13] oder kombiniert mit dem Prädikatenkalkül bei Beweisen der schwächsten Vorbedingung [Dijk76, 42].

Programmbeweise mit formalen Spezifikationssprachen werden z. T. *formale Verifikation*[78] genannt [MaGh87, 362]. Sie sind nicht gleichzusetzen mit ***automatischen*** Beweisen [DeLP79, 276], bei denen Maschinen die Durchführung des Beweises übernehmen. Aus dem automatischen Beweisen ergeben sich Einschränkungen für Modellierungssprachen (s. Abschnitt 4.4.3).

Beweisen

Äußerungen müssen in einer (zwangsläufig wahrheitsfähigen) Modellierungssprache erstellt sein, damit sie zum Beweisen verwendet werden können. Für umformende Beweise muss die Modellierungssprache zu einem Kalkül gehören; es gelten die zum (menschlichen) Ermitteln gemachten Kommentare.

Beweise hängen von menschlicher Intuition ab, die der normalen, biologisch induzierten Individualität kognitiver Prozesse unterliegt. Auf diese Individualität [MaGh87, 356] deuten z. B. Behauptungen der (subjektiv wahrgenommenen) leichteren Beweisbarkeit in bestimmten formalen Spezifikationssprachen [HoWi73, 336]. Kognitionspsychologische Messungen des Aufwands, den Menschen zum Beweisen in einer Modellierungssprache betreiben müssen, scheitern, denn Zeitdauern zum Vollenden des Beweises können u. a. durch intensives Training reduziert werden.

Linguistik: Übersetzen

Übersetzen unterscheidet sich von den bisher betrachteten Sekundärzweckarten dadurch, dass es beobachtet werden kann, in jedem Fall an Sprachen gebunden ist und davon mehr als eine involviert. Aus linguistischer Perspektive umfasst Übersetzen das Verstehen einer Äußerung und das Erzeugen einer Äußerung in einer anderen (natürlichen) Sprache [Bode77, 166]. *Wie* Menschen bedeutungsvolle Äußerungen erzeugen, ist kaum bekannt [Ande00, 388]. Diese Unklarheit rechtfertigt es, die Spracherzeugung hier nicht zu betrachten.

Philosophisch wird gelegentlich bestritten, dass menschliches Übersetzen Verstehen erfordert [Sear80, 418 f.]. Der Streit soll in dieser Arbeit nicht vertieft werden, zumal er, wegen der Vagheit von „Verstehen", ohnehin nicht entschieden werden kann. Wenn am Verstehen als Grundlage des Übersetzens festgehalten wird, dann wurden die dafür erforderlichen Eigenschaften von Modellierungssprachen bereits an zwei Stellen diskutiert: Der Evolutionsfaktor Ausdruckseffizienz (s. Abschnitt 4.3.2) deckt das Sprachverstehen als Verstehen im engeren Sinne ab. Verstehen im weiteren Sinne setzt Denken voraus (s. Abschnitt 4.4.1); hier greifen alle Feststellungen zum menschlichen Ermitteln.

---

78) Die Begriffsverwendung ist uneinheitlich [GhJM03, 270]. So wird Verifikation z. B. zwischen den Systementwicklungsphasen eingesetzt und Validierung am Ende [Boeh84, 75]. Die typischen Fragen nach dem *richtigen Entwickeln* des Systems (Verifikation) und nach der Entwicklung des *richtigen Systems* (Validierung) assoziieren *Verifikation* mit Korrektheit und *Validierung* mit Anforderungserfüllung [Boeh84, 75; vaVl94, 33; Pfle98, 51].

Zweitsprache, Definition

Praktisch müssen Menschen, sofern sie nicht bilingual aufgewachsen sind, eine der beiden am Übersetzen beteiligten Sprachen als Zweitsprache erlernen [OGAA01, 450 ff.]. Von diesem Zweitsprachenerwerb gibt es kein kohärentes Bild, da „Puzzle-Teile" aus Philosophie, Psychologie, Linguistik und Pädagogik zusammengetragen werden müssen [OGAA01, 479]. Feststeht, dass Lerner einer neuen Sprache grammatikalische (Vokabular, Phonologie, Morphologie, Graphologie, Syntax), textuelle (Zusammenhänge mehrerer Sätze), illokutionäre und soziolinguistische (Soziolekte; s. Abschnitt 2.2 unter Trends) Kompetenz erwerben [OGAA0, 454 f.]. Dabei kann das Lernen als „Versuch und Irrtum" geschehen, bis die Kompetenzen vorliegen.

Für Modellierungssprachen vereinfacht sich die Situation: Soziolinguistische Aspekte spielen keine Rolle. Die illokutionäre Kompetenz kann wegen der Konzentration auf Konstative vernachlässigt werden. Textuelle Kompetenz betrifft Äußerungen, nicht aber die Sprache. Es bleibt die Forderung, alle benötigten Informationen zur Modellierungssprache, d. h. Konstrukte, Verknüpfungsregeln und Bedeutung, bekannt zu machen.

Die Bekanntgabe dieser Informationen geschieht durch die *Sprachdefinition*, d. h. durch Vokabular, Syntax und Semantik. Die Definition selbst ist eine performative (also nicht wahrheitsfähige) Äußerung in einer (Meta-) Sprache, die vollkommen *unabhängig* von der definierten (Objekt-) Sprache ist [Carn68b, 3 f.]. Neben dieser theoretischen Unabhängigkeit können Menschen praktisch (durch Gebrauch) auch nicht explizit definierte Sprachen lernen. Daraus resultiert insgesamt eine Trennung der Modellierungssprache und ihres Gebrauchs von der Sprachdefinition [McGe78, 1]. Diese Trennung lässt sich empirisch nachweisen: So wurden Definitionen von Modellierungssprachen (u. a. ER-Modell [Lien89], Petri-Netz [BrSt92], Z [Spiv88]) und von Programmiersprachen (z. B. PASCAL [HoWi73], Ada [Watt86, 37]) mindestens zeitlich versetzt und oft durch andere Personen vorgenommen. Rückwirkungen der Definition auf die Sprache lassen sich nur in Ausnahmefällen (z. B. PASCAL [HoWi73, 338 ff.]) feststellen [Watt86, 37].

Formalität$_D$, Metazirkularität

Je nachdem, ob Syntax oder Semantik in einer natürlichen bzw. künstlichen Sprache verfasst wurden, werden sie *informal* bzw. *formal* genannt [Sebe99, 107 ff.; Watt93, 6; Luca78, 7; Spiv88, vii]. *Formalität$_D$*, die sich in formale Syntax$_D$ bzw. Semantik$_D$ untergliedert, ist damit eine Anforderung an die Definition einer Modellierungssprache. Jede Spezifikation aus Tabelle 4.21 entspricht in diesem Sinne der formalen Semantik$_D$ des exemplarischen Programmteils; der tief gestellte Buchstabe „D" soll den Unterschied zur formalen Semantik aus Abschnitt 4.2.1 (unter Modell, Interpretation) kennzeichnen. Formale Spezifikationssprachen ermöglichen insgesamt die formale Semantik$_D$ von Programmiersprachen [Watt86, 13].

Objekt- und Metasprache können identisch sein, ohne dass daraus Widersprüche entstehen [Carn68b, 3 f., 46 f.]. Gelegentlich wird von *Meta-Zirkularität* gesprochen, wenn die Semantik in der künstlichen (Objekt-) Sprache geschrieben ist, deren Bedeutung die Semantik festlegt (z. B. für die Modellierungssprache Z [Spiv88, 9]).

Übersetzersemantik

Im Kontext der formalen Semantik$_D$ zeigt sich ein Umstand, der insbesondere für die künstlichen Sprachen der Informatik typisch ist: Die Bedeutung einer (programmier-/modellierungssprachigen) Äußerung wird durch die Zuordnung einer Äußerung in einer anderen (Programmier-/Modellierungs-) Sprache festgelegt (***Übersetzersemantik*** [MaGh87, 291; Kowa93, 22]). Zum Beispiel sind Konstruktverknüpfungen des ER-Modells solche des relationalen Datenmodells zugeordnet [Chen76, 21 ff.; ElNa00, 290 ff.]. Die oben angesprochene mathematische Semantik nimmt ebenfalls eine Übersetzung, und zwar in eine mathematische Notation, vor [MaGh87, 354; Kowa93, 24].

Durch den Wechsel der Sprachen vollzieht eine Übersetzersemantik ein Übersetzen im Sinne der hier definierten Sekundärzweckart. Die Bedeutung wird jedoch dann nicht erhalten, wenn eine der beiden beteiligten künstlichen Sprachen eine Modellierungs- und die andere eine Programmiersprache ist (***Implementierungsunterstützung***). Solche Übersetzungen erfordern entweder menschliche Kreativität, die als kognitiver Prozess sprachunabhängig ist, oder eine Implementierung (s. Abschnitt 4.4.3 unter Ausführbarkeit$_C$); beide Aspekte liegen jenseits der Modellierungssprache.

Übersetzen

Zusammenfassend erfordert das Verwenden modellierungssprachiger Äußerungen zum Übersetzen lediglich, dass Menschen die beteiligten künstlichen Sprachen kennen. Weder Formalität$_D$ noch eine Übersetzersemantik sind dafür erforderlich; beides kann bei Bedarf, wegen der Unabhängigkeit zwischen Modellierungssprache und Definition, nachgereicht werden.

Anders stellt sich die Lage für Maschinen als Adressaten dar. Tabelle 4.22 zeigt dies bereits in der Gegenüberstellung der Einflüsse aus Sekundärzweckart und Adressat. Abschnitt 4.4.3 erläutert die speziellen Konsequenzen maschineller Adressaten detailliert.

Einflüsse der sekundären Verwendung **Tab. 4.22**

Sekundärzweckart	A	Speichern	Ermitteln	Beweisen	Übersetzen
Ursache (Teilerhebungen)		(Anwendbarkeit)	Analyse		Implementierungs-unterstützung
Anforderung	H	—	(Ausführbarkeit$_U$ = Formalität$_U$)		Formalität$_D$
	D				Ausführbarkeit$_C$
Eigenschaft der Modellierungssprache	H	Notation	(Konstrukte, Verknüpfungsregeln)	—	(Ausdruckseffizienz)
	D	Notation	(Mächtigkeit)	Ausdrucksstärke	(Notation)
Tendenz	H	Pluralismus	(Verschärfung)	—	—
	D	Pluralismus (textuell)	(senken)	senken	(textuell)
Jenseits der Modellierungssprache	H	—	(Einbindung in einen Kalkül)		Definition (Implementierung)
	D	Implementierung (Existenz eines Compilers bzw. Interpreters)			Syntax: Grammatik

A: Adressat, H: Mensch, D: Maschine, ( ): Einfluss höchstens teilweise

4.4.3 Maschinen als Adressaten

Implementierung

Immer dann, wenn Maschinen modellierungssprachige Äußerungen verwenden sollen, muss (mindestens) eine Implementierung durchgeführt werden. Unter einer *Implementierung* wird hier das Erzeugen einer Äußerung in einer Programmiersprache (*Programm*) verstanden, die, sofern sie keine Fehler enthält, ohne weitere menschliche Interaktion durch die Maschine ausgeführt werden kann [vNeu45, 17 f.].

Implementierungen und die dabei erforderliche Verwendung von Programmiersprachen gehen über den Untersuchungsgegenstand dieser Arbeit, nämlich Modellierungssprachen, hinaus. Außerdem erfordert jede Implementierung an irgendeinem Punkt menschliche Kreativität; vollständige Reglementierungen sind damit nicht möglich [WiMa92, 173]. Folglich reicht es hier aus, bekannte praktische bzw. theoretische Restriktionen aufzuführen, die sich auf Modellierungssprachen auswirken. Begonnen wird dabei mit dem Übersetzen durch Maschinen, da es allen weiteren maschinellen Sekundärzweckerfüllungen zugrunde liegt.

Compiler, Interpreter

Maschinelle Ausführung bedeutet die Anwendung von Maschinenbefehlen, die die Zustände einer Maschine verändern.[79] Maschinenbefehle sind (prozessorabhängige) Folgen von Binärzeichen („1" und „0"). Tabelle 4.21 führt damit nicht die Maschinen-, sondern die entsprechenden Assemblerbefehle auf [Watt93, 1 f.]. Befehle in Programmiersprachen verwenden typischerweise mehr als die Binärzeichen. Folglich muss jede programmiersprachige Äußerung in Maschinenbefehle übersetzt werden.

Diese Übersetzung realisiert ein Compiler bzw. Interpreter [AhSU99, 1 f.; GüEr99,1]. Compiler und Interpreter sind selbst wiederum Programme, die implementiert werden müssen [WiMa92, 173]. Im Unterschied zu Compilern führen *Interpreter* die übersetzten Maschinenbefehle sofort aus [GüEr99, 13; Watt93, 4; AhSU99, 4]. Für höhere Programmiersprachen wird oft das Compilieren bevorzugt, da es einfacher als das Interpretieren ist [Watt93, 276].

Ausführbarkeit$_C$

Wenn eine Modellierungssprache *ausführbar$_C$* sein soll, kann dies als die Forderung nach der Existenz eines Compilers bzw. Interpreters verstanden werden [Watt86, 13]. Gefordert wird also, dass eine Implementierung vorliegt, die allein durch die unvermeidbare Verwendung einer *Programmier*sprache keine Eigenschaft einer *Modellierungs*sprache begründet.

Allerdings hat die Implementierung von Compilern zu bestimmten Normen für die Definition höherer (über Maschinenbefehle hinausgehender) Programmiersprachen geführt. Diese compilerinduzierten Normen werden hier skizziert; alle übrigen (vgl. z. B. [Wirt74]) sind wegen der performativen Bedeutung programmiersprachiger Äußerungen ohnehin nicht auf Modellierungssprachen übertragbar.

Compilieren, lexikalische Analyse, Parsing

Die Arbeitsweise eines Compilers, das *Compilieren*, zerfällt in Analyse- und in Synthesephasen [AhSU99, 6 ff.; GüEr99, 4 ff.; WiMa92, 173]: In den Analysephasen wird das Programm auf

79) Die Zusammenhänge wurden in Abschnitt 4.2.1 unter **Programm**, **Maschine**, **Verhalten** und in Abschnitt 4.4.2 unter **Programmbedeutung** erläutert.

„Wohlgeformtheit", d. h. auf die Einhaltung der Verknüpfungsregeln der Programmiersprache, geprüft. Die Synthesephasen ordnen den Programmteilen die (noch im Speicher der Maschine verschiebbaren) Assembler- bzw. Maschinenbefehle zu. Zur tatsächlichen Ausführung wird das compilierte Programm anschließend gebunden und geladen.

Der erste Schritt der Analyse besteht darin, aus einer gelesenen Zeichenkette die lexikalischen Einheiten der Programmiersprache zu extrahieren (*lexikalische Analyse* [WiMa92, 175]). Für Menschen stellt sich eine lexikalische Einheit als Konstrukt der Programmiersprache dar, z. B. als Variablenname, Datentyp oder Operator; maschinell ist jede solche Einheit ein logisch zusammenhängender Strom von Zeichen [AhSU99, 14]. Das Parsing als *syntaktische Analyse* betrachtet die Zulässigkeit und die hierarchische Struktur der Folge lexikalischer Einheiten [WiMa92, 175 f.; Watt93, 58 f.]. Diese Struktur ergibt sich aus dem programmiersprachlichen Aufbau der Äußerungen, z. B. der Anweisungen.

Das *Parsing* entstand zur syntaktischen Analyse natürlichsprachiger Äußerungen [Chom73, 7 f.]. Programmiersprachen werden beim Parsing als formale Sprachen betrachtet, die durch eine (kontextfreie) Grammatik erzeugt werden (s. Abschnitt 1.1). Eine gegebene Folge lexikalischer Einheiten ist genau dann zulässig, wenn sie aus der Grammatik abgeleitet werden kann [Watt93, 74]. Eine *Ableitung* besteht im (wiederholten) Anwenden von Grammatikregeln [Chom73, 30 f.]. Dabei wird jeweils der links des Pfeils stehende Teil einer Regel durch die erlaubten Verknüpfungen rechts des Pfeils ersetzt, s. Tabelle 4.23.

Grammatik, Ableitung und Parsebaum **Tab. 4.23**

Grammatik	**Ableitung**	**Parsebaum**
Natürliche Sprache: *Satz* ≡ Der Mann nahm den Ball.		(in Anlehnung an [Chom73, 30 ff.])
(i) Satz → NP + VP (ii) NP → T + N (iii) VP → Verb + NP (iv) T → **der, den** (v) N→ **Mann, Ball** usw. (vi) Verb → **nahm, warf** usw.	Satz NP + VP (i) T + N + VP (ii) T + N + Verb + NP (iii) der + N + Verb + NP (iv) der + Mann + Verb + NP (v) der + Mann + nahm + NP (vi) der + Mann + nahm + T + N (ii) der + Mann + nahm + den + N (iv) der + Mann + nahm + den + Ball (v)	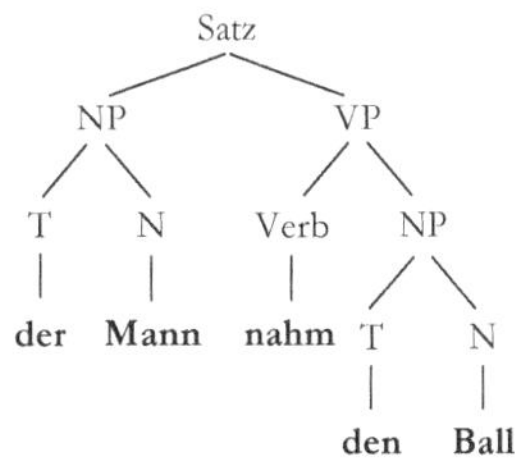
Programmiersprache: *assign* ≡ A := A + C		(in Anlehnung an [Sebe99, 113 f.])
<assign> → <id> **:=** <expr> <id> → **A** | **B** | **C** <expr> → <id> **+** <expr> | <id> ***** <expr> | (<expr>) | <id>	<assign> <id> := <expr> A := <expr> A : = <id> + <expr> A : = A + <expr> A : = A + <id> A : = A + C	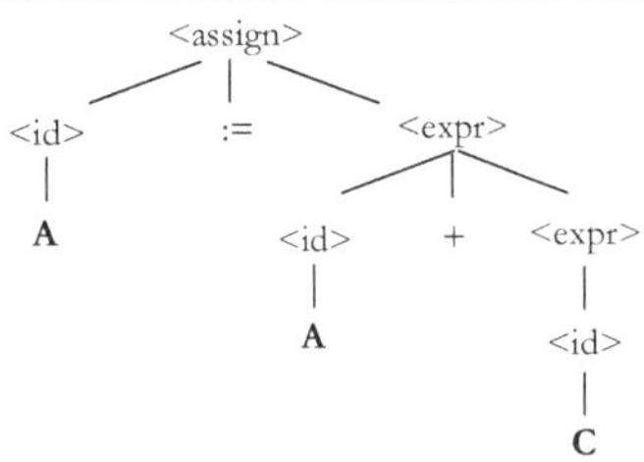

Es gibt unterschiedliche Möglichkeiten zu parsen [AhSU99, 222 ff.; Watt93, 75 ff.; WiMa92, 261 ff.]. Exemplarisch zeigt Tabelle 4.23 das Top-down-Parsing einer Äußerung in einer natürlichen Sprache („Der Mann nahm den Ball") sowie in einer Programmiersprache (Wertezuweisung: A := A + C). Diese Äußerungen entsprechen Folgen lexikalischer Einheiten, welche die lexikalische Analyse erkannt hat.

Das Top-down-Parsing schafft ein (künstliches) Startsymbol [Watt93, 77]. In Tabelle 4.23 heißen diese Symbole „Satz" bzw. <assign>. Anschließend wird geprüft, ob es eine darauf anwendbare Grammatikregel gibt. Falls ja, wird die entsprechende Ersetzung durchgeführt. Anschließend werden die so ersetzten Bestandteile von links nach rechts durch die Anwendung weiterer Grammatikregeln abgearbeitet. Das Top-down-Parsing endet, wenn die abgeleitete Folge ausschließlich aus lexikalischen Einheiten besteht, für die es in der Grammatik keine weiteren Regeln gibt [HoMU02, 183 ff.; Sebe99, 111 ff.]. Parsebäume [Sebe99, 113 f.; AhSU99, 7] oder (stärker komprimierte) Syntaxbäume [AhSU99, 9; GüEr99, 6] stellen die grammatikalischen Ableitungen grafisch dar und veranschaulichen damit die hierarchische Struktur von Äußerungen (s. Tabelle 4.23).

Syntax

Parser erzeugen die Syntaxbäume und sind Bestandteil jedes Compilers. Die Implementierung eines Parsers wird erleichtert, wenn die Syntax der Programmiersprache eine (kontextfreie) Grammatik nutzt [Sebe99, 123; Watt93, 7, 92]. Es bestehen sogar Möglichkeiten, Parser automatisch für eine bestimmte eingegebene Grammatik zu generieren [HoMU02, 205 f.]. Die erste Programmiersprache, deren Syntax eine spezielle kontextfreie Grammatik, die Backus-Naur-Form, verwendete, war ALGOL 60 [McGe78, 2]. Explizit mit dem Ziel, die Implementierung von Compilern zu erleichtern, wurde später die Programmiersprache PASCAL definiert; ihre Syntax setzte die erweiterte Backus-Naur-Form ein [Wirt71, 36, 39].

Insgesamt lässt sich daraus die Empfehlung ableiten, für die Syntax von Modellierungssprachen eine Grammatik zu gebrauchen, wenn die Äußerungen maschinell übersetzt werden sollen. Eine Grammatik erleichtert die Implementierung eines Compilers, der das maschinelle Übersetzen übernimmt.

Notation

Bei der lexikalischen Analyse liest ein Compiler Zeichenketten; es sind also textuelle Notationen erforderlich. Allerdings kann jedes beliebige (auch grafische) Konstrukt in Zeichenketten einer formalen Sprache mit einem aus zwei Zeichen bestehenden Vokabular übersetzt werden [HoMU02, 367; MaGh87, 103]. Folglich schränkt die lexikalische Analyse die Notation von Modellierungssprachen nicht ein. Das demonstrieren u. a. Werkzeuge (z. B. der Oracle® Designer®), die ER-Diagramme in Relationen des relationalen Datenmodells übersetzen [KoDo99, 1013 ff.].

Allerdings scheint eine schwache Tendenz zu bestehen, bei angestrebter maschineller Übersetzung modellierungssprachiger Äußerungen textuelle Notationen zu bevorzugen (s. Tabelle 4.24). Ich habe dies bei der statistischen Untersuchung des Zusammenhangs zwischen Notation und Ursache der ER-Modelle aus der Teilerhebung festgestellt. Dabei entspricht die Ursache *Implementierungsunterstützung*$_M$ in einer zweiten Auslegung dem maschinellen Übersetzen.

Statistische Zusammenhangsuntersuchungen setzen voraus, dass die Untersuchungseinheiten je Merkmal (Notation, Ursache) genau einen der Merkmalswerte (grafisch/textuell, Ausdrucksstärke/Anwendbarkeit oder Implementierungsunterstützung) annehmen [BoLB00, 109]. Deshalb mussten alle ER-Modelle der Teilerhebung, die beide Notationsformen unterstützen oder durch beide Ursachenklassen motiviert wurden, von der Analyse ausgeschlossen werden. Sie fehlen somit in Tabelle 4.24.

Ursachen und Notationsformen der ER-Modelle **Tab. 4.24**

Anzahlen ER-Modelle mit		**Notation**		**Summe**
		grafisch	**textuell**	
Ursache	**Ausdrucksstärke, Anwendbarkeit**	42	12	54
	Implementierungsunterstützung	1	8	9
Summe		43	20	63

Bei einer Irrtumswahrscheinlichkeit von unter 1 % ($\alpha < 0{,}01$) führt die ***Chi-Quadrat-Kontingenz*** ($\chi^2 = 12{,}896$) mit Yates-Korrektur[80] zu einer Ablehnung der Nullhypothese [BoLB00, 103], d. h., es besteht ein signifikanter Zusammenhang zwischen der Ursache eines neuen ER-Modells und seiner Notation. Stärke und Richtung dieses Zusammenhangs sind jedoch schwer zu bestimmen. Als Faustregel signalisiert ein ***Phi-Koeffizient*** größer als 0,3 einen nicht mehr trivialen Zusammenhang [BaEP00, 244]. Der Phi-Koeffizient beträgt hier 0,501 ($\alpha < 0{,}01$). Einen ebenfalls mäßigen Zusammenhang ($V = 0{,}501$; $\alpha < 0{,}01$) zeigt ***Kramers Kontingenzmaß V*** an, das Werte zwischen null und eins annehmen kann [BaEP00, 245].

Das ***Dependenzmaß λ*** ermittelt die Richtung von Zusammenhängen: Es schätzt ein, wie gut der abhängige Merkmalswert einer Untersuchungseinheit vorhergesagt werden kann, wenn ihr Wert für das unabhängige Merkmal bekannt ist [BoLB00, 340 f.; BaEP00, 246 f.]. Ein Wert nahe eins (bzw. null) ermöglicht eine nahezu fehlerfreie (bzw. keine) Vorhersage. Für ER-Modelle kann, bei einer Irrtumswahrscheinlichkeit von 5 %, nicht zuverlässig aus der Ursache auf die Notation geschlossen werden ($\lambda = 0{,}350$). Der Umkehrschluss ist vollkommen unmöglich. Alle aufgeführten Koeffizienten wurden mit der Statistik-Software SPSS® 12.0G für WINDOWS® ermittelt; die Berechnungsvorschriften sind im Anhang A.3 dokumentiert.

In der Gesamtsicht besteht für ER-Modelle ein schwacher, signifikanter Zusammenhang zwischen Ursache und gewählter Notation. Insbesondere bei angestrebter Implementierungsunterstützung überwiegen textuelle Notationen deutlich (das 8fache), s. Tabelle 4.22. Die statistische Tatsache, dass die Ursache des ER-Modells nicht eindeutig eine bestimmte Notation nahe legt, wird durch zwei Sachzusammenhänge gestützt: durch die Überlegungen aus Abschnitt 4.4.2 zur biologischen Individualität des menschlichen Speicherns, Ermittelns und Beweisens sowie durch die maschinelle Umcodierbarkeit jeder beliebigen (endlichen) Notation in Zeichenketten. Außerdem verträgt sich das statistische Ergebnis mit der Zufälligkeit linguisti-

80) Die Yates-Korrektur wird bei asymmetrischen Zeilen- und Spaltensummen empfohlen [BoLB00, 105].

scher Bedeutungsträger (s. Abschnitt 2.2 unter Sprachliche Objekte). Eine vergleichbare Zusammenhangsuntersuchung für Petri-Netze erübrigt sich, da sie über eine textuelle Notation verfügen, die der grafischen äquivalent ist.

Bedeutungszuordnung

In den Synthesephasen des Compilierens werden den Teilbäumen des Syntaxbaumes Maschinenbefehle zugeordnet: Für primitive (nicht weiter ableitbare) lexikalische Einheiten ist eine direkte Zuordnung möglich. Bei lexikalischen Einheiten, die selbst aus mehreren ableitbaren lexikalischen Einheiten (Subphrasen) bestehen und damit die Wurzel eines Teilbaums bilden, wird dem Teilbaum eine Folge von Maschinenbefehlen zugeordnet. Diese Folge kombiniert die Maschinenbefehle der Subphrasen mit eventuellen zusätzlichen Befehlen [Watt93, 221]. Typischerweise kann dieselbe (performative) Bedeutung durch unterschiedliche Folgen von Maschinenbefehlen ausgedrückt werden [Watt93, 221; WiMa92, 514 ff.].

Pointiert ordnet der Compiler durch dieses Vorgehen den programmiersprachigen Äußerungen ihre Bedeutung, in Form der Maschinenbefehle, zu. Diese Zuordnung bildet vermutlich den Ursprung der Übersetzersemantik aus Abschnitt 4.4.2.

Da Bedeutungszuordnungen beliebig sind, können dem Parsebaum einer modellierungssprachigen Äußerung durchaus Folgen von Befehlen einer Programmiersprache (Programmteile) bzw. Maschinenbefehle zugewiesen werden. Durch den Compiler sind dann *alle* denkbaren Äußerungen implementiert; die Modellierungssprache wird ausführbar$_C$ und hat zusätzlich zur deskriptiven eine performative Bedeutung (z. B. ML [Watt86, 13], potenziell auch die *Operational Modeling Language* [EcMR93] oder GYPSY [AmGB86, 439]).

Ähnlich stellt sich die Situation bei logischen Programmiersprachen, z. B. PROLOG, dar: Logische Hornformeln werden als Berechnungen interpretiert, die ausgeführt werden [Kowa74, 569 f.]. PROLOG-Interpreter (keine Compiler!) wurden selbst z. B. in der Programmiersprache C implementiert [Lunz94, 329 ff.], andere Implementierungen sind denkbar [WiMa92, 140 ff.]. Trotzdem ist PROLOG eine Programmiersprache, da sie Äußerungen erlaubt, die nur eine performative und keine deskriptive Bedeutung besitzen. Zu diesen Äußerungen zählt u. a. der Cut-Befehl, der die Maschine anweist, die Suche abzubrechen [Sebe99, 629; BrGr94, 176].

Wie in Abschnitt 4.4.2 erläutert, sind Bedeutungszuordnungen performative, nicht wahrheitsfähige und deshalb nicht beweisbare Sprechakte. Folglich liefert die formale Verifikation ein trügerisches, allenfalls auf virtuelle Maschinen zutreffendes Bild von der Programmkorrektheit [Dijk76, 201 ff.]: Ein als formal korrekt bewiesenes Programm kann durchaus bei seiner Ausführung durch bestimmte Zuordnungen im Compiler unzulässige Ausgaben erzeugen. Damit wird die formale Verifikation in einer anderen Form hinterfragt als durch [DeLP79]. Da der Compiler aber keine *Eigenschaft* von Modellierungssprachen darstellt, hat diese Überlegung keine Konsequenzen für die hier durchgeführte Untersuchung.

Semantik

Für die Syntax von Programmiersprachen hat sich der Einsatz von Grammatiken durchgesetzt, weil sie das maschinelle Erzeugen (*Generieren*) von (Bestandteilen von) Compilern erleichtern. Diesen Vorzug besitzen formale Semantiken$_D$ (Abschnitt 4.4.2 unter Formalität$_D$) nur teilweise: Zum Beispiel gibt es für formale Semantiken$_D$, die Programmbedeutungen denotational beschreiben, Compilergeneratoren [Watt86, 13]. Da dieser Vorteil aber lediglich vereinzelt besteht, wird die Bedeutung neu konstruierter Programmiersprachen mehrheitlich in natürlicher Sprache festgelegt [Watt91, 7 f.; Sebe99, 132]; Menschen implementieren dann den Compiler. Dies setzt eindeutige Bedeutungsfestlegungen voraus [Wirt74, 391]. Alle genannten Feststellungen gelten analog für Modellierungssprachen.

Übersetzen, Speichern

Wenn in einer Modellierungssprache erzeugte Äußerungen maschinell übersetzt werden sollen, empfiehlt es sich, für die Syntax eine Grammatik einzusetzen. Empfehlungen einer formalen Semantik_D bestehen hingegen nicht. Welche Bedeutung modellierungssprachigen Äußerungen zugeordnet wird, ist völlig freigestellt.

Insgesamt muss berücksichtigt werden, dass sowohl Syntax als auch Semantik keine Eigenschaften der Modellierungssprache sind, sondern deren Definition betreffen. Höchstens die Beliebigkeit der Bedeutungszuordnung stellt einen Evolutionsfaktor dar, der zu Vielfalt führt.

Für das maschinelle Übersetzen der Äußerungen in einer Modellierungssprache sind textuelle Notationen tendenziell vorteilhaft, aber nicht notwendig. Maschinen speichern modellierungssprachige Äußerungen als Folgen von Speicherzellenzuständen [MaGh87, 49]. Die zwei alternativen Zustände entsprechen dem Vokabular der formalen Sprache, in die jede andere Sprache übersetzt werden kann.

Entscheidbarkeit, Berechenbarkeit, Komplexität

Sollen Maschinen das Ermitteln oder Beweisen übernehmen, dann ist das Vorgehen zu implementieren. Spezielle Eigenschaften einer Modellierungssprache erfordert dies – auf den ersten Blick – nicht. Einige Probleme können jedoch entweder nicht oder nicht effizient, d. h. nur mit sehr großem Aufwand (gemessen als Zeit- bzw. Speicherkomplexität) durch Maschinen gelöst werden. Die folgenden kurzen Erläuterungen skizzieren die Hintergründe dieses Umstands, um die Auswirkungen auf Modellierungssprachen herzuleiten.

Für jedes maschinell lösbare Problem lässt sich (mindestens) ein Programm konstruieren [MaGh87, 152 ff.]. Wie in Abschnitt 4.2.1 erläutert, sind Programme jeweils dynamisch äquivalent zu einer Turing-Maschine. Überlegungen hinsichtlich der generellen maschinellen Lösbarkeit von Problemen und des dafür erforderlichen Aufwands können deshalb allgemein (und unabhängig von konkreten Programmiersprachen bzw. Programmen) anhand von Turing-Maschinen angestellt werden. Demzufolge ist ein Problem maschinell *nicht lösbar* (*unsolvable*, *unentscheidbar*), wenn es keine (dynamisch äquivalente) Turing-Maschine gibt, die für jede beliebige eingegebene Zeichenkette *anhält*, auch wenn sie die Zeichenkette nicht akzeptiert [HoMU02, 378, 383; SaSH92, 237].

Gemäß Abschnitt 4.4.1 sind die Problemarten Akzeptieren und Berechnen für Maschinen ineinander überführbar. *Akzeptieren* bedeutet für eine Turing-Maschine, bei einer eingegebenen Zeichenkette nach endlich vielen Zustandsübergängen in einer Finalkonfiguration[81] anzuhalten [SaSH92, 192; MaGh87, 87]. Das *Berechnen* einer Funktion erfordert zusätzlich, dass in der Finalkonfiguration als Ausgabe zu jeder Zeichenkette aus dem Definitionsbereich der Funk-

81) Die *Finalkonfiguration* einer Turing-Maschine (s. Anmerkung 73 in Abschnitt 4.4.2) verlangt, dass sich die Maschine in einem Endzustand befindet, von dem aus kein weiterer Zustandsübergang möglich ist, und dass zudem der Lesekopf am Anfang des Bandes über dem Leerzeichen steht [SaSH92, 191].

tion der zugehörige Funktionswert auf dem Band steht [SaSH92, 199]. Bei Zeichenketten, die *nicht* zum Definitionsbereich der Funktion gehören, ist das Verhalten der Turing-Maschine hingegen unbestimmt, d. h., sie hält u. U. nie an [SaSH92, 199]. Entscheidbarkeit etabliert also eine härtere Anforderung als *Berechenbarkeit* [SaSH92, 205, 182].

Die Anzahl der Zustandsübergänge (*Zeitkomplexität*)[82] bis zum Anhalten definiert den Aufwand, der zum Lösen des Problems durch die Turing-Maschine entsteht [MaGh87, 201]. Diese Anzahl hängt von der Länge der eingegebenen Zeichenkette ab. Ist die Abhängigkeit polynomial, dann ist das Problem *effizient* durch Maschinen *lösbar*, andernfalls nicht (*intractable, nicht handhabbar*) [HoMU02, 423 f.].

Tradeoff: Turing-Mächtigkeit

Das Problem, ob eine Turing-Maschine für eine beliebige Eingabe anhält (d. h., ob ein Problem maschinell gelöst werden kann), ist selbst *nicht* maschinell lösbar [Davi58, 70 f.; SaSH92, 212; MaGh87, 166]. Daraus folgt, wegen der dynamischen Äquivalenz, dass Beweise der Terminierung eines Programms nicht ohne weiteres einer Maschine übertragen werden können.[83] Hingegen existieren durchaus an menschliche Adressaten gerichtete Strategien für Terminierungsbeweise [MaGh87, 386 ff.]. Zum Beispiel kommt dafür die Induktion zum Einsatz [Dijk76, 41 ff.; Fefe91, 48 ff.].

Eine Modellierungssprache, deren Äußerungen dynamisch äquivalent zur Turing-Maschine sind, kann Probleme beschreiben, deren maschinelle Lösung nicht mehr möglich ist.[84] Hieraus resultiert, z. B. für Petri-Netze [Pete81, 189 f.; Baum90, 247; BoLT90, 398 f.], die Forderung, die Mächtigkeit der Modellierungssprache (s. Abschnitt 4.2.1) einzuschränken (*Tradeoff* zwischen *Mächtigkeit* und *Entscheidbarkeit*). Es lassen sich dann zwar nicht mehr alle Probleme beschreiben, aber die beschreibbaren sind maschinell lösbar. Dabei impliziert maschinelle Lösbarkeit die Existenz einer klar definierten (mechanisch abarbeitbaren [Göde31, 173]) Vorgehensweise, von der auch Menschen profitieren.

Erst durch Vokabularerweiterungen, z. B. Inhibitorkanten[85], *Switch*, XOR-Transitionen, Prioritäten, *Constraints* oder Schaltzeitpunkte, erlangen Petri-Netze überhaupt Turing-Mächtigkeit [Hack79, 175; Pete81, 202; BoLT90, 398 f.]. Ein Verzicht auf diese Konstrukte hebt nicht nur die Turing-Mächtigkeit auf, sondern reduziert auch die Ausdrucksstärke A(RB, VB), da damit die Propositionen der Literale [P8], [P9], [P12] und[P20] nicht mehr ausgesagt werden können. Insgesamt berührt die Mächtigkeit von Petri-Netzen Fragen der theoretischen Informatik, die die vorliegende Arbeit nicht behandelt.

Eine Modellierungssprache mit eingeschränkter Mächtigkeit stellt nicht sicher, dass keine maschinell unlösbaren Probleme mehr auftreten: Die Frage nach der Gleichheit der Erreichbarkeitsmengen zweier (nicht Turing-mächtiger) Petri-Netze ist unentscheidbar [PrWi03, 24].

---

82) Die Anzahl der benutzten Bandzellen bis zum Anhalten definiert die Speicherkomplexität [MaGh87, 201]; zum Aufbau von Turing-Maschinen s. Anmerkung 73. Da von beliebiger Speichererweiterbarkeit ausgegangen wird, gilt vor allem die Zeitkomplexität als kritisch [MaGh87, 155; HoMU02, 365].

83) [Boeh84, 80 f.] ordnet mathematische Beweise generell als *manuelle* Verifikationstechniken ein.

84) Der *Satz von Rice* besagt, dass jede nicht triviale Eigenschaft von Turing-Maschinen, die nur von der (durch die Turing-Maschine) akzeptierten formalen Sprache abhängt, unentscheidbar sein muss [HoMU02, 392 ff.].

85) [HaPo99, 229] verweisen darauf, dass die Erreichbarkeit bei Inhibitorkanten unter bestimmten Bedingungen entscheidbar ist.

Tradeoff: Ausdrucksstärke

Unentscheidbare Probleme gibt es auch für Modellierungssprachen wie die Prädikatenlogik, auf deren Äußerungen das Konzept der Mächtigkeit nicht anwendbar ist: Ob eine beliebige logische Formel im Prädikatenkalkül erster Stufe aus einer Menge logischer Formeln folgt (oder nicht), kann maschinell nicht bewiesen werden (*Gödel'scher Unvollständigkeitssatz*[86] [Göde31, 174; Davi58, 136; HoMU03, 327 f.]). Eine logische Formel folgt aus einer Formelmenge, wenn sie in allen Modellen dieser Formelmenge gültig ist; solche Formeln heißen *Theoreme* [Kreo91, 99; Herm91, 78]. Die Gültigkeit *beliebiger* logischer Formeln ist also unentscheidbar.

Allerdings können alle Theoreme, d. h. alle *gültigen* Formeln, zu einer Formelmenge im Prädikatenkalkül berechnet werden; deshalb wird gelegentlich von *Semi-Entscheidbarkeit* der Gültigkeit gesprochen [Davi58, 66; Reit80, 104]. Die Unentscheidbarkeit der allgemeinen Gültigkeit ergibt sich daraus, dass für einige *nicht* gültige Formeln maschinell kein Ergebnis erzielt wird.[87]

Für Modellierungssprachen folgt daraus zum einen, dass sich *keine* Konsequenzen ergeben, wenn Maschinen die Äußerungen zum Ermitteln von Theoremen verwenden. Die Trennung der Sekundärzweckarten erweist sich damit als sinnvoll. Maschinellen Theorembeweisen setzt der Gödel'sche Unvollständigkeitssatz jedoch Grenzen. Nicht jede der Möglichkeiten, mit diesen Grenzen umzugehen, hat Konsequenzen für die Modellierungssprache:

In einem *Aussagenkalkül* ist die Erfüllbarkeit[88] einer Formel entscheidbar [Davi58, 139], wenn auch wahrscheinlich nicht mit polynomialem Zeitaufwand (*Satz von Cook*) [HoMU02, 435 ff.; Kreo91, 82]. Beim Übergang von einer Prädikatenlogik erster Stufe zu einer Aussagenlogik gehen die Möglichkeiten, Prädikate, Funktionen und Quantoren auszusagen, verloren [Kreo91, 80]. Daraus leitet sich die Forderung ab, die Ausdrucksstärke einer Modellierungssprache einzuschränken, um maschinelle Lösbarkeit zu erreichen (*Tradeoff* zwischen *Ausdrucksstärke* und *Entscheidbarkeit*[89] [Leve86a, 263]). Dieses Vorgehen greifen z. B. KI-Planungsansätze wie STRIPS auf, die Theorembeweise nur für eingeschränkte logische Formeln (erlaubt sind nur Konjunktion und der Existenzquantor) durchführen [FiNi71, 191 ff.; Nils82, 277].

Erneut garantiert eine reduzierte Ausdrucksstärke nicht Entscheidbarkeit: Zum Beispiel sind Hornformeln spezielle Implikationen, deren Vorbereich aus einer Konjunktion atomarer Formeln und deren Nachbereich aus genau einer atomaren Formel besteht [Kreo91, 94]. Trotz dieser Einschränkungen ist unentscheidbar, ob eine bestimmte atomare Formel aus einer Menge von Hornformeln folgt [Leve86a, 269].

Die Unentscheidbarkeit beim maschinellen prädikatenlogischen Theorembeweisen kann aber auch ohne Eingriffe an der Ausdrucksstärke heuristisch behandelt werden:

---

86) Streng betrifft der Gödel'sche Unvollständigkeitssatz nicht die Prädikatenlogik erster Stufe, sondern eine (äquivalente) „arithmetische Logik" [Davi58, 127]. Außerdem wird nicht von maschinellem Ermitteln gesprochen, sondern von mechanischen (und deshalb Maschinen übertragbaren) Umformungen [Göde31, 173].

87) Dies entspricht dem oben angesprochenen Unterschied zwischen Berechenbarkeit und Entscheidbarkeit.

88) Eine Formel ist erfüllbar, wenn sie durch eine Interpretation zu einer wahren Aussage wird [Kreo91, 66]. Gültigkeit und Erfüllbarkeit fallen in einer Aussagenlogik zusammen [Kreo91, 82].

89) Zwar spricht [Leve86a, 263] von *Tractability*, seine gesamte Argumentation betrifft jedoch nicht die Komplexität, sondern die Frage, überhaupt eine Antwort von einer Maschine zu erhalten. Vermutlich hat er den Begriff *Tractability* ungenau anstelle von *Unsolvability* verwendet.

1. Unentscheidbarkeit ist nur für Maschinen ein „K.-o.-Kriterium", denn Menschen hilft die Intuition beim Beweisen [Laka76, 4; MaGh87, 166]; s. Abschnitt 4.4.2. Gelingt es, diese Intuition in den Prozess des maschinellen Ermittelns einzubeziehen, z. B. durch die Vorgabe von Lemmata [DaSS93, 26] oder durch Nichtdeterminismus beim Umformen [Kowa74, 571], kann dies maschinelle Beweise erleichtern.

2. Die Vorstellung von Theoremen wird gelockert: Sie müssen nicht mehr in *allen* Modellen einer Formelmenge gültig sein, sondern nur noch in einem konkreten Modell (*Model Checking* [HaVa91, 151]). Formeln, deren Wahrheit im Modell nicht nachgewiesen werden kann, gelten als falsch (*Closed World Assumption* [Reit80, 84], *Negation as Failure* [ChMc87, 370]).

3. Die Semi-Entscheidbarkeit macht das maschinelle Beweisen hoffnungslos, wenn die zu beweisende logische Formel *nicht* gültig ist, da die Maschine dann nicht terminiert.[90] Dies legt das heuristische Kriterium nahe, eine Formel immer dann als falsch anzusehen, wenn eine Maschine nach Ablauf einer bestimmten Zeit keinen Beweis gefunden hat.[91] Alternativ kann das maschinelle Beweisen nach einer bestimmten Zeit mit dem Ergebnis „Wahrheitswert unbekannt" abgebrochen werden [Leve86a, 262]. Beide Fälle weichen die Definition von Beweis auf, da die Formel eventuell doch wahr ist.

Die Möglichkeiten 2 und 3 führen eher indirekt zu einer Abkehr vom klassischen Beweis. Dies kann jedoch auch bewusst geschehen, z. B. durch den Übergang vom Beweisen der Wahrheit zum „Glauben" (*Belief*) an Wahrheit, wie er sich in einigen nicht klassischen symbolischen Logiken vollzieht (z. B. *Default Logic* [Reit80, 99], *Propositional Deductive Belief Logic* [Kono83, 380]). Und obwohl die Unentscheidbarkeit am „klassischen" Beweis mit seinen zwei Wahrheitswerten ansetzt [Göde31, 174], führt eine Änderung dieses Begriffs nicht zwangsläufig zu Entscheidbarkeit: Im Standardfall ist die *Default Logic* nicht mehr semi-entscheidbar [Reit80, 104].[92] Die *Propositional Deductive Belief Logic*, eine modale Aussagenlogik, ist unentscheidbar, nutzt aber zur maschinellen Umsetzung des Nachweises von „Glauben" heuristische Einschränkungen der Ressourcen, über die Maschinen verfügen dürfen [Kono83, 380].

Insgesamt zeigt sich, dass Beweisen unabhängig von der Modellierungssprache maschinell nicht lösbar sein kann. Eine Einschränkung der Modellierungssprache garantiert maschinelle Lösbarkeit nicht.[93]

Ermitteln, Beweisen

Vor allem wenn Maschinen[94] das Ermitteln oder Beweisen übernehmen, können sich Rückwirkungen auf Modellierungssprachen ergeben. Ein „genereller Tradeoff zwischen *Tractabil-*

---

90) Unentscheidbarkeit entspricht damit dem ungünstigsten Fall (*worst case*)[Leve86a, 261].

91) Nicht ganz so „intuitiv" wird eine Formel für wahr gehalten, wenn ihre Verwendung zum Ermitteln neuer Aussagen bis zum Erreichen einer Zeitschranke keine Widersprüche produziert hat [Reit80, 88].

92) Dies verwundert nicht, da die *Default Logic* die Prädikatenlogik erster Stufe um *Defaults* erweitert [Reit80, 88].

93) Auch für spezielle Aussagenkalküle existieren unentscheidbare Probleme [Davi58, 140].

94) Wird mit Bezug auf Menschen von *Tractability* gesprochen, dann beziehen sich die Aussagen oft nur auf subjektive Beispiele [Leve86b].

ity und *Expressiveness*" (so z. B. [Halp01, 58]) existiert also nicht. *Tractability* als effiziente maschinelle Lösbarkeit bezieht sich auf Vorgehensweisen zur Problemlösung und damit auf performative Äußerungen (s. Abschnitt 4.2.1 unter Programm, Maschine, Verhalten). Damit betrifft sie Modellierungssprachen (im Sinne dieser Arbeit) nicht.

Mögliche Tradeoffs bestehen zwischen Turing-Mächtigkeit bzw. Ausdrucksstärke und Entscheidbarkeit: Nur bei Modellierungssprachen, für deren Äußerungen dynamische Äquivalenz zur Turing-Maschine besteht, kommt eine Reduktion der Turing-Mächtigkeit in Frage. Wenn Modellierungssprachen künstliche Sprachen der Logik sind und die Äußerungen zum maschinellen Beweisen verwendet werden sollen, dann kann es erforderlich sein, die Ausdrucksstärke zu verringern. Beide Einschränkungen haben zu neuen Modellierungssprachen geführt. Generell gewährleistet aber eine niedrigere Mächtigkeit bzw. Ausdrucksstärke nicht Entscheidbarkeit.

Die Einschränkungen der Modellierungssprachen gehen zwar von maschinellen Adressaten aus, erweisen sich aber auch für Menschen als vorteilhaft: Entscheidbarkeit bedeutet, dass eine Verfahrensvorschrift vorliegt, deren mechanische Abarbeitung das Problem löst. „Nicht inspirierte" Menschen können auf diese Vorschrift zurückgreifen; für sie wird dann das Ermitteln oder Beweisen überhaupt erst möglich (und damit „einfacher").

4.5 Paradigmatische Vervollkommnung

Offene Ursachen

Die Verwendung einer künstlichen Sprache wurde bisher als etwas charakterisiert, das nur der Sprachkonstrukteur genau kennt und worauf er seine Sprachkonstruktion sowohl rational als auch individuell ausrichtet. Korrekturen und Integration, als Ursachen neuer ER-Modelle bzw. Petri-Netze genannt (s. Abschnitt 3.2), passen nicht in dieses Argumentationsmuster: Korrekturen setzen eine Vorstellung darüber voraus, was richtig bzw. falsch oder ungenau ist. Die Integration fasst unterschiedliche Sprachen oder Ideen zusammen. In beiden Fällen richtet sich die Aufmerksamkeit also auf etwas, das jenseits der *einzelnen* Sprache liegt. Dieses Etwas ist das Paradigma.

Paradigma

Der Begriff *Paradigma* wurde 1962 von Thomas S. Kuhn geprägt. Eine eindeutige Definition enthält seine Arbeit nicht, was zu sehr unterschiedlichen Auslegungen [Steg85, 153 ff.] und zu viel Kritik [Steg85, 169 ff.] führte. Verstreut im Originaltext und im Postskriptum aus dem Jahre 1969 [Kuhn97, 186 ff.] finden sich jedoch einige Merkmale, die ein Paradigma besitzen soll: Es leitet die normalwissenschaftliche Tätigkeit einer wissenschaftlichen Gemeinschaft [Kuhn97, 60]. *Statisch* grenzt es somit diese Gemeinschaft von (paradigmatisch) anderen ab [Kuhn97, 188]. *Dynamisch* lassen sich anhand divergierender Paradigmata die Forschungsepochen einer Gemeinschaft unterscheiden.

Gemeinsamkeiten

Ein Paradigma bestimmt also, was eine wissenschaftliche Gemeinschaft vereint [Kuhn97, 187]. Dazu gehören einerseits die *Grundbegriffe*, die als gültig erachteten *Gesetze* und die erlaubten Vorgehensweisen für das *Messen* empirischer Größen [Kuhn97, 54 ff., 194 ff.]. Oft lassen sich diese Gemeinsamkeiten leicht durch Formeln symbolisch verallgemeinern [Kuhn97, 194]. Diese symbolischen Verallgemeinerungen bestimmen die Exaktheit des Paradigmas und der darauf beruhenden Vorhersagen. Daneben umfasst ein Paradigma nicht formalisierbare *Werte*, z. B. Widerspruchsfreiheit, Einfachheit und Nützlichkeit, die eine Gemeinschaft für wichtig hält [Kuhn97, 197 f.]. In der Regel gibt es außerdem *Musterbeispiele*, an denen sich die Gültigkeit des Paradigmas deutlich zeigt [Kuhn97, 198].

Die Paradigmabestandteile, ob formalisierbar oder nicht, und die belegenden Beispiele werden in Lehrbüchern vermittelt. So entsteht die Kommunikations- und Arbeitsgrundlage der Wissenschaftler einer Gemeinschaft [Kuhn97, 25 ff.].

Normalwissenschaft

Die normale wissenschaftliche Arbeit zerfällt in nichttheoretische und in theoretische Tätigkeiten, die allesamt durch das Paradigma gesteuert werden. Die *nichttheoretischen Tätigkeiten* bestehen im Sammeln von Fakten, die das Paradigma stützen, zu seiner Präzisierung beitragen oder die sich mit seinen Vorhersagen vergleichen lassen [Kuhn97, 39 ff.].

Theoretische Tätigkeiten wenden einerseits das Paradigma an, um bestimmte Erscheinungen vorherzusagen [Kuhn97, 43]. Außerdem dienen die gesammelten Fakten dazu, das Paradigma zu modifizieren. Dadurch sollen neue Anwendungen erschlossen oder präzisere Vorhersagen ermöglicht werden [Kuhn97, 44]. Schließlich stellt das Formalisieren des Paradigmas selbst eine eigenständige theoretische normalwissenschaftliche Tätigkeit dar [Kuhn97, 46].

Insgesamt legt das Paradigma also fest, welche Probleme eine wissenschaftliche Gemeinschaft überhaupt interessieren, durch welche Vorgehensweisen und wie exakt sie zu lösen sind [Kuhn97, 51 ff.].

Außerordentliche Wissenschaft

Stehen die normalwissenschaftlich gesammelten Fakten wiederholt im Widerspruch zu den paradigmatisch vorhergesagten, wird dies zunächst innerhalb der Gemeinschaft als Anomalie registriert. Es gibt drei Möglichkeiten, mit diesen Anomalien umzugehen [Kuhn97, 97 ff.]: Oft lässt sich das Paradigma so *reformulieren*, dass es die widersprechende Realität doch erklärt. Gelingt dies nicht, kann die wissenschaftliche Gemeinschaft die „anormalen Probleme“ beim gegenwärtigen Stand des Faches archivieren und die Verantwortung zur Lösung folgenden Generationen übertragen. Eventuell entsteht in der ausgelösten Krise aber auch ein neues Paradigma.

Außerordentliche Wissenschaft findet statt, wenn das neue Paradigma das alte ersetzt. Dafür muss das neue Paradigma Probleme lösen, an denen das alte gescheitert ist, oder eine größere Genauigkeit besitzen. Gleichzeitig soll es möglichst viele Problemlösungen des alten Paradigmas als Spezialfälle erhalten [Kuhn97, 109 ff., 160, 180 f.]. Durch diese simultan erweiternde und integrierende Problemlösungsfähigkeit gewinnt das neue Paradigma Anhänger, während die des alten Paradigmas langsam „aussterben“. Schließlich bleibt nur das neue Paradigma übrig [Kuhn97, 162].

Korrektur, Integration

ER-Modelle bzw. Petri-Netze beruhen (an den Referenzarten deutlich erkennbar) auf disjunkten Begriffswelten und lösen gänzlich verschiedene Probleme (Datenbankentwurf einerseits, Struktur- und Verhaltensbeschreibung von Systemen andererseits). Damit liegen ihnen unterschiedliche Paradigmata zugrunde, die wissenschaftlichen Gemeinschaften sind voneinander *isoliert*.

Die *Korrektur* ist eine Form theoretischer normalwissenschaftlicher Tätigkeit dieser Gemeinschaften: Angestrebt wird eine Erhöhung der Exaktheit, z. B. hinsichtlich der Konstrukte oder dessen, was sie bezeichnen. Diese Ursache trat nur für ER-Modelle auf (z. B. [Webr83, 565; Tabo83, 565; Sinz88, 193; GoHo91, 369; CaHP00, 32]).

Integration fasst mehrere Problemlösungen zusammen. Dies kann sowohl den Beginn eines neuen Paradigmas kennzeichnen als auch normalwissenschaftliche Tätigkeit innerhalb eines Paradigmas:

Ein neues Paradigma führt zur Herausbildung relativ isolierter wissenschaftlicher Gemeinschaften. Die Isolation zeigt sich z. B. in einem Wechsel der Grundbegriffe oder Vorgehensweisen, begleitet durch neuen Tagungen, Zeitschriften und Lehrbücher[95].

So ausgelegt, markiert das ursprüngliche ER-Modell ein neues *Paradigma*, da es alle bis zu diesem Zeitpunkt vorhandenen Datenmodelle als Spezialfälle enthält [Chen76, 10], eine neue Tagungsreihe begründete (s. Abschnitt 3.1.1) und Lehrbücher zum Datenbankentwurf entscheidend prägte (z. B. [BaCN92, ElNa00, Thal00]). Das Aktionsnetz selbst integrierte zwar nicht, initiierte aber ebenfalls eine begrifflich und methodisch neue Denkweise, die in einer eigenen Petri-Netz-Tagungsreihe sowie in Lehrbüchern (z. B. [Pete81, Reis86, Baum90, GiVa03]) aufgegriffen wurde. Es legte damit ebenfalls den Grundstein für ein neues Paradigma.

Alle ER-Modell- bzw. Petri-Netz-Varianten, die aus der Ursache Integration heraus entstanden, führen Ideen oder Modellierungssprachen zusammen, um die Anwendungen der jeweiligen Paradigmata zu erweitern. Dabei handelt es sich um theoretische normalwissenschaftliche Tätigkeiten, die den Zusammenhalt *innerhalb* bestehender wissenschaftlicher Gemeinschaften erhöhen.

Über dem genauen Inhalt normalwissenschaftlicher Tätigkeit liegt nach Kuhns Umschreibungen ein gewisser Nebel. Diesen Mangel behebt die strukturalistische Theorieauffassung, der sich das folgende Kapitel 5 widmet.

---

95) Zu Kennzeichen von Forschungsgemeinschaften vgl. [Steg86b, 110].

Kapitel 5
Theorie der Evolution von Modellierungssprachen

5.1 Auffassungen von Theorie

Erklärung, Gesetz

Das Ziel der vorliegenden Arbeit besteht darin, die Vielfalt der Modellierungssprachen in der Informatik zu erklären (s. Abschnitt 1.1). Es gibt sehr unterschiedliche Arten realwissenschaftlicher Erklärungen [Hemp77; Steg83, 110 ff., 1027 ff.]. Unumstritten (vgl. die Argumentation in [Steg83]) sind lediglich deduktiv-nomologische *Erklärungen*, bei denen der zu erklärende Tatbestand logisch aus der Anwendung mindestens eines Gesetzes folgt [HeOp48, 11 f.].

Unter realwissenschaftlichen *Gesetzen* werden generelle, räumlich und zeitlich uneingeschränkte empirische Wenn-dann-Aussagen verstanden, die sich gut bewährt haben. Die Bestandteile dieser Definition haben folgende Auswirkungen bzw. Hintergründe [Hemp77, 8 ff.; Steg83, 346 ff.; Opp02, 37 ff.; Wein78, 69; Bung02, 391 ff.]:

- Als *Aussagen* (s. Abschnitt 1.2) besitzen Gesetze einen Wahrheitswert [Opp02, 37]. Diese Wahrheit ergibt sich faktisch (s. Abschnitt 1.2), da realweltliche Sachverhalte über ebensolche Referenzen behauptet werden [HeOp48, 23; Bung02, 561]. Ein logisch korrekter und deshalb formal wahrer Schluss (s. Abschnitt 4.4.2 unter **Symbolische Logik**) reicht also für ein realwissenschaftliches Gesetz nicht aus [vKut72a, 257; Opp02, 182]. Tautologien[1], z. B. „Alle Junggesellen sind unverheiratet" [vKut72b, 329], fallen ebenfalls nicht unter diesen Gesetzesbegriff: Sie resultieren aus Begriffsdefinitionen [Kuhn97, 195], die zu den performativen, nicht wahrheitsfähigen illokutionären Sprechakten gehören (s. Abschnitt 1.2).
- Die Feststellung der faktischen Wahrheit[2] setzt Prüfkriterien für das empirische Zutreffen[3] voraus [Popp73, 21; Opp02, 37]. Zum Beispiel ist die Aussage „Alles Seiende ist sinnhaft" wegen ihrer Unklarheit nicht überprüfbar und damit kein Gesetz. Wiederholtes Zutreffen

---

1) Tautologien heißen auch *analytisch wahre Sätze* [Opp02, 145; vKut72b, 329]. „Analytisch wahr" meint die Zuweisung, die sprechakttheoretisch nicht wahrheitsfähig ist.

2) Die Adäquationstheorie (s. Abschnitt 1.2 unter **Bedeutung, Behauptung** ...) eignet sich nicht immer zur Feststellung der faktischen Wahrheit und wird auch nicht standardmäßig akzeptiert.

3) Kritisch dazu [vKut72b, 342 f.]. Siehe auch unter **T-theoretisch** in diesem Abschnitt.

der Aussage führt zur ***Bewährung*** des Gesetzes [HeOp48, 11; Bung02, 410], gescheiterte Überprüfung hingegen zur ***Falsifikation*** [Popp73, 8].

- Gesetze behaupten, dass ein Sachverhalt ***generell*** für unendlich viele Objekte gilt, selbst wenn aktuell nur eine endliche Anzahl bekannt ist [Hemp77, 10 f.]. Dies entspricht der Forderung, dass die Gesetzesformulierung einen Allquantor enthalten muss [HeOp,48 27 f.; vKut72b, 330]. Gesetze verallgemeinern also.
- Obwohl „Alle Äpfel in diesem Korb sind rot." eine Allaussage trifft, handelt es sich dabei, wegen der unzulässigen räumlichen Einschränkung auf den Korb, nicht um ein Gesetz [HeOp48, 23; Hemp77, 12 f.]. Zeitliche Einschränkungen sind ebenfalls nicht erlaubt [vKut72b, 330 f.].
- Deduktive Erklärungen sind Folgerungen, die mittels des Modus Ponens bzw. Tollens konditional ermittelt werden (s. Tabelle 4.20 in Abschnitt 4.4.2). Das konditionale Schließen führt zur ***Wenn-dann-Form***[4] [Steg83, 320 f.], in der sich alle Gesetze darstellen lassen [HeOp48, 23; Wein78, 71 ff.]. Dabei betrifft die Wenn-Komponente die Anfangsbedingungen des Gesetzes und die Dann-Komponente den zu erklärenden Tatbestand [HeOp48, 23]. Beide Komponenten unterliegen der faktischen Wahrheit [HeOp48, 11; Opp02, 182].

Klassische Theorie

Oft werden mehrere, verbundene Gesetze benötigt, um reale Tatbestände zu erklären [Hemp77, 17 f.]. Manche Definitionen verbieten deshalb von vornherein isolierte Gesetze (z. B. [Bung02, 403 ff.]).

Eine Menge zusammenhängender Gesetze entspricht der ***klassischen*** Auffassung von ***Theorie*** [Opp02, 39; vKut72a, 253; Snee76, 119]. Die innertheoretischen Zusammenhänge entstehen, weil die Gesetze dieselben Untersuchungsobjekte betreffen, identische Grundbegriffe und Annahmen verwenden oder zueinander in Folgerungsbeziehungen[5] stehen [Bung02, 446 ff.].

Annahmen sind definitorische Festlegungen, die Grundbegriffe oder andere Annahmen einer Theorie miteinander verknüpfen. Als performative Sprechakte sind sie nicht wahrheitsfähig (s. Abschnitt 1.2), sondern zweckmäßig für die Formulierung der Gesetze. Die Wenn-Komponente von Gesetzen darf Grundbegriffe und Annahmen sowie Dann-Komponenten anderer Gesetze enthalten. Konditional können aus den zusammenhängenden Gesetzen und Annahmen neue Aussagen gefolgert werden. Insgesamt bildet eine klassische Theorie damit ein deduktiv geschlossenes System von Aussagen [Bung02, 463].

Theorie: Anforderungen

Realwissenschaftliche Theorien müssen bestimmten Anforderungen genügen: Zum einen soll die Struktur einer Theorie klar und konsistent sein. Eine ***klare Theorie*** definiert alle Grundbegriffe präzise und kennzeichnet eindeutig, was sie als Gesetz bzw. Annahme versteht [Opp02, 216 f.]. Konsistenz betrifft zum einen die Folgerungsbeziehungen zwischen Gesetzen (*interne Konsistenz*): Diese müssen korrekt abgeleitet und widerspruchsfrei sein [Bung02, 496; Popp73,

---

4) Da gilt $(a \Rightarrow b) \Leftrightarrow \neg(a \wedge \neg b)$ [Herm91, 54], ist die Wenn-dann-Form nicht zwingend [HeOp48, 23].

5) Da neue ***wahre*** Gesetze entstehen sollen und dies ***Folgerungen*** erfordert, spreche ich bewusst nicht von „Ableitung". Zu Ableitungen und Folgerungen s. Abschnitt 4.4.2 unter **Symbolische Logik**.

7]. Bei einem Widerspruch lassen sich in einer Theorie sowohl eine Aussage als auch die Negation dieser Aussage folgern [Tars77, 144; Bung02, 496]. *Externe Konsistenz* verlangt, dass die Aussagen der Theorie nicht denen *anderer* Theorien widersprechen [Bung02, 497].

Anders als bei Gesetzen sind Folgerungsbeziehungen zwischen den Grundbegriffen oder Annahmen nicht erwünscht [Bung02, 499 f.; Eich79, 82 ff.]. Diese *Unabhängigkeit* (s. Abschnitt 4.2.1) hält die Theorie klein. An Abhängigkeiten scheitert eine Theorie jedoch nicht.

Die bisher genannten Anforderungen gelten für alle Theorien (z. B. [Tarsk77, 126 ff.]). Von einer realwissenschaftlichen Theorie werden zusätzlich *empirisch bewährte Gesetze* [Steg86a, 355] mit hohem *Informationsgehalt* gefordert [Opp02, 217 f.]. Dieser liegt vor, wenn die Theorie einen weiten Anwendungsbereich besitzt, für den sie viele Tatbestände detailliert erklärt. Ein weiter Anwendungsbereich ergibt sich aus Gesetzen mit einer wenig restriktiven Wenn-Komponente [HeOp48, 32; Opp02, 147 f.]. Detaillierte Erklärungen entstehen, wenn die Dann-Komponente der Gesetze viele präzise Konsequenzen spezifiziert [HeOp48, 32; Opp02, 148 f.].

Axiomatisierung

Festzustellen, ob eine natürlichsprachig formulierte realwissenschaftliche Theorie die genannten Anforderungen erfüllt, ist außerordentlich schwierig: Annahmen und Gesetze „verstecken" sich in mehrbändigen Werken und besitzen beträchtlichen individuellen Interpretationsspielraum. Folgerungen beruhen auf kognitiven Prozessen, was die Prüfung auf interne Konsistenz erschwert.

Deshalb übernahm die Philosophie die axiomatische Methode der Mathematik und begann, Theorien zu *axiomatisieren*. Da Theorien deduktiv geschlossene Systeme von Aussagen sind und symbollogische Umformungen direkt beobachtet werden können, gibt es Axiomatisierungen, die direkt in einem Prädikatenkalkül argumentieren [Bung02, 463; vKut72a, 255]. Dies geschieht im Folgenden, da die erforderlichen prädikatenlogischen Begriffe bereits in Abschnitt 4.2.1 eingeführt wurden. Eine Einschränkung auf den Prädikatenkalkül erster Stufe ist dabei nicht zwingend erforderlich [Bung02, 463]; mehr wird hier jedoch nicht benötigt.

Die *Struktur* einer so axiomatisierten Theorie besteht aus einer Menge prädikatenlogischer Formeln; alle logischen Konnektoren und Quantoren dürfen jetzt auf Literale angewendet werden (s. Abschnitt 4.2.1). Die logischen Formeln sind entweder *Axiome*, also Grundbegriffe bzw. Annahmen, oder Gesetze. Letztere zeigen sich definitionsgemäß als allquantifizierte logische Implikationen [Zele93, 18].

Die Interpretation (s. Abschnitt 4.2.1) der prädikatenlogischen Formeln stellt den empirischen Bezug der Theorie her [Bung02, 470; vKut72a, 255]. Allerdings werden jetzt keine formalen, sondern realweltliche Subjekte, Prädikate und Funktionen zugeordnet (*materiale Interpretation*). Diese Zuordnung verlässt den Bereich der Prädikatenlogik und ist damit in gewisser Weise „nebulös". Dennoch stecken die materialen Interpretationen, die alle Formeln in faktisch wahre Aussagen überführen, also die *faktischen Modelle*, den Gültigkeitsbereich der Theorie eindeutig ab [Bung02, 477, 493].

Da es aus dem Kontext hervorgeht, wird im Rest des Kapitels auf die Kennzeichnung der Modelle als faktisch verzichtet. Vereinfachend entfällt auch der Hinweis, dass hier prädikatenlogische Formeln betrachtet werden.

T-theoretisch

Material interpretierte Terme bzw. Formeln (s. Abschnitt 4.2.1 unter Literale) heißen *Beobachtungsgrößen* [vKut72a, 259 f.]. Diese Größen müssen prinzipiell empirisch prüfbar sein. Empirische Überprüfbarkeit erfordert jedoch nicht die unmittelbare sinnliche Wahrnehmbarkeit der realen Tatbestände, für die die Größen stehen: Zum Beispiel sind Elektronen, Quarks und Bewusstsein nicht direkt beobachtbar [Steg86a, 317, 419]. Vielmehr legt jede Wissenschaftsdisziplin als Teil der paradigmatischen Grundbegriffe (s. Abschnitt 4.5 unter Gemeinsamkeiten) ihre Beobachtungsgrößen fest, zusammen mit einer Messvorschrift [vKut72a, 261 ff.; Steg86a, 316 ff.]. Die Messvorschrift definiert, wie die Beobachtungsgrößen zu bestimmen sind. Damit ist das Problem, die faktische Wahrheit ermitteln zu müssen, durch die definierte Messung gelöst [Steg86a, 322 ff., 314].

Es gibt Beobachtungsgrößen, deren Messvorschrift voraussetzt, dass die Theorie T gilt.[6] Solche Beobachtungsgrößen heißen theoretisch bezüglich der Theorie T (kurz: *T-theoretische Größen*[7]) [Snee76, 135; Steg85, 31 ff.; Steg86b, 32 ff.]. Beim Vorliegen T-theoretischer Größen gerät die empirische Überprüfung der axiomatisierten Theorie T in einen epistemologisch unzulässigen Zirkel: Die Theorie setzt sich selbst voraus.

Der Strukturalismus bietet ein Vorgehen, um aus diesem Zirkel auszubrechen. Außerdem erfüllen strukturalistische Theorien immer die Anforderung der Klarheit, ihre interne Konsistenz und ihr Gültigkeitsbereich lassen sich leicht feststellen. Deshalb wird die Theorie der Evolution von Modellierungssprachen strukturalistisch formuliert. Die folgende Skizze des Strukturalismus legt dafür den Grundstein.

Strukturalismus

Axiomatisierte realwissenschaftliche Theorien bestehen aus der – in Formeln ausgedrückten – Struktur und dem empirischen Bezug, der sich in den Modellen der Struktur (also besonderen Interpretationen) zeigt. Beide Bestandteile spiegeln sich im Kern $K = \langle M_p, M, M_{pp} \rangle$ strukturalistischer Theorien $Th = \langle K, I \rangle$ wider: Er umfasst (in einer bestimmten Reihenfolge) mehrere Mengen von Modellen einer systematisierten Menge von Formeln. In der Systematik der Formelmenge zeigt sich die Unterscheidung zwischen ***terminologischem Apparat*** (Grundbegriffe und Annahmen), Gesetzen und T-theoretischen Größen [Snee76, 123; Steg86b, 46 f.]:

Die Menge M_p enthält alle ***potenziellen Modelle***, die dem terminologischen Apparat der Theorie genügen. Potenzielle Modelle, die zusätzlich alle Gesetze der Theorie erfüllen, bilden die Menge *M* der ***(Theorie-) Modelle*** ($M \subseteq M_p$). Enthält eine Theorie mehrere Gesetze, dann werden diese konjunktiv zum ***Fundamentalgesetz*** verknüpft.

Die Menge M_{pp} der ***partiellen potenziellen Modelle*** entsteht dadurch, dass aus der M_p zugrunde liegenden Formelmenge alle T-theoretischen Größen entfernt werden [Sneed76, 123 f.; Steg85, 66]. Die Bestandteile eines partiellen potenziellen Modells sind damit zirkelfrei messbar („beobachtbar“).

---

6) Stehen z. B. zur Messung des Gewichts nur Balkenwaagen zur Verfügung, dann ist das Gewicht eine solche T-theoretische Größe innerhalb der Theorie „archimedische Statik“ [Steg86b, 22, 34 ff.].

7) [Steg85, 31 ff.; vKut72a, 264 f.] sprechen von T-theoretischen *Termen*. Da aber auch Prädikate T-theoretisch sein können [Zele93, S. 112], wird hier der allgemeinere Begriff „Größe“ verwendet.

Grob besteht die *empirische Behauptung* der Theorie Th darin, dass die partiellen potenziellen Modelle M_{pp} zu Modellen M der Theorie ergänzt werden können, also das Fundamentalgesetz einhalten. Die Präzisierung dieser Behauptung erfordert eine *Restriktionsfunktion* $r: M_p \rightarrow M_{pp}$, welche die Menge der potenziellen Modelle durch Entfernen der T-theoretischen Größen in die Menge der partiellen potenziellen Modelle überführt [Snee76, 124].

Typischerweise ist die „Allgemeingültigkeit" realwissenschaftlicher Gesetze und damit auch der Theorien auf bestimmte Anwendungsbereiche begrenzt [Zele93, 50; Bung02, 394]. Den angestrebten Gültigkeitsbereich spezifizieren strukturalistische Theorien durch die *Menge I intendierter Anwendungen*. Diese Anwendungen müssen in der Form partieller potenzieller Modelle gegeben sein ($I \subseteq M_{pp}$)[8], so dass sie tatsächlich nur Größen enthalten, die ohne Rückgriff auf die zu prüfende Theorie ermittelt werden können [Steg86b, 47]. Empirisch behauptet die strukturalistische Theorie dann, dass es für alle intendierten Anwendungen Erweiterungen (durch die Hinzunahme der T-theoretischen Größen) zu Modellen gibt: $I \subseteq r(M)$ [Steg86b, 50 f., 64 f.].

Die behauptete Existenz von Erweiterungen lässt sich streng genommen nicht falsifizieren, sondern nur verifizieren. In der Regel liefern strukturalistische Theorien initial exemplarische Verifikationen mit, und zwar in Form von Anwendungen I_0 ($I_0 \subseteq I$), die mit Sicherheit als Modelle der Theorie gelten. Diese Anwendungen I_0 heißen *paradigmatische Ausgangsbeispiele* [Snee76, 130; Steg86b, 47].

Insgesamt kann sich die Menge I durch neue oder wegfallende Anwendungen verändern [Steg86b, 47]. Vor allem der terminologische Apparat einer Theorie legt, durch seine Grundbegriffe und Annahmen, bestimmte Anwendungen nahe und schließt andere eher aus; die Theorie „sucht" sich also ihre Anwendungen (*Autodetermination* [Steg85, 224ff.; Kuhn97, 152]).

Viele strukturalistische Theorien besitzen mehr als eine intendierte Anwendung. Sofern sich diese Anwendungen überlappen, definiert der Strukturalismus zusätzlich *Querverbindungen C* [Snee76, 124; Steg86b, 56 ff.]. Klassische Theorien kennen diese Querverbindungen nicht. Nach strukturalistischer Auffassung gehört die Menge C zum Theoriekern und verbietet bestimmte Kombinationen potenzieller Modelle der Menge M_p [Steg86b, 57]. Damit lässt sich eine strukturalistische Theorie zusammenfassend wie folgt definieren [Snee76, 125]:

(i) $Th = \langle K, I \rangle$

(ii) $K = \langle M_p, M, M_{pp}, C \rangle$

(iii) $I \subseteq M_{pp}$

Theorienetz

Klassische Theorien bleiben voneinander isoliert. Der Strukturalismus ermöglicht es hingegen, Zusammenhänge zwischen Theorien, zu einem bestimmten Zeitpunkt oder im Zeitablauf, herzustellen. Dabei wird jede Theorie Th als Theorieelement gesehen, das zu anderen Theorieelementen in einer Spezialisierungsbeziehung steht. Ein *Theorienetz* $TN = \langle TE, SP \rangle$ geht aus einer Menge TE von *Theorieelementen* und der *Spezialisierungsrelation* $SP \subseteq TE \times TE$ hervor [Snee76, 127; Steg86b, 102; Zele93, 152].

8) Werden nicht individuelle Anwendungen betrachtet, sondern Anwendungsarten, ist die Potenzmenge pot der Menge aller partiellen potenziellen Modelle zu verwenden: $I \subseteq pot(M_{pp})$ [Steg86b, 47 f.].

Elemente der Spezialisierungsrelation sind geordnete Tupel ($te^{(1)}$, $te^{(2)}$) von Theorieelementen ($te^{(1)}, te^{(2)} \in TE$), so dass das Theorieelement $te^{(2)}$ eine Spezialisierung des Theorieelements $te^{(1)}$ darstellt bzw. umgekehrt $te^{(1)}$ eine Erweiterung von $te^{(2)}$. Es reicht also aus, die Spezialisierungsrelation zu betrachten, da sie die komplementäre Erweiterungsrelation implizit definiert [Zele93, 151].

Seien $te^{(1)} = <K^{(1)}, I^{(1)}>$ und $te^{(2)} = <K^{(2)}, I^{(2)}>$ Theorieelemente. Das Theorieelement $te^{(2)}$ ist genau dann eine *Spezialisierung* von $te^{(1)}$, d. h. $(te^{(1)}, te^{(2)}) \in SP$, wenn [Steg86b, 101 f.; Snee76, 126; Zele93, 161]:

(i) $M_{pp}^{(2)} \subseteq M_{pp}^{(1)} \wedge M_{p}^{(2)} \subseteq M_{p}^{(1)} \wedge M^{(2)} \subseteq M^{(1)} \wedge C^{(2)} \subseteq C^{(1)} \wedge I^{(2)} \subseteq I^{(1)}$ **und**

(ii) $M^{(2)} \subset M^{(1)} \vee M_{p}^{(2)} \subset M_{p}^{(1)} \vee C^{(2)} \subset C^{(1)} \vee I^{(2)} \subset I^{(1)}$.

Dabei garantiert (ii) die Verschiedenheit[9] der Theorieelemente $te^{(1)}$ und $te^{(2)}$.

Spezialisierungen können in Mischformen [Zele93, 160 ff.] oder rein vorliegen. *Reine Spezialisierungen* zeichnen sich dadurch aus, dass innerhalb der Disjunktion (ii) *genau eine* echte Teilmengenbeziehung auftritt und für alle nicht spezialisierten Theoriebestandteile in (i) die Gleichheit gilt [Zele93, 160 ff.]. Folgende Formen reiner Spezialisierung lassen sich unterscheiden [Snee76, 126; Zele93, 162 ff.; Steg86b, 101 f.]:

- Bei einer *reinen Gesetzesspezialisierung* ($M^{(2)} \subset M^{(1)}$) führt eine Verschärfung des Fundamentalgesetzes in $te^{(2)}$ zu einer Verkleinerung der Modellmenge $M^{(2)}$ gegenüber $M^{(1)}$.
- *Reine Terminologiespezialisierungen* ($M_{p}^{(2)} \subset M_{p}^{(1)}$) verkleinern den terminologischen Apparat in $te^{(2)}$ gegenüber $te^{(1)}$, indem sie z. B. redundante (mehrfach äquivalent vorhandene) oder abundante (nicht benötigte) Grundbegriffe bzw. Annahmen entfernen.
- Eine *reine Querverbindungsspezialisierung* ($C^{(2)} \subset C^{(1)}$) verschärft die Bedingungen für überlappende Anwendungen in $te^{(2)}$ und schränkt dadurch die Menge aller Kombinationen potenzieller Modelle ein.
- Reine *Anwendungsspezialisierungen* ($I^{(2)} \subset I^{(1)}$) verkleinern die Menge intendierter Anwendungen in $te^{(2)}$ gegenüber $te^{(1)}$.

Normalwissenschaft

Theorienetze mit den Spezialisierungs- bzw. Erweiterungsrelationen zwischen den einzelnen Theorieelementen ermöglichen eine eingängige Konkretisierung der Kuhn'schen Vorstellungen von Normalwissenschaft und Paradigma (s. Abschnitt 4.5): Nichttheoretische normalwissenschaftliche Tätigkeiten prüfen, ob – wie behauptet – bestimmte intendierte Anwendungen Modelle eines Theorieelements darstellen. Im positiven Fall wird *empirischer Fortschritt* erzielt, der gegebenenfalls die Menge intendierter Anwendungen insgesamt *erweitert* [Steg86b, 114]. Fehlgeschlagene Erweiterungen („Widerlegungen") lösen hingegen theoretische normalwissenschaftliche Tätigkeiten, nämlich Spezialisierungen, aus: Es entstehen neue Theorieelemente,

9) Wird für eine Theoriespezialisierung lediglich (i) gefordert, so besteht durch die Verwendung der unechten Teilmenge die Möglichkeit, zwei identische Theorieelemente in eine Spezialisierungsrelation zu stellen [Zele93, 169, Anmerkung 11]. [Steg86b, 101] schließt diesen Fall verbal durch die Formulierung „Im Normalfall wird es sich dabei um echte Teilmengen handeln." aus.

die z. B. die „widerspenstigen" Anwendungen nicht mehr enthalten (*empirischer Rückschritt*) oder speziellere Gesetze (einschließlich neuer Annahmen) bzw. schärfere Querverbindungen aufweisen (*theoretischer Fortschritt* [Steg86b, 114 f.]).

Wiederholt fehlschlagende Anwendungsprüfungen können schließlich zum Verschwinden von Theorieelementen führen. Insbesondere Theorieelemente, die aus einer Gesetzes- bzw. Querverbindungsspezialisierung hervorgegangen sind, müssen als „nicht zutreffend" preisgegeben werden [Steg85, 254].

Die gesamte *Normalwissenschaft* arbeitet also in einem (veränderlichen) Theorienetz. Das *Paradigma* ist dasjenige Theorieelement (*Basiselement*), aus dem alle anderen durch Anwendungserweiterung oder Kernspezialisierung entstehen [Snee76, 130 f.; Steg86b, 116 f.]. Außerordentliche Wissenschaft hingegen ersetzt ein Theorienetz durch ein anderes [Zele93, 174 f.]. Bei der Theorieüberprüfung (s. Abschnitt 5.3) wird sich die Charakterisierung der normalwissenschaftlichen Tätigkeiten als nützlich erweisen. Zuvor fasst Abschnitt 5.2 die Ergebnisse der hier durchgeführten Untersuchung als strukturalistisches Theorieelement zusammen.

5.2 Theorieformulierung

Vereinfachungen

Der vorliegende Abschnitt enthält den terminologischen Apparat, d. h. die Grundbegriffe und Annahmen, sowie die Gesetze der Evolution von Modellierungssprachen als strukturalistisches Theorieelement. Auf die empirische Bewährung der Gesetze geht Abschnitt 5.3 ein. Leser/-innen, die diese Bewährung als nicht ausreichend empfinden, können die Gesetze auch auf der Vorstufe gesetzesartiger Aussagen (s. Abschnitt 1.1) ansiedeln.

Anders als in Abschnitt 5.1 dargelegt, enthält der Theoriekern weder Querverbindungen noch partielle potenzielle Modelle. Querverbindungen fehlen, da die untersuchten Anwendungen, ER-Modelle und Petri-Netze, voneinander unabhängig sind. Partielle potenzielle Modelle sind nur erforderlich, wenn T-theoretische Größen existieren. Die folgenden Erläuterungen werden zeigen, dass es solche Größen hier, wie in einigen anderen realwissenschaftlichen Theorien [Zele93, 262 ff.], nicht gibt.

Das Theorieelement Th = <K, I> der Evolution von Modellierungssprachen lässt sich also durch den einfacheren Kern K = <M_p, M> und die intendierten Anwendungen I beschreiben. Tabelle 5.1 zeigt, welche logischen Formeln den terminologischen Apparat abgrenzen und so die Menge M_p der potenziellen Modelle begründen. Potenzielle Modelle, die zusätzlich das Fundamentalgesetz erfüllen, bilden die Modellmenge M.

In der Axiomatisierung realwissenschaftlicher Theorien liegt auch eine Gefahr: Die Exaktheit der strukturbestimmenden logischen Formeln suggeriert eine Präzision, die der materialen Interpretation nicht innewohnt. Deshalb habe ich einige Prädikate (z. B. r_versteh/s_versteh, sprachgemeinschaft, paradig_vollkomm) bewusst nicht näher spezifiziert.

Zudem mag eine Menge logischer Formeln präzise sein, sie ist jedoch nicht für jeden verständlich. Damit der vorliegende Abschnitt seiner Rolle als Zusammenfassung gerecht werden kann, enthält er einerseits eine natürlichsprachige Erläuterung des Theorieelements. Vermutlich gehen damit Mehrdeutigkeiten einher, welche die Formalisierung in Tabelle 5.1 beseitigen soll. Gleichzeitig ermöglicht die Tabelle eine schnelle Orientierung innerhalb der Arbeit, da sie auf die Abschnitte verweist, die sich detailliert mit den Grundbegriffen, Annahmen und Gesetzen beschäftigen.

Formalisierung, Deklaration

Die Formalisierung basiert auf einer sortierten Prädikatenlogik erster Stufe (s. Abschnitt 4.2.1). Zuerst werden die Subjekt-, Prädikaten- und Funktionsvariablen deklariert, die in den logischen Formeln der Annahmen und Gesetze erscheinen. Durch das Ausschreiben der Variablennamen im erläuternden Text entstehen direkte Bezüge zwischen Zusammenfassung und Formeln.

Vereinfachend werden die sortenspezifischen Prädikate gleich (=), größer als oder gleich (≥) sowie sowie größer als (>) nicht deklariert. Neben dem normalen Existenzquantor ist der numerische Quantor $\exists_n$ als Abkürzung für „Es existieren genau n" zulässig [Tars77, 74 ff.]. Sorten können mithilfe von set_of() aus Subjekten einer anderen Sorte konstruiert werden.[10] Jedes Element der so konstruierten Sorten erfüllt das (nicht deklarierte) Prädikat element(). Für die Notation der Formeln sei Folgendes vereinbart:

- Verschieden benannte Subjektvariablen repräsentieren unterschiedliche Subjekte.
- Klammern werden so weit wie möglich eingespart. Als Regeln dafür gelten [Herm91, 40]:
  - Die Junktoren $\wedge$ und $\vee$ binden stärker als die Junktoren $\Rightarrow$ und $\Leftrightarrow$. Damit stellt $A \wedge B \Rightarrow C$ eine Vereinfachung von $(A \wedge B) \Rightarrow C$ dar.
  - Iterierte $\wedge$ – bzw. $\vee$ –Verbindungen sind von links her zu klammern. Folglich ist $A \wedge B \wedge C$ eine Vereinfachung von $(A \wedge B) \wedge C$.
  - Der im Verhältnis zwischen $\Leftrightarrow$ und $\Rightarrow$ jeweils untergeordnete Junktor ist stärker eingerückt. Bei Mehrdeutigkeit werden Klammern gesetzt.

Grundbegriffe

Die Grundbegriffe des Theorieelements sind allesamt nicht T-theoretisch, da ihre Messkriterien vollkommen unabhängig von der Evolutionsuntersuchung in anderen Wissenschaftsdisziplinen aufgestellt wurden. Innerhalb der Grundbegriffe lassen sich originäre und derivative unterscheiden. Konstrukt, Verknüpfungsregel, Äußerung, Referenz, Sachverhalt, Maschine, Mensch, Information, Wahrheitswert und Literal bilden die *originären Grundbegriffe* des Theorieelements. Dabei stehen Konstrukt, Referenz und Sachverhalt sprachlich abkürzend für Konstrukt-, Referenz- und Sachverhalt*art*.

Konstrukte sind entweder Zeichen oder in mindestens zwei Dimensionen charakterisierte geometrische Objekte. Zeichen dürfen durch Aneinanderreihung *verknüpft* werden, geometrische Objekte durch Anordnung. Diese (Mess-) Kriterien orientieren sich an der Linguistik. Unter einen endlichen Menge verknüpfter Konstrukte wird dort eine *Äußerung* verstanden.

Hauptsächlich die sprachphilosophische Sprechakttheorie trennt *Referenzen*, die allein existieren können, von *Sachverhalten*, die sich immer auf Referenzen beziehen.

10) Durch konstruierte Sorten fließen Ansätze einer höheren Logik ein: Sofern set_of() als Funktion aufgefasst wird, generalisiert jede allquantifizierte Subjektvariable der konstruierte Sorte eine Funktion.

Theorieelement der Evolution von Modellierungssprachen **Tab. 5.1**

Terminologischer Apparat (determiniert die Menge M_p potenzieller Modelle)	
Sorten (Variablen)	**Abschnitt**
konstrukt (k, k_1, k_2, k_n, k_v), verknüpf_regel (v, v_v)	3.1.2
referenz (r, r_1, r_n, r_v), sachverhalt (s, s_1, s_n, s_v)	1.2
maschine (d), mensch (h)	4.2.1
information (i)	—
literal (l, l_1)	4.2.1
mod_sprache (m, m_v, m_z)	1.1, 1.2
äußerung (ä)	1.2
wahrheitswert (w), pos_rat_zahl	—
Prädikatenvariablen	**Abschnitt**
m_sprache: mod_sprache	Hilfsvariable
s_bezeich: mod_sprache konstrukt sachverhalt *r_bezeich*: mod_sprache konstrukt referenz	1.2, 4.1, 4.3.3
behaupten: sachverhalt referenz	1.2
s_versteh: mensch sachverhalt *r_versteh*: mensch referenz	4.3.2
sprachgemeinschaft: mod_sprach mensch	2.2
s_speziell, *s_generell*: sachverhalt *r_speziell*, *r_generell*: referenz	2.2
vokabular: mod_sprache konstrukt	1.1
syntax: mod_sprache konstrukt konstrukt verknüpf_regel	1.1
notation: mod_sprache konstrukt konstrukt verknüpf_regel	3.1.2
variante: mod_sprache mod_sprache	3.1.1
k_spez, *k_neu*, *v_neu*, *v_verschärf*, *k_verschärf*: mod_sprache mod_sprache	3.3
v_bedingung: mod_sprache verknüpf_regel *k_bedingung:* mod_sprache konstrukt	3.3
sek_verwend: mod_sprache	4.4.1
ausdruckseffizienz, *kognitve_effizienz*, *konstrukt_effizienz*: mod_sprache	4.3.3
paradig_vollkomm: mod_sprache	4.5
manuell: mensch äußerung *automatisch*: maschine äußerung *speichern*: äußerung mod_sprache *übersetzen*: äußerung mod_sprache mod_sprache *ermitteln*: äußerung mod_sprache information *beweisen*: äußerung mod_sprache wahrheitswert	4.4.1
Funktionsvariablen	**Abschnitt**
r_bezeichnen: mod_sprache konstrukt → referenz *s_bezeichnen*: mod_sprache konstrukt → sachverhalt	4.3.3
verschmelzen: konstukt ... konstrukt → konstrukt	3.3
imaginär_ref: referenz .... referenz → referenz	Hilfsvariable
RB: → set_of(literal)	4.2.1
A: set_of(literal) mod_sprache → pos_rat_zahl	4.2.1

Theorieelement der Evolution von Modellierungssprachen **Tab. 5.1**

Annahmen	**Inhalt**
$\forall m$ $\exists k_1: vokabular(m, k_1) \wedge \exists k_2: vokabular(m, k_2) \wedge \exists v: syntax(m, k_1, k_2, v) \wedge notation(m, k_1, k_2, v)$ $\wedge \exists r: r\_bezeich(m, k_1, r) \wedge \exists s: s\_bezeich(m, k_2, s) \wedge behaupten(s, r)$ (T1a) $\forall m: m\_sprache(m)$ (T1b) $\forall m \exists_n k: vokabular(m, k)$ (T2) $\forall m, k, r, s: r\_bezeich(m, k, r) \Leftrightarrow \neg s\_bezeich(m, k, s)$ (T3) $\exists k, k_1, .., k_n: verschmelzen(k_1,\ldots, k_n) = k \Rightarrow \exists m: vokabular(m, k)$ (T4) $\exists r, r_1, \ldots, r_n: \text{imaginär\_ref}(r_1,\ldots, r_n) = r$ (T5) $\forall r: r\_generell(r) \Leftrightarrow$ $\exists m, \forall k, h: r\_bezeich(m, k, r) \wedge sprachgemeinschaft(m, h) \Rightarrow r\_versteh(h, r)$ (T6a) $\forall s: s\_generell(s) \Leftrightarrow$ $\exists m, \forall k, h: s\_bezeich(m, k, s) \wedge sprachgemeinschaft(m, h) \Rightarrow s\_versteh(h, s)$ (T6b) $\forall r: r\_speziell(r) \Leftrightarrow \neg r\_generell(r)$ (T7a) $\forall s: s\_speziell(s) \Leftrightarrow \neg s\_generell(s)$ (T7b)	Modellierungssprache
$\forall m, m_v: variante(m, m_v) \Leftrightarrow$ $k\_spez(m, m_v) \vee k\_neu(m, m_v) \vee v\_neu(m, m_v) \vee \text{v\_verschärf}(m, m_v) \vee \text{k\_verschärf}(m, m_v)$ (T8)	Variante
$\forall m, m_v: k\_spez(m, m_v) \Leftrightarrow$ $\exists k: vokabular(m, k) \wedge (\exists k_v: vokabular(m_v, k_v) \wedge \neg vokabular(m, k_v)) \wedge$ $((\exists r_v, r: r\_bezeich(m_v, k_v, r_v) \Rightarrow r\_bezeich(m, k, r)) \vee$ $(\exists s_v, s: s\_bezeich(m_v, k_v, s_v) \Rightarrow s\_bezeich(m, k, s)))$ (T9)	Konstruktspezialisierung
$\forall m, m_v: k\_neu(m, m_v) \Leftrightarrow$ $\exists k_v: vokabular(m_v, k_v) \wedge \neg vokabular(m, k_v) \wedge$ $(\exists s_v: s\_bezeich(m_v, k_v, s_v) \vee \exists r_v: r\_bezeich(m_v, k_v, r_v))$ (T10a) $\exists m, m_v: k\_neu(m, m_v) \Rightarrow v\_neu(m, m_v)$ (T10b)	Neues Konstrukt
$\forall m, m_v: v\_neu(m, m_v) \Leftrightarrow$ $\exists k_1: vokabular(m, k_1) \wedge vokabular(m_v, k_1) \wedge$ $\exists k_2: vokabular(m, k_2) \wedge vokabular(m_v, k_2) \wedge$ $\exists v: syntax(m_v, k_1, k_2, v) \wedge \neg syntax(m, k_1, k_2, v)$ (T11)	Syntaxerweiterung
$\forall m, m_v: \text{v\_verschärf}(m, m_v) \Leftrightarrow$ $\exists k_1: vokabular(m, k_1) \wedge vokabular(m_v, k_1) \wedge$ $\exists k_2: vokabular(m, k_2) \wedge vokabular(m_v, k_2) \wedge$ $\exists v: syntax(m_v, k_1, k_2, v) \wedge v\_bedingung(m_v, v) \Rightarrow syntax(m, k_1, k_2, v)$ (T12)	Syntaxverschärfung
$\forall m, m_v: \text{k\_verschärf}(m, m_v) \Leftrightarrow$ $\exists k: vokabular(m_v, k) \wedge k\_bedingung(m_v, k) \Rightarrow vokabular(m, k)$ (T13)	Konstruktverschärfung
$\exists l: element(RB, l)$ (T14a) $\forall l: element(RB, l) \Rightarrow$ $\exists_1 s, r: behaupten(s, r) \wedge$ $\neg(\exists s_1, r_1: (behaupten(s, r) \Rightarrow behaupten(s_1, r_1)) \wedge$ $\exists l_1: (element(RB, l_1) \Leftrightarrow behaupten(s_1, r_1)))$ (T14b)	Referenzbeurteilungsobjekt
$\forall m: ausdruckseffizienz(m) \Leftrightarrow$ $kognitive\_effizienz(m) \vee konstrukt\_effizienz(m)$ (T15)	Ausdruckseffizienz
$\forall m, \text{ä}: sek\_verwend(m) \Leftrightarrow$ $(\exists h: manuell(h, \text{ä}) \vee \exists d: automatisch(d, \text{ä})) \wedge$ $(speichern(\text{ä}, m) \vee \exists m_z: \text{übersetzen}(\text{ä}, m, m_z) \vee \exists i: ermitteln(\text{ä}, m, i) \vee \exists w: beweisen(\text{ä}, m, w))$ (T16)	Sekundäre Verwendung

Theorieelement der Evolution von Modellierungssprachen **Tab. 5.1**

Fundamentalgesetz (determiniert die Menge M der Modelle)		**Inhalt**
$\forall\, m, m_v: \text{m\_sprache}(m) \wedge \text{variante}(m, m_v) \Rightarrow \text{m\_sprache}(m_v)$	(G1)	Entstehung
$\forall\, m, m_v: \text{variante}(m, m_v) \Rightarrow$ $A(RB, m_v) \geq A(RB, m) \vee \text{ausdruckseffizienz}(m_v) \vee \text{sek\_verwend}(m_v) \vee \text{paradig\_vollkomm}(m_v)$	(G2)	Evolutions-faktoren
$\forall\, m_v: A(RB, m_v) > 0 \Leftrightarrow$ $\exists\, l, s, r: (\text{element}(RB, l) \Leftrightarrow \text{behaupten}(s, r)) \Rightarrow$ $\exists\, k_1, k_2, v: \text{r\_bezeich}(m_v, k_1, r) \wedge \text{s\_bezeich}(m_v, k_2, s) \wedge \text{syntax}(m_v, k_1, k_2, v)$	(G3)	Ausdrucks-stärke
$\forall\, m_v: \text{kognitive\_effizienz}(m_v) \Rightarrow$ $\forall\, k_1, k_2:$ $\exists\, r, s, v: \text{r\_bezeichnen}(m_v, k_1) = r \wedge \text{s\_bezeichnen}(m_v, k_2) = s \wedge \text{syntax}(m, k_1, k_2, v)$ $\Leftrightarrow \text{behaupten}(s, r)$	(G4)	Kognitive Effizienz
$\forall\, m_v: \text{konstrukt\_effizienz}(m_v) \Rightarrow$ $\forall\, l, s, r: (\text{element}(RB, l) \Leftrightarrow \text{behaupten}(s, r)) \Leftrightarrow$ $\exists_1\, k_1, k_2, v: \text{r\_bezeichnen}(m_v, k_1) = r \wedge \text{s\_bezeichnen}(m_v, k_2) = s \wedge \text{syntax}(m_v, k_1, k_2, v)$	(G5)	Konstrukt-effizienz
$\forall\, m_v, ä: \text{speichern}(ä, m_v) \Rightarrow \exists\, k_1, k_2, v: \text{notation}(m_v, k_1, k_2, v)$	(G6a)	Sekundäre Verwendung
$\exists\, m_v, m_z, \forall\, d, ä: \text{übersetzen}(ä, m_v, m_z) \wedge \text{automatisch}(d, ä) \Rightarrow \exists\, k_1, k_2, v: \text{notation}(m_v, k_1, k_2, v)$	(G6b)	
$\exists\, m, h\ \forall\, ä, i, w:$ $(\text{ermitteln}(ä, m, i) \vee \text{beweisen}(ä, m, w)) \wedge \text{manuell}(h, ä) \Rightarrow$ $\exists\, m_v: \text{v\_verschärf}(m, m_v) \vee \text{k\_verschärf}(m, m_v)$	(G6c)	
$\exists\, m\ \forall\, d, ä, i, w:$ $(\text{ermitteln}(ä, m, i) \vee \text{beweisen}(ä, m, w)) \wedge \text{automatisch}(d, ä) \Rightarrow$ $\exists\, m_v, k_1: \text{variante}(m, m_v) \wedge \text{vokabular}(m_v, k_1) \wedge \neg\, \text{vokabular}(m, k_1)$	(G6d)	
$\forall\, m_v: \text{paradig\_vollkomm}(m_v) \Rightarrow$ $\exists\, k: \text{vokabular}(m_v, k) \vee \exists\, r: \text{r\_bezeich}(m_v, k, r) \vee \exists\, s: \text{s\_bezeich}(m_v, k, s) \vee$ $\exists\, k_1, k_2, v: \text{syntax}(m_v, k_1, k_2, v) \vee \text{notation}(m_v, k_1, k_2, v)$	(G7)	Paradigma-tische Vervoll-kommnung

Mit dem Unterschied zwischen Menschen und Maschinen beschäftigt sich u. a. die Philosophie. Diese Arbeit versteht unter *Maschinen* automatische formale Systeme, die mittels einer gegebenen endlichen Menge von Operationen eine ebenfalls gegebene Menge von Objekten manipulieren. Der Begriff *Mensch* ist Allgemeingut.

Information als zweckorientiert nutzbares Wissen wird u. a. in der Wirtschaftsinformatik untersucht [Mill56, 83; RaSc03, 7 f.; MeBK01, 45; StHa97, 9]. *Wahrheitswerte* (wahr, falsch) fallen in das Gebiet der Logik, positive rationale Zahlen gehören zur Mathematik. Die symbolische Logik meint mit *Literalen* atomare logische Formeln und deren Negation.

Den Begriff *Modellierungssprache* definiert eine Annahme. *Derivative Grundbegriffe* bauen auf den originären auf: Das *Vokabular* fasst alle Konstrukte einer Modellierungssprache zusammen, die *Syntax* legt die zulässigen Konstruktverknüpfungen fest. Eine *Notation* ist eine Vorschrift, wie schriftliche Äußerungen in einer Modellierungssprache zu erzeugen sind. Diese derivativen Grundbegriffe hat, der Ausrichtung der Arbeit entsprechend, die Linguistik beigesteuert. Außerdem lässt sich linguistisch feststellen, welche Referenz bzw. welchen Sachverhalt ein Konstrukt *bezeichnet*.

Alle Menschen, die sich aufgrund derselben Schriftsprache verstehen, bilden eine soziolinguistische *Sprachgemeinschaft*. Wie Menschen *verstehen*, gehört zu den noch offenen Forschungsproblemen der Kognitionspsychologie. Das *Behaupten* von Sachverhalten über Referenzen lässt sich hingegen philosophisch durch den Wahrheitsanspruch feststellen.

Im naiven Sinne beobachtbar ist, ob Äußerungen *manuell* (durch Menschen) oder *automatisch* (durch Maschinen) verarbeitet werden. *Speichern* meint das „Ablegen" der Äußerung ohne Veränderung. *Übersetzen* reformuliert eine Äußerung in einer anderen Modellierungssprache. *Ermitteln* bzw. *Beweisen* gewinnen aus der Äußerung neue Information bzw. Wahrheitswerte.[11]

Die *Ausdrucksstärke* A(RB, m) ist ein Maß, das einer Modellierungssprache in Abhängigkeit von einer Literalmenge eine positive rationale Zahl zuordnet. *Konstrukteffizienz* meint die Konstruktanzahl, um eine bestimmte Ausdrucksstärke zu erreichen. *Kognitive Effizienz* bezieht sich auf den geistigen Aufwand für die Handhabung der Modellierungssprache. *Paradigmatische Vervollkommnung* verbessert den Zusammenhalt in der wissenschaftlichen Gemeinschaft, die *mit* und *an* einer Modellierungssprache arbeitet. Die restlichen Sorten-, Prädikaten- und Funktionsvariablen werden durch Annahmen definiert.

Annahmen

Die Annahmen legen (unter Rückgriff auf die Grundbegriffe und z. T. verteilt über mehrere logische Formeln) fest, was im Theorieelement mit Modellierungssprache, Variante, Referenzbeurteilungsobjekt, Ausdruckseffizienz und sekundärer Verwendung gemeint ist.

Alle *Modellierungssprachen* bestehen aus einem Vokabular mit mindestens zwei Konstrukten, die syntaxrestringiert verknüpft und notationsgemäß aufgeschrieben werden dürfen (T1a). Die Verknüpfung der beiden Konstrukte bildet die minimale Äußerung (s. Abschnitt 4.3.3 unter Konzepte: konjunktiv, verkettet). Jedes Konstrukt bezeichnet alternativ (T3) mindestens eine Referenz oder einen Sachverhalt (T3); die Bezeichnungen gehen in die Behauptungen ein (T1a). Das Vokabular ist endlich (T2); es kann Konstrukte enthalten, die durch das eindeutige *Verschmelzen* anderer Konstrukte erzeugt wurden (T4). Verschmelzungen verwischen die Grenze zwischen dem alternativen Bezeichnen von Sachverhalten oder Referenzen.

Das Zusammenfassen mehrerer Referenzen zu einer einzigen, *imaginären* (T5) ist eine Hilfskonstruktion der Theorieformulierung, da sich eine Behauptung auf *mindestens* eine Referenz beziehen muss. Ein Formulierungshilfsmittel ist auch das Prädikat m_sprache (T1b), das alle Modellierungssprachen umfasst.

Die Referenzen bzw. Sachverhalte, welche die Konstrukte einer Modellierungssprache bezeichnen, heißen genau dann *generell*, wenn sie von allen Mitgliedern der Sprachgemeinschaft verstanden werden (T6), andernfalls werden sie *speziell* genannt (T7).

Konstruktspezialisierung, neue Konstrukte, Syntaxerweiterung, Syntaxverschärfung oder Konstruktverschärfung bringen *Varianten* hervor (T8). Varianten setzen die Evolutionsdefinition (Abstammung mit Veränderungen, s. Abschnitt 2.3) um.

Konstruktspezialisierungen und *neue Konstrukte* erweitern das Vokabular der Variante gegenüber der ursprünglichen Modellierungssprache um mindestens ein Konstrukt, das entweder eine Referenz oder einen Sachverhalt bezeichnet. Bei einer Konstruktspezialisierung (T9) impliziert die Bezeichnung des neuen Konstrukts einen Sachverhalt bzw. eine Referenz der Ursprungssprache. Den ursprünglichen Sachverhalten bzw. Referenzen fehlen jedoch bestimmte

11) Beweisen kann als das Ermitteln spezieller Informationen angesehen werden (s. Abschnitt 4.4.1 unter Sekundärzweckarten). Jede erfolgreiche mathematische Ermittlung ist gleichzeitig ein Beweis.

variantenspezifische Nuancen. Die durch neue Konstrukte (T10a) bezeichneten Sachverhalte bzw. Referenzen haben keine Entsprechung im ursprünglichen Vokabular. In einigen Modellierungssprachen ziehen neue Konstrukte eine Syntaxerweiterung nach sich (T10b).

Syntaxerweiterungen (T11) erlauben in einer Variante neue Verknüpfungen zwischen vorhandenen Konstrukten. *Syntax-* (T12) und *Konstruktverschärfungen* (T13) formulieren zusätzliche Bedingungen, so dass Verknüpfungsregeln bzw. Konstrukte, die diese *Bedingungen* erfüllen, immer auch ursprünglich zulässig sind; die Umkehrung gilt jedoch nicht. Verschärfungen verändern die Bedeutung nicht, da gänzlich unbeachtet bleibt, was die Konstrukte bezeichnen, und zudem keine neuen minimalen Äußerungen entstehen.

Das *Referenzbeurteilungsobjekt* besteht aus einer nicht leeren (T14a) widerspruchsfreien Menge voneinander unabhängiger Literale, die jeweils das Behaupten genau eines Sachverhalts über genau eine (u. U. imaginäre) Referenz repräsentieren (T14b). Es liegt der Messung von Ausdrucksstärke zugrunde.

Ausdruckseffizienz gibt es als kognitive oder als Konstrukteffizienz (T15). *Sekundäre Verwendung* bedeutet, dass Menschen oder Maschinen die in einer Modellierungssprache erstellten Äußerungen speichern, übersetzen oder zum Ermitteln sowie Beweisen einsetzen (T16).

Fundamentalgesetz

Die Gesetze, die in ihrer Gesamtheit das Fundamentalgesetz bilden, erklären, wie neue Modellierungssprachen zustande kommen und in welche Richtungen die Evolution verläuft. So können Modellierungssprachen als Varianten bereits vorhandener *entstehen*, müssen aber nicht (G1). Die vorhandenen Modellierungssprachen heißen „ursprünglich". Durch Variation entstandene Modellierungssprachen können selbst Ursprünge neuer Varianten werden.

Varianten entstehen nie grundlos (G2): Ihre Ausdrucksstärke ist mindestens so groß wie die der ursprünglichen Modellierungssprache, sie sind ausdruckseffizient oder eignen sich für eine bestimmte sekundäre Verwendung. In diesen *Evolutionsfaktoren* drückt sich die rationale (s. Abschnitt 1.1), verwendungsorientierte Konstruktion von Modellierungssprachen aus. Ausdrucksstärke sowie Ausdruckseffizienz verbessern die Eignung für den konstativen Primärzweck, während die sekundäre Verwendung den Sekundärzweck (Speichern, Übersetzen, Ermitteln, Beweisen) unterstützt. Der Evolutionsfaktor paradigmatische Vervollkommnung (G2) ist hingegen ein Kennzeichen normalwissenschaftlicher Tätigkeiten (s. Abschnitt 4.5).

Mehrere Evolutionsfaktoren können gemeinsam (s. Abschnitt 5.3 unter Empirische Prüfung) und nicht zwangsläufig durch Variation neue Modellierungssprachen hervorbringen. Nur die Ausdrucksstärke erfordert immer eine andere Modellierungssprache als Vergleichsgrundlage.

Die Evolutionsfaktoren verursachen nicht nur die Variation, sondern bestimmen auch die Variationsrichtung. Dabei dokumentiert sich diese Richtung in den Eigenschaften von Modellierungssprachen, welche die Definition (T1) vorsieht: Vokabular, Verknüpfungsregeln, Konstruktbezeichnungen, Menge der Behauptungen und Notation.

Die *Ausdrucksstärke* misst mittels des Maßes A(RB, m) die Menge von Behauptungen des Referenzbeurteilungsobjekts, die in einer Modellierungssprache möglich sind. Grundsätzlich kann eine Modellierungssprache durch Annahmen oder durch Konstruktverknüpfungen behaupten (s. Abschnitt 4.3.1), allerdings gehören Annahmen nicht zur Sprachdefinition (T1). Ohne Annahmen wirken sich nur die Konstruktverknüpfungen auf die Ausdrucksstärke aus.

Bei Abhängigkeiten (s. Abschnitt 4.3.1) wird Ausdrucksstärke erreicht, obwohl nicht exakt die (generellen/speziellen; (T6), (T7)) Sachverhalte oder Referenzen der Konstrukte im Referenzbeurteilungsobjekt erscheinen (G3). Ist jedem Konstrukt der Modellierungssprache genau *eine* Referenz bzw. *ein* Sachverhalt zugeordnet, lässt sich höhere Ausdrucksstärke nur durch Vokabularerweiterungen (Konstruktspezialisierungen, neue Konstrukte) erreichen. Die Bezeichnungseindeutigkeit (s. Abschnitt 4.1) ist ein Kennzeichen von Ausdruckseffizienz.

Kognitive Effizienz (G3) bewirkt zum einen, dass jedes Konstrukt *genau einen* Sachverhalt bzw. *eine* Referenz bezeichnet; die Konstruktbezeichnung geht von einem mehrdeutigen Prädikat (r_bezeich, s_bezeich) in eine eindeutige Funktion (r_bezeichnen, s_bezeichnen) über. Diese Bezeichnungseindeutigkeit ist notwendig, damit jede minimale Äußerung genau einen Sachverhalt über genau eine Referenz behauptet. Andererseits benötigt eine solche Behauptung nur eine minimale (und keine umfangreichere) Äußerung. Bei konstanter Ausdrucksstärke vergrößert kognitive Effizienz das Vokabular tendenziell (um die Eindeutigkeit herzustellen).

Wenn eine Modellierungssprache *konstrukteffizient* ist, dann stellt sie für jeden Sachverhalt und jede Referenz, die erforderlich sind, um Literale des *Referenzbeurteilungsobjekts* zu behaupten, *genau* ein Konstrukt bereit (G4) – und nur diese Konstrukte. Redundante Konstrukte verschwinden also aus dem Vokabular. Gehen *alle* Behauptungen einer Modellierungssprache in das Referenzbeurteilungsobjekt ein, fallen die beiden Auslegungen von Ausdruckseffizienz zusammen (T15).

Das Speichern (G6a) und eventuell das automatische Übersetzen (G6b) – als Aspekte der *sekundären Verwendung* – beeinflussen die Notation. Darüber hinaus gibt es Modellierungssprachen, in denen Menschen Verschärfungen vornehmen, um auf der Grundlage der Äußerungen Ermittlungen oder Beweise durchzuführen (G6c); Verschärfungen sind aber auch davon unabhängig möglich. Zudem dürfen einige Modellierungssprachen bestimmte Konstrukte nicht enthalten, um automatisches Ermitteln oder Beweisen zu ermöglichen (G6d); bei nicht redundanten Konstrukten schrumpft folglich das Vokabular. Die *paradigmatische Vervollkommnung* (G7) wirkt korrigierend oder integrierend auf alle Spracheigenschaften.

Tabelle 5.2 fasst die Wirkung der Evolutionsfaktoren auf die Eigenschaften der Varianten-Modellierungssprachen zusammen. Es wird deutlich, dass sich die Eigenschaften in bestimmte Richtungen ändern; daraus folgen die Evolutionstrends.

Evolutionstrends

Sofern Modellierungssprachen mit einem großen Vokabular[12] als kompliziert gelten, führt die Erhöhung der Ausdrucksstärke zu *Verkomplizierung*. Die Umkehrung, *Vereinfachung*$_V$ als kleineres Vokabular, entsteht durch Konstrukteffizienz und Teile der sekundären Verwendung. Alternativ kann die Einfachheit einer Modellierungssprache am Vorliegen einer unverketteten konzeptuellen Abbildung mit nur einer Variablen gemessen werden (s. Abschnitt 4.3.3). Deshalb resultiert aus kognitiver Effizienz eine Vereinfachung$_K$.

Eine Ausdrucksstärke, die durch spezielle Behauptungen steigt, führt zu *Spezialisierung*. Auch die Einflüsse der sekundären Verwendung auf die Notation wirken spezialisierend, weil der Sprachkonstrukteur die Modellierungssprache an seine (biologisch bedingten) individuellen

12) Insbesondere neue Konstrukte können gleichzeitig die Menge der Verknüpfungsregeln erweitern.

Tab. 5.2 Wirken der Evolutionsfaktoren und Variationsrichtungen

<table>
<tr><th colspan="2" rowspan="2">Evolutionsfaktor</th><th colspan="2" rowspan="2">Ausdrucksstärke</th><th colspan="2">Ausdruckseffizienz</th><th rowspan="2">Sekundäre Verwendung</th><th rowspan="2">Paradigmatische Vervollkommnung</th></tr>
<tr><th>Kognitiv</th><th>Konstrukteffizienz</th></tr>
<tr><td rowspan="5">Eigenschaften</td><td>Vokabular</td><td colspan="2">↑</td><td>↑</td><td>↓</td><td>(↓, Verschärfung)</td><td>X</td></tr>
<tr><td>Verknüpfungsregeln</td><td colspan="2">(u. U. ↑)</td><td>—</td><td>(u. U. ↓)</td><td>(Verschärfung)</td><td>X</td></tr>
<tr><td>Konstruktbezeichnungen</td><td colspan="2">(durch Vokabular)</td><td>Eindeutigkeit</td><td>Eindeutigkeit</td><td>—</td><td>X</td></tr>
<tr><td>Menge der Behauptungen</td><td>generell↑</td><td>speziell↑</td><td>—</td><td>—</td><td>—</td><td>X</td></tr>
<tr><td>Notation</td><td colspan="2">—</td><td>—</td><td>—</td><td>X</td><td>X</td></tr>
<tr><td colspan="2" rowspan="3">Richtung</td><td colspan="2">Verkomplizierung</td><td>Vereinfachung_K</td><td>$\text{Vereinfachung}_{V,K}$</td><td>($\text{Vereinfachung}_V$)</td><td rowspan="2">—</td></tr>
<tr><td rowspan="2">—</td><td>Spezialisierung</td><td colspan="2" rowspan="2">—</td><td>Spezialisierung</td></tr>
<tr><td>Divergenz</td><td>Divergenz</td><td>Konvergenz</td></tr>
</table>

kognitiven Bedürfnisse zum Speichern, Ermitteln oder Beweisen anpasst. Spezialisierung geht mit *Divergenz* einher. Paradigmatische Vervollkommnung verbessert die Akzeptanz der Modellierungssprache in der wissenschaftlichen Gemeinschaft, indem sie Konstrukte, Verknüpfungsregeln, Konstruktbezeichnungen, Notation oder Bedeutungen korrigiert bzw. integriert. Modellierungssprachen ***konvergieren*** gegen diese akzeptierten Eigenschaften. Konvergenz erwächst tendenziell auch daraus, dass die Definition von Varianten das Löschen von Grundkonstrukten und deren Verknüpfungsregeln verbietet (s. Abschnitt 3.3 unter Bedeutungserhaltung).

Intendierte Anwendungen, Behauptung

Autodeterminiert kommen als intendierte Anwendungen nur Modellierungssprachen in Frage, die dem terminologischen Apparat genügen. Durch (T1) ausgeschlossen sind z. B. alle Modellierungssprachen, deren Konstrukte keine Sachverhalte bzw. Referenzen bezeichnen (z. B. Automaten oder die künstlichen Sprachen der Mathematik, die reale Zusammenhänge beschreiben). Nicht anwendbar ist das Theorieelement ferner auf Modellierungssprachen mit nicht klar abgegrenzten Konstrukten (T1) oder unendlichem (T2) Vokabular (z. B. Logiken): Dann kann u. U. nicht entschieden werden, ob ein Konstrukt zum ursprünglichen Vokabular gehörte. Dies geht jedoch in die Variantendefinition ein (T8).

Die Mengen der ER-Modelle bzw. Petri-Netze bilden die paradigmatischen Ausgangsbeispiele I_0 des Theorieelements. Sie erfüllen, wie in Kapitel 3 und 4 gezeigt sowie in Abschnitt 5.3 zusammengefasst, die Konjunktion der Gesetze und sind damit Modelle der Theorie.

Eine genauere Aufzählung oder Beschreibung der intendierten Anwendungen ist methodisch unerwünscht [Balz82, 31]: Dann ließe sich die empirische Behauptung der Theorie „am Schreibtisch" prüfen – realwissenschaftliche Theorien sollen sich aber gerade empirisch bewähren. Somit behauptet das Theorieelement, dass weitere nicht ausgeschlossene intendierte Anwendungen zu Modellen ergänzt werden können.

5.3 Theorieüberprüfung

Interne Prüfung

Die interne Prüfung soll feststellen, ob eine Theorie den Anforderungen der Klarheit und der internen Konsistenz aus Abschnitt 5.1 genügt. Strukturalistische Theorien sind insofern immer klar, als ihr Kern eindeutig zwischen dem terminologischen Apparat und den Gesetzen trennt. Die logische Äquivalenz ($a \Leftrightarrow b$) in der Gesetzesformel (G3) stört den Gesetzescharakter nicht, da sie der Konjunktion zweier Implikationen entspricht ($(a \Rightarrow b) \wedge (b \Rightarrow a)$) [Romm91, 17].

Die Grundbegriffe des Theorieelements sind so präzise definiert, wie es der Stand der Forschung zulässt. Teilweise schlagen dabei offene Probleme der Disziplinen durch, aus denen die Messkriterien stammen (z. B. Verstehen, Sprachgemeinschaft). Dies ist jedoch nicht dem präsentierten Theorieelement anzulasten. Trotz dieser Schwäche sind alle Grundbegriffe nicht T-theoretisch und somit zirkelfrei prüfbar.

Widersprüche scheinen weder der terminologische Apparat noch die Gesetze zu enthalten. Diese Augenscheinprüfung ließe sich durch prädikatenlogische Folgerungen aus der Formelmenge absichern. Allerdings wären die so gewonnenen Einschätzungen der Theoriegültigkeit höchst zweifelhaft: Gefolgerte Widersprüche können das Resultat falsch gebildeter Formeln sein, obwohl die Sachzusammenhänge korrekt sind. Andererseits kann gegenteilige empirische Evidenz eine logisch korrekt gefolgerte realwissenschaftliche Theorie zum Einsturz bringen [Popp73, 15].

Externe Prüfung

Die in Abschnitt 5.1 angesprochene externe *Konsistenz* fordert die Gegenüberstellung der Aussagen einer Theorie mit denen anderer, konkurrierender Theorien. Sofern zwei realwissenschaftliche Theorien exakt dasselbe erklären wollen und dabei zu widersprüchlichen Aussagen gelangen, muss eine der beiden Theorien falsch sein. Solche *exakten* Übereinstimmungen liegen in Realwissenschaften kaum vor [Kuhn97, 159]. Widersprüche führen deshalb in der Regel nicht zur Falsifikation der einen oder der anderen Theorie [Opp02, 191 ff.]; die empirische Bewährung bleibt auch hier der „letzte Richter".

Meines Wissens gibt es keine anderen Theorien, die in Konkurrenz zum Theorieelement der Evolution von Modellierungssprachen stehen. Analoge Theorien, nämlich die der biologischen bzw. linguistischen Evolution, bestätigen die Aussagen des Theorieelements. Dies wird im Zusammenhang mit der empirischen Überprüfung deutlich.

Empirische Prüfung

Das Theorieelement behauptet, dass es Modellierungssprachen gibt, die das Fundamentalgesetz zu einer wahren Aussage machen. Überprüfen lässt sich diese Behauptung nur an den Modellierungssprachen, die dem terminologischen Apparat entsprechen. Zu diesen Modellierungssprachen gehören ER-Modelle und Petri-Netze (s. Tabelle 5.3, einschließlich der entsprechenden Verweise).

Die Grundkonstrukte der Modellierungssprachen, d. h. Entitätstyp, Beziehungstyp und Attribut für ER-Modelle sowie Stelle, Transition, Flussrelation und Marke für Petri-Netze, stehen für Referenzen; alle weiteren Konstrukte bezeichnen Sachverhalte über diese Referenzen. Per Konsens erkennen Sprachgemeinschaften generelle Sachverhalte bzw. Referenzen, die, im Ge-

Empirische Bewährung **Tab. 5.3**

Theorieelement	Evolutionsmerkmale	ER-Modelle	(Abschnitt)	Petri-Netze	(Abschnitt)
Terminologischer Apparat (M_P)					
Modellierungssprache					
(T1), (T2)	Variationsobjekt	+	(3.1.2)	+	(3.1.2)
(T4)	VM: Verschmelzen	+	(3.3)	+	(3.3)
(T6), (T7)	T: (Konvergenz), Spezialisierung	+	(3.3)	+	(3.3)
Variante: mindestens einer der folgenden Mechanismen hat gewirkt (T8)					
Konstruktspezialisierung (T9); generell/speziell	VM: Hinzufügen, Erweitern/Einschränken	+	(3.3)	+	(3.3)
Neues Konstrukt (T10)	VM: Übernehmen/ Erfinden	+	(3.3)	+	(3.3)
Syntaxerweiterung (T11)		+	(3.3)	—	(3.3)
Syntaxverschärfung (T12)		+	(3.3)	+	(3.3)
Konstruktverschärfung (T13)		—	(3.3)	+	(3.3)
Referenzbeurteilungsobjekt (T14)		+	(4.2.2.1)	+	(4.2.2.2)
Ausdruckseffizienz (T15)		s. unter (G4)			
Sekundäre Verwendung (T15)		s. unter (G6)			
Fundamentalgesetz (M)					
Variation (G1)		+	(3.3)	+	(3.3)
Evolutionsfaktor (G2)	Auslöser, Grundrichtung	+	(3.2)	+	(3.2)
Ausdrucksstärke (G3)	T: Verkomplizierung	+	(4.2.2.1)	+	(4.2.2.2)
	T: Spezialisierung	+	(4.2.2.1, 3.4)	+	(4.2.2.2, 3.4)
Kognitive Effizienz (G4)*	T: Vereinfachung$_K$	+	(4.3.1, 4.3.3)	+	(4.3.1, 4.3.3)
Sekundäre Verwendung (G6)					
manuell		Verwendungsannahme, Rationalität (1.1)			
automatisch		+	(4.4.3, bekannte Werkzeuge)	+	(bekannte Werkzeuge)
speichern	T: Spezialisierung	+	(Notationspluralismus)	+	(Notationspluralismus)
übersetzen		+	(4.4.3)	—	(bekannte Werkzeuge)
ermitteln	T: Vereinfachung$_V$	—		+	(4.4.2, 4.4.3)
beweisen	T: Vereinfachung$_V$	—		+	(4.4.2)
Paradigmatische Vervollkommnung (G7)	(Konvergenz)	+	(3.3, 4.5)	+	(3.3, 4.5)

** Konstrukteffizienz ist hier nicht anwendbar, das sie sich immer auf das Referenzbeurteilungsobjekt beziehen muss, das dem Sprachkonstrukteur vorschwebte.*

VM: Variationsmechanismus, T: Trend

gensatz zu den speziellen, allgemein verstanden werden. Die Vokabulare sind je Sprachvariante endlich und enthalten u. U. verschmolzene Konstrukte. Die Syntax definiert jeweils die Verknüpfungsregeln zwischen den Grundkonstrukten. Für ER-Modelle und für Petri-Netze gibt es textuelle sowie grafische Notationen (s. Tabelle 3.1).

Alle modellierungssprachlichen Konstrukte bezeichnen entweder Referenzen oder Sachverhalte (T3). Die logischen Formeln (T5) und (T1b) müssen, als Hilfskonstruktionen der Theorieformulierung, nicht an Modellierungssprachen geprüft werden.

ER-Modell- bzw. Petri-Netz-Varianten entstehen durch das Wirken mindestens eines Variationsmechanismus. Einige der Variationsmechanismen, nämlich Konstruktspezialisierungen und neue Konstrukte gehören zu den allgemeinen Variationsmechanismen, die auch die analogen Theorien der biologischen bzw. linguistischen Evolution kennen. Das Theorieelement fasst Erfinden und Übernehmen zu einem Variationsmechanismus, den neuen Konstrukten, zusammen, da sich für reale Modellierungssprachen oft nicht mit Sicherheit feststellen lässt, ob ein „erfundenes" Konstrukt nicht vielleicht doch bereits irgendwo existierte.

Konstruktspezialisierungen und neue Konstrukte sowie Syntaxverschärfungen produzieren in beiden Abstammungslinien Varianten. Syntaxerweiterungen betreffen hingegen ausschließlich ER-Modelle, Konstruktverschärfungen liegen nur für Petri-Netze vor; die logische Disjunktion in (T8) lässt dies zu.

Da es außerdem Referenzbeurteilungsobjekte und sekundäre Verwendungen gibt, genügen ER-Modelle und Petri-Netze dem terminologischen Apparat. Infolgedessen kann die Einhaltung des Fundamentalgesetzes geprüft werden: Jede der entstandenen Varianten ist eine Modellierungssprache. Alle Varianten haben mindestens eine Ursache. Die Ursachen bestehen in den Evolutionsfaktoren Ausdrucksstärke, Ausdruckseffizienz, sekundäre Verwendung oder paradigmatischer Vervollkommnung. Eine erhöhte Ausdrucksstärke geht mit Verkomplizierung oder Spezialisierung einher, Ausdruckseffizienz mit Vereinfachung$_K$. Konstrukteffizienz ist nachträglich nicht anwendbar, denn sie bezieht sich auf das „Referenzbeurteilungsobjekt", das dem Sprachkonstrukteur vorschwebte.

Annahmegemäß konstruieren Menschen Modellierungssprachen für eine Verwendung. Deshalb richtet sich jedes ER-Modell bzw. Petri-Netz (auch) an menschliche Adressaten. Zudem gibt es in beiden Fällen Werkzeuge (z. B. für ER-Modelle [KoDo99], für Petri-Netze [LeEg89]), was auf maschinelle Adressaten hinweist. Übersetzen wurde nur als Ursache neuer ER-Modelle beobachtet, obwohl Petri-Netz-Werkzeuge existieren, die genau diese Aufgabe haben (z. B. [Webe02]). Nur Petri-Netze entstanden zum Sekundärzweck des Ermittelns bzw. Beweisens. Dass es trotzdem (z. B. durch Syntaxverschärfungen) vereinfachte$_V$ ER-Modelle gibt, steht nicht im Widerspruch zur logischen Implikation des Gesetzes (G6c). Notationspluralismus (s. Tabelle 3.2 in Abschnitt 3.2) ist Ausdruck einer (kognitiven) Spezialisierung, die von den Eigenheiten menschlichen Speicherns abhängt.

Paradigmatische Vervollkommnung hat in beiden Fällen (vor allem integrierend) auf die Spracheigenschaften der Varianten gewirkt: Sie hat zu ER-Modellen bzw. Petri-Netzen geführt, die in den wissenschaftlichen Gemeinschaften weit gehend akzeptiert werden. Daraus ergibt sich eine Tendenz zur Konvergenz. Gleichzeitig isolieren heterogene Paradigmata die Gemeinschaften voneinander.

Die Trends (Verkomplizierung, Spezialisierung, Vereinfachung) stellen allgemeine Evolutionsmerkmale dar. In der biologischen Evolution beinhaltet die Spezialisierung sowohl Divergenz als auch Konvergenz (s. Abschnitt 2.1). Spezialisierte Modellierungssprachen divergieren; Konvergenz existiert davon losgelöst.

Bis auf die paradigmatische Vervollkommnung sind alle Evolutionsfaktoren verwendungsinduziert. Deshalb führen die Evolutionstrends zu einer besseren Anpassung an die Verwendung. Diese Grundrichtung der Veränderung war, ausgehend von den Evolutionen in Biologie und Linguistik, zu erwarten. Die Durchsetzung von Varianten wurde hier bewusst nicht untersucht (s. Kapitel 6 unter Offene Probleme).

ER-Modelle und Petri-Netze erfüllen also das Fundamentalgesetz und bestätigen damit die Gültigkeit des Theorieelements. Der z. T. mäßige Informationsgehalt, der sich vor allem aus der Disjunktion in den Dann-Komponenten der Gesetze (G2), (G6c) und (G7) ergibt, drückt empirische Tatsachen aus: Durch Variation entstandene Modellierungssprachen können mehrere Ursachen haben (s. Abschnitt 3.2), es können mehrere Variationsmechanismen simultan arbeiten (s. Abschnitt 3.3) und die paradigmatische Vervollkommnung wirkt pauschal (s. Abschnitt 4.5).

Widerlegungsresistenz

Wissenschaftshistorisch hat sich gezeigt, dass gegensätzliche Beobachtungen in der Regel nicht zum Verwerfen einer Theorie führen [Kuhn97, 157 ff.]. Strukturalistisch formulierte Theorien besitzen von vornherein aus verschiedenen Gründen eine gewisse Immunität gegenüber Widerlegungen durch die Realwelt:

Normalerweise enthält das Fundamentalgesetz T-theoretische Größen und lässt sich damit überhaupt nicht zirkelfrei empirisch prüfen [Steg86b, 200]. Durch das Entfernen der T-theoretischen Größen (beim Übergang zu den partiellen potenziellen Modellen) wird die empirische Behauptung zu einer Existenzaussage [Meye79, 34]. Weder ist Existenz falsifizierbar noch lässt sich beweisen, dass die behaupteten Erweiterungen intendierter Anwendungen *nicht* existieren [Steg86b, 216 ff.]. Folglich kann ein strukturalistischer Theoriekern fortbestehen, selbst wenn alle Erweiterungsversuche intendierter Anwendungen scheitern. Welche Anwendungen eine Theorie überhaupt beabsichtigt, wird (wunschgemäß, s. Abschnitt 5.2) nicht exakt spezifiziert; realweltliche Widerlegung kann deshalb auch daraus resultieren, dass die „falsche" Anwendung geprüft wurde [Steg86b, 201]. Schließlich lassen sich in bestimmten Anwendungen widerlegte Theorieelemente in der Regel durch Kern- oder Anwendungsspezialisierungen (s. Abschnitt 5.1 unter Normalwissenschaft) „retten".

Lediglich die Gültigkeit des Theorieelements für die paradigmatischen Ausgangsbeispiele I_0 lässt sich als Allaussage formulieren und damit konkret falsifizieren [Steg86b, 197]. Geschieht dies, dann bestehen „Rettungsmaßnahmen" im Abschmelzen der Menge I_0 bis zur leeren Menge. Ein Theorieelement mit einer leeren Menge paradigmatischer Ausgangsbeispiele kann, empirisch belanglos, weiterexistieren, bis es vergessen wird [Zele93, 185].

Virtuelles Theorienetz

ER-Modelle und Petri-Netze haben sich so deutlich bewährt (s. Tabelle 5.3), dass ich sie für gesicherte paradigmatische Ausgangsbeispiele des Theorieelements halte. Gleichzeitig sehe ich das Theorieelement als Bestandteil eines virtuellen Theorienetzes, das *alle* Modellierungssprachen der praktischen Informatik betrifft. Der „Netz-Verdacht“ entsteht durch mehrere recht wahrscheinliche Spezialisierungen:

Zum einen fehlen im vorgestellten Theorieelement, wegen der Unabhängigkeit der paradigmatischen Ausgangsbeispiele, die Querverbindungen. Da es aber Überlappungen zwischen einigen Modellierungssprachen gibt (z. B. zwischen dem ER-Modell und UML [CoYo90, 1 ff., 22, 27 ff.]), muss wahrscheinlich ein spezialisiertes Theorieelement für diese intendierten Anwendungen den Kernbestandteil C enthalten.

Zum anderen existieren alternative Auffassungen von Ausdrucksstärke, z. B. basierend auf der performativen Bedeutung (s. Abschnitt 4.1). Für diese Auffassungen treffen verschiedene Annahmen des Theorieelements nicht mehr zu (z. B. das Referenzbeurteilungsobjekt); Terminologiespezialisierungen oder -erweiterungen werden damit nötig. Zusätzlich sind die Gesetze zu spezialisieren (oder zu erweitern), die auf diesen Annahmen beruhen. Eventuell lässt sich durch diese (theoretischen normalwissenschaftlichen) Tätigkeiten irgendwann das Basiselement eines Theorienetzes über die Evolution *aller* Modellierungssprachen finden. Das Basiselement wäre dann ein „Globalparadigma“ der praktischen Informatik.

Kapitel 6
Einordnung und Bedeutung der Untersuchung

Zielerreichung

Es war das Ziel dieser Arbeit, die Vielfalt und die Gemeinsamkeiten der Modellierungssprachen, die in der Informatik existieren, zu erklären (s. Abschnitt 1.1). Das Theorieelement aus Abschnitt 5.2 leistet diese Erklärung für die intendierten Anwendungen: Die Vielfalt äußert sich in den unterschiedlich ausgeprägten Spracheigenschaften, die aus dem Fundamentalgesetz folgen. Erzeugt wird die Vielfalt mechanisch durch Variation. Variationsauslöser sind die vom Sprachkonstrukteur vorgesehene Verwendung sowie Eigenheiten normalwissenschaftlicher Tätigkeiten. Die Evolutionsfaktoren treiben die Varianten in Richtung größerer Kompliziertheit bzw. Einfachheit; aus einer Weitwinkelperspektive lassen sich Divergenz und Konvergenz erkennen. Evolutionsfaktoren, Variationsmechanismen und Veränderungsrichtungen gelten für alle Modellierungssprachen der intendierten Anwendungen.

Abschnitt 5.2 formuliert das Theorieelement exakt und kompakt, Abschnitt 5.3 gibt Auskunft über seine empirische Bewährung. Neugierige Leser/-innen finden dort jeweils Verweise auf die Abschnitte der Arbeit, in denen die Erkenntnisse hergeleitet werden.

Ziel, Vorgehen und Ergebnisse überraschen vielleicht. Deshalb sollen alle drei Aspekte an dieser Stelle eingeordnet werden. Dabei ist zu berücksichtigen, dass eine wissenschaftliche Arbeit immer den[1] ausweist, der sie geschrieben hat: Sie zeigt seine ausbildungsbedingten Kenntnisse und seine aktuelle Tätigkeit. So auch hier.

Zielherkunft

Forschungsziele fallen in den Basisbereich [Albe91, 76 ff.] bzw. Entdeckungszusammenhang [UlHi79, 165 f.] einer wissenschaftlichen Untersuchung. Damit enthalten sie unvermeidbar irrationale Momente [Opp02, 223 f.]. Rückblickend entstand mein Ziel aus einem Anwendungsproblem: der Entwicklung von Softwaresystemen, die in Wirtschaft oder Verwaltung eingesetzt werden sollen. Zur Beschreibung solcher Systeme existieren sehr viele und sehr unterschiedliche Modellierungssprachen. Für Systementwickler wird bereits die Sprachauswahl zum Problem. Selbst wenn sie gelingt, können beim Spracheinsatz Situationen auftreten, die eine Anpassung der Modellierungssprache erfordern. Dies belegen die ER-Modelle und Petri-Netze, die eine Erhöhung der Anwendungs- bzw. Domänenausdrucksstärke anstreben (s. Abschnitt 3.2).

1) Diese Formulierung ist gleichstellend und grammatikalisch („jemanden ausweisen") korrekt [Dude01, 397].

Die Notwendigkeit von Sprachanpassungen bei der praktischen Systementwicklung wurde auch theoretisch erkannt und begründete das *Information Engineering* [Mart90, 298 f.]. Allgemeiner beschäftigt es sich mit der Konstruktion, Überprüfung und systematischen Anwendung von Methoden (s. Abschnitt 1.1) im Informationsmanagement [Hein99, 322 f; RaSc03, 222].

Letztlich tragen diese Anpassungen zur heute kaum noch überschaubaren Vielfalt der Modellierungssprachen bei. *Wie* Modellierungssprachen anzupassen sind, wird bisher z. T. aus den in Abschnitt 4.1 genannten Anforderungen abgeleitet. Da diese Anforderungen jedoch sehr uneinheitlich, kaum exakt definiert und noch seltener plausibel begründet sind, ergeben sich daraus keine systematischen Empfehlungen für die Sprachmodifikation bzw. -konstruktion. Zudem sind die Diskussionen reichlich polemisch. Meine Untersuchung sollte zur Versachlichung beitragen.

Untersuchungsgegenstand

Das initiale Anwendungsproblem begründet überdies die relative Breite des Untersuchungsgegenstandes: Modellierungssprachen, die *außerhalb* der Informatik genutzt werden (z. B. im Maschinenbau zur Beschreibung von Anlagen oder chemischen Prozessen), interessierten hier nicht – denn es ging um die Systementwicklung. Weil das Einsatzgebiet der entwickelten Softwaresysteme, die Wirtschaft, u. a. Datenbankanwendungen, wissensbasierte oder Workflow-Systeme benötigt, muss auf Modellierungssprachen aus sehr unterschiedlichen Teilgebieten der praktischen Informatik zurückgegriffen werden. *Innerhalb* der Informatik wird der Untersuchungsgegenstand also breit ausgelegt.

Wissenschaftssystematik

Durch die Untersuchung tatsächlich existierender Modellierungssprachen ist die Arbeit realwissenschaftlich. Wie alleKlassifikationen sind auch Systematiken von Wissenschaftsdisziplinen nach beliebigen Merkmalen möglich (s. Abschnitt 1.1 unter Sprachklassifikation). Erschwerend kommen hier historische Einordnungen hinzu, so dass es keine in allen Punkten akzeptierte Wissenschaftssystematik gibt [Zimm89a, 88 ff.; Zimm89b, 414 f]. Eine näherungsweise Orientierung ermöglicht jedoch Abbildung 6.1.

Die grundsätzliche Unterscheidung in Formal- und Realwissenschaften hat sich durchgesetzt (z. B. [UlHi79, 163 f.; Zsch95, 236 ff.]). *Formalwissenschaften*, zu denen klassisch Mathematik und Logik gehören, orientieren sich an der formalen Wahrheit (s. Abschnitt 4.2.1unter Modell, Interpretation und Abschnitt 4.4.2 unter Mathematischer Beweis sowie Wahrheitsfähigkeit). Im Gegensatz dazu sind Realwissenschaften der faktischen Wahrheit (s. Abschnitt 1.2) unterworfen, da sie empirische Tatbestände verstehen, erklären oder gestalten wollen. Diese drei Wissenschaftsziele ermöglichen die Untergliederung in Geisteswissenschaften (Verstehen), Natur- und Sozialwissenschaften (Erklären) sowie Ingenieurwissenschaften (Gestalten) [Zimm89a, 88 ff.; Zsch95, 236]. Für das *Verstehen* reichen Erfahrung und Offenkundigkeit aus, das *Erklären* erfordert jedoch Gesetze (s. Abschnitt 1.1) [Opp01, 72 ff.]. Klassisch gehören Soziologie, Wirtschaftswissenschaften, Politologie und Sozialpsychologie zu den Sozialwissenschaften [BaSt89, 302], Geschichts- und Sprachwissenschaften dagegen zu den Geisteswissenschaften [Zimm89a, 88].

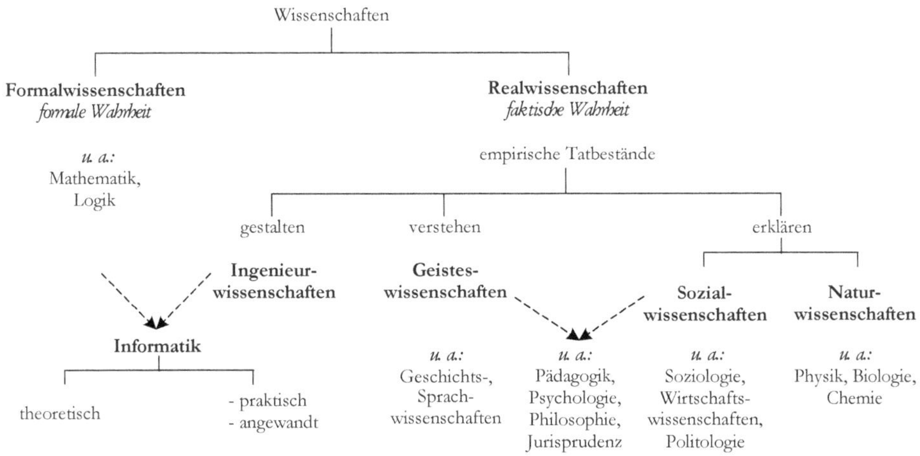

Exemplarische Wissenschaftssystematik **Abb. 6.1**

Die *Sozialwissenschaften* beschäftigen sich mit der menschlichen Gesellschaft, gesellschaftlichen Gruppen und den Beziehungen zwischen Individuen [BaSt89, 302]. Der Unterschied zu den klassischen Geisteswissenschaften entsteht durch die dort fehlende soziale Komponente. Generell ist die Abgrenzung zwischen Geistes- und Sozialwissenschaften umstritten, so dass beide Klassen oft unter einem der beiden Begriffe zusammengefasst werden. Daraus resultieren auch die schwankenden Zuordnungen von Pädagogik, Psychologie, Rechtswissenschaft (Jurisprudenz) und Philosophie zu den Geistes- [Zimm89a, 88] bzw. Sozialwissenschaften [Opp02, 10].

Die Informatik wird sowohl zu den Formalwissenschaften [Zimm89a, 89] als auch zu den Ingenieurwissenschaften [KuSt90, 3] gerechnet. Diese Zuordnung lässt sich mit den Teilgebieten der Kern-Informatik begründen [StHa97, 11]: Die *theoretische Informatik* befasst sich u. a. mit Automatentheorie und formalen Sprachen (s. Abschnitt 1.1) und ist deshalb eher formalwissenschaftlich. Hingegen haben *praktische Informatik* (z. B. Programmierung, Modellierung, Betriebssysteme) und *technische Informatik* (Schaltungstechnologie, Mikroprogrammierung, Rechnerorganisation usw.) ingenieurwissenschaftlichen Charakter. Die *angewandte Informatik,* ebenfalls zu den Ingenieurwissenschaften gehörend, nutzt die Erkenntnisse der Kern-Informatik, um Probleme bestimmter Einsatzgebiete zu lösen.

Vorgehen

Nicht nur das Erklärungsziel der Arbeit ist eher typisch für die Natur- und die Sozialwissenschaften, sondern auch das Vorgehen. Zum Beispiel lehnt sich die durchgeführte Evolutionsuntersuchung eng an die der (naturwissenschaftlichen) Biologie an (s. Abschnitt 2.1). Die Wertungsfreiheit (s. Abschnitt 1.1) entstammt indes den Sozialwissenschaften [Albe91, 75 f.; BaSt89, 311 f.; Opp02, 222 ff.]: Im Gegensatz zu Sachaussagen sind Wertungen (z. B. „Rechts- und -linksradikale Parteien müssen verboten werden.“) weder wahrheitsfähig noch intersubjektiv. Deshalb gehören sie nicht zur Wissenschaft. Die Naturwissenschaften laufen, aufgrund „objektiver" Naturgesetze, kaum Gefahr zu werten.

Der Verzicht auf Bewertungen ergibt sich hier aus der gleichberechtigten Eignung aller Modellierungssprachen für die Verwendung, die dem Sprachkonstrukteur vorschwebte. Gleichzeitig trägt die Wertungsfreiheit zur angestrebten Sachlichkeit bei.[2]

Gesamteinordnung

Anstoß zu dieser Arbeit war eine Beobachtung im Zusammenhang mit der Entwicklung wirtschaftsspezifischer Softwaresysteme. Untersucht wurden spezielle künstliche Sprachen der praktischen Informatik. Die Arbeitshypothese, die unterstellte Evolution des Untersuchungsgegenstandes, verlässt den Bereich wirtschaftswissenschaftlicher Anwendungen; meines Wissens hat sich bisher noch niemand damit beschäftigt. Natur- und sozialwissenschaftliches Vorgehen führten zu einem Theorieelement, das auch Erkenntnisse aus Philosophie (Sprechakt-, Wissenschaftstheorie), Linguistik (Spracheigenschaften, Variationsmechanismen), Kognitionspsychologie (Sprachverstehen) und -wissenschaft (Repräsentationen) nutzt (s. Tabelle 6.1).

Vor allem die Beeinflussung durch die Sozialwissenschaften passt nicht zur mehrheitlich ingenieurwissenschaftlichen Orientierung der Informatik. Sie ist jedoch typisch für die Wirtschaftsinformatik [KuSt90, 3][3].

Im Detail wird *Wirtschaftsinformatik* unterschiedlich definiert; einen exemplarischen Überblick gibt Tabelle 6.1. Als Gemeinsamkeiten lassen sich die Positionierung zwischen Informatik und Betriebswirtschaftslehre[4] sowie eine gewisse Interdisziplinarität erkennen (z. B. [Mert02, 13; HaNe01, 22; MeBK01, 6; KuSt90, 3]).

Wegen der wissenschaftssystematischen Einordnung der Betriebswirtschaftslehre [UlHi79, 164] ist die Wirtschaftsinformatik unweigerlich sozialwissenschaftlich geprägt. Dieser Prägung unterliegen andere angewandte Informatiken, z. B. Medizin- oder Ingenieurinformatik, nicht. Eventuell kann sogar der vehement debattierte Eigenständigkeitsanspruch der Wirtschaftsinformatik (z. B. [KuSt90; Hein93, 12 ff.; MeBK01, 6]) mit dem sozialwissenschaftlichen Vorgehen begründet werden, das ranggleich neben dem ingenieurwissenschaftlichen steht (so z. B. [KuSt90, 3 f.]). Eigenständigkeitsbegründungen *allein* aufgrund des Gegenstandsbereichs (so z. B. [Hein93, 12]) sind jedoch zu kurzsichtig, da Informations- und Kommunikationssysteme in Wirtschaft und Verwaltung zum „Alltagsgeschäft" einer angewandten Informatik gehören.

Ergebnisse: Bedeutung

Hauptsächlich das (sozialwissenschaftliche) Vorgehen rechtfertigt die Einordnung der vorgelegten Arbeit in die Wirtschaftsinformatik. Die Bedeutung der Ergebnisse erstreckt sich jedoch darüber hinaus auf die praktische Informatik:

---

2) Überspitzt: Natürlich kann man einer Kaffeemaschine vorwerfen, dass sie sich nicht zum Rasen mähen eignet. Dafür wurde sie aber auch nicht konstruiert. Und „schlechter" oder „besser" als ein Rasenmäher ist sie deshalb nicht.

3) [KuSt90, 3] setzen Geistes- und Sozialwissenschaften gleich.

4) Die Eingrenzung auf die Betriebswirtschaftslehre klammert die Volkswirtschaftslehre als andere Wirtschaftswissenschaft aus. Mir erscheint dies unnötig. In den Abbildungen habe ich es jedoch beibehalten, um die Originaldefinitionen nicht zu verfälschen.

Wirtschaftsinformatik und Einordnung der Arbeit **Tab. 6.1**

<table>
<tr><th>Gesamteinordnung der Arbeit</th><th colspan="2">Wirtschaftsinformatik</th></tr>
<tr><td rowspan="3">
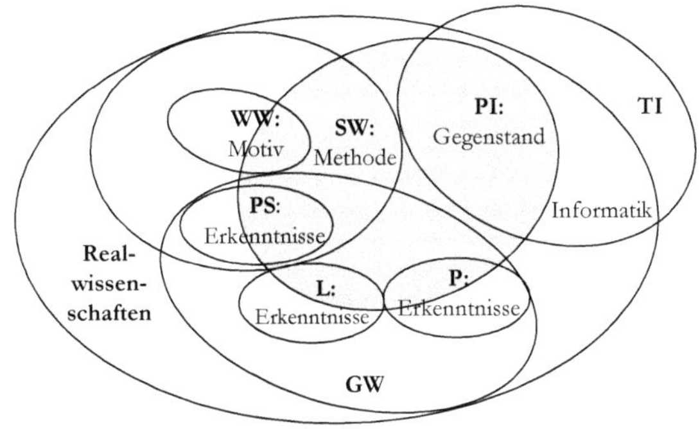

</td><td>Schnitt-
menge
[AbMü97, 1]</td><td>
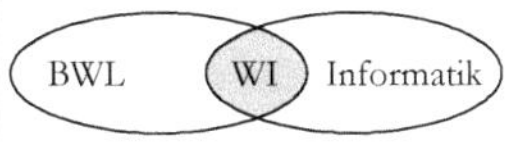

</td></tr>
<tr><td>Brücke
[KuSt90, 3;
RaSc03, 217]</td><td>
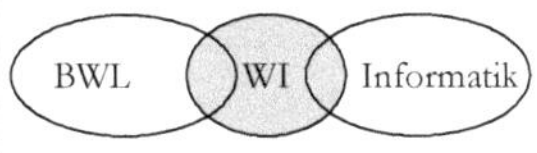

</td></tr>
<tr><td>eigenständig integrierend
[MeBK01, 6]</td><td>
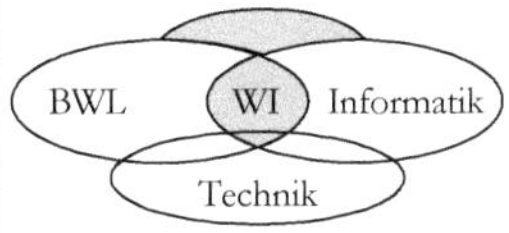

</td></tr>
<tr><td>GW/SW: Geistes-/Sozialwissenschaften, PI/TI: Praktische/Theoretische Informatik, L: Linguistik, P: Philosophie, PS: Psychologie, WW: Wirtschaftswissenschaften
Einordnung der Arbeit</td><td colspan="2">WI: Wirtschaftsinformatik, BWL: Betriebswirtschaftslehre</td></tr>
</table>

Die Vielfalt von Modellierungssprachen folgt zwangsläufig aus dem Fundamentalgesetz (s. Abschnitt 5.2). Sie hängt u. a. mit der biologisch bedingten Individualität kognitiver Prozesse der Sprachkonstrukteure zusammen. Lediglich die sekundäre Verwendung kann den Eigenschaften von Modellierungssprachen tatsächlich Restriktionen auferlegen: Unter Umständen muss die Modellierungssprache eingeschränkt werden, um automatisch ermitteln oder beweisen zu können (s. Abschnitt 4.4.3). Spracheinschränkungen, die Menschen zum mathematischen Ermitteln oder Beweisen vornehmen (s. Abschnitt 4.4.2, auch unter Mathematische Semantik), sind demgegenüber „weicher“, weil sie eher von subjektiven Einschätzungen abhängen.

Darüber hinausgehende Restriktionen gibt es nicht. Größere Vorteilhaftigkeit bestimmter Notationen konnte (bislang?) nicht nachgewiesen werden. Als einzige „Norm“ lässt sich aus dieser Situation die Forderung nach Toleranz ableiten, nach einem friedlichen Nebeneinander verschiedener Modellierungssprachen [Poly73, 134 ff.; Bobr75, 29; DaSS93, 23 ff.; Slom95].

Praktisch kann die Vielfalt durchaus zum Problem werden, z. B., wenn Beschreibungen in verschiedenen Sprachen zwischen Softwaresystemen ausgetauscht werden müssen. Standards versuchen hier, durch Vorgaben Einheitlichkeit zu erreichen. Das praktische Argument der Standardisierungsnotwendigkeit unterscheidet sich jedoch vom Postulat, mit dem Standard die „einzige und beste“ Modellierungssprache zu schaffen.

Trotz aller Vielfalt gibt es zwischen den Modellierungssprachen der praktischen Informatik wahrscheinlich mehr Gemeinsamkeiten als bisher angenommen. Zum Beispiel zeichnen sich die herausgearbeiteten Evolutionstrends der Konvergenz [Kreu86, 89] und der Divergenz in Domänen [BaCN96, 166] auch bei Simulationssprachen ab. Dies legt (normalwissenschaftliche) Anwendungserweiterungen des Theorieelements nahe, die empirischen Fortschritt mit sich bringen (s. Abschnitt 5.1).

Über die Erklärung der Evolution von Modellierungssprachen hinaus ermöglicht das Theorieelement aus Abschnitt 5.2 eine neue wissenschaftstheoretische Feststellung: Einige normalwissenschaftliche Tätigkeiten in der praktischen Informatik scheinen schlicht im „Ausführen" des Fundamentalgesetzes zu bestehen, d. h. in der Konstruktion neuer Modellierungssprachen. Das Theorienetz wird dadurch nicht verändert: Weil diese normalwissenschaftlichen Tätigkeiten nicht dazu dienen, die empirische Behauptung des Theorieelements zu prüfen, ändern sich nicht einmal die intendierten Anwendungen. Durch diese Konstanz des Theorienetzes würden sich Bereiche der (gestaltenden) praktischen Informatik grundlegend von den (erklärenden) Natur- und Sozialwissenschaften unterscheiden, deren normalwissenschaftliche Tätigkeiten das Theorienetz modifizieren.

Offene Probleme

Zwei Bereiche deckt die entwickelte Theorie bislang nicht ab: die ***Diffusion*** von Modellierungssprachen und den generellen Evolutionsursprung. Die Diffusion betrifft nicht die (hier interessierende) Konstruktion, sondern die Durchsetzung und Verbreitung vorhandener Modellierungssprachen. Ob sich eine Modellierungssprache verbreitet, hängt vermutlich nicht nur von ihrer Verwendungseignung ab, sondern auch davon, ob es Werkzeuge für diese Sprache gibt [JuMo00, 107; HuJS90, 317]. Insbesondere die Marktmacht der Werkzeughersteller verletzt die in Abschnitt 1.1 angenommene Rationalität. Diese Verletzung rechtfertigt es, die Diffusion hier auszuklammern und auf zukünftige Forschungen zu vertagen.

Ebenfalls offen bleibt die Modellierungssprache, von der alle anderen abstammen. Evolution als gerichtete Variation impliziert die Existenz (mindestens) eines Ursprungs. Die damit einhergehende (nicht falsifizierbare) Existenzaussage erfordert die Rekonstruktion der Ursprungssprache. Ob der Nachweis einer Monogenese gelingt, ist fraglich: Einerseits gibt es tatsächlich Konstrukte, die in vielen Modellierungssprachen auftreten und damit auf eine gemeinsame Abstammung hinweisen [JaRe84; OpSi94, 234 ff.]. Andererseits versucht die Linguistik nicht mehr, die Ursprungssprache aller natürlichen Sprachen zu rekonstruieren (s. Abschnitt 2.2 unter Evolution). Zudem lässt sich über den praktischen Nutzen einer solchen, hochgradig spekulativen Rekonstruktion durchaus streiten (ähnlich [Crys87, 288]).

Gestaltung

Allerdings bergen die (zumindest z. T.) „sprachuniversellen" Konstrukte Ansatzpunkte für gestaltende Tätigkeiten: Zum einen bieten sie eine Grundlage für potenziell allgemein gültige Übersetzungen zwischen Modellierungssprachen. Zum anderen deuten diese Konstrukte auf Mindestwerte an Ausdrucksstärke und -effizienz, die eine Modellierungssprache besitzen muss. Mit diesem Wissen lässt sich ganz gezielt eine neue Modellierungssprache definieren. Der Konstruktionsprozess könnte sich dann auf die leichte Anpassbarkeit dieser Modellierungssprache an spezielle Einsatzgebiete oder sekundäre Verwendungen konzentrieren.

Das Erklären vergangener Entwicklungen ist also für das bewusste Gestalten der Zukunft nutzbar. Begleitende Diffusionsuntersuchungen könnten die Verbreitung der theoriegeleitet konstruierten Modellierungssprache feststellen. Und vielleicht zeigt sich dabei, dass der Erfolg wissenschaftlicher Gestaltung durch zugrunde liegende Theorien steigt.

Anhang A
Statistische Berechnungen

A.1 Kurvenanpassung

Absolute Häufigkeiten von Ursachen neuer ER-Modelle **Tab. A.1**

Jahr	Ausdrucksstärke				Implementierungs-unterstützung	Anwend-barkeit	Korrektur	Integration
	Daten-modell	Anwendung	Domäne	Summe				
1975	1	·	·	1	·	·	·	1
1979	3	·	·	3	·	·	·	·
1981	3	1	·	4	1	·	1	1
1983	4	·	1	5	1	·	2	·
1985	1	1	1	3	4	1	·	1
1986	4	2	1	5	2	·	2	·
1987	2	1	1	4	1	·	·	2
1988	4	·	·	4	·	·	1	·
1989	3	2	·	5	2	4	·	1
1990	2	1	·	3	·	2	1	·
1991	4	2	1	7	2	2	3	2
1992	1	1	1	3	1	·	·	1
1993	4	1	2	7	3	1	·	1
1994	1	1	·	2	·	1	2	·
1995	·	·	1	1	·	·	·	·
1996	·	1	1	2	1	·	·	·
1997	1	·	·	1	·	1	·	·
1998	·	3	·	3	·	1	·	·
1999	·	·	·	·	1	·	·	·
2000	2	·	·	2	·	·	1	·
2001	·	1	2	3	·	·	·	·
2002	·	·	2	2	·	·	·	·
2003	·	1	1	2	·	·	·	·

Tab. A.2 Absolute Häufigkeiten von Ursachen neuer Petri-Netze

Jahr	Ausdrucksstärke				Analyse	Anwend-barkeit	Integration
	Generell	Anwendung	Domäne	Summe			
1962	1	·	·	1	·	·	·
1968	1	·	·	1	1	·	·
1969	·	·	·	·	1	·	·
1970	·	·	·	·	1	1	·
1972	·	1	·	1	2	·	·
1973	·	2	1	3	·	1	·
1974	·	·	·	·	·	1	·
1975	1	·	·	1	·	·	·
1976	·	1	1	2	·	·	·
1977	1	1	·	2	1	·	·
1978	2	·	·	2	·	·	1
1979	1	1	2	4	·	·	·
1980	·	·	2	2	·	·	·
1981	·	1	·	1	2	·	·
1983	·	1	1	2		1	1
1984	1	1	3	5	4	·	·
1985	2	1	2	5	·	·	1
1986	·	·	·	·	·	·	1
1987	·	1	2	3	1	·	·
1988	1	2	1	4	·	·	·
1989	·	1	·	1	·	2	·
1990	1	1	·	2	2	·	·
1991	·	1	·	1	1	·	·
1992	·	1	1	2	1	·	1
1993	1	·	2	3	4	4	1
1994	3	2	·	4	2	1	1
1995	·	·	1	1	2	1	
1996	1	1	1	3	1	·	1
1997	2	·	1	3	2	·	·
1998	·	·	1	1	1	·	·
1999	·	·	1	1	2	·	1
2000	·	·	·	·	·	·	·
2001	1	1	1	2	1	·	·
2002	·	·	1	1	·	1	·
2003	1	1	2	3	1	·	·

Bestimmtheitsmaß[1]

$$B = 1 - \frac{\sum (y_i - \hat{y}_i)^2}{\sum (y_i - \bar{y})^2}$$

Symbole:

y_i Ausprägung der (abhängigen) Zufallsvariablen bei den Untersuchungseinheiten

$\hat{y}_i$ berechneter Funktionswert

$\bar{y}$ Mittelwert

F-Test des Bestimmtheitsmaßes[2]

H_0: $B = 0$

Prüfgröße: $\text{Sig } F = \frac{B(n - m - 1)}{m(1 - B)}$

Symbole:

n Anzahl der Untersuchungseinheiten

m Anzahl der unabhängigen Variablen

Test der Funktionskoeffizienten[3]

H_0: $b = 0$

Prüfgröße: $\text{Sig } K = \frac{b}{s_b}$

Symbole:

b Funktionskoeffizient (Regressionskoeffizient)

s_b Standardabweichung der Regressionskoeffizienten

1) [HeKS92, 198]
2) [HeKS92, 200]
3) [HeKS92, 193]

A.2 Trendtest der Ursachenrangfolge

Hypothesen

H_0: Jede der Ursachen ist gleich wichtig, d. h., die absoluten Häufigkeit sind gleich.

H_1: Die Ursachen sind nicht gleich wichtig.
(einseitige Fragestellung, $\alpha = 0{,}01$)

Prüfgröße

Ein asymptotischer Test prüft, ob N Beobachtungen, die nach Rangnummern i, i = 1 (1) k, geordnet wurden, einem Trend folgen [BoLB00, 100 f.]. Dabei bezeichnet f_i die Anzahl der Beobachtungen mit Rang i. Wenn N/k nicht kleiner als drei ist, wird über den u-Test geprüft:

$$u = \left(T - E(T)\right) / \sqrt{Var(T)} \quad \text{mit}$$

$$T = \sum_{i=1}^{k} i \cdot f_i$$

$$E(T) = N(k + 1)/2$$

$$Var(T) = N(k^2 - 1)/12$$

Tab. A.3 Anzahlen der Ursachennennungen und Zwischenergebnisse

ER-Modelle			
Ursache	**i**	f_i	$i \cdot f_i$
Ausdrucksstärke	1	55	55
Implementierungsunterstützung	2	7	14
Anwendbarkeit	3	6	18
Integration	4	3	12
Korrektur	5	2	10
Summe	—	N = 73	109

Petri-Netze			
Ursache	**i**	f_i	$i \cdot f_i$
Ausdrucksstärke	1	25	25
Analyse	2	19	38
Anwendbarkeit	3	8	24
Integration	4	7	28
Summe	—	N = 59	115

Ergebnisse

Da für *ER-Modelle* N/k = 73/5 = 14,6 gilt, ist der u-Test anwendbar. Die Prüfgröße T = 109 besitzt einen Erwartungswert E(T) = (73 · 6)/2 = 219 und eine Varianz Var(T) = 73 (5^2 – 1)/ 12 = 146. Die Normalverteilung weist für das resultierende u = –9,104 eine Wahrscheinlichkeit von P < 0,00000001 aus. Diese (empirische) Wahrscheinlichkeit ist kleiner als die Irrtumswahrscheinlichkeit $\alpha = 0{,}01$, so dass H_0 nicht akzeptiert werden kann: Mit einer Irrtumswahrscheinlichkeit von 1 % ist die Ausdrucksstärke die wichtigste Ursache neuer ER-Modelle, gefolgt von den anderen Ursachen.

Auch für *Petri-Netze* kann, wegen N/k = 59/4 = 14,75, der u-Test eingesetzt werden. Aus der Prüfgröße T = 115 mit einem Erwartungswert E(T) = (59 · 5)/2 = 147,5 und einer Varianz Var(T) = 59 $(4^2 - 1)/12$ = 73,75 folgt u = –3,784. Die Normalverteilung ergibt für dieses u eine Wahrscheinlichkeit von P = 0,000078. Da diese (empirische) Wahrscheinlichkeit kleiner als die Irrtumswahrscheinlichkeit $\alpha = 0{,}01$ ist, muss H_0 verworfen werden, d. h., die Ursachenrangfolge ist für Petri-Netze statistisch signifikant.

A.3 Zusammenhangsuntersuchung

Hypothese

H_0: Es besteht kein Zusammenhang zwischen den Merkmalen der N Individuen. (zweiseitige Fragestellung, $\alpha = 0{,}01$)

Tab. A.4 k × m-Kontingenztafel für Zusammenhangsuntersuchungen

		Merkmal B		**Summe**
		B_1	**B_2**	
Merkmal A	**A_1**	a	b	a + b
	A_2	c	d	c + d
Summe		a + c	b + d	N

Prüfgrößen

Auf der Grundlage der Kontingenztafel (Tabelle A.4) berechnen sich die Prüfgrößen wie folgt:

- Chi-Quadrat-Kontingenz mit Yates-Korrektur [BoLB00, 105]

$$\chi^2 = \frac{N(|ad - bc| - \frac{N}{2})^2}{(a+b)(c+d)(a+c)(b+d)}$$

- Phi-Koeffizient [BaEP00, 244]:

$$\varphi = \sqrt{\frac{\chi^2}{N}}$$

- Kramers Kontingenzmaß V [HeKS92, 185]:

$$V = \sqrt{\frac{\chi^2}{n \cdot \min\{k-1, m-1\}}}$$

Dependenzmaß λ

Das Dependenzmaß testet nicht, sondern untersucht die Richtung von Zusammenhängen. Die Größen beruhen ebenfalls auf der Kontingenztafel laut Tabelle A.4 [BoLB00, 340 f.]:

$$\lambda = \frac{P_1 - P_2}{P_2}$$

$$\text{mit} \quad P_1 = \frac{N - \max(a+b, c+d)}{N} \quad \text{und} \quad P_2 = \frac{N - \max(a,c) - \max(b,d)}{N}$$

Tab. A.5 Ergebnisse der Zusammenhangsuntersuchung

Maße		**Wert**	**Berechnete Signifikanz**
Chi-Quadrat-Kontingenz mit Yates-Korrektur		12,896	0,000
Phi-Koeffizient		0,501	0,000
Kramers Kontingenzmaß V		0,501	0,000
Dependenzmaß Lambda	Ursache abhängig	0,000	—
	Notation abhängig	0,350	0,015

Ermittelt durch SPSS® 12.0G für WINDOWS®.

Anhang B
Deklarationen der Referenzbeurteilungsobjekte

B.1 Entity-Relationship-Modelle

Sorten

entity_type
relationship_type
attribute
nat
rat_number

Subjektvariablen

!e, $!e_1$, $!e_2$, $!e_i$:	entity_type
!r, $!r_1$, $!r_j$:	relationship_type
!a:	attribute
!N:	nat
!rn:	rat_number

Prädikatenvariablen

[E1]	e_type_treatment:	relationship_type entity_type
[E2]	role:	relationship_type entity_type
[E3]	derived_att:	attribute
[E4]	derived_rel:	relationship_type
[E5]	e_condition:	entity_type
[E6]	r_condition:	relationship_type
[E7]	key_description:	entity_type
[E8]	multivalued:	attribute
[E9]	value_description:	attribute
[E10]	max_participate:	entity_type entity_type ... entity_type relationship_type nat
[E11]	min_participate:	entity_type entity_type ... entity_type relationship_type nat
[E12]	option_participate:	entity_type relationship_type
[E13]	excl_participate:	entity_type relationship_type ... relationship_type
[E14]	ident_participate:	entity_type entity_type relationship_type
[E15]	e_ex_constraint:	entity_type
[E16]	r_ex_constraint:	relationship_type
[E17]	e_transaction:	entity_type

[E18]	r_transaction:	relationship_type
[E19]	fact:	relationship_type
[E20]	dimensional_level:	entity_type
[E21]	classification:	entity_type entity_type relationship_type
[E22]	e_fuzzy:	entity_type rat_number
[E23]	r_fuzzy:	relationship_type rat_number
[E24]	a_fuzzy:	attribute rat_number
[E25]	causal_relation:	entity_type entity_type relationship_type
[E26]	time_participate:	entity_type relationship_type
[E27]	time_dependent:	attribute
[E28]	geoscientific:	entity_type
[E29]	search:	entity_type
[E30]	conceptual:	entity_type
[E31]	agent_e:	entity_type
[E32]	agent_r:	relationship_type
[E33]	perceptual:	attribute

B.2 Petri-Netze

Sorten

place
transition
flow_relation
token
nat

Subjektvariablen

!p:	place
!t, $!t_1$, $!t_n$:	transition
!f, $!f_1$, $!f_n$:	flow_relation
!tk:	token
!N:	nat

Prädikatenvariablen

[P1]	detailed_p:	place
[P2]	detailed_t:	transition
[P3]	value:	token
[P4]	capacity:	place nat
[P5]	action:	transition
[P6]	fact:	transition
[P7]	varying:	flow_relation
[P8]	not_enable:	flow_relation flow_relation ... flow_relation transition
[P9]	dep_enable:	transition transition ... transition
[P10]	ext_enable:	transition
[P11]	ext_marking:	place
[P12]	unchanged:	transition flow_relation ... flow_relation
[P13]	postset_delete:	transition flow_relation ... flow_relation

[P14]	conflict_resolve:	transition	transition … transition
[P15]	synchronized:	transition	transition … transition
[P16]	fluid:	token	
[P17]	p_location:	place	
[P18]	t_location:	transition	
[P19]	time_enable:	transition	
[P20]	firing_delay:	transition	nat
[P21]	firing_duration:	transition	nat
[P22]	mean:	place	
[P23]	resource:	place	
[P24]	space:	place	
[P25]	monomedia:	place	
[P26]	link_type:	place	
[P27]	register:	place	
[P28]	idle:	place	
[P29]	musical:	transition	
[P30]	violation:	transition	
[P31]	automated:	transition	

Literaturverzeichnis

[AAAI82]
AAAI (Ed.): Proceedings of the National Conference on Artificial Intelligence: AAAI '82. Menlo Parc: AAAI, 1982

[AAAI89]
AAAI (Ed.): Proceedings of the 11th International Joint Conference on Artificial Intelligence: IJCAI-89, Vol. 2. Menlo Parc: AAAI, 1989

[AaPl94]
Aamodt, A.; Plaza, E.: Case-Based Reasoning: Foundational Issues, Methodological Variations, and System Approaches. In: AI Communications, Vol. 7 (1994), No. 1, pp. 39–59

[AbMo81]
Abbott, R. J.; Moorhead, D. K.: Software Requirements and Specifications: A Survey of Needs and Languages. In: The Journal of Systems and Software, Vol. 2 (1981), pp. 297–316

[AbMü97]
Abts, D.; Mülder, W.: Grundkurs Wirtschaftsinformatik. 2. Aufl., Braunschweig et al.: Vieweg, 1997

[Abri74]
Abrial, J. R.: Data Semantics. In: [KlKo74], pp. 1–59

[AbSM80]
Abrial, J. R.; Schuman, S. A.; Meyer, B.: Specification Language. In: [McMa80], pp. 343–410

[ACM70]
ACM (Ed.): Record of the Project MAC Conference on Concurrent Systems and Parallel Computation, Woods Hole, USA, June 2-5, 1970. New York: ACM, 1970

[ACM71]
ACM (Ed.): SIGOPS Workshop on System Performance Evaluation, Cambridge/MA, 1971. New York: ACM Press, 1971

[ACM88]
ACM (Ed.): Proceedings of the 7th ACM SIGACT-SIGMOD-SIGART Symposium on Principles of Database Systems. New York: ACM Press, 1988

[AdBC82]
Adrion, W. R.; Branstad, M. A.; Cherniavsky, J. C.: Validation, Verification and Testing of Computer Software. In: ACM Computing Surveys, Vol. 14 (1982), No. 2, pp. 159–192

[Ager79]
Agerwala, T.: Putting Petri Nets to Work. In: IEEE Computer: Innovative Technology for Computer Professionals, Vol. 12 (1979), No. 12, pp. 85–94

[AgFl73]
Agerwala, T.; Flynn, M.: Comments on Capabilities, Limitations and Correctness of Petri Nets. In: [LiSz73], pp. 81–86

[AhSU99]
Aho, A. V.; Sethi, R.; Ullman, J. D.: Compilerbau, Teile 1 und 2. 2. Aufl., München/Wien: Oldenbourg, 1988

[Aitc91]
Aitchison, J.: Language change: progress or decay? 2nd ed., Cambridge: Cambridge University Press, 1991

[Aitc96]
Aitchison, J.: The seeds of speech: Language origin and evolution. Cambridge: Cambridge University Press, 1996

[AjBD98]
Ajmone Marsan, M.; Bobbio, A.; Donatelli, S.: Petri Nets in Performance Analysis: An Introduction. In: [ReRo98a], pp. 211–256

[AjCB84]
Ajmone Marsan, M.; Conte, G.; Balbo, G.: A Class of Generalized Stochastic Petri Nets for the Performance Evaluation of Multiprocessor Systems. In: ACM Transactions on Computer Systems, Vol. 2 (1984), No. 2, pp. 93–122

[AjCh87]
Ajmone Marsan, M.; Chiola, G.: On Petri Nets with Deterministic and Exponentially Distributed Firing Times. In: [Roze87], pp. 132–145

[AjMa93]
Ajmone Marsan, M. (Ed.): Application and Theory of Petri Nets 1993: ICATPN '93, 14th International Conference, LNCS 691. Berlin et al.: Springer, 1993

[Ajmo89]
Ajmone Marsan, M.: Stochastic Petri Nets: An Elementary Introduction. In: [Roze89], pp. 1–29

[Albe91]
Albert, H.: Traktat über kritische Vernunft. 5. Aufl., Tübingen: Mohr 1991

[AlFe83]
Al-Fedaghi, S. S.: An Entity-Relationship Approach to Modelling Petroleum Engineering Database. In: [DaJN83], pp. 761–779

[AmGB86]
Ambler, A. L.; Good, D. I.; Browne, J. C.; Burger, W. F.; Cohen, R. M.; Hoch, C. G.; Wells, R. E.: GYPSY: A Language for Specification and Implementation of Verifiable Programs. In: [GeMc86], pp. 421–440

[Ande78]
Anderson, J. R.: Arguments Concerning Representations for Mental Imagery. In: Psychological Review, Vol. 85 (1978), No. 4, pp. 249–277

[Ande00]
Anderson, J. R.: Cognitive Psychology and its Implications. 5th ed., New York: Worth. 2000

[Andr82]
Andre, C.: Behaviour of a Place-Transition Net on a Subset of Transitions. In: [GiRe82], pp. 131–135

[Andr91]
Andre, C.: Delays in synchronized elementary net systems. In: [Roze91], pp. 1–28

[AnHi81]
Anderson, J. A.; Hinton, G. E.: Models of Information Processing in the Brain. In: [HiAn81], pp. 9–48

[AnMO02]
Anderson, M.; Meyer, B.; Olivier, P. (Eds.): Diagrammatic Representation and Reasoning. Berlin et al.: Springer, 2002

[AnPo94]
Anglano, C.; Portinale, L.: B-W Analysis: A Backward Reachability Analysis for Diagnostic Problem Solving Suitable to Parallel Implementation. In: [Vale94], pp. 39–58

[AsBu87]
Aspray, W.; Burks, A. (Eds.): Papers of John von Neumann on Computers and Computer Theory. Los Angeles/San Francisco: MIT Press, 1987

[AtBL83]
Atzeni, P.; Batini, C.; Lenzerini, M.; Villanelli, F.: INCOD: A System for Conceptual Design of Data and Transactions in the Entity-Relationship Model. In: [Chen83], pp. 375–410

[Ausi78]
Ausiello, G. (Ed.): Automata, languages and programming, 5th International Colloquium, Udine, Italy, July 17, 1978. Berlin et al.: Springer, 1978

[Aust62]
Austin, J. L.: How to Do Things with Words. New York: Oxford University Press, 1962
[AzBa97]
Azéma, P.; Balbo, G. (Eds.): Application and Theory of Petri Nets 1997: ICATPN '97, 18th International Conference, LNCS 1248. Berlin et al.: Springer, 1997
[Baad96]
Baader, F.: A Formal Definition for the Expressive Power of Terminological Knowledge Representation Languages. In: Journal of Logic and Computation, Vol. 6 (1996), No. 1, pp. 33–54
[BaCa01]
Barzdins, J.; Caplinskas, A. (Eds.): Databases and Information Systems, 4th International Baltic Workshop. Dordrecht et al.: Kluwer, 2001
[BaCG95]
Banyard, P.; Cassells, A.; Green, P.; Hartland, J.; Hayes, N.; Reddy, P.: Einführung in die Kognitionspsychologie. München/Basel: Reinhardt, 1995
[BaCN92]
Batini, C.; Ceri, S.; Navathe, S. B.: Conceptual Database Design: An Entity-Relationship Approach. Redwood City et al.: Benjamin-Cummings, 1992
[BaCN96]
Banks, J.; Carson, J. S.; Nelson, B. L.: Discrete-Event System Simulation. 2nd ed., Upper Saddle River: Prentice Hall, 1996
[BaDF00]
Ballarini, P.; Donatelli, S.; Franceschinis, G.: Parametric Stochastic Well-Formed Nets and Compositional Modelling. In: [NiSi00], pp. 43–62
[Badi00]
Badia, A.: Extending Entity-Relationship Models with Higher-Order Operators. In: [RaOh00], pp. 321–330
[BaEP00]
Backhaus, K.; Erichson, B.; Plinke, W.; Weiber, R.: Multivariate Analysemethoden – Eine anwendungsorientierte Einführung. 9. Aufl., Berlin et al.: Springer, 2000
[Baer73a]
Baer, J.-L.: Modelling for Parallel Computation: A Case Study. In: [IEEE73], pp. 13–22
[Baer73b]
Baer, J. L.: A Survey of Some Theoretical Aspects of Multiprocessing. In: ACM Computing Surveys, Vol. 5 (1973), No. 1, pp. 31–74
[BaFe89]
Barr, A.; Feigenbaum, E. A.: The Handbook of Artificial Intelligence, Vol. 1. 2nd ed., Los Altos: William Kaufmann, 1989
[BaFr88]
Bader, H.; Fröhlich, S.: Einführung in die Mathematik für Volks- und Betriebswirte. 9. Aufl., München/Wien: Oldenbourg, 1988
[BaGo79]
Balzer, R.; Goldman, N.: Principles of Good Software Specification and their Implication for Specification Language. In: [RoZe79], pp. 58–67
[BaGr94]
Bal, H. E.; Grunde, D.: Programming Language Essentials. Harlow: Addison-Wesley, 1994
[BaGü01]
Bauer, A.; Günzel, H.: Data-Warehouse-Systeme: Architektur, Entwicklung, Anwendung. Heidelberg: dpunkt, 2001
[BaHB90]
Batra, D.; Hoffer, J. A.; Bostrom, R. P.: Comparing Representations with Relational and EER Models. In: Communications of the ACM, Vol. 33 (1990), No. 2, pp. 126–139
[Balz82]
Balzer, W.: Empirische Theorien: Modelle, Strukturen, Beispiele. Braunschweig/Wiesbaden: Vieweg, 1982

[Bark90]
Barker, R.: CASE*Method: Entity Relationship Modelling. Wokingham et al.: Addison-Wesley, 1990
[BaSh99]
Balaban, M.; Shoval, P.: Enhancing the ER Model with Integrity Methods. In: Journal of Database Management, Vol. 10 (1999), No. 4, pp. 14–23
[BaSt89]
Bayer, O.; Stölting, E.: Sozialwissenschaften. In: [SeRa89], S. 302–313
[Bati89]
Batini, C. (Ed.): Entity-Relationship Approach: A Bridge to the User, 7th International Conference on the Entity-Relationship Approach (ER '88). Amsterdam et al.: North-Holland, 1989
[Baum90]
Baumgarten, B.: Petri-Netze: Grundlagen und Anwendungen. Mannheim et al.: BI Wissenschaftsverlag, 1990
[BeDC92]
Bernardinello, L.; De Cindio, F.: A Survey of Basic Net Models and Modular Net Classes. In: [Roze92], pp. 304–351
[BeFe86]
Best, E.; Fernandez, C.: Notions and Terminology on Petri Net Theory. Arbeitspapiere der GMD Nr. 195, Bonn, 1986
[Beln77]
Belnap, N. D.: A Useful Four-Valued Logik. In: [DuEp77], pp. 8–37
[BeMS98]
Bernus, P.; Mertins, K.; Schmidt, G. (Eds.): Handbook on Architectures of Information Systems. Berlin et al.: Springer, 1998
[Bert83]
Bertino, E.: Distributed Database Design Using the Entity-Relationship Model. In: [DaJN83], pp. 189–203
[BeSa98]
Bergamaschi, S.; Sartori, C.: Chrono: A Conceptual Design Framework for Temporal Entities. In: [LiRL88], pp. 35–50
[BiLW98]
Biggs, N. L.; Lloyd, E. K.; Wilson, R. J.: Graph Theory. Oxford: Clarendon, 1998
[BiRe96]
Billington, J.; Reisig, W. (Eds.): Application and Theory of Petri Nets 1996: ICATPN '96, 17th International Conference, LNCS 1091. Berlin et al.: Springer, 1996
[BjJo78]
Bjorner, D.; Jones, C. B.: The Vienna Development Method: The Meta-Language. Berlin et al.: Springer, 1978
[Bobr75]
Bobrow, D. G.: Dimensions of Representation. In: [BoCo75], pp. 1–34
[Bock74]
Bock, H. H.: Automatische Klassifikation: Theoretische und praktische Methoden zur Gruppierung und Strukturierung von Daten. Göttingen: Vandenhoeck & Ruprecht, 1974
[BoCo75]
Bobrow, D. G.; Collins, A. M.: Representation and Understanding: Studies in Cognitive Science. New York: Academic Press, 1975
[Bode77]
Boden, M.: Artificial Intelligence and natural man, Brighton: Harvester, 1977
[BoDM02]
Bowers, S.; Delcambre, L.; Maier, D.: Superimposed Schematics: Introducing E-R Structure for In-Situ Information Selections. In: [Spac02], pp. 90–104
[Boeh84]
Boehm, B. W.: Verifying and Validating Software Requirements and Design Specifications. In: IEEE Software, Vol. 1 (1984), January, pp. 75–88

[BoLB00]
Bortz, J.; Lienert, G. A.; Boehnke, K.: Verteilungsfreie Methoden in der Biostatistik. 2. Aufl., Berlin et al.: Springer, 2000

[Boli75]
Bolinger, D.: Aspects of Language. 2nd ed., New York et al.: Harcourt Brace Jovanovich, 1975

[BoLT90]
Bolognesi, T.; Lucidi, F.; Trigila, S.: From Timed Petri Nets to Timed LOTOS. In: [LoPU90], pp. 395–407

[Borg91]
Borgida, A.: Knowledge Representation, Semantic Modelling: Similarities and Differences. In: [Kang91], pp. 1–23

[Borg96]
Borgida, A.: On the relative expressiveness of description logics and predicate logics. In: Artificial Intelligence, Vol. 82 (1996), No. 2, pp. 353–367

[Bosc91]
Bosch, K.: Elementare Einführung in die Wahrscheinlichkeitsrechnung. 5. Aufl., Braunschweig et al.: Vieweg, 1991

[Brac79]
Brachman, R. J.: On the Epistemological Status of Semantic Networks. In: [Find79], pp. 3–50

[Brac85]
Brachman, R. J.: "I lied about the trees", or, Defaults and Definitions in Knowledge Representation. In: AI Magazine, Vol. 6 (1985), pp. 80–93

[Brau80]
Brauer, W.: Net Theory and Applications, Proceedings of the Advanced Course on General Net Theory of Processes and Systems, Hamburg, October 8-19, 1979, LNCS 84. Berlin et al.: Springer, 1980

[BrDK97]
Brewka, G.; Dix, J.; Konolige, K.: Non-monotonic Reasoning: An Overview, Stanford: CSLI Publications, 1997

[BrEl87]
Bruno, G.; Elia, A.: Extending the Entity-Relationship Approach for Dynamic Modeling Purposes. In: [Spac87], pp. 169–181

[BrKP85]
Brander, S.; Kompa, A.; Peltzer, U.: Denken und Problemlösen: Einführung in die kognitive Psychologie. Opladen: Westdeutscher Verlag, 1987

[BrLe85]
Brachman, R. J.; Levesque, H. J.: Readings in Knowledge Representation. San Mateo: Morgan Kaufmann, 1985

[BrMS84]
Brodie, M. L.; Mylopoulos, J.; Schmidt, J. W. (Eds.): On Conceptual Modelling: Perspectives from Artificial Intelligence, Databases, and Programming Languages. Berlin et al.: Springer, 1984

[Brod84]
Brodie, M. L.: On the Development of Data Models. In: [BrMS84], pp. 19–47

[BrRR87a]
Brauer, W.; Reisig, W.; Rozenberg, G.: Petri Nets: Central Models and Their Properties, Advances in Petri Nets 1986, Part I, LNCS 254. Berlin et al.: Springer, 1987

[BrRR87b]
Brauer, W.; Reisig, W.; Rozenberg, G.: Petri Nets: Applications and Relationships to Other Models of Concurrency, Advances in Petri Nets 1986, Part II, LNCS 255. Berlin et al.: Springer, 1987

[BrSt92]
Broy, M.; Streicher, T.: Modular Functional Modelling of Petri Nets with Individual Tokens. In: [Roze92], pp. 70–88

[Buch93]
Buchholz, P.: Hierarchies in Colored GSPNs. In: [AjMa93], pp. 106–125

[Buch94]
Buchholz, P.: Hierarchical High Level Petri Nets for Complex System Analysis. In: [Vale94], pp. 119–138
[BüEM90]
Bütler, B.; Esser, R.; Mattmann, R.: A Distibuted Simulator for High Order Petri Nets. In: [Roze90], pp. 47–63
[Bund83]
Bundy, A. (Ed.): Proceedings of the 8th International Joint Conference on Artificial Intelligence: IJCAI-83. Los Altos: Kaufmann, 1983
[Bung02]
Bunge, M.: Philosophy of Science, Vol. I: From Problem to Theory. revised ed., New Brunswick/London: Transaction Publishers, 2002
[ByPP94]
Bybee, J.; Perkins, R.; Pagliuca, W.: The Evolution of Grammar: Tense, Aspect, and Modality in the Languages of the World. Chicago/London: The University of Chicago Press, 1994
[CaCa99]
Cardoso, J.; Camargo, H.: Fuzziness in Petri Nets. Heidelberg: Physica, 1999
[CaCG85]
Carlier, J.; Chretienne, P.; Girault, C.: Modelling Scheduling Problems with Timed Petri-Nets. In: [Roze85], pp. 62–82
[CaCW91]
Cameron, J. R.; Campbell, A.; Ward, P. T.: Comparing software development methods: example. In: Information and Software Technology, Vol. 33 (1991), No. 6, pp. 386–402
[CaHP00]
Castellani, X.; Habrias, H.; Perrin, P.: A Synthesis on the Definitions and Notations of Cardinalities of Relationships. In: Journal of object oriented programming, Vol. 13 (2000), No. 6, pp. 32–35
[CaJA90]
Carlson, C. R.; Ji, W., Arora, A. K.: The Nested Entity-Relationship Model. In: [Loch90], pp. 43–57
[Carn68a]
Carnap, R.: Einführung in die symbolische Logik mit besonderer Berücksichtigung ihrer Anwendungen. 3. Aufl., Wien/New York: Springer, 1968
[Carn68b]
Carnap, R.: Logische Syntax der Sprache. 2. Aufl., Wien et al.: Springer, 1968
[Carr56]
Carroll, J. B. (Ed.): Language, Thought, and Reality: Selected Writings of Benjamin Lee Whorf. New York: Wiley, 1956
[Cast85]
Castle, W. I.: The Effect of Knowledge Representation and Psychological Type on Human Understanding in the Human-Computer Interface. Ph.D. Thesis, The University of Texas, Arlington 1985
[CaVD90]
Cardoso, J.; Valette, R.; Dubois, D.: Petri nets with uncertain markings. In: [Roze90], pp. 64–78
[CeMa99]
Cerone, A.; Maggiolo-Schettini, A.: Time-based expressivity of time Petri nets for system specification. In: Theoretical Computer Science, Vol. 216 (1999), Nos. 1-2, pp.1–53
[Chan01]
Chang, S. K. (Ed.): Handbook of Software Engineering and Knowledge Engineering, Vol. 1: Fundamentals. New Jersey: World Scientific, 2001
[Chan02]
Chang, S. K. (Ed.): Handbook of Software Engineering and Knowledge Engineering, Vol. 2: Emerging Technologies. New Jersey: World Scientific, 2002
[Chan88]
Chandra, A. K.: Theory of Database Queries. In: [ACM88], pp. 1–9
[Chan95]
Chan, H. C.: Naturalness of Graphical Queries Based on the Entity Relationship Model. In: Journal of Database Management, Vol. 6 (1995), No. 3, pp. 3–13

[Chen75]
Chen, P. P.-S.: The Entity Relationship Model – Toward a Unified View of Data. In: [Kerr75], p. 173

[Chen76]
Chen, P. P.-S.: The Entity Relationship Model – Toward a Unified View of Data. In: ACM Transactions on Database Systems, Vol. 1 (1976), No. 1, pp. 9–36

[Chen80]
Chen, P. P. (Ed.): Entity-Relationship Approach to Systems Analysis and Design, 1st International Conference on the Entity-Relationship Approach (ER '79). Amsterdam et al.: North-Holland, 1980

[Chen83]
Chen, P. P. (Ed.): Entity-Relationship Approach to Information Modeling and Analysis, 2nd International Conference on the Entity-Relationship Approach (ER '81). Amsterdam et al.: North-Holland, 1983

[Chen85]
Chen, P. P. (Ed.): Entity-Relationship Approach: The Use of ER Concept in Knowledge Representation, 4th International Conference on the Entity-Relationship Approach (ER '85). Amsterdam et al.: North-Holland, 1985

[ChGl98]
Chamoni, P.; Gluchowski, P. (Hrsg.): Analytische Informationssysteme. Berlin et al.: Springer, 1998

[ChHa93]
Christensen, S.; Hansen, N. D.: Coloured Petri Nets Extended with Place Capacities, Test Arcs and Inhibitor Arcs. In: [AjMa93], pp. 186–223

[ChHa94]
Christensen, S.; Hansen, N. D.: Coloured Petri Nets Extended with Channels for Synchronous Communication. In: [Vale94], pp. 159–198

[ChMc87]
Charniak, E.; McDermott, D.: Introduction to Artificial Intelligence. Reading et al.: Addison-Wesley, 1987

[Chom56]
Chomsky, N.: Three Models for the Description of Language. In: IRE Transactions on Information Theory, Vol. 2 (1956), pp. 113–124

[Chom73]
Chomsky, N.: Strukturen der Syntax. The Hague/Paris: Mouton, 1973

[ChPe92]
Christensen, S.; Petrucci, L.: Towards a Modular Analysis of Coloured Petri Nets. In: [Jens92], pp. 113–121

[ChSp80]
Chen, P. P.; Sprowls, R. C.: Proceedings of the 1980 ACM SIGMOD International Conference on Management of Data, Santa Monica, California, May 14-16, 1980. New York: ACM, 1980

[Ciar94]
Ciardo, G.: Petri Nets with Marking-Dependent Arc Cardinality: Properties and Analysis. In: [Vale94], pp. 179–198

[Ciar05]
Ciardo, G. (Ed.): Applications and Theory of Petri Nets 2005: ICATPN 2005, 26nd International Conference, LNCS 3536. Berlin et al.: Springer, 2005

[ClWi96]
Clarke, E. M.; Wing, J.: Formal Methods: State of the Art and Future Directions. In: ACM Computing Surveys, Vol. 28 (1996), No. 4, pp. 626–643

[Codd70]
Codd, E. F.: A Relational Model of Data for Large Shared Data Banks. In: Communications of the ACM, Vol. 13 (1970), No. 6, pp. 377–387

[CoGD96]
Cooke, D. et al.: Languages for the Specification of Software. In: Journal of Systems and Software, Vol. 32 (1996), pp. 269–308

[CoGV86]
Corbeel, D.; Gentina, J. C.; Vercauter, C.: Application of an Extension of Petri Nets to Modelization of Control and Production Processes. In: [Roze86a], pp. 162–180

[CoKo01]
Colom, J.-M.; Koutny, M.: Applications and Theory of Petri Nets 2001: ICATPN 2001, 22nd International Conference, LNCS 2075. Berlin et al.: Springer, 2001

[Colo03]
Colom, J. M.: The Resource Allocation Problem in Flexible Manufacturing Systems. In: [vdBe03], pp. 23–35

[CoRo83]
Coolahan, J. E.; Roussopoulos, N.: Timing Requirements for Time-Driven Systems Using Augmented Petri-Nets. In: IEEE Transactions on Software Engineering, Vol. SE-9 (1983), No. 5, pp. 603–616

[CoWA75]
Collins, A.; Wanock, E. H.; Aiello, N.; Miller, M. L.: Reasoning from Incomplete Knowledge. In: [BoCo75], pp. 383–415

[CoYo90]
Coad, P.; Yourdon, E.: Object-Oriented Analysis. 2nd ed., Englewood Cliffs: Yourdon Press, 1990

[Crys87]
Crystal, D.: The Cambridge Encyclopedia of Language. Cambridge: Cambridge University Press, 1987

[Crys93]
Crystal, D.: Die Cambridge Enzyklopädie der Sprache. Frankfurt/New York: Campus, 1993

[DaAl94]
David, E.; Alla, H.: Petri Nets for Modeling of Dynamic Systems: A Survey. In: Automatica, Vol. 30 (1994), No. 2, pp. 175–202

[DaAn79]
Davis, P. J.; Anderson, J. A.: Nonanalytic Aspects of Mathematics and their Implication for Research and Education. In: SIAM Review, Vol. 21 (1979), No. 1, pp. 112–127

[DaBo90]
Davis, J. P.; Bonnell, R. D.: Modeling Semantics with Concept Abstraction in the EARL Data Model. In: [Loch90], pp. 95–110

[DaJN83]
Davis, C. G.; Jajodia, S.; Ng, P. A.; Yeh, R. T. (Eds.): Entity-Relationship Approach to Software Engineering, 3rd International Conference (ER '83). Amsterdam et al.: North-Holland, 1983

[Darw01]
Darwin, C.: The Descent of Man and the Selection in Relation to Sex. London: John Murray, 1901

[Darw59]
Darwin, C.: The origin of species by means of natural selection, London: John Murray, 1859; hier verwendet als Reprint (New York: Gramercy, 1979)

[DaSS93]
Davis, R.; Shrobe, H.; Szolovits, P.: What Is a Knowledge Representation?. In: AI Magazine, Vol. 14 (1993), No. 1, pp. 17–33

[Davi58]
Davis, M.: Computability and Unsolvability. New York et al.: McGraw Hill, 1958

[Davi91]
Davis, S. (Ed.): Pragmatics: A Reader. New York/Oxford: Oxford University Press, 1991

[Davi92]
Davis, S. (Ed.): Connectionism: Theory and Practice. New York/Oxford: Oxford University Press, 1992

[dBdR86]
de Bakker, J. W.; de Roever, W.-P.; Rozenberg, G.: Current Trends in Concurrency: Overviews and Tutorials, LNCS 224. Berlin et al.: Springer, 1986

[DCDP82]
De Cindio, F.; De Michelis, G.; Pomello, L.; Simone, C.: Superposed Automata Nets. In: [GiRe82], pp. 269–279

[DCMP83]
De Cindio, F.; De Michelis, G.; Pomello, L.; Simone, C.: Equivalence Notions for Concurrent Systems. In: [PaRo83], pp. 29–39

[DeLP79]
De Millo, R. A.; Lipton, R. J.; Perlis, A. J.: Social Processes and Proofs of Theorems and Programs. In: Communications of the ACM, Vol. 22 (1979), No. 5, pp. 271–280

[Demb80]
Dembinski, P. (Ed.): Mathematical Foundations of Computer Science, MFCS: Symposium, LNCS 88. Berlin et al.: Springer, 1980

[DeRe98]
Desel, J.; Reisig, W.: Place/Transition Petri Nets. In: [ReRo98a], pp. 122–173

[DeSG83]
De, P.; Sen, A.; Gudes, E.: An Extended Entity Relationship Model with Multi Level External Views. In: [Chen83], pp. 455–472

[DeSi98]
Desel, J.; Silva, M. (Eds.): Application and Theory of Petri Nets 1998: ICATPN '98, 19th International Conference, LNCS 1420. Berlin et al.: Springer, 1998

[Deus01]
Deussen, P.: Partial Order Verification of Programmable Logic Controllers. In: [CoKo01], pp. 144–163

[Devi89]
Devillers, R.: The semantics of capacities in P/T Nets. In: [Roze89], pp. 128–150

[dFRM00]
de Frutos Escrig, D.; Ruis, V., Marroquin Alonso, O.: Decidability of Properties of Timed-Arc Petri Nets. In: [NiSi00], pp. 187–206

[DiGL87]
Dittrich, K. R.; Gotthard, W.; Lockemann, P. C.: Complex Entities for Engineering Applications. In: [Spac87], pp. 421–440

[Dijk76]
Dijkstra, J. E.: A Discipline of Programming. Englewood Cliffs: Prentice Hall, 1976

[DiJM01]
Dieste, O.; Juristo, N.; Moreno, A. M.; Pazos, J.; Sierra, A.: Conceptual Modeling in Software Engineering and Knowledge Engineering: Concepts, Techniques and Trends. In: [Chan01], pp. 733–766

[DiSé94]
Diaz, M.; Sénac, P.: Time Stream Petri Nets: A Model for Timed Multimedia Information. In: [Vale94], pp. 219–238

[DMDM95]
De Michelis, G.; Diaz, M. (Eds.): Application and Theory of Petri Nets 1995: ICATPN '95, 16th International Conference, LNCS 935. Berlin et al.: Springer, 1995

[DoKl99]
Donatelli, S.; Kleijn, J. (Eds.): Application and Theory of Petri Nets 1999: ICATPN '99, 20th International Conference, LNCS 1639. Berlin et al.: Springer, 1999

[Down92]
Downs, E.: Structured Systems Analysis and Design Method: Application and Context. 2nd ed., New York et al.: Prentice Hall, 1992

[Dows91]
Dowsing, R. D.: Computer-Hardware: Introduction and Overview. In: [McDe93], pp. 47/1–47/15

[Drey89]
Dreyfus, H. L.: Was Computer nicht können: Die Grenzen künstlicher Intelligenz. Frankfurt/Main: Athenäum, 1989

[dSNF80]
dos Santos, C. S.; Neuhold, E. J.; Furtado, A. L.: A Data Type Approach to the Entity-Relationship Model. In: [Chen80], pp. 103–119

[Dude01]
Dudenredaktion (Hrsg.): Richtiges und gutes Deutsch – Wörterbuch der sprachlichen Zweifelsfälle. 5. Aufl., Mannheim et al.: Dudenverlag, 2001

[DuEp77]
Dunn, J. M.; Epstein, G. (Eds.): Modern Uses of Multiple-Valued Logic. Dordrecht/Boston: Reidel, 1977

[Dumk01]
Dumke, R.: Software Engineering: Eine Einführung für Informatiker und Ingenieure: Systeme, Erfahrungen, Methoden, Tools. 3. Aufl., Braunschweig/Wiesbaden: Vieweg, 1993

[DuTG84]
Dugan, J. B.; Trivedi, K. S.; Geist, R. M.; Nicola, V. F.: Extended Stochastic Petri Nets: Applications and Analysis. In: [Gele84], pp. 507–519

[Ebbi94]
Ebbinghaus, H.-D.: Einführung in die Mengenlehre. 3. Aufl., Mannheim et al.: BI, 1994

[EcMR93]
Eck, O.; Michalski, R.; Rieger, K.; Sollte, D.: Definition einer operationalen Modellierungssprache: OML 4.0. Arbeitsbericht FAW-TR-94016, FAW Ulm, September 1993

[EdKT87]
Eder, J.; Kappel, G.; Tjoa, A. M.; Wagner, R. R.: BIER – The Behaviour Integrated Entity Relationship Approach. In: [Spac87], pp. 147–166

[EhGL89]
Ehrich, H.-D.; Gogolla, M.; Lipeck, U. W.: Algebraische Spezifikation abstrakter Datentypen: Eine Einführung in die Theorie. Stuttgart: Teubner, 1989

[Ehre02]
Ehrenberger, W.: Software-Verifikation: Verfahren für den Zuverlässigkeitsnachweis von Software. München/Wien: Hanser, 2002

[Eich79]
Eichhorn, W.: Die Begriffe Modell und Theorie in der Wirtschaftswissenschaft. In: [RaAb79], S. 60–104

[ElEK91]
Elmasri, R.; El-Assal, I.; Kouramajian, V.: Semantics of temporal data in an exended ER model. In: [Kang91], pp. 239–254

[ElKT94]
Elmasri, R. A.; Kouramajian, V.; Thalheim, B. (Eds.): Entity-Relationship Approach: ER '93, 12th International Conference, LNCS 881. Berlin et al.: Springer, 1994

[ElNa00]
Elmasri, R.; Navathe, S. B.: Fundamentals of Database Systems. 3rd ed., Reading et al.: Addison-Wesley, 2000

[ElWH85]
Elmasri, R.; Weeldreyer, J.; Hevner, A.: The category concept: An extension to the entity-relationship model. In: Data & Knowledge Engineering, Vol. 1 (1985), pp. 75–116

[EnGH93]
Engels, G.; Gogolla, M.; Hohenstein, U.; Hülsmann, K.; Löhr-Richter, P.; Saake, G.; Ehrich, H.-D.: Conceptual modelling of database applications using an extended ER model. In: Data & Knowledge Engineering, Vol. 9 (1992/93), pp. 157–204

[EsLa02]
Esparza, J.; Lakos, C. (Eds.): Application and Theory of Petri Nets 2002: ICATPN 2002, 23rd International Conference, LNCS 2360. Berlin et al.: Springer, 2002

[Eule36]
Euler, L.: The Solution of a problem relating to the geometry of position. Englische Übersetzung des Originals aus dem Jahr 1736. In: [BiLW98], pp. 3–11

[FaLi89]
Falkenberg, E. D.; Lindgren, P.: Information System Concepts: An In-depth Analysis. Amsterdam et al.: North-Holland, 1989

[FaSc99]
Fay, A.; Schneider, S.: Fuzzy Petri Nets for Knowledge Modelling in Expert Systems. In: [CaCa99], pp. 300–318

[Fefe91]
Feferman, S.: Proofs of Termination and the "91" Function. In: [Lifs91], pp. 47–63

[Fehl93]
Fehling, R.: A Concept of Hierarchical Petri Nets with Building Blocks. In: [Roze93], pp. 148–168
[Fehr89]
Fehr, E.: Semantik von Programmiersprachen. Berlin et al.: Springer, 1989
[Ferg85]
Ferg, S.: Modelling the Time Dimension in an Entity-Relationship Diagram. In: [Chen85], pp. 280–286
[Ferg91]
Ferg, S.: Cardinality Concepts in Entity-Relationship Modeling. In: [Teor91], pp. 1–30
[FeSi01]
Ferstl, O. K.; Sinz, E. J.: Grundlagen der Wirtschaftsinformatik. Band 1, München/Wien: Oldenbourg, 2001
[Find79]
Findler, N. V.: Associative Networks: Representation and Use of Knowledge by Computers. New York: Academic Press, 1975
[FiNi71]
Fikes, R. E.; Nilsson, N. J.: STRIPS: A New Approach to the Application of Theorem Proving to Problem Solving. In: Artificial Intelligence, Vol. 2 (1971), No. 2, pp. 84–95
[FlGi88]
Flory, A.; Giard, V.: Modelling Requirements of a Manufacturing Design Application Using an E/R Schema. In: [Marc88], pp. 249–267
[FlNa82]
Florin, G.; Natkin, S.: Evaluation Based Upon Stochastic Petri Nets of the Maximum Throughput of a Full Duplex Protocol. In: [GiRe82], pp. 280–288
[FlPe03]
Fleischhack, H.; Pelz, E.: Hierarchical Timed High Level Nets and Branching Processes. In: [vdBe03], pp. 397–416
[FrRo98]
Fromkin, V.; Rodman, R.: An Introduction to Language. 6th ed., Fort Worth et al.: Harcourt Brace College Publishers, 1998
[FrtL97]
Frederiks, P. J. M.; ter Hofstede, A. H. M.; Lippe, E.: A unifying framework for conceptual data modelling concepts. In: Information and Software Technology, Vol. 39 (1997), No. 1, pp. 15–25
[FrvL03]
Frank, U.; van Laak, Bodo L.: Anforderungen an Sprachen zur Modellierung von Geschäftsprozessen. Arbeitsbericht Nr. 34 des Instituts für Wirtschaftsinformatik, Universität Koblenz-Landau, 2003
[Fuss75]
Fuss, H.: P-T-Netze zur numerischen Simulation von asynchronen Flüssen. In: [Sief94], S. 326–335
[Futu98]
Futuyma, D. J.: Evolutionary Biology, 3rd ed., Sunderland: Sinauer Associates, 1998
[GaMa78]
Gallaire, H.; Minker, J. (Eds.): Logic and Databases. New York et al.: Plenum, 1978
[GaMP94]
Garzotto, F.; Mainetti, L.; Paolini, P.: HDM2: Extending the E-R Approach to Hypermedia Application Design. In: [ElKT94], pp. 178–189
[Gard97]
Gardiner, C. W.: Handbook of Stochastic Methods for Physics, Chemistry and the Natural Sciences. Berlin et al.: Springer, 1997
[GaSh92]
Garcia, H.-M. C.; Sheng, O. L. R.: An Entity-Relationship-based Methodology for Distributed Database Design: An Integrated Approach Towards Combined Logical and Distribution Designs. In: [PeTj92], pp. 178–193
[GeLa78]
Genrich, H. J.; Lautenbach, K.: Facts in Place/Transition-Nets. In: [Wink78], pp. 212–231

[GeLa81]
Genrich, H. J.; Lautenbach, K.: System Modelling with High-Level Petri Nets. In: Theoretical Computer Science, Vol. 13 (1981), pp. 109–136

[Gele84]
Gelenbe, E. (Ed.): Performance '84: Proceedings of the International Symposium on Models of Computer System Performance. Amsterdam et al.: North-Holland, 1984

[GeLT80a]
Genrich, H. J.; Lautenbach, K.; Thiagarajan, P. S.: Elements of General Net Theory. In: [Brau80], pp. 21–163

[GeLT80b]
Genrich, H. J.; Lautenbach, K.; Thiagarajan, P. S.: Substitution Systems – A Family of System Models Based on Concurrency. In: [Demb80], pp. 698–723

[GeMc86]
Gehani, N.; McGettrick, A.: Software Specification Techniques. Wokingham et al.: Addison-Wesley, 1986

[Genr69]
Genrich, H. J.: Das Zollstationenproblem. GMD, Interne Mitteilung ISF/69-01-15 in der Fassung ISF/71-10-13, Bonn, 1969

[Genr89]
Genrich, H. J.: Equivalence Transformations of PrT-Nets. In: [Roze89], pp. 179–208

[GeSW80]
Genrich, H. J.; Stankiewicz-Wiechno, E.: A Dictionary of Some Basic Notions of Net Theory. In: [Brau80], pp. 519–531

[Ghez93]
Ghezzi, C.: Modern non-conventional programming language concepts. In: [McDe93], pp. 44/1–44/16

[GhJM03]
Ghezzi, C.; Jazayeri, M.; Mandrioli, D.: Fundamentals of Software Engineering. 2nd ed., New Jersey: Person, 2003

[GhMM91]
Ghezzi, C.; Mandrioli, D.; Morasca, S.; Pezze, M.: A Unified High-Level Petri Net Formalism for Time-Critical Systems. In: IEEE Transactions on Software Engineering, Vol. 17 (1991), No. 2, pp. 160–71

[GiRe82]
Girault, C.; Reisig, W. (Eds.): Application and Theory of Petri Nets, Selected Papers from the First and the Second European Workshop 1980 and 1981, LNCS 52. Berlin et al.: Springer, 1982

[GiVa03]
Girault, C.; Valk, R.: Petri Nets for Systems Engineering: A Guide to Modeling, Verification, and Applications. Berlin et al.: Springer, 2003

[Glas93]
Glasgow, J. I.: The Imagery Debate Revisited: A Computational Perspective. In: Computational Intelligence, Vol. 9 (1993), No. 4, pp. 309–333

[GlNC95]
Glasgow, J.; Narayanan, N. N.; Chandrasekaran, B. (Eds.): Diagrammatic Reasoning: Cognitive and Computational Perspectives. Menlo Park et al.: AAAI Press, 1995

[Göde31]
Gödel, K.: Über formal unentscheidbare Sätze der Principia Mathematica und verwandter Systeme I. In: Monatshefte für Mathematik und Physik, Band 38 (1931), S. 173–198

[GoHo91]
Gogolla, M.; Hohenstein, U.: Towards a Semantic View of an Extended Entity-Relationship Model. In: ACM Transactions on Database Systems, Vol. 16 (1991), No. 3, pp. 369–416

[Gome99]
Gomes, L.: Fuzzy Modelling for Reactive Real-Time Systems Control Using Reactive Petri Nets. In: [CaCa99], pp. 223–254

[GoMP00]
Gómez, A.; Moreno, A.; Pazos, J.; Sierra-Alonso, A.: Knowledge maps: An essential technique for conceptualisation. In: Data & Knowledge Engineering, Vol. 33 (2000), No. 2, pp. 169–190

[GoRe85]
Goltz, U.; Reisig, W.: CSP-Programs as Nets with Individual Tokens. In: [Roze85], pp. 169–197
[GoSt90]
Goldstein, R. C.; Storey, V. C.: Some Findings on the Intuitiveness of Entity-Relationship Constructs. In: [Loch90], pp. 9–23
[GrBe96]
Green, T. R. G.; Benyon, D. R.: The skull beneath the skin: entity-relationship models of information artifacts. In: International Journal of Human-Computer Studies, Vol. 44 (1996), pp. 801–828
[Grew79]
Grewendorf, G. (Hrsg.): Sprechakttheorie und Semantik. Frankfurt/Main: Suhrkamp, 1979
[GrJe99]
Gregersen, H.; Jensen, C. S.: Temporal Entity-Relationship Models – A Survey. In: IEEE Transactions on Knowledge and Data Engineering, Vol. 11 (1999), No. 3, pp. 464–497
[GrRo00]
Green, P.; Rosemann, M.: Integrated Process Modeling: An Ontological Evaluation. In: Information Systems, Vol. 25 (2000), No. 2, pp. 73–87
[GüEr99]
Güting, R. H.; Erwig, M.: Übersetzerbau: Techniken, Werkzeuge, Anwendungen. Berlin et al.: Springer, 1999
[Haar76]
Haarmann, H.: Grundzüge der Sprachtypologie: Methodik, Empirie und Systematik der Sprachen Europas. Stuttgart et al.: Kohlhammer, 1976
[Hack72]
Hack, M.: Analysis of Production Schemata by Petri Nets. Records of the Project MAC, Cambridge/MA: MIT, 1972
[Hack79]
Hack, M.: Decidability Questions for Petri Nets, New York/London: Garland, 1979
[HaGi87]
Haddad, S.; Girault, C.: Algebraic Structure of Flows of a Regular Coloured Net. In: [Roze87], pp. 73–88
[Hahn98]
Hahne, M.: Logische Datenmodellierung für das Data Warehouse: Bestandteile und Varianten des Star-Schemas. In: [ChGl98], S. 103–122
[HaLi92]
Han, J.-W.; Li, Z.-N.: Deductive-ER: deductive entity-relationship data model and its data language. In: Information and Software Technology, Vol. 34 (1992), No. 3, pp. 192–204
[Halp01]
Halpin, T.: Information Modeling and Relational Databases: From Conceptual Analysis to Logical Design., San Francisco: Morgan Kaufmann, 2001
[HaMc75]
Hammer, M.; McLeod, D.: Semantic Integrity in a Relational Data Base System. In: [Kerr75], pp. 25–47
[HaNe01]
Hansen, H. R.; Neumann, G.: Wirtschaftsinformatik I: Grundlagen betrieblicher Informationsverarbeitung. 8. Aufl., Stuttgart: Lucius & Lucius, 2001
[Hani92]
Hanisch, H.-M.: Petri-Netze in der Verfahrenstechnik: Modellierung und Steuerung verfahrenstechnischer Systeme. München/Wien: Oldenbourg, 1992
[HaPo99]
Haddad, S.; Poitrenaud, D.: Theoretical Aspects of Recursive Petri Nets. In: [DoKl99], pp. 228–247
[HaPr98]
Halpin, T.; Proper, H. A.: Database Schema Transformation and Optimization. In: [Papa95], pp. 191–203
[Hare88]
Harel, D.: On Visual Formalism. In: Communications of the ACM, Vol. 31 (1988), No. 5, pp. 514–530
[HaRo88]
Haus, G.; Rodriguez, A.: Music Description and Processing by Petri Nets. In: [Roze88], pp. 175–199

[Haug81a]
Haugeland, J.: Semantic Engines: An Introduction to Mind Design. In: [Haug81b], pp. 1–34
[Haug81b]
Haugeland, J. (Ed.): Mind Design: Philosophy, Psychology, Artificial Intelligence. Cambridge/London: MIT Press, 1981
[HaVa91]
Halpern, J. Y.; Vardi, M. Y.: Model Checking vs. Theorem Proving: A Manifesto. In: [Lifs91], pp. 151–176
[Haye74]
Hayes, P. J.: Some Problems and Non-Problems in Representation Theory. Erschienen in: Proceedings of the AISB Summer Conference, University of Sussex, 1974, pp. 63-79; hier verwendet als Reprint. In: [BrLe85], pp. 3–22
[Haye79]
Hayes, P. J.: The Logic of Frames. In: [Metz79], pp. 46–61
[He96]
He, X.: A Formal Definition of Hierarchical Predicate Transition Nets. In: [BiRe96], pp. 212–228
[HeGo91]
Henry, S.; Goff, R.: Comparison of a Graphical and a Textual Design Language Using Software Quality Metrics. In: The Journal of Systems and Software, Vol. 14 (1991), pp. 133–146
[Hein93]
Heinrich, L. J.: Wirtschaftsinformatik: Einführung und Grundlegung. München/Wien: Oldenbourg, 1993
[Hein99]
Heinrich, L. J.: Informationsmanagement: Planung, Überwachung und Steuerung der Informationsinfrastruktur. 6. Aufl., München/Wien: Oldenbourg, 1999
[HeKS92]
Hellmund, U.; Klitzsch, W.; Schumann, K.: Grundlagen der Statistik, Landsberg/Lech: Moderne Industrie, 1992
[Hemp77]
Hempel, C. G.: Aspekte wissenschaftlicher Erklärung. Berlin/New York: de Gruyter, 1977
[HeOp48]
Hempel, C. G.; Oppenheim, P.: Studies in the Logic of Explanation. Erschienen in: Philosophy of Science, Vol. 15 (1948), pp. 567-579; hier verwendet als Reprint. In: [Pitt88], pp. 9–46
[HePR93]
Heuser, C. A.; Peres, E. M.; Richter, G.: Towards a complete conceptual model: Petri nets and entity relationship diagrams. In: Information Systems, Vol. 18 (1993), No. 5, pp. 275–298
[HeRi92]
Heuser, C. A.; Richter, G.: Constructs for Modeling Information Systems with Petri Nets. In: [Jens92], pp. 224–243
[Herm91]
Hermes, H.: Einführung in die mathematische Logik: Klassische Prädikatenlogik. 5. Aufl., Stuttgart: Teubner, 1991
[HeSa00]
Heuer, A.; Saake, G.: Datenbanken: Konzepte und Sprachen. 2. Aufl., Bonn: MITP, 2000
[HiAn81]
Hinton, G. E.; Anderson, J. A.: Parallel Models of Associative Memory. Hillsdale: Lawrence Earlbaum, 1981
[Hind82]
Hinderer, W.: Transfer of graph constructs in Goguen's paper to net constructs. In: [GiRe82], pp. 142–150
[Hoch91]
Hochstädter, D.: Statistische Methodenlehre: Ein Lehrbuch für Wirtschafts- und Sozialwissenschaftler. Frankfurt am Main/Thun: Harry Deutsch, 1991
[HoCo70]
Holt, A. W.; Commoner, F.: Events and Conditions. In: [ACM70], pp. 3–52
[HoKu91]
Hofbauer, D.; Kutsche, R.-D.: Grundlagen des maschinellen Beweisens. 2. Aufl., Braunschweig: Vieweg, 1991

[Holt68]
Holt, A. et al.: Information System Theory Project. Technical report No. RADC-TR-68-305, Rome Air Development Center, Griffiss Air Force Base, New York, September 1968
[Holt79]
Holt, A. W.: Net Models of Organizational Systems in Theory and Practice. In: [Petr79], pp. 39–62
[HoMU02]
Hopcroft, J. E.; Motwani, R.; Ullman, J. D.: Einführung in die Automatentheorie, Formale Sprachen und Komplexitätstheorie. 2. Aufl., München: Pearson Studium, 2002
[HoNS87]
Hohenstein, U.; Neugebauer, L.; Saake, G.; Ehrich, H.-D.: Three-Level-Specification of Databases Using an Extended Entity-Relationship Model. In: [WaTM87], S. 58–88
[Hopk91]
Hopkins, R. P.: Distributable nets. In: [Roze91], pp. 161–226
[Hort98]
Horton, G.: Fluide Stochastische Petri-Netze. Habilitationsschrift, Universität Erlangen-Nürnberg, Technische Fakultät, 1998
[HoWi73]
Hoare, C. A. R.; Wirth, N.: An Axiomatic Definition of the Programming Language PASCAL. In: Acta Informatica, Vol. 2 (1973), pp. 335–355
[HsRa90]
Hsu, C.; Rattner, L.: Information Modeling for Computerized Manufacturing. In: IEEE Transactions on Systems, Man, and Cybernetics, Vol. 20 (1990), No. 4, pp. 758–776
[Hsu85]
Hsu, C.: Structured Database System Analysis and Design Through Entity Relationship Approach. In: [Chen85], pp. 56–63
[HuCr96]
Hughes, G. E.; Cresswell, M. J.: A New Introduction to Modal Logic. London/New York: Routledge, 1996
[HuHN85]
Hutchins, E. L.; Hollan, J. D.; Norman, D. A.: Direct Manipulation Interfaces. In: Human-Computer Interaction, Vol. 1 (1985), pp. 311–338
[HuJS90]
Huber, P.; Jensen, K.; Shapiro, R. M.: Hierarchies in Coloured Petri Nets. In: [Roze90], pp. 313–341
[HuKi87]
Hull, R.; King, R.: Semantic Database Modeling: Survey, Applications, and Research Issues. In: ACM Computing Surveys, Vol. 19 (1987), No. 3, pp. 201–260
[Huss86]
Hussy, W.: Denkpsychologie: Ein Lehrbuch. Band 2, Stuttgart et al.: Kohlhammer, 1986
[IEEE73]
IEEE (Ed.): Proceedings of the 1973 Sagamore Computer Conference on Parallel Processing: ICPP 2. New York: IEEE, 1973
[IEEE85]
IEEE (Ed.): International Workshop on Timed Petri Nets, Torino, Italy, July 1-3, 1985 New York: IEEE, 1985
[IFAC77]
IFAC (Hrsg.): IFAC Symposium Diskrete Systeme 1977. Dresden: Ohne Verlag, 1977
[Inte04]
Intel: IA-32 Intel® Architecture Software Developer's Manual. Volume 2A: Instruction Set Reference, A-M, Order Number 253666, Download unter http://developer.intel.com/design/Pentium4/documentation
[IsBr84]
Israel, D. J.; Brachman, R. J.: Some Remarks on the Semantics of Representation Languages. In: [BrMS84], pp. 119–142

[ISO87]
ISO: International Organization for Standardization: Information processing systems – Concepts and terminology for the conceptual schema and the information base. Technical Report 9007, Genf: ISO 1987

[JaRe84]
Jardine, D. A.; Reuber, A. R.: Information Semantics and the Conceptual Schema. In: Information Systems, Vol. 9 (1984), No. 2, pp. 147–156

[JaTe93]
Jamison, W.; Teng, J. T. C.: Effects of Graphical Versus Textual Representation of Database Structure on Query Performance. In: Journal of Database Management, Vol. 4 (1993), No. 1, pp. 16–23

[JeCG99]
Jeavons, P.; Cohen, D.; Gyssens, M.: How to Determine the Expressive Power of Constraints. In: Constraints – An International Journal, Vol. 4 (1999), No. 2, pp. 113–131

[Jeet94]
Jensen, C. S. et al.: A Consensus Glossary of Temporal Database Concepts. In: SIGMOD Record, Vol. 23 (1994), No. 1, pp. 52–63

[Jens80]
Jensen, K.: A method to compare the descriptive power of different types of Petri nets. In: [Demb80], pp. 348–361

[Jens81]
Jensen, K.: Coloured Petri Nets and the Invariant-Method. In: Theoretical Computer Science, Vol. 14 (1981), pp. 317–336

[Jens83]
Jensen, K.: High-Level Petri Nets. In: [PaRo83], pp. 166–180

[Jens87]
Jensen, K.: Coloured Petri Nets. In: [BrRR87a], pp. 248–299

[Jens90]
Jensen, K.: Coloured Petri Nets: A High Level Language for System Design and Analysis. In: [Roze90], pp. 342–416

[Jens92]
Jensen, K. (Ed.): Application and Theory of Petri Nets 1992: ICATPN '92, 13th International Conference, LNCS 616. Berlin et al.: Springer, 1992

[JePa03]
Jeusfeld, M. A.; Pastor, O. (Eds.): Conceptual Modeling for Novel Application Domains, ER 2003 Workshops ECOMO, IWCMQ, AOIS, and XSDM, LNCS 2814. Berlin et al.: Springer, 2003

[Jone78]
Jones, C. B.: Denotational Semantics of GOTO: An Exit Formulation and its Relation to Continuations. In: [BjJo78], pp. 278–304

[JuMo00]
Juristo, N.; Moreno, A. M.: Reflections on Conceptual Modelling. In: Data & Knowledge Engineering, Vol. 33 (2000), No. 2, pp. 103–117

[Kais00]
Kaiser, A.: Die Modellierung zeitbezogener Daten. Franfurt/Main et al.: Peter Lang, 2000

[KaLL99]
Kambayashi, Y.; Lee, D. L.; Lim, E.-P.; Mohania, M. K.; Masunga, Y. (Eds.): Advances in Database Technologies, ER '98 Workshops on Data Warehousing and Data Mining, LNCS 1552. Berlin et al.: Springer, 1999

[Kang91]
Kangassalo, H. (Ed.): Entity-Relationship Approach: The Core of Conceptual Modelling, 9th International Conference on the Entity-Relationship Approach (ER '90). Amsterdam et al.: North-Holland, 1991

[KaSc89]
Kappel, G.; Schrefl, M.: A Behavior Integrated Entity-Relationship Approach for the Design of Object-Oriented Databases. In: [Bati89], pp. 311–328

[KeBH90]
Kerschberg, L.; Baum, R.; Hung, J.: KORTEX: An Expert Database System Shell for a Knowledge-Based Entity Relationship Model. In: [Loch90], pp. 255–268
[KeKT76]
Kerschberg, L.; Klug, A. C.; Tsichritzis, D.: A Taxonomy of Data Models. In: [LoNe76], pp. 43–64
[Kent84]
Kent, W.: Fact-Based Data Analysis and Design. In: The Journal of Systems and Software, Vol. 4 (1984), Nos. 2-3, pp. 99–121
[Kerr75]
Kerr, D. S. (Ed.): Proceedings of the International Conference on Very Large Data Bases: VLDB 75. New York: ACM, 1975
[KiCK97]
Kishinevsky, M. et al.: Coupling Asynchrony and Interrups: Place Chart Nets. In: [AzBa97], pp. 328–347
[Kind97]
Kindler, E.: A Compositional Partial Order Semantics for Petri Net Components. In: [AzBa97], pp. 235–252
[Kint79]
Kintsch, W.: On Modeling Comprehension. In: Educational Psychologist, Vol. 14 (1979), pp. 3–14
[KiWa96]
Kindler, E.; Walter, R.: Arc-Typed Petri Nets. In: [BiRe96], pp. 290–306
[KlKo74]
Klimbie, J. W.; Koffeman, K. I. (Eds.): Data Base Management. Amsterdam et al.: North-Holland, 1974
[Klop83]
Klopprogge, M. R.: TERM An Approach to Include the Time Dimension in the Entity-Relationship Model. In: [Chen83], pp. 473–508
[KoDo99]
Koletzke, P.; Dorsey, P.: Oracle® Designer Handbook. 2nd ed., Berkeley et al.: McGraw-Hill, 1999
[Köhl04]
Köhler, M.: Objektnetze: Definition und Eigenschaften. Berlin: Logos, 2004
[Kono83]
Konolige, K.: A Deductive Model of Belief. In: [Bund83], pp. 377–381
[Könz76]
Könze, E.: Theoretische und methodische Probleme der Modellierung ökonomischer Prozesse im Binnenhandel. Dissertation Handelshochschule Leipzig 1976 (nur vor Ort zugänglich)
[KöQu88]
König, R.; Quäck, L.: Petri-Netze in der Steuerungstechnik. Berlin: Verlag Technik, 1988
[Korf80]
Korf, R. E.: Towards a Model of Representational Changes. In: Artificial Intelligence, Vol. 14 (1980), pp. 41–78
[Koss76]
Kosslyn, S. M.: Can imagery be distinguished from other forms of internal representation? Evidence from studies of information retrieval times. In: Memory and Cognition, Vol. 4 (1976), No. 3, pp. 291–297
[Kowa74]
Kowalski, R.: Predicate Logic as a Programming Language. In: [Rose74], pp. 569–574
[Kowa93]
Kowalk, W. P.: Korrekte Software: Semantik, Spezifikation, Verifikation und Testen von Software, Mannheim et al.: BI Wissenschaftsverlag, 1993
[Kreo91]
Kreowski, H.-J.: Logische Grundlagen der Informatik. München/Wien: Oldenbourg, 1991
[Kreu86]
Kreutzer, W.: System Simulation: Programming Styles and Languages. Sydney et al.: Addison-Wesley, 1986
[Krip63a]
Kripke, S. A.: Semantical Considerations on Modal Logic. In: Acta Philosophica Feniica, Vol. 16 (1963), pp. 83–94

[Krip63b]
Kripke, S. A.: Semantical Analysis of Modal Logic I: Normal Modal Propositional Calculi. In: Zeitschrift für mathematische Logik und Grundlagen der Mathematik, Vol. 9 (1963), pp. 67–96

[KrNS94]
Krug, W.; Nourney, M.; Schmidt, J.: Wirtschafts- und Sozialstatistik: Gewinnung von Daten. 3. Aufl., München/Wien 1994

[KudR99]
Kurtonina, N.; de Rijke, M.: Expressiveness of concept expressions in first-order description logics. In: Artificial Intelligence, Vol. 107 (1999), No. 2, pp. 303–333

[Kuhn97]
Kuhn, T. S.: Die Struktur wissenschaftlicher Revolutionen. 2., revidierte und um das Postscriptum von 1969 ergänzte Auflage, Frankfurt/Main: Suhrkamp, 1997

[Kung83]
Kung, C. H. : An analysis of three conceptual models with time perspective. In: [OlST83], pp. 141–167

[Kurb99]
Kurbel, K.: Produktionsplanung und -steuerung – Methodische Grundlagen von PPS-Systemen und Erweiterungen. 4. Aufl., München et al.: Oldenbourg, 1999

[KuSt90]
Kurbel, K.; Strunz, H. (Hrsg.): Handbuch Wirtschaftsinformatik. Stuttgart: Poeschel, 1990

[Labo94]
Labov, W.: Principles of Linguistic Change, Volume 1: Internal Factors. Oxford: Blackwell, 1994

[Laka76]
Lakatos, I.: Proofs and Refutations: The Logic of Mathematical Discovery. Cambridge, Cambridge University Press, 1976

[LaNE89]
Larson, J. A.; Navathe, S. B.; Elmasri, R.: A Theory of Attribute Equivalence in Databases with Application to Schema Integration. In: IEEE Transactions on Software Engineering, Vol. 15 (1989), No. 4, pp. 449–463

[LaPa85]
Lautenbach, K.; Pagnoni, A.: Liveness and Duality in Marked-Graph-Like Predicate/Transition Nets. In: [Roze85], pp. 331–352

[LaSi87]
Larkin, J. H.; Simon, H. A.: Why a Diagram is (Sometimes) Worth Ten Thousand Words. In: Cognitive Science, Vol. 11 (1987), pp. 65–99

[Lazi88]
Lazimy, R.: Knowledge Representation and Modeling Support in Knowledge-Based Systems. In: [Marc88], pp. 133–161

[Lazi90]
Lazimy, R.: E2R Modell and Object-Oriented Representations for Data Management, Process Modeling, and Decision Support. In: [Loch90], pp. 129–151

[LeBr85]
Levesque, H. J.; Brachman, R. J.: A Fundamental Tradeoff in Knowledge Representation and Reasoning [Revised Version]. In: [BrLe85], pp. 41–69

[LeEg89]
Leszak, M.; Eggert, H.: Petri-Netz-Methoden und -Werkzeuge: Hilfsmittel zur Entwurfsspezifikation und -validation von Rechensystemen. Informatik-Fachberichte 197, Berlin et al.: Springer, 1989

[LeEl98]
Lee, J. Y.; Elmasri, R. A.: An EER-Based Conceptual Model and Query Language for Time-Series Data. In: [LiRL88], pp. 21–34

[Leit07]
Leitzmann, A. (Hrsg.): Wilhelm von Humboldts Werke, 7. Band, 1. Hälfte: Einleitung zum Kawiwerk. Berlin: Behr, 1907

[Lenz85]
Lenzerini, M.: SERM: Semantic Entity Relationship Model. In: [Chen85], pp. 270–278

[LeSa83]
Lenzerini, M.; Santucci, G.: Cardinality Constraints in the Entity-Relationship Model. In: [DaJN83], pp. 529–549

[Leve86a]
Levesque, H. J.: Knowledge Representation and Reasoning. In: Annual Review of Computer Science, Vol. 1 (1986), pp. 255–287

[Leve86b]
Levesque, H. J.: Making Believers out of Computers. In: Artificial Intelligence, Vol. 30 (1986), pp.81–108

[Leve89]
Levesque, H. J.: A knowledge-level account of abduction. In: [AAAI89], pp. 1061–1067

[Lien89]
Lien, Y. E.: On the Semantics of the Entity-Relationship Data Model. In: [Chen80], pp. 155–167

[Lifs91]
Lifschitz, V. (Ed.): Artificial Intelligence and Mathematical Theory of Computation: Papers in Honor of John McCarthy. Boston et al.: Academic Press, 1991

[LiGS89]
Lipp, H.-P.; Günther, R.; Sonntag, P.: Unscharfe Petri-Netze: Ein Basiskonzept für computerunterstützte Entscheidungsprozesse in komplexen Systemen. Wissenschaftliche Schriftenreihe der Technischen Universität Karl-Marx-Stadt, Nr. 7/1989, Chemnitz, 1989

[LiNe87]
Lipeck, U. W.; Neumann, K.: Modelling and Manipulating Objects in Geoscientific Databases. In: [Spac87], pp. 67–86

[LiRL88]
Ling, T. W.; Ram, S.; Lee, M. L. (Eds.): Conceptual Modeling: ER '98, 17th International Conference, LNCS 1507. Berlin et al.: Springer, 1998

[LiSz73]
Lipovski, G. J., Szygenda, S. A. (Eds.): Computer Architecture: 1st Annual Symposium. New York: IEEE, 1973

[LiTe94]
Ling, ollT. W.; Teo, P. K.: A Normal Form Object-Oriented Entity Relationship Diagram. In: [Louc94], pp. 241–258

[Loch90]
Lochovsky, F. H. (Ed.): Entity-Relationship Approach to Database Design and Querying, 8th International Conference on the Entity-Relationship Approach (ER '89). Amsterdam et al.: North-Holland, 1990

[LoNe76]
Lockemann, P. C.; Neuhold, E. J. (Eds.): Systems for Large Data Bases, September 8-10, 1976, Brussels, Belgium. Amsterdam et al.: North-Holland, 1976

[Loom93]
Loomes, M.: Logics and proofs of correctness. In: [McDe93], pp. 2/1–2/16

[Loon88]
Looney, C. G.: Fuzzy Petri Nets for Rule-Based Decision Making. In: IEEE Transactions on Systems, Man and Cybernetics, Vol. SMC-18 (1988), No. 1, pp. 178–183

[LoPU90]
Logrippo, L.; Probert, R. L.; Ural, H. (Eds.): Protocol Specification, Testing and Verification, Proceedings of the IFIP WG 6.1 10th International Symposium. Amsterdam et al.: Nort-Holland, 1990

[LoTP91]
Loucopoulos, P.; Theodoulidis, B.; Pantazis, D.: Business Rules Modelling: Conceptual Modelling and Object-Oriented Specifications. In: [vAMR91], pp. 323–342

[Louc92]
Loucopoulos, P.: Conceptual Modeling. In: [LoZi92], pp. 1–26

[Louc94]
Loucopoulos, P. (Ed.): Entity-Relationship Approach: ER '94: Business Modelling and Re-Enginering, 13th International Conference on the Entity-Relationship Approach, LNCS 881. Berlin et al.: Springer, 1994

[LoZi92]
Loucopoulos, P.; Zicari, R. (Eds.): Conceptual Modeling, Databases, and CASE: An Integrated View of Information Systems Development. New York et al.: Wiley, 1992

[Luca78]
Lucas, P.: On the Formalization of Programming Languages: Early History and Main Approaches. In: [BjJo78], pp. 1–23

[Lunz94]
Lunze, J.: Künstliche Intelligenz für Ingenieure, Band I: Methodische Grundlagen und Softwaretechnologie. München/Wien: Oldenbourg, 1994

[MaFD03]
Matsuno, H. et al.: Towards Biopathway Modeling and Simulation. In: [vdBe03], pp. 3–22

[MaGh87]
Mandrioli, D.; Ghezzi, C.: Theoretical Foundations of Computer Science. New York et al.: John Wiley, 1987

[MaMP83]
Markowitz, H. M.; Malhotra, A.; Pazel, D. P.: The ER and EAS Formalisms for System Modeling, and the EAS-E Language. In: [Chen83], pp. 29–48

[Marc88]
March, S. T.: Entity-Relationship Approach: ER '87, 6th International Conference. Amsterdam et al.: North-Holland, 1988

[Mart90]
Martin, J.: Information Engineering. Book II: Planning and Analysis. Englewood Cliffs et al.: Prentice Hall, 1990

[MaSa97]
Mateescu, A.; Salomaa, A.: Formal Languages: An Introduction and a Synopsis. In: [RoSa97], pp. 1–39

[Mayr42]
Mayr, E.: Systematics and the Origin of Species. New York: Columbia University Press, 1942

[Mayr75]
Mayr, E.: Grundlagen der zoologischen Systematik: Theoretische und praktische Voraussetzungen für Arbeiten auf systematischem Gebiet. Hamburg/Berlin: Parey, 1975

[Mayr03]
Mayr, E.: Das ist Evolution. München: Bertelsmann, 2003

[MaZM01]
Ma, Z. M.; Zhang, W. J.; Ma, W. Y.; Chen, G. Q.: Conceptual Design of Fuzzy Object-Oriented Databases Using Extended Entity-Relationship Model. In: International Journal of Intelligent Systems, Vol. 16 (2001), pp. 697–711

[McDe93]
McDermid, J.: Software Engineer's Reference Book. Boca Raton: CRC Press, 1993

[McGe76]
McGee, W. C.: On User Criteria for Data Model Evaluation. In: ACM Transactions on Database Systems, Vol. 1 (1976), No. 4, pp. 370–387

[McGe78]
McGettrick, A.: An Introduction to the Formal Definition of ALGOL 68. In: Annual Review in Automatic Programming, Vol. 9 (1987), pp. 1–84

[McGe85]
Mackinlay, J.; Genesereth, M. R.: Expressiveness and language choice. In: Data & Knowledge Engineering, Vol. 1 (1985), No. 1, pp. 17–29

[McMa80]
McKeag, R.; Macnaghten, A. (Eds.): On the Construction of Programs: An Advanced Course. Cambridge et al.: Cambridge University Press, 1980

[McPi43]
McCulloch, W. S.; Pitts, W.: A Logical Calculus of the Ideas Immanent in Nervous Activity. In: Bulletin of Mathematical Biophysics, Vol. 5 (1943), pp. 115–133

[McRo93]
McDermitt, J.; Rook, P.: Software Development Process Models. In: [McDe93], pp. 15/1–15/36
[MeBK01]
Mertens, P.; Bodendorf, F.; König, W.; Picot, A.; Schumann, M.: Grundzüge der Wirtschaftsinformatik. 7. Aufl., Berlin et al.: Springer, 2001
[MeCH02]
Mertens, P.; Chamoni, P.; Ehrenberg, D.; Griese, J.; Heinrich, L. K.; Kurbel, K. (Hrsg.): Studienführer Wirtschaftsinformatik, 3. Aufl. . Braunschweig/Wiesbaden: Vieweg, 2002
[MeFa76]
Merlin, P. M.; Farber, D. J.: Recoverability of Communication Protocols – Implications of a Theoretical Study. In: IEEE Transactions on Communications, Vol. 24 (1976), pp. 1037–1043
[MeMu00]
Meinel, C.; Mundhenk, M.: Mathematische Grundlagen der Informatik: Mathematische Denkweisen und Beweise – Eine Einführung. Stuttgart/Leipzig: Teubner, 2000
[Mert02]
Mertens, P.: Was ist Wirtschaftsinformatik?. In: [MeCH02], S. 11–16
[Metz79]
Metzing, D.: Frame Conceptions and Text Understanding. Berlin: Walter de Gruyter, 1979
[Meye79]
Meyer, W.: Die Methodologie des Kritischen Rationalismus. In: [RaAb79], S. 28–43
[Meye02]
Meyer, B.: Diagrammatic Evaluation of Visual Mathematical Notations. In: [AnMO02], pp. 261–277
[MiIR94]
Miller, R. J.; Ioannidis, Y. E.; Ramakrishnan, R.: Schema Equivalence in Heterogeneous Systems: Bridging Theory and Practice. In: Information Systems, Vol. 19 (1994), No. 1, pp. 3–31
[Mill56]
Miller, G. A.: The magical number seven, plus or minus two: Some limits on our capacity for processing information. In: The Psychological Review, Vol. 63 (1956), pp. 81–87
[Mins68]
Minsky, M. (Ed.): Semantic Information Processing. Cambridge/MA: MIT Press, 1968
[Mins70]
Minsky, M.: Form and Content in Computer Science. In: Journal of the ACM, Vol. 17 (1970), No. 2, pp. 197–215
[Mins75]
Minsky, M.: A framework for representing knowledge. In: [Wins75], pp. 211–280
[Moll82]
Molloy, M. K.: Performance Analysis Using Stochastic Petri Nets. In: IEEE Transactions on Computers, Vol. C-31 (1982), No. 9, pp. 913–917
[Moll85]
Molloy, M. K.: Discrete Time Stochastic Petri Nets. In: IEEE Transactions on Software Engineering, Vol. SE-11 (1985), No. 4, pp. 417–423
[Moni03]
Monin, J.-F.: Understanding Formal Methods. London: Springer, 2003
[Moor82]
Moore, R. C.: The Role of Logic in Knowledge Representation and Commonsense Reasoning. In: [AAAI82], pp. 428–433
[MoPS78]
Moalla, M.; Pulou, J.; Sifakis, J.: Synchronized Petri Nets: A Model for the Description of Non-Autonomous Systems. In: [Wink78], pp. 374–384
[Morr46]
Morris, C.: Signs, Language and Behavior. New York: Braziller, 1946
[MoSh93]
Monahan, B.; Shaw, R.: Model-based specifications. In: [McDe93], pp. 21/1–21/37

[MoTM91]
Moyne, J. R.; Teorey, T. J.; McAfee, L. C.: Time sequence ordering extensions to the Entity-Relationship model and their application to the automated manufacturing process. In: Data & Knowledge Engineering, Vol. 6 (1991), No. 5, pp. 421–443

[MuCh98]
Mugnier, M.-L.; Chein, M. (Eds.): Conceptual Structures: Theory, Tools and Applications: ICCS '98, 6th International Conference, LNCS 1453. Berlin et al.: Springer, 1998

[MuSS99]
Murata, T.; Suzuki, T.; Shatz, S. M.: Fuzzy-Timing High-Level Petri Nets (FTHNs) for Time-Critical Systems. In: [CaCa99], pp. 88–114

[MuSt84]
Musielak, H.-J.; Stadler, M.: Grundfragen des Beweisrechts: Beweisaufnahmen – Beweiswürdigung – Beweislast. München: Becksche Verlagsbuchhandlung, 1984

[Mylo92]
Mylopoulos, J.: Conceptual Modeling and Telos. In: [LoZi92], pp. 49–68

[Mylo98]
Mylopoulos, J.: Characterizing Information Modeling Techniques. In: [BeMS98], pp. 17–57

[NaPi89]
Navathe, S. B.; Pillalamarri, M. K.: OOER: Toward Making the E-R Approach Object-Oriented. In: [Bati89], pp. 185–206

[Nava92]
Navathe, S. B.: Evolution of Data Modeling for Databases. In: Communications of the ACM, Vol. 35 (1992), No. 9, pp. 112–123

[Nebe99]
Nebel, B.: Die Ausdrucksstärke von Planungsformalismen: Eine formale Charakterisierung. In: Künstliche Intelligenz, 13. Jg. (1999), Heft 3, S. 12–19

[NeHS83]
Nelson, R. A.; Haibt, L. M.; Sheridan, P. B.: Casting Petri Nets into Programs. In: IEEE Transactions on Software Engineering, Vol. SE-9 (1983), No. 5, p. 590–602

[NeSi76]
Newell, A.; Simon, H. A.: Computer Science as Empirical Inquiry: Symbols and Search. In: Communications of the ACM, Vol. 19 (1976), No. 3, pp. 113–126

[Nijs76]
Nijssen, G. M. (Ed.): Modelling in Data Base Management Systems. Amsterdam et al.: North-Holland, 1976

[Nijs77]
Nijssen, G. M. (Ed.): Architecture and Models in Data Base Management Systems. Amsterdam et al.: North-Holland, 1977

[Nils82]
Nilsson, N. J.: Principles of Artificial Intelligence, Berlin et al.: Springer, 1982

[NiSi00]
Nielsen, M.; Simpson, D. (Eds.): Application and Theory of Petri Nets 2000: ICATPN 2000, 21st International Conference, LNCS 1825. Berlin et al.: Springer, 2000

[NiSS01]
Nielsen, M.; Sassone, V.; Srba, J.: Towards a notion of Distributed Time for Petri Nets. In: [CoKo01], pp. 23–31

[NIST93]
NIST: Integration Definition for Information Modeling [IDEF1X]. Federal Information Processing Standards Publication 184, Computer Systems Laboratory, Gaithersburg 1993

[Noe71]
Noe, J. D.: A Petri-net description of the CDC 6400. In: [ACM71], pp. 362–378

[Noe80]
Noe, J. D.: Nets in Modeling and Simulation. In: [Brau80], pp. 347368

[Norr94]
Norrie, M. C.: An Extended Entity-Relationship Approach to Data Management in Object-Oriented Systems. In: [ElKT94], pp. 390–401
[Nutt72]
Nutt, G. J.: The Formulation and Application of Evaluation Nets. Ph.D. Thesis, University of Washington, Department of Computer Science, 1972
[Ober80]
Oberquelle, H.: Nets as a Tool in Teaching and in Terminology Work. In: [Brau80], pp. 481–506
[Ober87]
Oberquelle, H.: Human-Machine Interaction and Role/Function/Action-Nets. In: [BrRR87b], pp. 171–190
[OGAA01]
O'Grady, W.; Archibald, J.; Aronoff, M.; Rees-Miller, J.: Contemporary Linguistics – An Introduction. 4th ed., Boston/New York: Bedford, 2001
[Oliv01]
Olivier, P.: Diagrammatic Reasoning: An Artificial Intelligence Perspective. In: Artificial Intelligence Review, Vol. 15 (2001), pp. 63–78
[OlST83]
Olle, T. W.; Sol, H. G.; Tully, C. J. (Eds.): Information Systems Design Methodologies: A Feature Analysis. Amsterdam et al.: North-Holland, 1983
[Opit80]
Opitz, O.: Numerische Taxonomie. Stuttgart/New York: Gustav Fischer, 1980
[Opit90]
Opitz, O.: Mathematik: Lehrbuch für Ökonomen. 2. Aufl., München/Wien: Oldenbourg, 1990
[Opp02]
Opp, K.-D.: Methodologie der Sozialwissenschaften: Einführung in Probleme ihrer Theoriebildung und praktischen Anwendung. 5. Aufl., Wiesbaden: Westdeutscher Verlag, 2002
[OpSi94]
Opdahl, A. L.; Sindre, G.: A Taxonomy for Real-World Modelling Concepts. In: Information Systems, Vol. 19 (1994), No. 3, pp. 229–241
[Ortn97]
Ortner, E.: Methodenneutraler Fachentwurf. Stuttgart/Leipzig: Teubner, 1997
[Pagn87]
Pagnoni, A.: Stochastic Petri Nets and Performance Evaluation. In: [BrRR87a], pp. 460–478
[Paiv86]
Paivio, A.: Mental Representations: A Dual Coding Approach. New York: Oxford University Press, 1986
[PaOB00]
Paige, R. F.; Ostroff, J. S.; Brooke, P. J.: Principles for modeling language design. In: Information and Software Technology, Vol. 42 (2000), No. 10, pp. 665–675
[Papa95]
Papazoglou, M. P. (Ed.): OOER '95: Object-Oriented and Entity-Relationship Modeling, 14th International Conference, LNCS 1021. Berlin et al.: Springer, 1995
[PaRo83]
Pagnoni, A.; Rozenberg, G. (Eds.): Applications and Theory of Petri Nets, 3rd European Workshop, Informatik-Fachberichte 66. Berlin et al.: Springer, 1983
[PaSp92]
Parent, C.; Spaccapietra, S.: ERC+: An Object-Based Entity Relationship Approach. In: [LoZi92], pp. 69–86
[Pati70]
Patil, S. S.: Coordination of Asynchronous Events. Ph.D. Thesis, MIT, Cambridge/MA, 1970
[Pati01]
Patig, S.: Flexible Produktionsfeinplanung mit Hilfe von Planungsschritten: Ein Planungsansatz zum Umgang mit Störungen bei der Produktion. Frankfurt/Main et al.: Peter Lang, 2001

[PeMa88]
Peckham, J.; Maryanski, F.: Semantic Data Models. In: ACM Computing Surveys, Vol. 20 (1988), No. 3, pp. 153–189

[PePe99]
Pedryzc, W.; Peters, J. F.: Learning in Fuzzy Petri Nets: Concepts and Calibration Methodology. In: [CaCa99], pp. 276–299

[Pete81]
Peterson, J. L.: Petri Net Theory and the Modeling of Systems. Englewood Cliffs: Prentice Hall, 1981

[PeTj92]
Pernul, G.; Tjoa, A. M. (Eds.): Entity-Relationship Approach: ER '92, 11th International Conference on the Entity-Relationship Approach, LNCS 645. Berlin et al.: Springer, 1992

[Petr62]
Petri, C. A.: Kommunikation mit Automaten. Schriften des Rheinisch-Westfälischen Instituts für Instrumentelle Mathematik an der Universität Bonn, Nr. 2, 1962

[Petr73]
Petri, C. A.: Concepts of Net Theory. In: [PMISAS 1973], pp. 137–146

[Petr76]
Petri, C. A.: Interpretations of Net Theory. GMD, 2. Aufl., Interner Bericht 75-07, St. Augustin 1976

[Petr77]
Petri, C. A.: General Net Theory. In: [Shaw77], pp. 131–169

[Petr79]
Petri, C. A. (Hrsg.): Ansätze zur Organisationstheorie Rechnergestützter Informationssysteme. München/ Wien: Oldenbourg, 1979

[Petr80]
Petri, C. A.: Introduction to General Net Theory. In: [Brau80], pp. 1–20

[PeWT94]
Pernul, G.; Winiwarter, W.; Tjoa, A. M.: The Entity-Relationship Model for Multilevel Security. In: [ElKT94], pp. 166–177

[Pfle98]
Pfleger, S. L.: Software Engineering: Theory and Practice. Upper Saddle River: Prentice Hall, 1998

[Pitt88]
Pitt, J. C. (Ed.): Theories of Explanation. New York/Oxford: Oxford University Press, 1988

[PMISAS 1973]
Prague Mathematical Institute of the Slovak Academy of Sciences (Ed.): Mathematical Foundations of Computer Science: Proceedings of Symposium and Summer School, Strbské Pleso, High Tatra, 1973. Bratislava: Computing Research Center, 1973

[Poly62]
Polya, G.: Mathematical Discovery: On understanding, learning, and teaching problem solving, Vol. I. New York et al.: Wiley, 1962

[Poly73]
Polya, G.: How to Solve it: A new Aspect of Mathematical Method. 2nd. ed., Priceton: Princeton University Press, 1973

[PoMc98]
Poulovassilis, A.; McBrien, P.: A general formal framework for schema transformation. In: Data & Knowledge Engineering, Vol. 28 (1998), No. 1, pp. 47–71

[Popp73]
Popper, K. P.: Logik der Forschung. 5. Aufl., Mohr: Tübingen, 1973

[PrWi03]
Priese, L.; Wimmel, H.: Theoretische Informatik: Petri-Netze. Berlin et al.: Springer, 2003

[Psai03]
Psaila, G.: From XML DTDs to Entity-Relationship Schemas. In: [JePa03], pp. 378–389

[Put89]
Put, F.: The ER approach extended with the action concept as a conceptual modelling tool. In: [Bati89], pp. 423–440
[Pyly73]
Pylyshyn, Z. W.: What the Mind's Eye Tells the Mind's Brain: A Critique of Mental Imagery. In: Psychological Bulletin, Vol. 80 (1973), pp. 1–24
[Pyly86]
Pylyshyn, Z. W.: Computation and Cognition: Toward a Foundation for Cognitive Science. Cambridge/London: MIT Press, 1986
[QiWi85]
Qian, X.; Wiederhold, G.: Data Definition Facility of CRITIAS. In: [Chen85], pp. 46–55
[Quil68]
Quilian, M. R.: Semantic Memory. In: [Mins68], pp. 227–270
[RaAb79]
Raffée, H.; Abel. B. (Hrsg.): Wissenschaftstheoretische Grundfragen der Wirtschaftswissenschaften. München: Vahlen, 1979
[Rama73]
Ramachandi, C.: Analysis of Asynchronous Concurrent Systems by Timed Petri Nets. Ph.D. Thesis, MIT, Cambridge/MA, 1973
[Rams92]
Ramsey, W.: Connectionism and the Philosophy of Mental Representation. In: [Davi92], pp. 247–276
[RaOh00]
Ras, Z. W.; Ohsuga, S. (Eds.): Foundations of intelligent systems: ISMIS 2000, LNAI 1932. Berlin et al.: Springer, 2000
[Rao95]
Rao, M. M.: Stochastic Processes: General Theory. Dordrecht et al.: Kluwer, 1995
[RaSc03]
Rautenstrauch, C.; Schulze, T.: Informatik für Wirtschaftswissenschaftler und Wirtschaftsinformatiker. Berlin et al.: Springer, 2003
[Réca80]
Récanati, F.: Some remarks on explict performatives, indirect speech acts, locutionary meaning and truth-value. In: [SeKB80], pp. 205–220
[Reih98]
Reihlen, M.: Die Passivistische Abbildungsthese und die Aktivistische Konstruktionsthese in der Modelldiskussion (I). In: Das Wirtschaftsstudium, 27 Jg. (1998), Heft 2, S. 157–162
[Reis82]
Reisig, W.: Recursive Nets. In: [GiRe82], pp. 125–130
[Reis83]
Reisig, W.: Petri Nets With Individual Token. In: [PaRo83], pp. 229–249
[Reis84]
Reisig, W.: On the Semantics of Petri Nets. Bericht Nr. 100 des Fachbereichs Informatik der Universität Hamburg (FBI-HH-B-100/84), Hamburg, 1984
[Reis86]
Reisig, W.: Petrinetze: Eine Einführung. 2. Aufl., Berlin et al.: Springer, 1986
[Reis87a]
Reisig, W.: Place/Transition Systems. In: [BrRR87a], pp. 117–141
[Reis87b]
Reisig, W.: Petri Nets in Software Engineering. In: [BrRR87b], pp. 63–96
[Reis05]
Reisig, W.: On the Expressive Power of Petri Net Schemata. In: [Ciar05], pp. 349-364
[Reit78]
Reiter, R.: On closed world databases. In: [GaMa78], pp. 55–76

[Reit80]
Reiter, R.: A Logic for Default Reasoning. In: Artificial Intelligence, Vol. 13 (1980), pp. 81–132
[ReRo98a]
Reisig, W.; Rozenberg, G. (Eds.): Lectures on Petri Nets I: Basic Models, Advances in Petri Nets, LNCS 1491. Berlin et al.: Springer, 1998
[Ridl93]
Ridley, M.: Evolution. Cambridge: Blackwell Science, 1993
[RiVo86]
Richter, G.; Voss, K.: Towards a Comprehensive Office Model Integrating Information and Resources. In: [Roze86a], pp. 401–417
[Rock92]
Rock-Evans, R.: Data Modelling and Process Modelling using the most popular methods. Oxford: Butterworth-Heinemann 1992
[RoEn98]
Rosenberg, G.; Engelfriet, J.: Elementary Net Systems. In: [ReRo98a], pp. 12–121
[Romm99]
Rommelfanger, H.: Mathematik für Wirtschaftswissenschaftler I. 4. Aufl., Heidelberg/Berlin: Spektrum 1999
[RoMN91]
Rochfeld, A.; Morejon, J.; Negros, P.: Inter-Relationship Links in E-R Model. In: [Kang91], pp. 149–163
[RoNo81]
Rumelhart, D. E.; Norman, D. A.: A Comparison of Models. In: [HiAn81], pp. 1–7
[RoSa97]
Rozenberg, G.; Salomaa, A. (Eds.): Handbook of Formal Languages. Berlin et al.: Springer, 1997
[Rose74]
Rosenfeld, J. L. (Hrsg.): Information Processing 74: Proceedings of the IFIP Congress 74. Amsterdam et al.: North-Holland, 1974
[RoTh86]
Rozenberg, G.; Thiagarajan, P. S.: Petri Nets: Basic Notions, Structure, Behavior. In: [dBdR86], pp. 585–668
[Rouc87]
Roucairol, G.: FIFO-Nets. In: [BrRR87a], pp. 436–459
[RoZe79]
Ross, D. T.; Zelkowitz, M. V. (Eds.): Specifications of reliable software: Proceedings. New York: IEEE, 1979
[Roze85]
Rozenberg, G. (Ed.): Advances in Petri Nets 1984, LNCS 188. Berlin et al.: Springer, 1985
[Roze87]
Rozenberg, G. (Ed.): Advances in Petri Nets 1987, LNCS 266. Berlin et al.: Springer, 1988
[Roze88]
Rozenberg, G. (Ed.): Advances in Petri Nets 1988, LNCS 340. Berlin et al.: Springer, 1987
[Roze89]
Rozenberg, G. (Ed.): Advances in Petri Nets 1989, LNCS 424. Berlin et al.: Springer, 1989
[Roze90]
Rozenberg, G. (Ed.): Advances in Petri Nets 1990, LNCS 483. Berlin et al.: Springer, 1990
[Roze91]
Rozenberg, G. (Ed.): Advances in Petri Nets 1991, LNCS 524. Berlin et al.: Springer, 1991
[Roze92]
Rozenberg, G. (Ed.): Advances in Petri Nets 1992, LNCS 609. Berlin et al.: Springer, 1992
[Roze93]
Rozenberg, G. (Ed.): Advances in Petri Nets 1993, LNCS 674. Berlin et al.: Springer, 1993
[Roze86a]
Rozenberg, G. (Ed.): Advances in Petri Nets 1985, LNCS 222. Berlin et al.: Springer, 1986
[Ruhl94]
Ruhlen, M.: On the Origin of Languages: Studies in Linguistic Taxonomy. Stanford: Stanford University Press, 1994

[Rume92]
Rumelhart, D. E.: Towards a Microstructural Account of Human Reasoning. In: [Davi92], pp. 69–83
[SaBH99]
Sapia, C.; Blaschka, M.; Höfling, G.; Dinter, B.: Extending the E/R Model for the Multidimensional Paradigm. In: [KaLL99], pp. 105–116
[Saek02a]
Saeki, M.: Formal Description Techniques. In: [Chan02], pp. 239–288
[Saek02b]
Saeki, M.: Software Specification and Design Methods and Method Engineering. In: [Chan02], pp. 263–288
[Saka80]
Sakai, H.: Entity-Relationship Approach to the Conceptual Schema Design. In: [ChSp80], pp. 1–8
[SaSH92]
Sander, P.; Stucky, W.; Herschel, R.: Automaten, Sprachen, Berechenbarkeit. Stuttgart: Teubner, 1992
[Schm26]
Schmidt, P. W.: Die Sprachfamilien und Sprachenkreise der Erde. Hamburg: Buske, 1926
[Schu76]
Schubert, L. K.: Extending the Expressive Power of Semantic Networks. In: Artificial Intelligence, Vol. 7 (1976), pp. 163–198
[Schw75]
Schwarz, H.: Stichprobenverfahren: Ein Leitfaden zur Anwendung statistischer Schätzverfahren. Berlin: Verlag die Wirtschaft, 1975
[Schw94]
Schwarze, J.: Einführung in die Wirtschaftsinformatik. 3. Aufl., Herne/Berlin: Neue Wirtschafts-Briefe, 1994
[ScSc79]
Schiffner, G.; Scheuermann, P.: Multiple Views and Abstractions with an Extended-Entity-Relationship Model. In: Journal of Computer Languages, Vol. 4 (1979), No. 4, pp. 139–154
[ScSW80]
Scheuermann, P.; Schiffner, G.; Weber, H.: Abstraction capabilities and invariant properties: Modelling within the entity-relationship approach. In: [Chen80], pp. 121–140
[ScSW95]
Schöf, S.; Sonnenschein, M.; Wieting, R.: Efficient Simulation of THOR Nets. In: [DMDM95], pp. 412–431
[ScWe78]
Schiffers, M.; Wedde, H.: Analyzing Program Solutions of Coordination Problems by CP-Nets. In: [Wink78], pp. 462–473
[ScWe99]
Schneider, C.; Wehler, J.: Petri Net Theory – Problems Solved by Commutative Algebra. In: [DoKl99], pp. 248–267
[ScWü92]
Schäuble, P.; Wüthrich, B.: On the Expressive Power of Query Languages. Report 173, Fachbereich Informatik, Institut für Informationssysteme, ETH Zürich 1992
[Sear65]
Searle, J. R.: What Is a Speeach Act? Erschienen in: Black, M.: Philosophy in America, Unwin Hyman, 1965; hier verwendet als Reprint. In: [Davi91], pp. 254–264
[Sear69]
Searle, J. R.: Speech Acts: An Essay in the Philosophy of Language. Cambridge: Cambridge University Press, 1969
[Sear79]
Searle, J. R.: Expression and Meaning: Studies in the Theory of Speech Acts. Cambridge: Cambridge University Press, 1979
[Sear80]
Searle, J. R.: Minds, Brain and Programs. In: The Behavioral and Brain Sciences, Vol. 3 (1980), pp. 417–457
[Sear90]
Searle, J. R.: Ausdruck und Bedeutung. 2. Aufl., Frankfurt/Main: Suhrkamp, 1990

[Sear92]
Searle, J. R.: Sprechakte: Ein sprachphilosophischer Essay. 5. Aufl., Frankfurt/Main: Suhrkamp, 1992

[Sebe99]
Sebesta, R. W.: Concepts of Programming Languages. 4th ed., Reading et al.: Addison-Wesley, 1999

[SedW95]
Sénac, P.; de Saqui-Sannes, P.; Willrich, R.: Hierarchical Time Stream Petri Net: a Model for Hypermedia Systems. In: [DMDM95], pp. 451–470

[SeKB80]
Searle, J. R.; Kiefer, F.; Bierwisch, V. (Eds.): Speech Act Theory and Pragmatics. Dordrecht: Reidel, 1980

[SeRa89]
Seiffert, H.; Radnitzky, G.: Handlexikon zur Wissenschaftstheorie. München: Ehrenwirth, 1989

[Shap79a]
Shapiro, S. D.: A Stochastic Petri Net with Applications to Modelling Occupancy Times for Concurrent Task Systems. In: Networks, Vol. 9 (1979), pp. 375–379

[Shap79b]
Shapiro, R. M.: Towards a Design Methodology for Informations Systems. In: [Petr79], pp. 107–118

[Shaw77]
Shaw, B. (Ed.): Computing System Design: Proceedings of the Joint IBM University of Newcastle upon Tyne. Newcastle upon Tyne: Ohne Verlag, 1977

[Shim01]
Shimojima, A.: The Graphic-Linguistic Distinction: Exploring Alternatives. In: Artificial Intelligence Review, Vol. 15 (2001), pp. 5–27

[Sief94]
Siefkes, D. (Hrsg.): 4. Jahrestagung der Gesellschaft für Informatik, LNCS 26. Berlin et al.: Springer, 1975

[Sifa80]
Sifakis, J.: Performance Evaluation of Systems Using Nets. In: [Brau80], pp. 307–319

[Simo90]
Simon, H. A.: Die Wissenschaft vom Künstlichen, 2. Aufl. (Übersetzung der erweiterten Originalausgabe von 1981). Wien et al.: Springer, 1990

[Sinz88]
Sinz, E. J.: Das Strukturierte Entity-Relationship-Modell [SER-Modell]. In: Angewandte Informatik, 30. Jg. (1988), Heft 5, S. 191–202

[Slom71]
Sloman, A.: Interactions Between Philosophy and Artificial Intelligence: The Role of Intuition and Non-Logical Reasoning in Intelligence. In: Artificial Intelligence, Vol. 2 (1971), pp. 209–225

[Slom93]
Sloman, A.: Varieties of Formalisms for Knowledge Representation. In: Computational Intelligence, Vol. 9 (1993), No. 4, pp. 413–423

[Slom95]
Sloman, A.: Musings on the Role of Logical and Nonlogical Representations in Intelligence. In: [GlNC95], pp. 7–32

[Smit98]
Smith, E.: Principles of High-Level Net Theory. In: [ReRo98a], pp. 174–210

[SmRe87]
Smith, E.; Reisig, W.: The Semantics of a Net is a Net: An Exercise in General Net Theory. In: [Roze87], pp. 461–479

[Snee76]
Sneed, J. D.: Philosophical Problems in the Empirical Science of Science: A Formal Approach. In: Erkenntnis: An International Journal of Analytic Philosophy, Vol. 10 (1976), pp. 115–146

[SoJB92]
Song, W. W.; Johannesson, P.; Bubenko Jr., J. A.: Semantic Similarity Relations in Schema Integration. In: [PeTj92], pp. 97–120

[Spac02]
Spaccapietra, S.; March, S. T.; Kambayashi, Y. (Eds.): Conceptual Modeling: ER 2002, 21th International Conference, LNCS 2503. Berlin et al.: Springer, 2002
[Spac87]
Spaccapietra, S. (Ed.): Entity-Relationship Approach: Ten Years of Experience in Information Modeling, 5th International Conference (ER '86). Amsterdam et al.: North-Holland, 1987
[Spiv88]
Spivey, J. M.: Understanding Z: A specification language and its formal semantics. Cambridge et al.: Cambridge University Press, 1988
[Star87]
Starke, P. H.: On the mutual simulatability of different types of Petri nets. In: Beiträge zur Theorie und Anwendung von Petri-Netzen, Wissenschaftliche Schriftenreihe der Technischen Universität Karl-Marx-Stadt, 8/1987, S. 3–17
[Star90]
Starke, P. H.: Analyse von Petri-Netz-Modellen. Stuttgart: Teubner, 1990
[Star95]
Starke, P. H.: A Memo on Time Constraints in Petri Nets. Informatik-Bericht Nr. 46, Humboldt-Universität zu Berlin, 1995
[Stef95]
Stefik, M.: Introduction to Knowledge Systems. San Francisco: Morgan Kaufman, 1995
[Steg83]
Stegmüller, W.: Probleme und Resultate der Wissenschaftstheorie und Analytischen Philosophie. Band I: Erklärung, Begründung, Kausalität. 2. Aufl., Berlin et al.: Springer, 1983
[Steg85]
Stegmüller, W.: Probleme und Resultate der Wissenschaftstheorie und Analytischen Philosophie, Band II: Theorie und Erfahrung. Zweiter Teilband: Theorienstrukturen und Theoriendynamik, 2. Aufl., Berlin et al.: Springer, 1985
[Steg86a]
Stegmüller, W.: Probleme und Resultate der Wissenschaftstheorie und Analytischen Philosophie, Band II: Theorie und Erfahrung, Teil H: Realismus und Strukturalismus, Anwendungen: Literaturtheorie, Tauschwirtschaft, Entscheidungstheorie, Neurosentheorie, Kapital- und Mehrwerttheorie, Studienausgabe. Berlin et al.: Springer, 1986
[Steg86b]
Stegmüller, W.: Probleme und Resultate der Wissenschaftstheorie und Analytischen Philosophie, Band II: Theorie und Erfahrung, Dritter Teilband: Die Entwicklung des neuen Strukturalismus seit 1973. Berlin et al.: Springer, 1986
[StGl02]
Stork, D. G.; van Glabbeek, R.: Token-Controlled Place Refinement in Hierarchical Petri Nets with Application to Active Document Workflow. In: [EsLa02], pp. 393–413
[StHa97]
Stahlkamp, P.; Hasenkamp, U.: Einführung in die Wirtschaftsinformatik. 8. Aufl., Berlin et al.: Springer, 1997
[Symo80]
Symons, F. J. W.: Introduction to Numerical Petri Nets, a General Graphical Model of Concurrent Processing Systems. In: ATR: Australian Telecommunication Research, Vol. 14 (1980), No. 1, pp. 28–33
[Tabo83]
Tabourier, Y.: Further Development of the Occurences Structure Concept: The EROS Approach. In: [DaJN83], pp. 565–583
[TaLe85]
Tabak, D.; Levis, A. H.: Petri Net Representation of Decision Models. In: IEEE Transactions on Systems, Man, and Cybernetics, Vol. SMC-15 (1985), No. 6, pp. 812–818
[TaNa83]
Tabourier, Y.; Nanci, D.: The Occurences Structure Concept. In: [Chen83], pp. 73–108

[Tars44]
Tarski, A.: The Semantic Conception of Truth and the Foundations of Semantics. In: Philosophy and Phenomenological Research, Vol. 4 (1944), pp. 341–375

[Tars77]
Tarski, A.: Einführung in die mathematische Logik. 5. Aufl., Göttingen: Vandenhoeck & Ruprecht, 1977

[Tauz91]
Tauzovich, B.: Towards Temporal Extensions to the Entity-Relationship Model. In: [Teor91], pp. 163–179

[Teor91]
Teorey, T. J. (Ed.): Entity-Relationship Approach: Bridging the Gap, 10th International Conference (ER '91). San Mateo: ER Institute, 1991

[Teor94]
Teorey, T. J.: Database Modeling & Design: The Fundamental Principles. 2nd ed., San Francisco: Morgan Kaufmann, 1994

[Tepf98]
Tepfenhart, W. M.: Ontologies and Conceptual Structures. In: [MuCh98], pp. 334–348

[TeWB89]
Teorey, T. J.; Wei, G.; Bolton, D. L.; Koenig, J. A.: ER Model Clustering as an Aid for User Communication and Documentation in Database Design. In: Communications of the ACM, Vol. 32 (1989), No. 8, pp. 975–987

[TeYF86]
Teorey, T. J.; Yang, D.; Fry, J. P.: A Logical Design Methodology for Relational Databases Using the Extended Entity-Relationship Model. In: ACM Computing Surveys, Vol. 18 (1986), No. 2, pp. 197–222

[Thal00]
Thalheim, B.: Entity-Relationship Modeling: Foundations of Database Technology. Berlin et al.: Springer, 2000

[Thia87]
Thiagarajan, P. S.: Elementary Net Systems. In: [BrRR87a], pp. 26–59

[Thie88]
Thiele, R.: Mathematische Beweise. 5. Aufl., Leipzig: Teubner, 1988

[Thom91]
Thomason, R. H.: Logicism, AI and Common Sense: John McCarthy's Program in Philosophical Perspective. In: [Lifs91], pp. 449–466

[tHPr98]
ter Hofstede, A. H. M.; Proper, H. A.: How to formalize it? Formalization principles for information system development methods. In: Information and Software Technology, Vol. 40 (1998), No. 10, pp. 519–540

[tHvW92]
ter Hofstede, A. H. M.; van der Weide, T. P.: Formalization of techniques: chopping down the methodology jungle. In: Information and Software Technology, Vol. 34 (1992), No. 1, pp. 57–65

[TjWa80]
Tjoa, A. M.; Wagner, R. R.: Some Considerations on the Entity-Relationship Model. In: [Chen80], pp. 145–153

[TrKu93]
Trivedi, K. S.; Kulkarni, V. G.: FSPNs: Fluid Stochastic Petri Nets. In: [AjMa93], pp. 24–31

[TsLo82]
Tsichritzis, D.; Lochovsky, F.: Data Models. Englewood Cliffs: Prentice-Hall, 1982

[Turi36]
Turing, A. M.: On Computable Numbers, with an Application to the Entscheidungsproblem. In: Proceedings of the London Mathematical Society, Vol. 42 (1936), pp. 230–265

[Turi37]
Turing, A. M.: On Computable Numbers, with an Application to the Entscheidungsproblem: A Correction. In: Proceedings of the London Mathematical Society, Vol. 43 (1937), pp. 544–546

[Turi50]
Turing, A. M.: Computing Machinery and Intelligence. In: Mind: A Quarterly Journal of Psychology and Philosophy, Vol. LIX (1950), No. 236, pp. 433–460
[UlHi79]
Ulrich, P.; Hill, W.: Wissenschaftstheoretische Aspekte ausgewählter wissenschaftlicher Konzeptionen. In: [RaAb79], S. 161–190
[Vale77]
Valette, R.: An Analysis Oriented Description of Parallel Systems Allowing Timing Considerations. In: [IFAC77], pp. 102–111
[Vale94]
Valette, R. (Ed.): Application and Theory of Petri Nets 1994: ICATPN '94, 15th International Conference, LNCS 815. Berlin et al.: Springer, 1994
[Vale97]
Valette, R.: Some Issues About Petri Net Application to Manufacturing and Process Supervisory Control. In: [AzBa97], pp. 23–41
[Valk78a]
Valk, R.: Self-modifying nets, a natural extension of petri-nets. In: [Ausi78], pp. 464–476
[Valk78b]
Valk, R.: On the Computational Power of Extended Petri Nets. In: [Wink78], pp. 526–535
[Valk87]
Valk, R.: Nets in Computer Organization. In: [BrRR87b], pp. 218–233
[Valk98]
Valk, R.: Petri Nets as Token Objects: An Introduction to Elementary Object Nets. In: [DeSi98], pp. 1–25
[VaMe85]
Vautherin, J.; Memmi, G.: Computation of Flows for Unary-Predicate/Transition-Nets. In: [Roze85], pp. 455–467
[vAMR91]
van Assche, F.; Moulin, B.; Rolland, C. (Eds.): Object Oriented Approach in Information Systems. Amsterdam et al.: North-Holland, 1991
[vaVl94]
van Vliet, H.: Software Engineering: Principles and Practice. Chichester et al.: Wiley, 1992
[vaWi63]
van Wijngaarden, A.: Generalized Algol. In: Automatic Programming, Vol. 3 (1963), pp. 17–26
[vdAA93]
van der Aalst, W. M. P.: Interval Timed Coloured Petri Nets and their Analysis. In: [AjMa93], pp. 453–492
[vdAA97]
van der Aalst, W. M. P.: Verification of Workflow Nets. In: [AzBa97], pp. 407–426
[vdBe03]
van der Aalst, W.; Best, E. (Eds.): Applications and Theory of Petri Nets 2003: ICATPN 2003, 24th International Conference, LNCS 2679. Berlin et al.: Springer, 2003
[vDel89]
van Delft, A. J. E.: Express: proposal for uniform notations. In: Information and Software Technology, Vol. 31 (1989), No. 3, pp. 142
[vEEF01]
van Eck, P.; Engelfriet, J.; Fensel, D.; van Harmelen, F.; Venema, Y.; Willems, M.: A Survey of Languages for Specifying Dynamics: A Knowledge Engineering Perspective. In: IEEE Transactions on Knowledge and Data Engineering, Vol. 13 (2001), No. 3, pp. 462–496
[Vele85]
Velez, F.: LAMBDA: An Entity-Relationship Based Query Language for the Retrieval of Structured Documents. In: [Chen85], pp. 82–89
[VeSM02]
Vert, G.; Stock, M.; Morris, A.: Extending ERD modeling notation to fuzzy management of GIS data files. In: Data & Knowledge Engineering, Vol. 40 (2002), No. 2, pp. 163–179

[vHum30]
von Humboldt, W.: Über die Verschiedenheit des menschlichen Sprachbaus und ihren Einfluß auf die geistige Entwicklung des Menschengeschlechts (1830-1835), photomechanischer Nachdruck. In: [Leit07], S. 1–344

[vKut93]
von Kutschera, F.: Sprachphilosophie. 2. Aufl., München: Fink 1993

[vKut72a]
von Kutschera, F.: Wissenschaftstheorie I: Grundzüge der allgemeinen Methodologie der empirischen Wissenschaften. München: Fink, 1972

[vKut72b]
von Kutschera, F.: Wissenschaftstheorie II: Grundzüge der allgemeinen Methodologie der empirischen Wissenschaften. München: Fink, 1972

[vNeu45]
von Neumann, J.: First Draft of a Report on the EDVAC, 1945; hier verwendet als Reprint. In: [AsBu87], pp. 17–82

[Wagn01]
Wagner, G.: Agent-Oriented Analysis and Design of Organizational Information Systems. In: [BaCa01], pp. 111–124

[WaLZ95]
Wang, D.; Lee, J.; Zeevat, H.: Reasoning with Diagrammatic Representations. In: [GlNC95], pp. 339–393

[Wand96]
Wand, Y.: Ontology as a foundation for meta-modeling and method engineering. In: Information and Software Technology, Vol. 38 (1996), No. 4, pp. 281–287

[Wart79]
Wartofsky, M. W.: Models: Representation and the Scientific Understanding. Dordrecht et al.: Reidel, 1979

[WaTM87]
Wagner, R. R.; Traunmüller, R.; Mayr, H. C. (Hrsg.): Informationsbedarfsermittlung und -analyse für den Entwurf von Informationssystemen. Berlin et al.: Springer, 1987

[Watt86]
Watt, D. A.: Executable Semantic Descriptions. In: Software – Practice and Experience, Vol. 16 (1986), No. 1, pp. 13–43

[Watt91]
Watt, D. A.: Programming Language Syntax and Semantics. New York et al.: Prentice Hall, 1991

[Watt93]
Watt, D. A.: Programming Language Processors. New York et al.: Prentice Hall, 1993

[Webe02]
Weber, M.: Allgemeine Konzepte zur software-technischen Unterstützung verschiedener Petrinetz-Typen. Dissertation Humboldt-Universität zu Berlin, 2002

[Wein78]
Weingartner, P.: Wissenschaftstheorie I: Einführung in die Hauptprobleme. 2. Aufl., Stuttgart/Bad Cannstadt: problemata frommann-holzboog, 1978

[Wess94]
Wessells, M. G.: Kognitive Psychologie. 3. Aufl., München/Basel: Reinhardt, 1994

[WeSt93]
Weberling, F.; Stützel, T.: Biologische Systematik: Grundlagen und Methoden. Darmstadt: Wissenschaftliche Buchgesellschaft, 1993

[Whor40]
Whorf, B. L.: Science and Linguistics. Erschienen in: Technological Review, Vol. 42 (1940), No. 6, pp. 229-231, 247-248; hier verwendet als Reprint. In: [Carr56], pp. 207–219

[Whys93]
Whysall, P.: Refinement. In: [McDe93], pp. 24/3–24/17

[Wien90]
Wiener, O.: Kambrium der Künstlichen Intelligenz. In: [Simo90], S. 175–228

[Wier89]
Wieringa, R.: Three Roles of Conceptual Models in Information Systems Design and Use. In: [FaLi89], pp. 31–139

[Wier96]
Wieringa, R.: Requirements Engineering: Frameworks for Understanding. Chichester et al.: Wiley & Sons, 1996

[Wier98]
Wieringa, R.: A Survey of Structured and Object-Oriented Software Specification Methods and Techniques. In: ACM Computing Survey, Vol. 30 (1998), No. 4, pp. 458–527

[WiMa92]
Wilhelm, R.; Maurer, D.: Übersetzerbau: Theorie, Konstruktion, Generierung. Berlin et al.: Springer, 1992

[Wink78]
Winkowski, J. (Ed.): Mathematical Foundations of Computer Science 1978, 7th Symposium, LNCS 64. Berlin et al.: Springer, 1978

[Winst93]
Winston, P. H.: Artificial Intelligence. 3rd ed., Reading et al.: Addison-Wesley, 1993

[Wins75]
Winston, P. H. (Ed.): The Psychology of Computer Vision. New York et al.: McGraw-Hill, 1975

[Wins86]
Winskel, G.: Petri Nets, Morphisms and Compositionality. In: [Roze86a], pp. 453–477

[Wint94]
Winter, R.: Design and Implementation of Derived Entities. In: [ElKT94], pp. 60–73

[Wirt70]
Wirth, N.: The Programming Language PASCAL. In: Acta Informatica, Vol. 1 (1971), pp. 35–63

[Wirt74]
Wirth, N.: On the Design of Programming Languages. In: [Rose74], pp. 386–393

[Wood75]
Woods, W. A.: What's in a Link: Foundations for Semantic Networks. In: [BoCo75], pp. 35–82

[WuLS76]
Wulf, W. A.; London, R. L.; Shaw, M.: An Introduction to the Construction and Verification of Alphard Programs. In: IEEE Transactions on Software Engineering, Vol. SE-2 (1976), No. 4, pp. 253–265

[Zade65]
Zadeh, L. A.: Fuzzy Sets. In: Information and Control, Vol. 8 (1965), pp. 338–353

[Zade73]
Zadeh, L. A.: Outline of a New Approach to the Analysis of Complex Systems and Decision Processes. In: IEEE Transactions on Systems, Man, and Cybernetics, Vol. SMC-3 (1973), No. 1, pp. 28–44

[Zade92]
Zadeh, L. A.: The Calculus of Fuzzy If/Then Rules. In: AI Expert: The Magazine for the Artificial Intelligence Community, Vol. 7 (1992), pp. 23–27

[Zele91]
Zelewski, S.: Die starke KI-These: Zu Searle's Wiederbelebung einer fragwürdigen Debatte über die Grundlagen des Erkenntnisprogramms der Erforschung Künstlicher Intelligenz (KI). In: Journal for General Philosophy of Science, Vol. 22 (1991), pp. 337–348

[Zele93]
Zelewski, S.: Strukturalistische Produktionstheorie: Konstruktion und Analyse aus der Perspektive des "non statement view". Wiesbaden: Deutscher Universitätsverlag, 1993

[Zimm89a]
Zimmerli, W. C.: Geisteswissenschaften. In: [SeRa89], S. 88–99

[Zimm89b]
Zimmerli, W. C.: Wissenschaftsgeschichte: Geisteswissenschaften. In: [SeRa89], S. 413–425

[Zsch95]
Zschocke, D.: Modellbildung in der Ökonomie: Modell – Information – Sprache. München: Vahlen 1995

[Zube86]
Zuberek, W. M.: M-Timed Petri Nets, Priorities, Preemptions, and Performance Evaluation of Systems. In: [Roze86a], pp. 478–498

Index